INTRODUCTION À LA

MICROBIOLOGIE

2e ÉDITION

GERARD J. TORTORA

BERDELL R. FUNKE

CHRISTINE L. CASE

Adaptation française
LOUISE MARTIN

TIRÉ À PART

**CHAPITRES 22 À 28
ET APPENDICES**

PEARSON

Montréal Toronto Boston Columbus Indianapolis New York San Francisco Upper Saddle River
Amsterdam Le Cap Dubaï Londres Madrid Milan Munich Paris
Delhi México São Paulo Sydney Hong-Kong Séoul Singapour Taipei Tōkyō

Supervision éditoriale
Jacqueline Leroux

Traduction et révision linguistique
Michel Boyer et Hélène Crevier

Correction d'épreuves
Odile Dallaserra

Recherche iconographique
Chantal Bordeleau

Direction artistique
Hélène Cousineau

Coordination de la production
Muriel Normand

Conception graphique et couverture
Martin Tremblay

Édition électronique
Interscript

Couverture : photographie de David Scharf et Peter Arnold représentant une cellule dendritique, reconnaissable aux nombreux prolongements de son cytoplasme qui rappellent la forme des dendrites d'un neurone. Les cellules dendritiques sont en quelque sorte des sentinelles, qui absorbent les microbes envahisseurs, les dégradent et les transportent jusqu'aux nœuds lymphatiques, où elles les présentent aux lymphocytes T : c'est pourquoi on les appelle « cellules présentatrices d'antigènes ».

© ÉDITIONS DU RENOUVEAU PÉDAGOGIQUE INC. (ERPI), 2012
Membre du groupe Pearson Education depuis 1989

5757, rue Cypihot
Saint-Laurent (Québec) H4S 1R3
CANADA
Téléphone : 514 334-2690
Télécopieur : 514 334-4720
info@pearsonerpi.com
http://pearsonerpi.com

Dépôt légal – Bibliothèque et Archives nationales du Québec, 2012
Dépôt légal – Bibliothèque et Archives Canada, 2012

Imprimé au Canada   234567890   FR   1514
ISBN 978-2-7613-5306-9   20662 ABCD   STUM12

CINQUIÈME PARTIE

Des éléments de biochimie et de génétique microbienne et des applications technologiques

Sommaire

Chapitre 22
Principes de chimie

Chapitre 23
Le métabolisme microbien

Chapitre 24
La génétique microbienne

Chapitre 25
La biotechnologie et l'ADN recombinant

Chapitre 26
Les applications pratiques de l'immunologie

La cinquième partie du manuel présente des outils indispensables à la compréhension de plusieurs concepts utilisés en microbiologie. Le chapitre 22 traite des principes de base de chimie des êtres vivants et des principaux groupes de molécules qui composent la structure des microorganismes et qui déterminent leurs fonctions cellulaires. Le chapitre 23 explique les principales activités métaboliques grâce auxquelles les microorganismes vivent et se reproduisent. Au chapitre 24, nous examinons les mécanismes de la génétique microbienne, notamment ceux qui expliquent comment les bactéries se transmettent la résistance aux antibiotiques. Le chapitre 25 nous permet de comprendre l'importance des microorganismes dans le développement de la biotechnologie et des techniques de l'ADN recombinant. Enfin, le chapitre 26 expose quelques applications pratiques tirées de la science de l'immunologie, en particulier l'application relative à l'élaboration des vaccins.

Principes de chimie

Nous voyons les arbres pourrir et réagissons à l'odeur du lait qui surit, mais nous n'avons pas toujours conscience de ce qui se passe à l'échelle microscopique. Dans les deux cas, des microorganismes effectuent des opérations chimiques. L'arbre pourrit quand ils décomposent le bois. Le lait surit en raison de la production d'acide lactique par des bactéries. La plupart des activités des microorganismes sont le résultat d'une série de réactions chimiques.

Comme tous les êtres vivants, les microorganismes doivent consommer des substances nutritives pour effectuer la synthèse des molécules complexes qui servent à leur croissance et à toutes les autres fonctions essentielles à la vie. Pour la plupart d'entre eux, cette synthèse exige qu'ils dégradent des substances nutritives et utilisent l'énergie libérée pour assembler les petites molécules obtenues de façon à produire de nouvelles substances. Ces réactions chimiques ont lieu chaque minute dans d'innombrables microenvironnements.

La connaissance des processus chimiques est essentielle à la compréhension du rôle des microorganismes dans la nature, des mécanismes par lesquels ces derniers causent la maladie, des procédés par lesquels on met au point des tests diagnostiques, des moyens de défense de l'organisme contre les infections, et de la production des antibiotiques et des vaccins qui permettent de combattre les effets nocifs des microbes. Pour comprendre les modifications dont les microorganismes sont eux-mêmes l'objet et celles qu'ils occasionnent dans le monde qui nous entoure, on doit savoir comment les molécules se forment et comment elles interagissent.

Q/R

Une fois que la bactérie Salmonella *est fixée à une cellule hôte, des* modifications spectaculaires de la membrane plasmique *se produisent alors au point de contact. La bactérie affiche une molécule régulatrice composée d'acides aminés et de phosphate. Cette molécule déclenche le réarrangement du cytosquelette à proximité de la membrane, qui prend alors un aspect froissé. La membrane chiffonnée enferme la salmonelle dans ses replis pour l'entraîner à l'intérieur du cytoplasme de la cellule hôte. À quel groupe chimique cette molécule régulatrice appartient-elle?*

La réponse est dans le chapitre.

AU MICROSCOPE

Salmonella typhimurium. La bactérie *Salmonella* pénètre dans une cellule épithéliale humaine.

La structure de l'atome

> ▶ Objectif d'apprentissage
>
> **22-1** Décrire la structure de l'atome et son rapport avec les propriétés chimiques des éléments.

Toute la matière – qu'il s'agisse de l'air, de la roche ou des organismes vivants – est composée de petites unités appelées **atomes**. Ces atomes interagissent dans certaines combinaisons pour former des molécules. La cellule vivante est constituée de **molécules**, dont certaines sont très complexes. La science des interactions entre les atomes et les molécules s'appelle **chimie**.

Les atomes sont les plus petites unités de matière en mesure de participer à des réactions chimiques. Chaque atome possède en son centre un **noyau** autour duquel des particules appelées **électrons** décrivent des mouvements (**figure 22.1**). Le noyau de la plupart des atomes est stable, c'est-à-dire qu'il ne change pas spontanément. De plus, il ne participe pas aux réactions chimiques. Il est composé de particules ayant une charge positive (+) appelées **protons**, et de particules sans charge (neutres), appelées **neutrons**. Ainsi, le noyau porte une charge positive nette. La **charge** est une propriété que possèdent certaines particules subatomiques (à l'intérieur de l'atome) ; elle crée une force d'attraction ou de répulsion entre ces particules. Les particules de charges opposées s'attirent, et les particules ayant des charges identiques se repoussent. Le neutron et le proton ont à peu près la même masse, qui représente environ 1 840 fois celle de l'électron. La charge de l'électron est négative (−) et, dans tous les atomes, le nombre d'électrons est égal au nombre de protons. Puisque la charge positive totale du noyau égale la charge négative totale des électrons, l'atome est électriquement neutre.

Le nombre de protons dans un noyau atomique varie entre un seul (dans l'atome d'hydrogène) et plus de 100 (dans les plus gros atomes connus). On classe souvent les atomes par **numéro atomique**, soit le numéro qui correspond au nombre de protons contenus dans le noyau. Étant de la matière, les atomes possèdent une certaine masse. Mesurés en unités de masse atomique (uma) – aussi appelées *dalton* (Da) –, le proton a une masse de 1,007 unité, le neutron, une masse de 1,008 unité et l'électron, une masse de 0,0005 unité. Par exemple, l'atome de carbone possède 6 protons, 6 neutrons et 6 électrons, et la **masse atomique** (ou poids atomique) de cet atome est de 12,093 uma. Le **nombre de masse** est l'expression simplifiée, sans décimale, de la masse atomique ; le nombre de masse de l'atome de carbone est donc de 12, soit une valeur approximative de la masse atomique. Dans les faits, le nombre de masse d'un atome correspond à la somme du nombre de protons et du nombre de neutrons contenus dans l'atome ; pour le carbone, 6 protons + 6 neutrons = 12. Le tableau 22.1 décrit quelques-uns des éléments chimiques présents dans les organismes vivants avec leur symbole, leur numéro atomique et leur nombre de masse.

Les éléments chimiques

Tous les atomes qui ont le même nombre de protons se comportent de la même façon sur le plan chimique et sont considérés comme le même **élément chimique**. Chaque élément chimique a son propre nom et est désigné par un symbole chimique d'une ou deux lettres, habituellement dérivé de son nom anglais ou latin. Par exemple, le symbole de l'hydrogène est H et celui du carbone, C. Le symbole du sodium est Na – les deux premières lettres de son nom latin, *natrium* – pour le distinguer de l'azote, N (*nitrogen* en anglais), et du soufre, S. Il y a 92 éléments naturels. Toutefois, il y en a seulement environ 26 qui se trouvent communément chez les êtres vivants. Les éléments les plus abondants dans la matière vivante sont l'hydrogène, le carbone, l'azote et l'oxygène.

Pour un même élément chimique, il peut y avoir des atomes qui se différencient par le nombre de neutrons dans leur noyau. Ces atomes d'un même élément sont appelés **isotopes**. La plupart des éléments ont plusieurs isotopes. Tous les isotopes d'un élément ont le même nombre de protons, mais leurs masses atomiques diffèrent parce qu'ils n'ont pas le même nombre de neutrons. Par

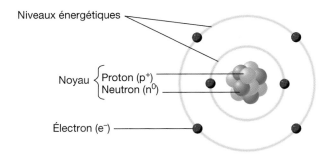

Figure 22.1 **Structure de l'atome.** Sur ce schéma simplifié de l'atome de carbone, notez la position centrale du noyau. Ce dernier contient 6 protons et 6 neutrons, qui ne sont pas tous visibles sur le schéma. Les 6 électrons se déplacent autour du noyau dans des régions appelées niveaux énergétiques, représentées ici par des cercles.

Tableau 22.1	Éléments de la vie*		
Élément chimique	**Symbole chimique**	**Numéro atomique**	**Nombre de masse**
Hydrogène	H	1	1
Carbone	C	6	12
Azote	N	7	14
Oxygène	O	8	16
Sodium	Na	11	23
Magnésium	Mg	12	24
Phosphore	P	15	31
Soufre	S	16	32
Chlore	Cl	17	35
Potassium	K	19	39
Calcium	Ca	20	40
Fer	Fe	26	56
Iode	I	53	127

* L'hydrogène, le carbone, l'azote et l'oxygène sont les éléments chimiques les plus abondants chez les êtres vivants.

exemple, dans un échantillon naturel d'oxygène, tous les atomes ont 8 protons. Toutefois, 99,76 % des atomes ont 8 neutrons, 0,04 % en ont 9 et 0,2 % en ont 10. Ainsi, les trois isotopes qui composent l'échantillon naturel d'oxygène ont des nombres de masse de 16, de 17 et de 18, bien qu'ils aient tous le numéro atomique 8. Ces trois isotopes peuvent s'écrire $^{16}_{8}O$, $^{17}_{8}O$ et $^{18}_{8}O$, où le numéro atomique est représenté en indice à gauche du symbole chimique de l'élément et le nombre de masse figure en exposant au-dessus du numéro atomique. En reprenant le concept de masse atomique décrit plus haut, on peut définir la **masse atomique moyenne** d'un élément comme la moyenne des masses atomiques de tous les isotopes naturels de l'élément ; elle représente l'abondance relative des isotopes ayant des nombres de masse différents.

Dans le domaine médical, les isotopes de certains éléments sont extrêmement utiles ; on s'en sert pour la recherche en biologie, les diagnostics, le traitement de certaines maladies et certaines formes de stérilisation. Par exemple, l'iode I-131 est un isotope radioactif utilisé pour visualiser l'activité de la glande thyroïde.

Les configurations électroniques

Dans un atome, les électrons sont disposés en **couches électroniques**, qui sont des régions correspondant à différents **niveaux énergétiques**. La répartition des électrons dans ces niveaux s'appelle **configuration électronique**. Les niveaux se superposent du noyau vers l'extérieur, et chacun d'eux peut contenir un nombre maximal caractéristique d'électrons – deux sur le premier niveau, le plus à l'intérieur (niveau d'énergie le plus bas), huit sur le deuxième niveau, et huit sur le troisième, s'il s'agit du niveau le plus externe de l'atome. Ce niveau est appelé *dernier niveau énergétique*. À quelques exceptions près, les quatrième, cinquième et sixième niveaux peuvent recevoir chacun 18 électrons. Le tableau 22.2 montre les configurations électroniques des atomes de certains éléments qu'on trouve chez les organismes vivants.

Le dernier niveau énergétique a tendance à se remplir de façon à contenir le nombre maximal d'électrons ; par exemple, il y aura 2 électrons sur le premier niveau, 8 sur le deuxième, 8 sur le troisième, etc. Un atome peut donner ou accepter des électrons, ou en partager certains avec d'autres atomes de façon à compléter son dernier niveau énergétique. Les propriétés chimiques des atomes sont déterminées en grande partie par le nombre d'électrons dans le dernier niveau énergétique. Quand ce dernier niveau est comblé, l'atome est chimiquement stable, ou inerte : il n'a pas tendance à réagir avec d'autres atomes. Ainsi, l'hélium (numéro atomique 2) et le néon (numéro atomique 10) sont des gaz inertes. Ce sont des exemples d'atomes dont le dernier niveau énergétique est complet. Le premier niveau de l'hélium contient le nombre maximal de 2 électrons ; quant au néon, son premier niveau contient 2 électrons, alors que son deuxième niveau contient le nombre maximal de 8 électrons.

Quand le dernier niveau d'énergie n'est que partiellement rempli, l'atome est chimiquement instable. La tendance à la stabilité amène l'atome à réagir avec d'autres atomes, et cette réaction est en partie liée aux électrons qu'il faut ajouter ou retrancher pour obtenir un dernier niveau d'énergie complet. Remarquez combien il y a d'électrons dans le dernier niveau énergétique des atomes du tableau 22.2. Nous verrons plus loin la corrélation qui existe entre ce nombre et la réactivité chimique des éléments.

▶ **Vérifiez vos acquis**

Quelle est la différence entre le $^{14}_{6}C$ et le $^{12}_{6}C$? Quel est le numéro atomique de chaque atome de carbone ? Et sa masse atomique ? **22-1**

Comment les atomes forment des molécules : les liaisons chimiques

▶ **Objectif d'apprentissage**

22-2 Définir la liaison ionique, la liaison covalente, la liaison hydrogène, la masse moléculaire et la mole.

Quand le dernier niveau énergétique d'un atome n'est pas rempli d'électrons, on peut se le représenter comme ayant des cases à combler ou des électrons en trop à ce niveau, selon qu'il est plus facile pour l'atome de gagner ou de perdre des électrons. Par exemple, l'atome d'oxygène, dont le numéro atomique est 8 et qui possède 2 électrons au premier niveau d'énergie et 6 au deuxième, a 2 cases à combler dans son dernier niveau énergétique ; à l'inverse, l'atome de magnésium, dont le numéro atomique est 12, a 2 électrons de trop dans son dernier niveau énergétique. Sur le plan chimique, la configuration la plus stable pour un atome est celle où son dernier niveau énergétique est complet, comme celui d'un gaz inerte. Ainsi, pour que ces deux atomes atteignent cet état, l'atome d'oxygène doit gagner 2 électrons et l'atome de magnésium, en perdre 2. Tous les atomes ont tendance à se combiner de façon que les électrons de trop sur le dernier niveau énergétique du premier atome remplissent les cases du dernier niveau énergétique du deuxième atome ; par exemple, l'oxygène et le magnésium se combinent de telle manière que le dernier niveau énergétique de chaque atome soit complet, c'est-à-dire qu'il possède 8 électrons.

La **valence** d'un atome, c'est-à-dire sa capacité de se combiner, est le nombre d'électrons qui sont soit en trop, soit manquants dans le dernier niveau énergétique. Par exemple, l'hydrogène a une valence de 1 (1 case à combler, ou 1 électron en trop), l'oxygène a une valence de 2 (2 cases à remplir), le carbone a une valence de 4 (4 cases à combler, ou 4 électrons en trop) et le magnésium a une valence de 2 (2 électrons en trop). Les électrons qui se trouvent sur le dernier niveau énergétique sont donc appelés *électrons de valence*.

En bref, les atomes obtiennent le nombre d'électrons requis pour compléter leur dernier niveau d'énergie en se combinant de façon à former des **molécules**. Ces dernières sont composées d'atomes du même élément (par exemple H_2) ou d'éléments différents. Une molécule qui contient au moins deux sortes d'atomes, telle H_2O (la molécule d'eau), s'appelle **composé**. Dans H_2O, l'indice 2 signifie qu'il y a deux atomes d'hydrogène ; l'absence d'indice après l'oxygène (O) signifie qu'il n'y a qu'un seul atome d'oxygène. La molécule doit sa cohésion au fait que les électrons de valence des atomes qui la composent exercent une force d'attraction, appelée **liaison chimique**, entre les noyaux atomiques. C'est pourquoi on peut également considérer la valence comme la capacité de former des liaisons d'un élément. Puisqu'il faut de l'énergie pour former une liaison chimique, chaque liaison possède une certaine quantité d'énergie chimique potentielle.

Tableau 22.2 Configurations électroniques des atomes de certains éléments présents chez les organismes vivants

Élément chimique	Premier niveau énergétique (2)*	Deuxième niveau énergétique (8)*	Troisième niveau énergétique (8)*	Schéma	Nombre d'électrons du dernier niveau énergétique	Nombre de cases à combler	Nombre maximal de liaisons formées**
Hydrogène	1	–	–		1	1	1
Carbone	2	4	–		4	4	4
Azote	2	5	–		5	3	5
Oxygène	2	6	–		6	2	2
Magnésium	2	8	2		2	6	2
Phosphore	2	8	5		5	3	5
Soufre	2	8	6		6	2	6

* Les chiffres entre parenthèses indiquent le nombre maximal d'électrons sur le niveau énergétique correspondant.

** Ce chiffre est déterminé par la tendance de l'atome à perdre ou à gagner des électrons. Par exemple, l'atome d'azote peut gagner 3 électrons ou en perdre 5, d'où le nombre maximal de liaisons que cet atome peut former.

En règle générale, les atomes forment des liaisons de deux façons : ils peuvent soit gagner ou perdre des électrons de leur dernier niveau énergétique, soit partager leurs électrons externes. Quand ils gagnent ou perdent des électrons externes, la liaison chimique s'appelle *liaison ionique*. Quand les électrons sont partagés, la liaison porte le nom de *liaison covalente*. Nous traiterons de ces deux types de liaisons séparément, mais en réalité, celles qui se trouvent dans les molécules n'appartiennent entièrement ni à l'une, ni à l'autre catégorie. Elles se situent plutôt entre les liaisons hautement ioniques et les liaisons hautement covalentes.

Les liaisons ioniques

Les atomes sont électriquement neutres quand le nombre de charges positives (protons) est égal au nombre de charges négatives (électrons). Mais quand un atome isolé gagne ou perd des électrons, cet équilibre est rompu. S'il gagne des électrons, il devient chargé négativement ; s'il perd des électrons, il devient chargé positivement. Un atome (ou groupe d'atomes) ainsi chargé s'appelle **ion**.

Considérons les exemples suivants. Le sodium (Na) possède 11 protons et 11 électrons, dont 1 électron sur le dernier niveau énergétique. Il a tendance à perdre cet unique électron ; c'est un *donneur d'électrons* (**figure 22.2a**). Quand il donne 1 électron à un autre atome, il lui reste 11 protons et seulement 10 électrons, si bien qu'il a une charge nette de +1. Cet atome de sodium chargé positivement porte le nom d'*ion sodium* et s'écrit Na⁺. Le chlore (Cl) a 17 électrons en tout, dont 7 dans le dernier niveau énergétique. Puisque ce dernier peut en contenir 8, le chlore a tendance à saisir un électron qui a été perdu par un autre atome ; c'est un *accepteur d'électrons* (figure 22.2a). C'est ainsi qu'il devient porteur de 18 électrons au total. Toutefois, il n'a toujours que 17 protons dans son noyau. L'ion chlorure a donc une charge de −1 et s'écrit Cl⁻.

Les charges opposées de l'ion sodium (Na⁺) et de l'ion chlorure (Cl⁻) s'attirent. Cette attraction, ou liaison ionique, retient deux atomes ensemble et une molécule se forme (**figure 22.2b**). Cette molécule, appelée *chlorure de sodium* (NaCl), ou sel de table, fournit un exemple classique de liaison ionique. Ainsi, la **liaison ionique** est l'attraction qui s'exerce entre des ions de charges opposées et qui les retient ensemble de manière à former une

molécule stable. Autrement dit, la liaison ionique est l'attraction qui unit des atomes de telle sorte que certains atomes perdent des électrons et que d'autres en acquièrent. Les liaisons ioniques fortes, comme celles qui retiennent Na⁺ et Cl⁻ dans les cristaux de sel, ont une importance limitée dans les cellules vivantes. Mais les liaisons ioniques plus faibles qui se forment dans les solutions aqueuses (eau) sont importantes pour les réactions biochimiques dans les microbes et les autres organismes vivants. Par exemple, les liaisons ioniques plus faibles jouent un rôle dans certaines réactions antigène-anticorps, qui sont des réactions au cours desquelles des molécules produites par le système immunitaire (anticorps) se lient à des substances étrangères (antigènes) dans la lutte contre l'infection.

En règle générale, les atomes dont le dernier niveau énergétique est moins qu'à demi complet perdent des électrons et forment des ions chargés positivement, appelés **cations**. L'ion potassium (K⁺), l'ion calcium (Ca²⁺) et l'ion sodium (Na⁺) sont des exemples de cations. Quand leur dernier niveau énergétique est plus qu'à demi complet, les atomes gagnent des électrons et forment des ions chargés négativement, appelés **anions**. Les ions iodure (I⁻), chlorure (Cl⁻) et sulfure (S²⁻) en sont des exemples.

Les liaisons covalentes

Une **liaison covalente** est le lien chimique unissant deux atomes qui partagent au moins une paire d'électrons. Les liaisons covalentes sont plus fortes et beaucoup plus fréquentes dans les organismes vivants que les liaisons ioniques véritables. Dans la molécule de dihydrogène (H₂), deux atomes d'hydrogène partagent une paire

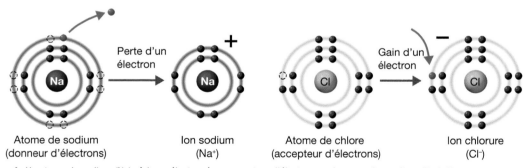

a) Un atome de sodium (Na) cède un électron à un accepteur d'électrons et forme un ion sodium (Na⁺). Un atome de chlore (Cl) accepte un électron d'un donneur d'électrons et devient un ion chlorure (Cl⁻).

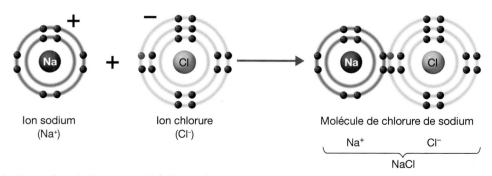

b) Les ions sodium et chlorure sont attirés l'un par l'autre en raison de leurs charges qui s'opposent. Ils sont retenus ensemble par une liaison ionique et forment ainsi une molécule de chlorure de sodium (NaCl).

Figure 22.2 Formation d'une liaison ionique.

d'électrons. Chaque atome a son propre électron plus un, emprunté à l'autre atome (**figure 22.3a**). En réalité, la paire d'électrons partagée est en orbite autour des noyaux des deux atomes. Par conséquent, les derniers niveaux énergétiques des deux atomes sont complets. Quand une paire seulement d'électrons est partagée entre les atomes, il y a formation d'une *liaison covalente simple*. On représente la liaison covalente simple par un trait unique entre les atomes (H—H). Quand deux paires d'électrons sont partagées, on obtient une *liaison covalente double*, qu'on représente par deux traits (═). La *liaison covalente triple*, représentée par trois traits (≡), se forme quand trois paires d'électrons sont partagées.

Les principes de la liaison covalente qui s'appliquent lorsque les atomes liés appartiennent au même élément valent également pour les atomes d'éléments différents. Le méthane (CH$_4$) est un exemple de la formation de liaisons covalentes entre des atomes d'éléments différents (**figure 22.3b**). Le dernier niveau énergétique de l'atome de carbone peut contenir 8 électrons, mais n'en a que 4; celui de l'atome d'hydrogène peut en contenir 2, mais n'en a que 1. En conséquence, dans la molécule de méthane, l'atome de carbone gagne quatre électrons d'hydrogène pour compléter son dernier niveau énergétique, et chaque atome d'hydrogène complète sa paire en partageant un électron avec l'atome de carbone. Chaque électron externe de l'atome de carbone est en orbite à la fois autour du noyau de carbone et autour de celui d'hydrogène. Chaque électron d'hydrogène tourne à la fois autour de son propre noyau et autour du noyau de carbone.

Les éléments tels que l'hydrogène et le carbone, dont les derniers niveaux énergétiques sont à demi complets, forment assez facilement des liaisons covalentes. En fait, dans les organismes vivants, le carbone forme presque toujours des liaisons covalentes; il ne devient presque jamais un ion. *Attention!* Les liaisons covalentes se forment par *partage* d'électrons entre les atomes qui ne gagnent ni ne perdent aucun électron. Les liaisons ioniques se forment par *attraction* entre des atomes qui ont perdu ou gagné des électrons et sont donc chargés positivement ou négativement.

Les liaisons hydrogène

La **liaison hydrogène** est une autre liaison chimique particulièrement importante pour tous les organismes vivants. Elle se forme quand un atome d'hydrogène uni par une liaison covalente à un atome d'oxygène ou d'azote est attiré par un autre atome d'oxygène ou d'azote. Ces liens sont trop faibles pour permettre aux atomes de se constituer en molécules. Toutefois, ils servent de ponts entre différentes molécules ou entre divers segments d'une même molécule.

L'atome d'hydrogène est petit; il ne possède qu'un seul proton dans son noyau et un seul électron. Quand l'hydrogène se combine à des atomes d'oxygène ou d'azote, l'attraction exercée sur son électron par le noyau relativement gros de ces atomes est plus forte que celle de son propre petit noyau. Ainsi, dans la molécule d'eau (H$_2$O), les électrons tendent à rester plus près du noyau d'oxygène que des noyaux d'hydrogène. La partie oxygène de la molécule d'eau possède alors une faible charge négative et la partie hydrogène une faible charge positive (**figure 22.4a**). Lorsque des molécules d'eau se rencontrent, l'extrémité chargée positivement des atomes d'hydrogène d'une molécule d'eau est attirée par l'extrémité chargée négativement d'une autre molécule d'eau; une liaison

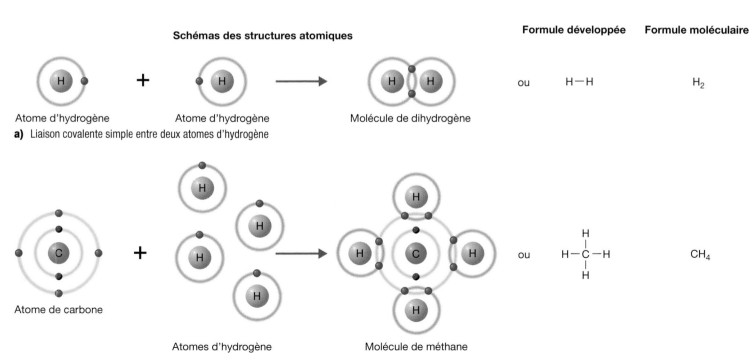

Schémas des structures atomiques   **Formule développée**   **Formule moléculaire**

Atome d'hydrogène   Atome d'hydrogène   Molécule de dihydrogène   ou   H—H   H$_2$

a) Liaison covalente simple entre deux atomes d'hydrogène

Atome de carbone   Atomes d'hydrogène   Molécule de méthane   ou $H-\overset{\displaystyle H}{\underset{\displaystyle H}{C}}-H$ CH$_4$

b) Liaisons covalentes simples entre quatre atomes d'hydrogène et un atome de carbone formant une molécule de méthane

Figure 22.3 **Formation de liaisons covalentes.** Les formules qui figurent à droite sont des façons plus simples de représenter les molécules. Dans la formule développée, chaque liaison covalente est indiquée par un trait entre les symboles des atomes. Dans la formule moléculaire, le nombre d'atomes dans la molécule est signalé par des indices.

hydrogène se forme alors entre les deux (**figure 22.4b**). Cette attraction peut aussi avoir lieu entre l'hydrogène et les autres atomes d'une même molécule, surtout quand cette dernière est grosse. L'oxygène et l'azote sont les éléments qui participent le plus souvent aux liaisons hydrogène parce que ce sont les atomes électronégatifs environnants les plus fréquents dans les organismes vivants.

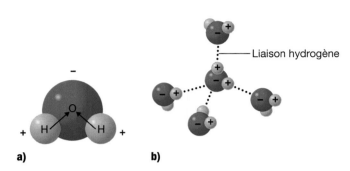

— Liaison hydrogène

a) **b)**

Figure 22.4 **Formation de liaisons hydrogène dans l'eau.**
a) Dans la molécule d'eau, l'électron de chacun des atomes d'hydrogène est fortement attiré par l'atome d'oxygène. En conséquence, la partie de la molécule d'eau qui contient l'atome d'oxygène possède une faible charge négative, tandis que la partie qui contient les atomes d'hydrogène a une faible charge positive. **b)** Dans le cas de la liaison hydrogène entre deux molécules d'eau, l'hydrogène de l'une des molécules est attiré par l'oxygène de l'autre molécule. Un grand nombre de molécules d'eau peuvent s'attirer entre elles par des liaisons hydrogène (les liaisons hydrogène sont représentées par un pointillé noir).

La liaison hydrogène est beaucoup plus faible que la liaison ionique ou la liaison covalente ; elle ne possède qu'environ 5 % de la force d'une liaison covalente. En conséquence, les liaisons hydrogène se forment et se défont assez facilement. C'est cette propriété qui permet la création de liaisons temporaires entre certains atomes dans les grosses molécules complexes telles que les protéines et les acides nucléiques. Bien qu'elles soient relativement faibles, les liaisons hydrogène confèrent une force et une stabilité considérables aux grosses molécules qui en contiennent plusieurs centaines.

La masse moléculaire et les moles

Nous avons vu que la formation de liaisons aboutit à la création de molécules. Quand on étudie les molécules, il y a deux quantités auxquelles on s'intéresse souvent : la masse moléculaire et la mole. La **masse moléculaire** est la somme des masses atomiques de tous les atomes qui composent une molécule ou une substance. Pour rendre cette mesure utilisable en laboratoire, on emploie une unité appelée *mole*. Une **mole** d'une substance égale sa masse moléculaire exprimée en grammes (g). Par exemple, 1 mole d'eau pèse 18,015 g parce que la masse moléculaire d'H_2O est égale à la somme de la masse atomique combinée des deux atomes de H (2 × 1,008) et de celle de l'atome d'O (15,999), ce qui donne 18,015 g = [(2,016) + 15,999] ; on peut aussi simplifier la valeur : 1 mole d'eau = 18 g ou [(2 × 1) + 16].

▶ Vérifiez vos acquis

Quelle différence y a-t-il entre une liaison ionique et une liaison covalente ?
22-2

Les réactions chimiques

▶ Objectif d'apprentissage

22-3 Représenter trois des principaux modes de réactions chimiques sous forme de schémas.

Au cours des **réactions chimiques**, il y a formation ou rupture de liaisons entre des atomes. Au terme d'une telle réaction, le nombre total d'atomes reste le même, mais de nouvelles molécules avec de nouvelles propriétés se sont formées parce qu'il y a eu un réarrangement des atomes.

L'énergie et les réactions chimiques

Il y a échange d'énergie chaque fois que des liaisons se forment ou se brisent entre les atomes au cours des réactions chimiques. Cette énergie s'appelle **énergie chimique**. Pour former une liaison chimique, il faut fournir de l'énergie. Toute réaction chimique qui absorbe plus d'énergie qu'elle n'en libère s'appelle **réaction endergonique** (*endo-* = intérieur). Quand une liaison est brisée, il y a libération d'énergie. Toute réaction chimique qui libère plus d'énergie qu'elle n'en absorbe s'appelle **réaction exergonique** (*exo-* = extérieur).

Dans la présente section, nous examinons trois des principales réactions chimiques communes à toutes les cellules vivantes. En vous familiarisant avec ces réactions, vous serez en mesure de comprendre les réactions chimiques spécifiques que nous aborderons plus loin.

Les réactions de synthèse

Quand des atomes, des ions ou des molécules se combinent pour former de nouvelles molécules plus grosses, la réaction s'appelle **réaction de synthèse**. Synthétiser, c'est réunir ; c'est ainsi que la réaction de synthèse *forme de nouvelles liaisons*. On peut représenter ce mode de réaction de la façon suivante :

$$A + B \xrightarrow[\text{pour former}]{\text{se combinent}} AB$$

Atome, ion ou Atome, ion ou Nouvelle
molécule A molécule B molécule AB

Les substances qui se combinent, A et B, s'appellent *réactifs* ; la substance formée par leur combinaison, AB, s'appelle *produit*. La flèche indique la direction dans laquelle la réaction s'effectue.

Dans les organismes vivants, les voies métaboliques composées de réactions de synthèse s'appellent collectivement *réactions anaboliques*, ou simplement **anabolisme**. La combinaison de molécules de glucides simples pour former de l'amidon et celle d'acides aminés pour donner des protéines sont des exemples d'anabolisme.

Les réactions de dégradation

L'inverse de la réaction de synthèse est la **réaction de dégradation**. La dégradation consiste à décomposer un tout en parties plus petites. Ainsi, dans une réaction de dégradation, il y a *rupture de liaisons*. Habituellement, ces réactions réduisent de grosses molécules en molécules plus petites, en ions ou en atomes. La réaction de dégradation se déroule de la façon suivante :

$$AB \xrightarrow{\text{se brise en}} A + B$$

Molécule AB   Atome, ion ou   Atome, ion ou
                               molécule A   molécule B

Les réactions de dégradation qui ont lieu dans les organismes vivants s'appellent collectivement *réactions cataboliques*, ou simplement **catabolisme**. Un exemple de catabolisme est la dégradation du saccharose (sucre ordinaire) en glucides plus simples, c'est-à-dire en glucose et en fructose, au cours de la digestion. Nous examinons la dégradation du pétrole par les bactéries dans l'encadré 22.1.

Les réactions d'échange

Toutes les réactions chimiques sont fondées sur la synthèse et la dégradation. Beaucoup de réactions, telles que les **réactions d'échange**, ou **de substitution**, sont en fait constituées en partie d'une synthèse et en partie d'une dégradation. La réaction d'échange fonctionne de la façon suivante :

$$AB + CD \xrightarrow[\text{pour former}]{\substack{\text{se défont,} \\ \text{puis se combinent}}} AD + BC$$

Tout d'abord, les liaisons entre A et B ainsi qu'entre C et D sont rompues par un processus de dégradation. Ensuite, de nouvelles liaisons se forment entre A et D et entre B et C par un processus de synthèse. Par exemple, il y a une réaction d'échange quand l'hydroxyde de sodium (NaOH) et l'acide chlorhydrique (HCl) réagissent pour former du chlorure de sodium (NaCl), ou sel de table, et de l'eau (H_2O), comme suit :

$$NaOH + HCl \longrightarrow NaCl + H_2O$$

La réversibilité des réactions chimiques

En théorie, toutes les réactions chimiques sont réversibles, c'est-à-dire qu'elles peuvent se dérouler dans les deux directions. Mais en pratique, toutes les réactions ne sont pas égales à cet égard. Une réaction chimique qui est facilement réversible (dont les produits terminaux peuvent être reconvertis de manière à obtenir les molécules initiales) s'appelle **réaction réversible**, et on signale cette propriété par deux demi-flèches, comme suit :

$$A + B \underset{\text{se dégrade en}}{\overset{\text{se combinent pour former}}{\rightleftharpoons}} AB$$

Certaines réactions sont réversibles parce que ni les réactifs ni les produits ne sont très stables. D'autres le sont seulement sous certaines conditions :

$$A + B \underset{\text{eau}}{\overset{\text{chaleur}}{\rightleftharpoons}} AB$$

Ce qui est écrit au-dessus ou au-dessous des demi-flèches précise la condition particulière dans laquelle la réaction est possible dans la direction indiquée. Dans le cas ci-dessus, A et B réagissent

pour produire AB seulement quand on les chauffe, et AB se dégrade en A et en B seulement en présence d'eau. La figure 22.8 montre un autre exemple de ce mode de réaction. Au chapitre 23, nous étudierons les différents facteurs qui influent sur les réactions chimiques.

▶ **Vérifiez vos acquis**

Quel type de réaction chimique est illustré par l'équation suivante ? **22-3**
$HClO + Na_2SO_3 \longrightarrow Na_2SO_4 + HCl$

LES MOLÉCULES BIOLOGIQUES IMPORTANTES

Les biologistes et les chimistes considèrent qu'il y a deux grandes classes de composés : inorganiques et organiques. Les **composés inorganiques** sont des molécules, généralement petites et de structure simple, normalement dépourvues de carbone et dans lesquelles les liaisons ioniques peuvent jouer un rôle important. Ce sont, entre autres, l'eau, le dioxygène (O_2), le dioxyde de carbone (CO_2) et de nombreux sels, acides et bases.

Les **composés organiques** contiennent toujours du carbone et de l'hydrogène et ont en général des structures complexes. Le carbone est un élément unique en son genre parce qu'il possède quatre électrons dans son dernier niveau énergétique et quatre cases inoccupées. Il peut se combiner à divers atomes, y compris d'autres atomes de carbone, pour former des chaînes linéaires ou ramifiées et des structures cycliques. Les chaînes de carbone sont les structures de base d'un grand nombre de composés organiques dans les cellules vivantes, dont les glucides, les acides aminés et les vitamines. Ces composés doivent leur cohésion principalement ou entièrement à des liaisons covalentes. Certains d'entre eux, tels que les polysaccharides, les protéines et les acides nucléiques, sont très gros et contiennent habituellement des milliers d'atomes. Ces molécules géantes sont appelées *macromolécules*. Nous examinons dans la section qui suit les composés organiques et les composés inorganiques essentiels aux cellules.

Les composés inorganiques

▶ **Objectifs d'apprentissage**

22-4 Nommer plusieurs propriétés de l'eau qui sont importantes pour les systèmes vivants.

22-5 Définir un acide, une base, un sel et le pH.

L'eau

Les organismes vivants ont besoin de toutes sortes de composés inorganiques pour leur croissance, leur réparation, leur entretien et leur reproduction. L'eau est un des plus importants et un des plus abondants d'entre eux. Elle est particulièrement vitale dans le cas des microorganismes. À l'extérieur de la cellule, les nutriments sont dissous dans l'eau, ce qui facilite leur passage à travers les membranes

La biorestauration – Des bactéries sont invitées à une dégustation de pétrole

Si beaucoup de bactéries ont des besoins alimentaires semblables aux nôtres – d'où la nourriture avariée –, il y en a qui métabolisent (ou traitent chimiquement) des substances toxiques pour la plupart des plantes et des animaux : des métaux lourds, du soufre, de l'azote gazeux, du pétrole, et même des polychlorobiphényles (PCB) et du mercure. Les bactéries présentent donc plusieurs avantages pour la lutte contre la pollution.

Il y a à l'état naturel dans le sol et dans l'eau des bactéries capables de dégrader de nombreux polluants ; toutefois, le nombre restreint de ces bactéries ne permet pas de lutter efficacement contre les contaminations à grande échelle. Certains scientifiques se consacrent actuellement à l'amélioration de l'efficacité de ces agents de dépollution naturels et, dans certains cas, modifient génétiquement des organismes pour leur donner précisément l'appétit chimique voulu. L'utilisation de bactéries pour s'attaquer à la décontamination du sol et de l'eau pollués s'appelle *biorestauration**.

Une des victoires les plus prometteuses pour la biorestauration a été remportée sur une plage d'Alaska à la suite du déversement de pétrole de l'*Exxon Valdez*. Plusieurs bactéries naturelles du genre *Pseudomonas* sont capables de dégrader le pétrole pour satisfaire leurs besoins en carbone et en énergie. En présence d'air, elles s'attaquent aux grosses molécules de pétrole et en retirent deux carbones à la fois (voir l'illustration).

Cependant, ces bactéries ne sont guère utiles lorsqu'on est aux prises avec une marée noire, car elles dégradent le pétrole beaucoup trop lentement. Toutefois, les scientifiques ont trouvé une façon très simple d'accélérer le processus – sans avoir recours aux techniques de l'ADN recombinant. Ils ont simplement répandu sur la plage-test des engrais ordinaires pour les plantes contenant de l'azote et du phosphore (bioactivateurs). Le nombre de bactéries capables de dégrader le pétrole a augmenté par comparaison avec celles des plages témoins qui n'ont pas eu d'engrais, et la plage-test est maintenant complètement propre.

On étudie à l'heure actuelle un autre groupe de bactéries susceptible de remédier à la contamination par le mercure. On trouve du mercure dans des substances courantes telles que les restes de peinture qu'on a mis aux ordures. Il peut s'échapper des dépotoirs et s'infiltrer dans le sol et l'eau. C'est en fait la présence d'une bactérie commune dans l'environnement, *Desulfovibrio desulfuricans*, qui rend le mercure plus dangereux ; en effet, elle ajoute au mercure un groupement méthyle, ce qui le convertit en une substance extrêmement toxique, le méthylmercure. Dans les étangs ou les marais, le méthylmercure se fixe aux petits organismes tels que le plancton, qui est consommé par de plus gros organismes, qui sont à leur tour mangés par les poissons. On a attribué des empoisonnements de poissons et, à l'autre bout de la chaîne alimentaire, des empoisonnements d'humains à l'ingestion de méthylmercure.

Toutefois, d'autres bactéries, dont certaines espèces de *Pseudomonas*, offrent l'espoir d'une solution. Pour éviter d'être empoisonnées par le mercure, ces bactéries commencent par convertir le méthylmercure en ion mercure (Hg^{2+}), ou ion mercurique :

$$CH_3Hg \quad \rightarrow \quad CH_4 \quad + \quad Hg^{2+}$$
Méthylmercure　　　Méthane　　　Ion mercure

Beaucoup de bactéries peuvent alors convertir l'ion mercurique avec ses charges positives en élément mercure, qui est relativement inoffensif. Elles accomplissent cette tâche en ajoutant à l'ion des électrons empruntés à des atomes d'hydrogène :

$$Hg^{2+} \quad + \quad 2H \quad \xrightarrow{\quad 2e^- \quad} \quad Hg \quad + \quad H^+$$
Ion mercure　　Atomes　　　　Mercure　　Ions
　　　　　　　d'hydrogène　　　　　　　hydrogène

Contrairement à certaines formes d'assainissement de l'environnement, où les substances dangereuses sont enlevées d'un endroit pour être jetées ailleurs, le nettoyage bactérien élimine les produits toxiques et retourne souvent une substance inoffensive ou utile à l'environnement.

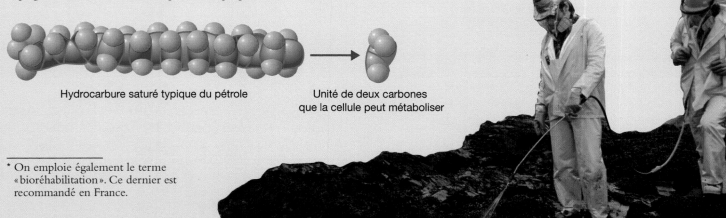

Hydrocarbure saturé typique du pétrole → Unité de deux carbones que la cellule peut métaboliser

---

* On emploie également le terme «bioréhabilitation». Ce dernier est recommandé en France.

cellulaires. Et à l'intérieur de la cellule, l'eau est le milieu dans lequel se déroulent la plupart des réactions chimiques. En fait, l'eau est de loin le composant le plus abondant de presque toutes les cellules vivantes. Elle constitue de 5 à 95 % de la cellule, la moyenne se situant entre 65 et 75 %. On peut dire tout simplement qu'aucun organisme n'est en mesure de survivre sans eau.

L'eau possède des propriétés structurales et chimiques grâce auxquelles elle est particulièrement bien adaptée au rôle qu'elle est appelée à jouer dans les cellules vivantes. Nous avons mentionné que la charge nette de la molécule d'eau est neutre, mais que la partie oxygène possède une faible charge négative, tandis que la partie hydrogène possède une faible charge positive (voir la section sur les liaisons hydrogène et la figure 22.4a). Toute molécule qui affiche une distribution inégale de ses charges s'appelle **molécule polaire**. La nature polaire de l'eau lui confère quatre caractéristiques qui en font un milieu utile pour les cellules vivantes.

Premièrement, chaque molécule d'eau est en mesure de former quatre liaisons hydrogène avec les molécules d'eau environnantes (figure 22.4b). En raison de cette propriété, les molécules d'eau s'attirent fortement les unes les autres, ce qui permet de maintenir une grande cohésion. Il faut par conséquent une grande quantité de chaleur pour dissocier les molécules d'eau et former de la vapeur ; ainsi, le point d'ébullition de l'eau est relativement élevé (100 °C). C'est pourquoi l'eau se trouve à l'état liquide sur la majeure partie de la surface terrestre. De plus, les liaisons hydrogène entre les molécules influent sur la densité de l'eau, selon qu'elle est à l'état solide ou à l'état liquide. Par exemple, les liaisons hydrogène de la structure cristalline de l'eau (la glace) font en sorte que la glace occupe plus d'espace. Il en résulte que la glace possède moins de molécules qu'un volume égal d'eau liquide. De ce fait, la structure cristalline est moins dense que l'eau liquide. C'est la raison pour laquelle la glace flotte et peut servir d'isolant à la surface des lacs et des ruisseaux qui abritent des organismes vivants.

Deuxièmement, la polarité de l'eau en fait un excellent solvant. Dans une solution, le **solvant** est la substance qui peut dissoudre une autre substance, nommée **soluté**. Beaucoup de substances polaires se séparent – se dissolvent – en molécules individuelles dans l'eau. La réaction de séparation des molécules de soluté s'appelle **dissociation**. Cette dissociation est possible parce que la partie négative des molécules d'eau est attirée par la partie positive des molécules de soluté, et que la partie positive des molécules d'eau est attirée par la partie négative des molécules de soluté. Les substances (telles que les sels) qui sont composées d'atomes (ou de groupes d'atomes) maintenus ensemble par des liaisons ioniques ont tendance à se dissocier en cations et en anions dans l'eau ; la réaction de dissociation est donc aussi appelée *réaction d'ionisation*. Ainsi, la polarité de l'eau permet aux molécules d'un grand nombre de substances de se séparer et de se retrouver encerclées par des molécules d'eau (**figure 22.5**).

Troisièmement, la polarité de l'eau explique son rôle caractéristique de réactif ou de produit dans beaucoup de réactions chimiques. La polarité facilite la séparation et la réunion des ions hydrogène (H^+) et des ions hydroxyde (OH^-). Par exemple, l'eau est un réactif clé dans les processus digestifs des organismes, au cours desquels des molécules de grande taille sont dégradées en segments plus petits. Les molécules d'eau interviennent aussi dans

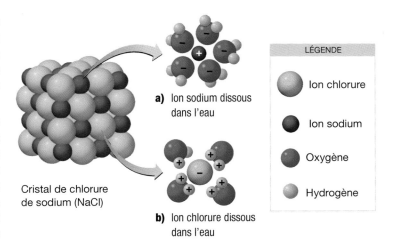

Cristal de chlorure de sodium (NaCl)

a) Ion sodium dissous dans l'eau

b) Ion chlorure dissous dans l'eau

LÉGENDE
- Ion chlorure
- Ion sodium
- Oxygène
- Hydrogène

Figure 22.5 Comment l'eau agit comme solvant pour le chlorure de sodium (NaCl). **a)** L'ion sodium (Na^+), de charge positive, est attiré par la partie négative de la molécule d'eau. **b)** L'ion chlorure (Cl^-), dont la charge est négative, est attiré par la partie positive de la molécule d'eau. En présence de molécules d'eau, les liaisons entre Na^+ et Cl^- sont rompues et NaCl se dissout dans l'eau.

les réactions de synthèse ; elles sont une source importante d'atomes d'hydrogène et d'oxygène qui sont incorporés dans nombre de composés organiques par les cellules vivantes.

Enfin, la force relative des liaisons hydrogène entre ses molécules (figure 22.4b) fait de l'eau un excellent tampon thermique. Une quantité donnée d'eau doit gagner beaucoup de chaleur pour que sa température augmente, et en perdre beaucoup pour qu'elle diminue, par comparaison avec de nombreuses autres substances. Normalement, l'absorption de chaleur augmente l'énergie cinétique des molécules ; elle élève donc la vitesse de leurs déplacements et leur réactivité. Dans le cas de l'eau, l'absorption de chaleur commence par briser les liaisons hydrogène plutôt que d'accélérer les particules. C'est pourquoi il faut beaucoup plus de chaleur pour faire augmenter la température de l'eau que pour élever celle d'un liquide dépourvu de liaisons hydrogène. L'inverse se produit quand l'eau se refroidit. Ainsi, l'eau conserve plus facilement une température constante que les autres solvants et tend à protéger les cellules contre les fluctuations de température du milieu.

Les acides, les bases et les sels

Nous avons vu sur la figure 22.5 que lorsqu'un sel inorganique tel que le chlorure de sodium (NaCl) se dissout dans l'eau, il est soumis à l'**ionisation**, ou *dissociation*, c'est-à-dire qu'il se sépare en ions. Les substances appelées acides et bases se comportent aussi de cette façon.

On peut définir un **acide** comme une substance qui se dissocie en au moins un ion hydrogène (H^+) et en au moins un ion négatif (anion). Ainsi, on peut également définir un acide comme un donneur de protons (H^+). Par exemple, l'acide chlorhydrique (HCl) est un acide parce qu'il se dissocie pour libérer un ion hydrogène (H^+). On peut définir une **base** comme une substance qui se dissocie en au moins un ion positif (cation) et en au moins un ion hydroxyde (OH^-) de charge négative qui peut accepter un proton ou s'y combiner. Par exemple, l'hydroxyde de sodium (NaOH) est une base, parce qu'il se dissocie pour libérer un ion OH^-, qui exerce une forte attraction sur les protons et constitue un des plus importants accepteurs de protons. Un **sel** est une substance qui se dissocie dans l'eau en cations et en anions, qui ne sont ni H$^+$, ni OH$^-$. La **figure 22.6** montre des exemples communs de chacun de ces types de composés et de leur dissociation dans l'eau.

L'équilibre acidobasique : le concept de pH

Tout organisme doit maintenir un équilibre assez constant entre les acides et les bases pour rester en bonne santé. Dans le milieu aqueux à l'intérieur des organismes, les acides se dissocient en ions hydrogène (H$^+$) et en anions. Pour leur part, les bases se dissocient en ions hydroxyde (OH$^-$) et en cations. Plus il y a d'ions hydrogène libres en solution, plus la solution est acide. Inversement, plus il y a d'ions hydroxyde libres en solution, plus la solution est basique, ou alcaline.

Les réactions biochimiques – c'est-à-dire les réactions chimiques qui ont lieu dans les systèmes vivants – sont extrêmement sensibles aux plus petits changements d'acidité ou d'alcalinité dans les milieux où elles se déroulent. En fait, les ions H$^+$ et OH$^-$ interviennent dans presque tous les processus biochimiques, et le fonctionnement des cellules est profondément perturbé par tout écart, même faible, des concentrations normales d'ions H$^+$ et OH$^-$. C'est pourquoi les acides et les bases qui se forment continuellement dans les organismes doivent être tenus en équilibre.

Pour des raisons pratiques, on exprime la quantité d'ions H$^+$ dans une solution au moyen d'une échelle de **pH** logarithmique, qui va de 0 à 14 (**figure 22.7**). Le terme «pH» signifie «potentiel d'hydrogène». Sur l'échelle logarithmique, une augmentation d'un nombre entier représente une concentration 10 fois moins élevée que celle de la valeur qui précède. Ainsi, une solution de pH 1 contient 10 fois plus d'ions hydrogène qu'une solution de pH 2 et 100 fois plus qu'une solution de pH 3.

On calcule le pH d'une solution par la formule $-\log_{10}[\text{H}^+]$, le logarithme décimal négatif de la concentration d'ions hydrogène (indiquée par les crochets), exprimée en moles par litre [H$^+$]. Par exemple, si la concentration d'ions H$^+$

d'une solution est de $1{,}0 \times 10^{-4}$ moles par litre, ou 10^{-4}, son pH égale $-\log_{10}10^{-4} = -(-4) = 4$; cela représente à peu près le pH du vin (appendice D). La figure 22.7 montre également le pH de certains liquides organiques et d'autres substances courantes. Dans le laboratoire, on mesure habituellement le pH d'une solution au moyen d'un pHmètre ou d'un papier de pHmétrie, ou papier réactif.

Les solutions acides contiennent plus d'H$^+$ que d'OH$^-$ et ont un pH inférieur à 7. Si une solution a plus d'OH$^-$ que d'H$^+$, elle est basique, ou alcaline. Dans l'eau pure, un petit pourcentage des molécules sont dissociées en H$^+$ et en OH$^-$, si bien que le pH est de 7. Les concentrations d'H$^+$ et d'OH$^-$ étant égales, on dit que ce pH est celui d'une solution neutre.

N'oubliez pas que le pH d'une solution peut changer. On peut augmenter l'acidité d'une solution en ajoutant des substances qui élèvent la concentration en ions hydrogène. Lorsqu'un organisme vivant absorbe des nutriments, produit des réactions chimiques et

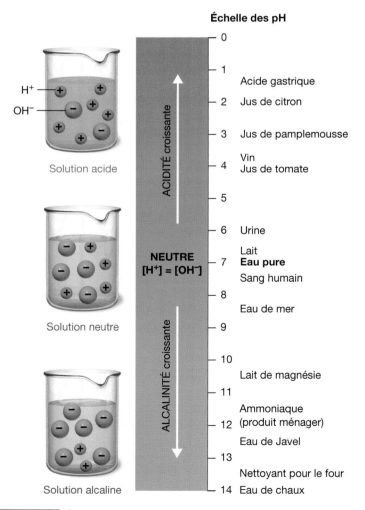

Échelle des pH

H$^+$
OH$^-$

Solution acide

Solution neutre

NEUTRE
[H$^+$] = [OH$^-$]

Solution alcaline

ACIDITÉ croissante

ALCALINITÉ croissante

- 0
- 1   Acide gastrique
- 2   Jus de citron
- 3   Jus de pamplemousse
- 4   Vin / Jus de tomate
- 5
- 6   Urine
- 7   Lait / **Eau pure** / Sang humain
- 8   Eau de mer
- 9
- 10   Lait de magnésie
- 11
- 12   Ammoniaque (produit ménager)
- 13   Eau de Javel
- 14   Nettoyant pour le four / Eau de chaux

Figure 22.7 **Échelle des pH.** Au fur et à mesure que le pH diminue, passant de 14 à 0, la concentration des ions H$^+$ augmente. Ainsi, plus le pH est bas, plus la solution est acide ; plus il est haut, plus elle est alcaline (basique). Si le pH d'une solution est inférieur à 7, la solution est acide ; s'il est supérieur à 7, elle est alcaline. Le pH approximatif de certains liquides organiques chez l'humain et de quelques substances courantes est indiqué à côté de l'échelle des pH.

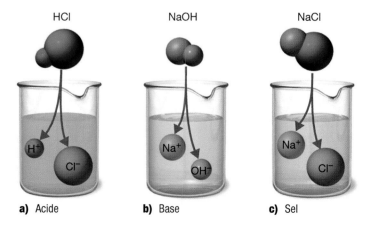

HCl   NaOH   NaCl

H$^+$ Cl$^-$ Na$^+$ OH$^-$ Na$^+$ Cl$^-$

a) Acide   **b)** Base   **c)** Sel

Figure 22.6 **Acides, bases et sels. a)** Dans l'eau, l'acide chlorhydrique (HCl) se dissocie en H$^+$ et en Cl$^-$. **b)** L'hydroxyde de sodium (NaOH) est une base qui se dissocie en OH$^-$ et en Na$^+$ dans l'eau. **c)** Dans l'eau, le sel de table (NaCl) se dissocie en ions positifs (Na$^+$) et en ions négatifs (Cl$^-$), qui ne sont ni H$^+$ ni OH$^-$.

excrète des déchets, l'équilibre des acides et des bases tend à se modifier et le pH se met à fluctuer. Heureusement, les organismes vivants possèdent des **tampons** naturels. Ce sont des composés qui contribuent à empêcher les changements de pH trop brusques. Mais le pH de l'eau et du sol dans notre environnement peut être modifié par les déchets des organismes, les polluants industriels ou les engrais utilisés en agriculture et en horticulture. Quand on cultive des bactéries en laboratoire, elles excrètent des déchets tels que des acides qui peuvent modifier le pH du milieu dans lequel elles croissent. Si on laisse cet effet se poursuivre, le milieu deviendra assez acide pour inhiber les enzymes des bactéries et causer la mort de ces dernières. Pour contourner cette difficulté, on ajoute des tampons au milieu de culture. Un des tampons très efficaces dans certains milieux de culture est constitué de sels de K_2HPO_4 et de KH_2PO_4.

L'intervalle des pH optimaux n'est pas le même pour tous les microbes, mais la plupart des organismes ont une croissance optimale dans des milieux dont le pH se situe entre 6,5 et 8,5. Parmi les microorganismes ayant des exigences particulières, ce sont les mycètes qui tolèrent le mieux les conditions acides, alors que les cyanobactéries ont tendance à préférer les habitats alcalins. L'environnement naturel de *Propionibacterium acnes*, une bactérie qui contribue à l'éclosion de l'acné, est la peau humaine, qui tend à être légèrement acide, avec un pH d'environ 4. *Thiobacillus ferrooxidans* est une bactérie qui se nourrit de soufre (*thio-* = soufre) et produit du H_2SO_4, ou acide sulfurique (tétraoxosulfate de dihydrogène) ; elle oxyde aussi le fer (*ferro-* = fer). L'intervalle de pH qui favorise sa croissance optimale se situe entre 1 et 3,5. L'acide sulfurique produit par cette bactérie dans les eaux de mine est important parce qu'il permet de dissoudre l'uranium et le cuivre compris dans le minerai (figure 28.13). On attribue maintenant à la présence de *Thiobacillus ferrooxidans* des défectuosités apparaissant dans la structure de bâtiments construits sur un sol dont la roche d'origine recèle du calcaire ($CaCO_3$) et de la pyrite (FeS_2). L'oxydation du soufre compris dans la pyrite entraîne la formation d'acide sulfurique qui agit sur la roche contenant du calcaire ; celle-ci gonfle quand le métabolisme bactérien entraîne la formation de cristaux de gypse ($CaSO_4$). Le problème associé à la pyrite a causé des dommages aux bâtiments dans le Midwest américain. Le secteur de la rive-sud de Montréal, au Québec, est aussi aux prises avec ce problème.

▶ **Vérifiez vos acquis**

En quoi la nature polaire de l'eau contribue-t-elle à en faire une molécule importante pour les cellules vivantes ? **22-4**

Les antiacides neutralisent les acides de la manière suivante : $Mg(OH)_2 + 2HCl \longrightarrow MgCl_2 + H_2O$. Identifiez l'acide, la base et le sel. **22-5**

Les composés organiques

▶ Objectifs d'apprentissage

22-6 Distinguer les composés organiques des composés inorganiques quant à leur importance sur le plan des réactions chimiques à l'intérieur des organismes vivants.

22-7 Définir le groupement fonctionnel.

22-8 Identifier les unités structurales des glucides.

22-9 Différencier les lipides simples, les lipides complexes et les stéroïdes.

22-10 Identifier les unités structurales des protéines.

22-11 Identifier les unités structurales des acides nucléiques.

22-12 Décrire le rôle de l'ATP dans les activités cellulaires.

Si on exclut l'eau, les composés inorganiques constituent de 1 à 1,5 % de la cellule vivante. Ces composants relativement simples, dont les molécules ne possèdent que quelques atomes, ne peuvent pas être utilisés par les cellules pour accomplir des fonctions biologiques complexes. Les molécules organiques, dont les atomes de carbone peuvent se combiner de multiples façons avec d'autres atomes de carbone et avec ceux d'autres éléments, sont relativement complexes et, de ce fait, peuvent se charger de fonctions biologiques plus complexes.

La structure et les propriétés chimiques

Lors de l'élaboration de molécules organiques, les quatre électrons de valence du carbone peuvent former jusqu'à quatre liaisons covalentes, et les atomes de carbone peuvent se lier les uns aux autres pour créer des structures linéaires, ramifiées ou cycliques.

Outre le carbone, les éléments les plus communs dans les composés organiques sont l'hydrogène, l'oxygène et l'azote. Le soufre et le phosphore sont moins courants. On trouve aussi d'autres éléments, mais seulement dans un nombre relativement restreint de composés organiques. Les éléments les plus abondants dans les organismes vivants sont les mêmes que ceux des composés organiques (tableaux 22.1 et 22.2).

La chaîne d'atomes de carbone dans une molécule organique est appelée **squelette carboné** ; elle se présente sous une multitude de formes grâce au très grand nombre de combinaisons d'atomes possibles. La plupart de ces carbones sont liés à des atomes d'hydrogène. La liaison d'autres éléments avec le carbone et l'hydrogène forme des **groupements fonctionnels** caractéristiques. Ces derniers sont des groupements d'atomes spécifiques qui sont souvent appelés à participer aux réactions chimiques. Ils sont aussi responsables de la plupart des propriétés chimiques caractéristiques et d'un grand nombre des propriétés physiques des divers composés organiques (**tableau 22.3**).

Selon leur nature, les groupements fonctionnels confèrent différentes propriétés aux molécules organiques. Par exemple, le groupement hydroxyle (—OH) des alcools est hydrophile (qui attire l'eau), cela parce qu'il a une affinité avec l'eau. Cette attraction favorise la dissolution des molécules organiques qui contiennent ce groupement. Le groupement carboxyle (—COOH) étant une source d'ions hydrogène, les molécules qui le contiennent ont des propriétés acides. À l'inverse, le groupement amine (—NH$_2$) est une base, parce qu'il accepte facilement les ions hydrogène. Le groupement sulfhydryle (—SH) contribue à stabiliser la structure complexe de beaucoup de protéines.

Tableau 22.3	Groupements fonctionnels représentatifs et composés auxquels ils appartiennent	
Structure	**Classe de composés**	**Importance biologique**
R—O—H	Alcool	Lipides ; glucides
R—C(=O)—H	Aldéhyde*	Glucides, tel le glucose ; polysaccharides
R—C(=O)—R	Cétone*	Intermédiaires métaboliques
R—C(H)(H)—H	Méthyle	ADN ; métabolisme énergétique
R—C(H)(H)—NH$_2$	Amine	Protéines
R—C(=O)—O—R'	Ester	Membranes plasmiques des bactéries et des eucaryotes
R—C(H)(H)—O—C(H)(H)—R'	Éther	Membranes plasmiques des archéobactéries
R—C(H)(H)—SH	Sulfhydryle	Métabolisme énergétique ; structure des protéines
R—C(=O)—OH	Carboxyle	Acide carboxylique ; lipides ; protéines
R—O—P(=O)(O$^-$)—O$^-$	Phosphate	ATP ; ADN

* Dans le groupement aldéhyde, le C=O est situé à l'extrémité de la molécule. À l'inverse, dans le groupement cétone, le C=O est à l'intérieur de la molécule.

On classifie les composés organiques en partie selon leurs groupements fonctionnels. Par exemple, le groupement —OH est présent dans chacune des molécules suivantes :

Méthanol

Éthanol

Isopropanol

Puisque la réactivité caractéristique de ces molécules est fondée sur le groupement —OH, elles sont regroupées dans une classe appelée *alcools*. Le groupement —OH s'appelle *groupement hydroxyle* et ne doit pas être confondu avec l'*ion hydroxyde* (OH$^-$) des bases. Le groupement hydroxyle des alcools ne s'ionise pas à pH neutre ; il forme une liaison covalente avec un atome de carbone.

Quand une classe de composés se caractérise par un groupement fonctionnel particulier, on peut représenter le reste de la molécule par la lettre *R*. Par exemple, comme nous l'avons indiqué précédemment, un alcool, en général, s'écrit R—OH.

Il arrive souvent qu'il y ait plus d'un groupement fonctionnel dans une molécule. Par exemple, la molécule d'acide aminé contient un groupement amine et un groupement carboxyle. La glycine est un acide aminé qui présente la structure suivante :

Groupement amine — Groupement carboxyle

La plupart des composés organiques qui se trouvent chez les êtres vivants sont assez complexes ; le squelette est formé d'un grand nombre d'atomes de carbone auxquels se greffe un grand nombre de groupements fonctionnels. Dans les molécules organiques, il est important que chacune des quatre liaisons du carbone soit comblée (par combinaison à un autre atome) et que, dans le cas des atomes liés, toutes les liaisons qui leur sont caractéristiques soient comblées. Dans ces conditions, les molécules sont stables sur le plan chimique.

De petites molécules organiques peuvent être combinées pour former de très grosses molécules appelées **macromolécules** (*macro-* = grand). Les macromolécules sont habituellement des **polymères** (*poly-* = nombreux ; *-mero* = partie), c'est-à-dire de grosses molécules obtenues par la formation de liaisons covalentes entre un grand nombre de petites molécules semblables appelées **monomères** (*mono-* = unique). Quand deux monomères se joignent, la réaction comprend habituellement l'élimination d'un atome d'hydrogène par un des monomères et d'un groupement hydroxyle par l'autre monomère ; l'atome d'hydrogène et le groupement hydroxyle se combinent pour produire de l'eau :

$$R—OH + OH—R' \longrightarrow R—R' + H_2O$$

Ce type de réaction d'échange s'appelle **synthèse par déshydratation** (*des-* = séparé de ; *hydr-* = eau), ou **réaction de condensation**, parce qu'une molécule d'eau est libérée (**figure 22.8a**). Les macromolécules comme les glucides, les lipides, les protéines et les acides nucléiques sont assemblées dans les cellules, essentiellement grâce à cette forme de synthèse. Toutefois, d'autres molécules doivent aussi participer et procurer l'énergie nécessaire à la formation des liaisons. À la fin du chapitre, nous examinerons l'ATP, principal fournisseur d'énergie de la cellule.

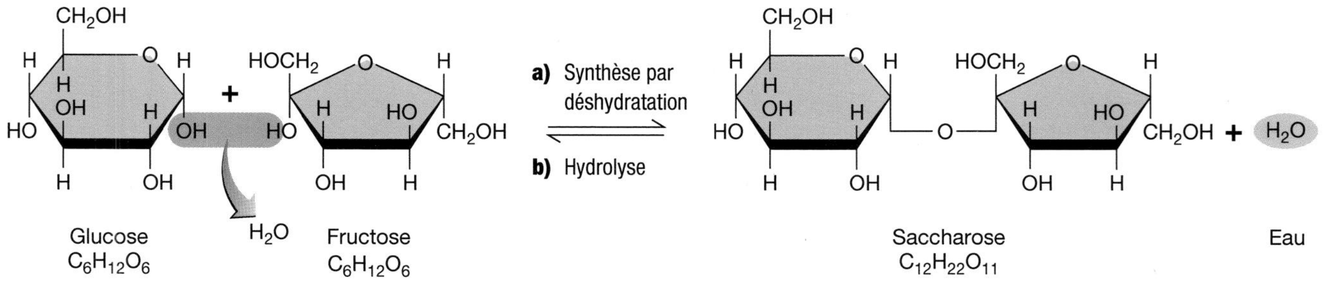

Figure 22.8 **Synthèse par déshydratation et hydrolyse. a)** Au cours d'une synthèse par déshydratation (de gauche à droite), deux monosaccharides, le glucose et le fructose, se combinent pour former une molécule de disaccharide, le saccharose. Une molécule d'eau est libérée lors de cette réaction. **b)** Au cours de l'hydrolyse (de droite à gauche), la molécule de saccharose est dégradée pour produire deux molécules plus petites, le glucose et le fructose. Pour que l'hydrolyse ait lieu, il faut ajouter de l'eau au saccharose.

▶ **Vérifiez vos acquis**

Définissez les molécules organiques. **22-6**

Ajoutez le groupement fonctionnel approprié à cette chaîne carbonée pour produire chacun des composés suivants : éthanol, acide acétique, acétaldéhyde, aminoéthanol. **22-7**

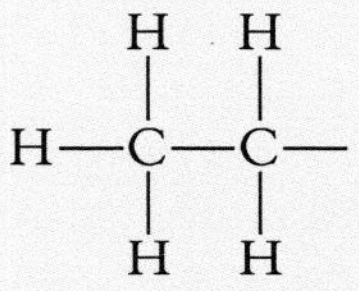

Les glucides

Les **glucides** constituent un groupe vaste et diversifié de composés organiques qui remplissent plusieurs fonctions de premier plan dans les systèmes vivants. Par exemple, le désoxyribose est un des composants de l'acide désoxyribonucléique (ADN), la molécule qui porte l'information concernant le patrimoine héréditaire ; d'autres glucides contribuent à la formation de la paroi cellulaire des bactéries. Des glucides simples servent à la synthèse d'acides aminés et de graisses, ou de substances apparentées aux lipides, qui sont par la suite utilisés pour élaborer des membranes cellulaires et d'autres structures. Les glucides macromoléculaires jouent le rôle de réserves alimentaires. Toutefois, la principale fonction des glucides est d'alimenter les activités cellulaires en énergie, fournie sous une forme rapidement accessible.

Les glucides se composent d'atomes de carbone, d'hydrogène et d'oxygène. Le rapport entre les atomes d'hydrogène et d'oxygène est toujours de 2:1 dans les glucides simples. Il se vérifie dans les formules du ribose ($C_5H_{10}O_5$), du glucose ($C_6H_{12}O_6$) et du saccharose ($C_{12}H_{22}O_{11}$). À quelques exceptions près, la formule générale des glucides est $(CH_2O)_n$, où n indique qu'il y a au moins trois unités CH_2O. On peut classer les glucides en trois grands groupes selon leur taille : monosaccharides, disaccharides et polysaccharides.

Les monosaccharides

Les glucides simples sont appelés **monosaccharides**, ou *oses* (*sacchar-* = sucre) ; chaque molécule contient de trois à sept atomes de carbone. Le nombre d'atomes de carbone que compte la molécule est indiqué par le préfixe que porte son nom. Par exemple,

les glucides simples à 3 carbones s'appellent *trioses*. Il y a aussi des tétroses (glucides à 4 carbones), des pentoses (à 5 carbones), des hexoses (à 6 carbones) et des heptoses (à 7 carbones). Les pentoses et les hexoses sont extrêmement importants pour les organismes vivants. Le désoxyribose est un pentose qui fait partie de l'ADN. Le glucose, un hexose courant, est la principale source d'énergie moléculaire de la cellule vivante.

Les disaccharides

Les **disaccharides** (*di-* = deux) se forment quand deux monosaccharides s'unissent au cours d'une réaction de synthèse par déshydratation*. Par exemple, les molécules de deux monosaccharides, le glucose et le fructose, se combinent pour former une molécule de disaccharide, le saccharose, et une molécule d'eau (figure 22.8a). De la même façon, la synthèse par déshydratation de deux autres monosaccharides, le glucose et le galactose, forme le lactose, un disaccharide qui se trouve dans le lait.

Il peut sembler déconcertant que le glucose et le fructose possèdent la même formule chimique ($C_6H_{12}O_6$) (figure 22.8), bien qu'il s'agisse de monosaccharides différents. Toutefois, la position des atomes d'oxygène et de carbone diffère dans les deux molécules, si bien que ces dernières ont différentes propriétés physiques et chimiques. Deux molécules qui ont la même formule chimique mais des structures et des propriétés différentes sont appelées **isomères** (*iso-* = même).

On peut décomposer les disaccharides en molécules plus petites et plus simples en ajoutant de l'eau. Cette réaction chimique, qui est l'inverse de la réaction de synthèse par déshydratation, s'appelle **hydrolyse** (*hydr-* = eau ; *-lyse* = dissolution) (**figure 22.8b**). Par exemple, une molécule de saccharose peut être hydrolysée (dégradée) en ses composants, le glucose et le fructose, en réagissant avec les ions H^+ et OH^- de l'eau.

Nous avons vu au chapitre 4 que la paroi cellulaire des bactéries est composée de disaccharides et de protéines qui, ensemble, forment une substance complexe appelée *peptidoglycane*.

---

* Les glucides qui comptent de 2 à environ 20 monosaccharides sont appelés **oligosaccharides** (*oligo-* = peu nombreux). Les disaccharides sont les oligosaccharides les plus répandus.

Les polysaccharides

Les glucides du troisième grand groupe, appelés **polysaccharides**, sont composés de dizaines ou de centaines de monosaccharides réunis lors de réactions de synthèse par déshydratation. Les polysaccharides ont souvent des chaînes latérales qui forment des ramifications à partir de la structure principale. Ils sont considérés comme des macromolécules. Comme les disaccharides, ils peuvent être dégradés par hydrolyse et redonner les glucides dont ils sont constitués. Toutefois, contrairement aux monosaccharides et aux disaccharides, ils sont généralement dépourvus du goût sucré qui caractérise le fructose et le saccharose, et ne sont habituellement pas solubles dans l'eau.

Le *glycogène* est un polysaccharide important qui est composé de molécules de glucose. Il est synthétisé par les animaux et certaines bactéries, et sert de réserve d'énergie. La *cellulose*, un autre polymère important de glucose, est le principal composant de la paroi cellulaire des plantes et de la plupart des algues. Bien que ce soit le glucide le plus abondant sur la Terre, la cellulose est digérée seulement par quelques organismes qui possèdent l'enzyme appropriée. Le *dextrane*, un polysaccharide que certaines bactéries produisent sous forme de sécrétion visqueuse, est utilisé dans la préparation d'un succédané de plasma sanguin. La *chitine* est un polysaccharide qui fait partie de la paroi cellulaire de la plupart des mycètes et de l'exosquelette des homards, des crabes et des insectes. L'*amidon* est un polymère du glucose produit par les plantes et qui sert de nourriture aux humains.

Un grand nombre d'animaux, y compris les humains, produisent des enzymes appelées *amylases*, qui peuvent briser les liaisons entre les molécules de glucose de l'amidon. Toutefois, cette enzyme est impuissante à rompre les liaisons de la cellulose. Les bactéries et les mycètes qui produisent des enzymes appelées *cellulases* peuvent digérer la cellulose. Les cellulases de *Trichoderma*, un mycète, sont utilisées dans l'industrie à des fins diverses. Une des applications plutôt inusitées est la préparation du denim délavé. Puisque laver le tissu avec des pierres endommage les machines à laver, on utilise la cellulase pour le digérer et, de ce fait, assouplir le coton, qui est une fibre végétale naturelle (encadré 1.1).

> ▶ Vérifiez vos acquis
>
> Donnez un exemple de monosaccharide, de disaccharide et de polysaccharide. **22-8**

Les lipides

Si tous les lipides de la Terre disparaissaient soudainement, les cellules vivantes se répandraient dans une grande mare de liquides organiques, parce que les lipides sont indispensables à la structure et aux fonctions des membranes qui les séparent de leur environnement aqueux. Les **lipides** (*lip-* = graisse) représentent un second groupe important de composés organiques présents dans la matière vivante. Comme les glucides, ils sont constitués d'atomes de carbone, d'hydrogène et d'oxygène, mais sans le rapport 2:1 entre les atomes d'hydrogène et d'oxygène. Même s'ils forment un groupe de composés très diversifié, les lipides ont une caractéristique commune. Ce sont des molécules *non polaires*; contrairement à l'eau, les lipides ne présentent pas de polarité, c'est-à-dire qu'ils ne sont pas

positifs à une extrémité (pôle) et négatifs à l'autre. En conséquence, la plupart des lipides sont insolubles dans l'eau (hydrophobes), mais sont faciles à dissoudre dans les solvants non polaires, tels que l'éther et le chloroforme. Les lipides servent au stockage de l'énergie et contribuent à une partie de la structure des membranes et des parois cellulaires.

Les lipides simples

Les *lipides simples*, aussi appelés communément *graisses*, contiennent un alcool appelé *glycérol* et un groupe de composés nommés *acides gras*. La molécule de glycérol (ou propanetriol-1,2,3) possède trois atomes de carbone auxquels sont fixés trois groupements hydroxyle (—OH) (**figure 22.9a**). Les acides gras sont de longues chaînes hydrocarbonées (composées seulement d'atomes de carbone et d'hydrogène) qui se terminent par un groupement carboxyle (—COOH, acide carboxylique) (**figure 22.9b**). La plupart des acides gras courants possèdent un nombre pair d'atomes de carbone.

Une molécule de graisse se forme quand une molécule de glycérol se combine à une, deux ou trois molécules d'acide gras pour produire respectivement un monoglycéride (ou monoacylglycérol), un diglycéride (ou diacylglycérol) et un triglycéride (ou triacylglycérol) (**figure 22.9c**). Au cours de la réaction, de une à trois molécules d'eau sont libérées (déshydratation), selon le nombre de molécules d'acide gras qui réagissent. La liaison chimique qui se crée là où la molécule d'eau est retirée s'appelle *estérification*. Lors de la réaction inverse, ou hydrolyse, la molécule de graisse est décomposée en molécules d'acide gras et de glycérol grâce à l'addition d'eau.

Comme les acides gras qui les composent ont des structures différentes, les lipides sont très diversifiés. Par exemple, une molécule de glycérol peut se combiner à trois molécules de l'acide gras A ou à une molécule de chacun des acides gras A, B et C (figure 22.9c).

La principale fonction des lipides est la formation de la membrane plasmique qui enveloppe la cellule. Cette membrane soutient la cellule et permet le passage des nutriments qui doivent y entrer et des déchets qui doivent en sortir. Par conséquent, les lipides doivent conserver la même viscosité, quelle que soit la température ambiante. La membrane doit être à peu près aussi visqueuse que l'huile d'olive; elle ne doit pas devenir trop fluide à la chaleur, ni trop épaisse au froid. Tous ceux qui ont eu à préparer un repas savent que les graisses animales (telles que le beurre) sont habituellement solides à la température de la pièce, alors que les huiles végétales sont généralement liquides dans les mêmes conditions. Leurs points de fusion sont différents parce que leurs chaînes d'acides gras n'ont pas le même degré de saturation. Un acide gras est dit *saturé* quand il n'a pas de liaisons covalentes doubles; le squelette carboné contient alors le nombre maximal d'atomes d'hydrogène (figure 22.9c et **figure 22.10a**). Les chaînes saturées se solidifient plus facilement parce qu'elles sont relativement droites et peuvent ainsi se serrer plus étroitement les unes contre les autres que les chaînes insaturées. Les liaisons covalentes doubles des chaînes *insaturées* créent des coudes dans la chaîne, qui les éloignent les unes des autres (**figure 22.10b**). Remarquez sur la figure 22.9c que les atomes d'hydrogène (H) de chaque côté de la liaison double de l'acide oléique sont du même côté de l'acide gras insaturé. Un tel acide gras insaturé est appelé acide gras *cis*. Si, par contre, les atomes d'hydrogène sont situés de part et d'autre de la liaison double, l'acide gras insaturé est appelé acide gras *trans*.

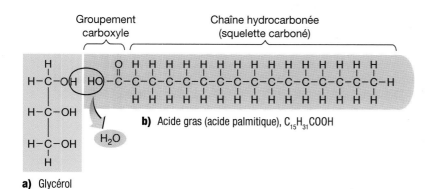

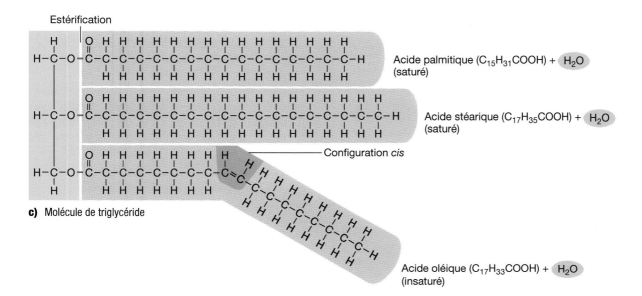

Groupement carboxyle **Chaîne hydrocarbonée (squelette carboné)**

b) Acide gras (acide palmitique), $C_{15}H_{31}COOH$

a) Glycérol

Estérification

Acide palmitique ($C_{15}H_{31}COOH$) + H_2O (saturé)

Acide stéarique ($C_{17}H_{35}COOH$) + H_2O (saturé)

Configuration *cis*

c) Molécule de triglycéride

Acide oléique ($C_{17}H_{33}COOH$) + H_2O (insaturé)

Figure 22.9 **Formule développée de lipides simples.**
a) Molécule de glycérol. **b)** Acide palmitique, un acide gras saturé.
c) La combinaison chimique d'une molécule de glycérol et de trois molécules d'acide gras (acides palmitique, stéarique et oléique, dans le cas présent) forme une molécule de triglycéride (graisse) et trois molécules d'eau au cours d'une réaction de synthèse par déshydratation. L'acide oléique est un acide gras *cis*. La liaison entre le glycérol et chacun des acides gras est appelée *estérification*. L'addition de trois molécules d'eau à une molécule de triglycéride restitue le glycérol et les trois molécules d'acide gras par une réaction d'hydrolyse.

Les lipides complexes

Les *lipides complexes* contiennent des éléments tels que le phosphore, l'azote et le soufre, en plus du carbone, de l'hydrogène et de l'oxygène des lipides simples. Les *phosphoglycérolipides*, ou *phospholipides*, sont des lipides complexes composés de glycérol, de deux acides gras et, à la place du troisième acide gras, d'un groupement phosphate fixé à un groupement organique (—R) dont il y a plusieurs types (figure 22.10a). Les phosphoglycérolipides sont les lipides qui donnent aux membranes cellulaires leur structure ; ils sont indispensables à la vie des cellules. Ils possèdent une région polaire et une région non polaire (figure 22.10a et b ; figure 3.12). Quand on les met dans l'eau, les molécules de phosphoglycérolipide s'orientent de telle sorte que toutes les parties polaires (hydrophiles) soient tournées vers les molécules d'eau, qui sont aussi polaires, et forment avec elles des liaisons hydrogène. (Rappelons que *hydrophile* signifie « qui attire l'eau ».) Cette disposition crée la structure de base de la membrane plasmique (**figure 22.10c**). La partie polaire est formée par le groupement phosphate et le glycérol. Contrairement aux régions polaires, les parties non polaires (hydrophobes) des phosphoglycérolipides sont en contact seulement avec les parties non polaires des molécules voisines. (*Hydrophobe* signifie « qui craint l'eau ».) Les parties non polaires sont composées d'acides gras. Grâce à ce comportement caractéristique, les phosphoglycérolipides sont tout désignés pour devenir un composant important des

membranes qui enveloppent les cellules. Ils permettent à la membrane de former une barrière qui sépare le contenu de la cellule du milieu aqueux dans lequel elle vit.

Certains lipides complexes sont utiles pour l'identification de certaines bactéries. Par exemple, la paroi cellulaire de *Mycobacterium tuberculosis*, la bactérie qui cause la tuberculose, se distingue par son contenu riche en lipides. La paroi cellulaire contient des lipides complexes tels que des cires et des glycolipides (lipides combinés à des glucides) qui réagissent d'une façon caractéristique à la coloration et permettent de distinguer la bactérie. Tous les membres du genre *Mycobacterium* possèdent des parois cellulaires riches en lipides complexes caractéristiques.

Les stéroïdes

Les **stéroïdes** se distinguent des lipides par leur structure unique. La **figure 22.11** montre celle du cholestérol avec les quatre anneaux de carbone reliés qui caractérisent les stéroïdes. Quand un groupement —OH est fixé à un des anneaux, le stéroïde est appelé *stérol* (un type d'alcool). Les stérols sont des composants importants de la membrane plasmique des cellules animales et humaines. Un seul groupe de bactéries, les mycoplasmes, en contiennent. On les trouve aussi dans les membranes des cellules de mycètes et dans celles des plantes.

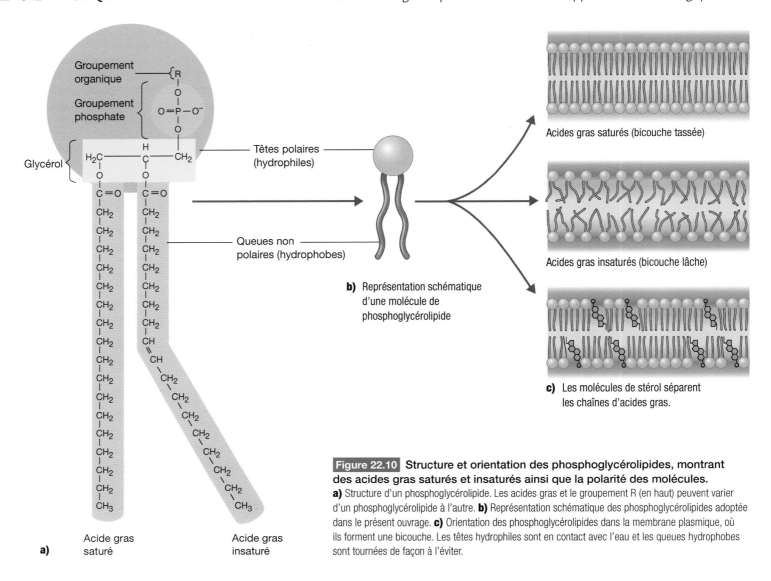

Figure 22.10 **Structure et orientation des phosphoglycérolipides, montrant des acides gras saturés et insaturés ainsi que la polarité des molécules.** **a)** Structure d'un phosphoglycérolipide. Les acides gras et le groupement R (en haut) peuvent varier d'un phosphoglycérolipide à l'autre. **b)** Représentation schématique des phosphoglycérolipides adoptée dans le présent ouvrage. **c)** Orientation des phosphoglycérolipides dans la membrane plasmique, où ils forment une bicouche. Les têtes hydrophiles sont en contact avec l'eau et les queues hydrophobes sont tournées de façon à l'éviter.

Cette distinction a son importance en microbiologie médicale. En effet, tout produit capable de se combiner aux stérols de la membrane d'une cellule y causerait des dommages. Ainsi, un antibiotique tel que l'amphotéricine B, qui cause des fuites dans les cellules en se combinant aux stérols de leur membrane plasmique, peut être utilisé pour combattre les infections causées par des mycètes, mais pas les infections dues à des bactéries. Les stérols séparent les chaînes des acides gras et s'opposent ainsi à l'entassement qui figerait la membrane plasmique à basse température (figure 22.10c).

▶ Vérifiez vos acquis

En quoi les lipides simples diffèrent-ils des lipides complexes ? **22-9**

Les protéines

Les **protéines** sont des molécules organiques qui contiennent du carbone, de l'hydrogène, de l'oxygène et de l'azote. Certaines ont aussi du soufre. Si on séparait et qu'on pesait tous les groupes de composés organiques de la cellule vivante, les protéines feraient basculer la balance. Il y a des centaines de protéines différentes dans chaque cellule et, ensemble, elles comptent pour 50 % ou plus de sa biomasse sèche.

Les protéines sont des composants qui jouent des rôles essentiels dans tous les aspects de la structure et de la fonction cellulaires. Les *enzymes* sont des protéines qui catalysent les réactions biochimiques.

Figure 22.11 **Cholestérol, un stéroïde.** Notez les quatre anneaux de carbone fusionnés (portant les lettres A à D), qui sont caractéristiques des stéroïdes. On a omis les atomes d'hydrogène fixés aux atomes de carbone qui occupent les angles des anneaux. En raison du groupement —OH (en rouge), on classe cette molécule parmi les stérols.

Mais les protéines remplissent également d'autres fonctions. Les *protéines de transport* contribuent à faire passer certaines molécules à l'intérieur des cellules, à travers leur membrane, ou à les en expulser. D'autres protéines, telles que les *bactériocines* que produisent beaucoup de bactéries, tuent d'autres bactéries. Certaines toxines appelées *exotoxines*, produites par des microbes pathogènes, sont également des protéines. D'autres protéines font partie intégrante de *structures cellulaires* telles que les parois, les membranes et les composants cytoplasmiques. Certaines protéines jouent un rôle dans la *contraction* des cellules musculaires animales ainsi que dans les *mouvements* des microbes et d'autres types de cellules. D'autres encore, telles que les *hormones* de certains organismes, ont des fonctions régulatrices. Nous avons vu au chapitre 12 que des protéines appelées *anticorps* interviennent dans le système immunitaire des vertébrés.

Les acides aminés

Tout comme les monosaccharides sont les unités structurales qui entrent dans la composition des grosses molécules de glucide, et les acides gras et le glycérol dans celle des lipides simples, les **acides aminés** sont les unités structurales constituant les protéines. Ces molécules contiennent au moins un groupement carboxyle (—COOH) et un groupement amine (—NH$_2$) fixés au même atome de carbone, qu'on appelle *carbone alpha* (C$_\alpha$) (**figure 22.12a**). On les appelle de ce fait *acides aminés alpha*. Le carbone alpha est également combiné à un groupement latéral (groupement R), qui constitue le trait distinctif des divers acides aminés. Ce groupement latéral peut être un atome d'hydrogène, ou une chaîne d'atomes droite ou ramifiée, ou encore une structure en anneau qui peut être cyclique (toute de carbone) ou hétérocyclique (quand tous les atomes constitutifs de l'anneau ne sont pas des carbones). La **figure 22.12b** montre la formule développée de la tyrosine, un acide aminé qui possède un groupement latéral cyclique. Le groupement latéral peut contenir des groupements fonctionnels, tels que le groupement sulfhydryle (—SH), le groupement hydroxyle (—OH), ou un groupement carboxyle ou amine supplémentaire. Ces groupements et les groupements carboxyle et amine alpha influent sur la structure globale des protéines. Nous y reviendrons plus loin. Le **tableau 22.4** présente la structure et les abréviations d'usage des 20 acides aminés que l'on trouve habituellement dans les protéines.

La plupart des acides aminés ont deux configurations possibles, appelées **stéréoisomères** et représentées par les lettres D et L. Ces configurations sont des images inversées l'une de l'autre, comme un objet et son image dans un miroir, et leurs structures tridimensionnelles correspondent, comme la main droite (D, dextrogyre) et la main gauche (L, lévogyre) (**figure 22.13**). À l'exception de la glycine, qui est l'acide aminé le plus simple et qui n'a pas de stéréoisomères, les acides aminés des protéines sont toujours des isomères *L*. Toutefois, on trouve à l'occasion des acides aminés-D dans la nature – par exemple dans la paroi cellulaire de certaines bactéries et dans certains antibiotiques.

Cette distinction a une grande importance en microbiologie médicale. Ainsi, *Bacillus anthracis* est une bactérie qui produit une capsule composée d'acide *D*-glutamique résistante à la digestion par les phagocytes de l'hôte. Les phagocytes peuvent normalement s'attaquer aux bactéries grâce à leur capacité de dégrader des acides aminés-L, que l'on trouve communément dans les protéines. Les isomères D, présents dans certaines structures bactériennes telles que la capsule, ne sont pas dégradables, ce qui permet aux bactéries encapsulées de résister au métabolisme des cellules immunitaires. Un grand nombre d'autres molécules organiques existent aussi sous forme d'isomères D et L. Le glucose en est un exemple, qui existe sous forme de D-glucose, ou dextrose, dans la nature.

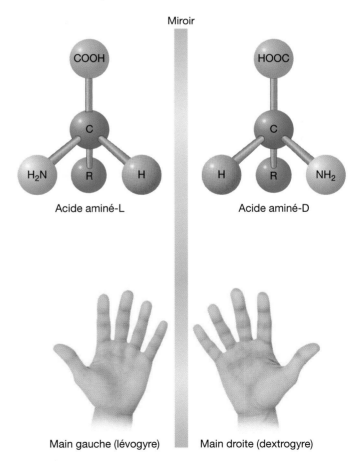

Figure 22.13 **Isomères L et D d'un acide aminé, représentés par des modèles de type boules et tiges.** La structure de chacun des isomères est telle que l'une est l'image inversée de l'autre, comme les mains droite et gauche, ou un objet et son image dans un miroir. Ces structures ne peuvent pas être superposées. (Faites l'expérience !)

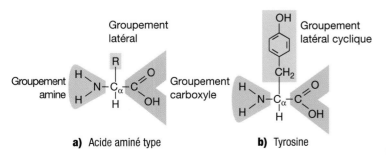

a) **Acide aminé type**   b) **Tyrosine**

Figure 22.12 **Structure d'un acide aminé. a)** Formule développée générale de l'acide aminé. Le carbone alpha (C$_\alpha$) est au centre de la molécule. Les acides aminés diffèrent les uns des autres par leur groupement R, aussi appelé *groupement latéral*. **b)** Formule développée de la tyrosine, un acide aminé ayant un groupement latéral cyclique.

Tableau 22.4 **Les 20 acides aminés présents dans les protéines***

Glycine (Gly)	Alanine (Ala)	Valine (Val)	Leucine (Leu)	Isoleucine (Ile)
Atome d'hydrogène	Chaîne droite	Chaîne ramifiée	Chaîne ramifiée	Chaîne ramifiée
Sérine (Ser)	**Thréonine (Thr)**	**Cystéine (Cys)**	**Méthionine (Met)**	**Acide glutamique (Glu)**
Groupement hydroxyle (—OH)	Groupement hydroxyle (—OH)	Groupement sulfhydryle (—SH)	Groupement thioéther (—SC)	Groupement carboxyle (—COOH) supplémentaire, acide
Acide aspartique (Asp)	**Lysine (Lys)**	**Arginine (Arg)**	**Asparagine (Asn)**	**Glutamine (Gln)**
Groupement carboxyle (—COOH) supplémentaire, acide	Groupement amine (—NH₂) supplémentaire, basique	Groupement amine (—NH₂) supplémentaire, basique	Groupement amine (—NH₂) supplémentaire, basique	Groupement amine (—NH₂) supplémentaire, basique
Phénylalanine (Phe)	**Tyrosine (Tyr)**	**Histidine (His)**	**Tryptophane (Trp)**	**Proline (Pro)**
Cyclique	Cyclique	Hétérocyclique	Hétérocyclique	Hétérocyclique

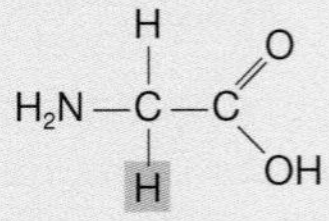

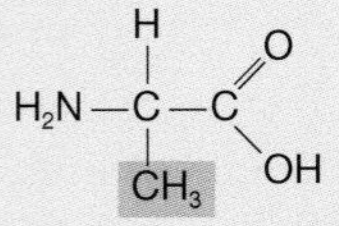

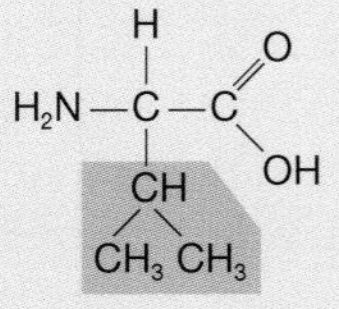

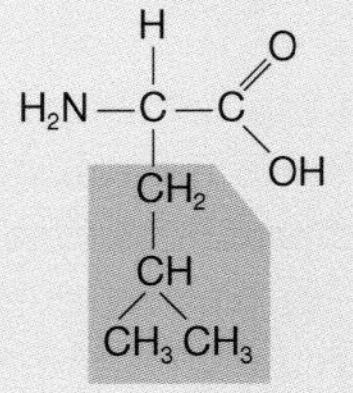

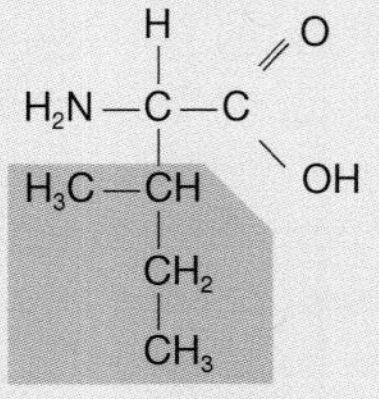

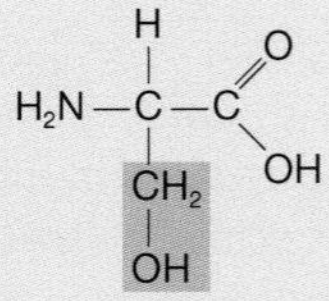

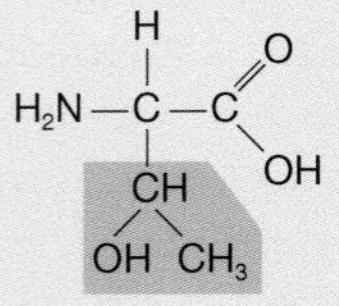

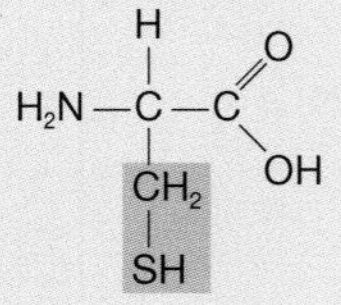

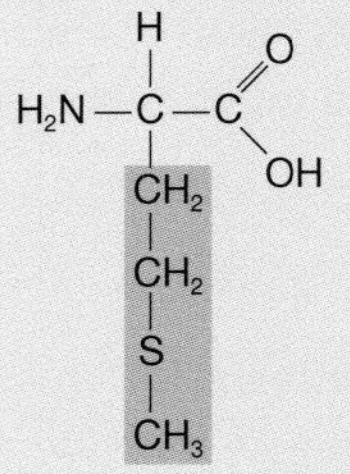

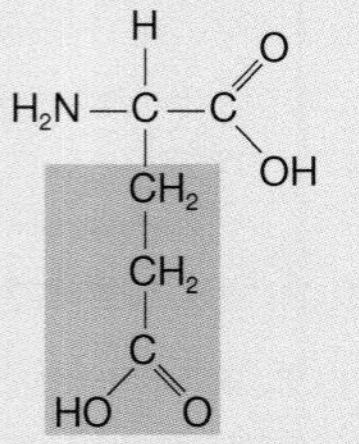

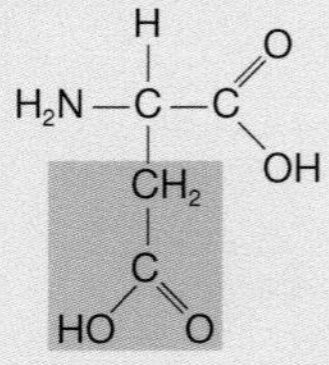

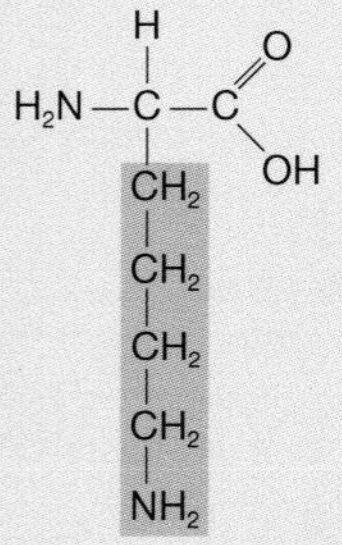

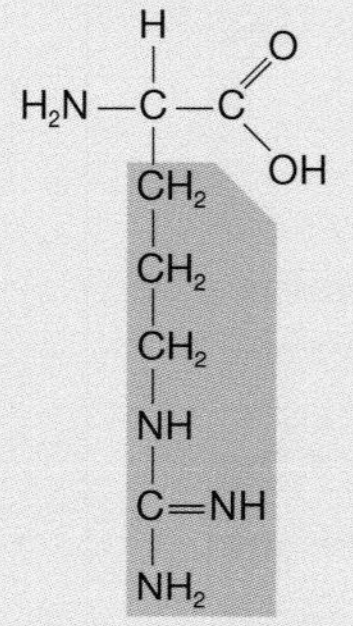

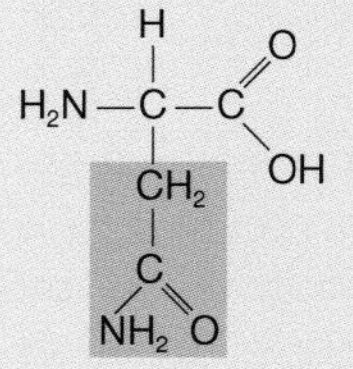

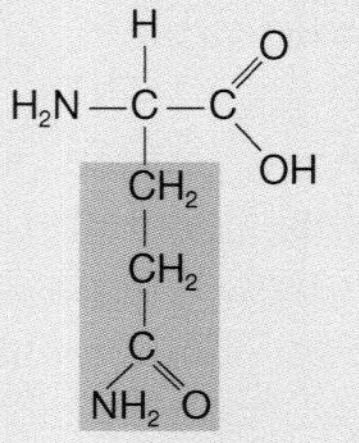

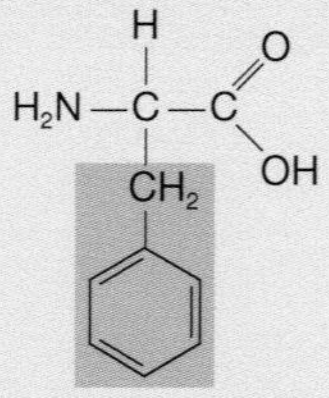

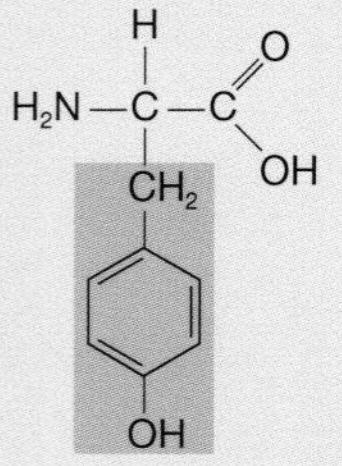

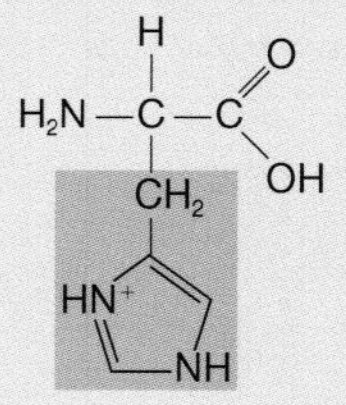

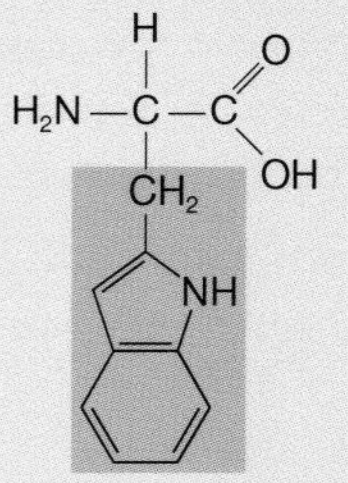

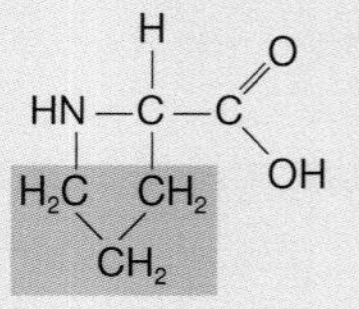

* Les noms des acides aminés sont présentés ci-dessous, avec leur abréviation courante (en haut), leur formule développée (au centre) et leur groupement R caractéristique (en bas). Notez que la cystéine et la méthionine sont les seuls acides aminés qui contiennent du soufre.

Il n'y a que 20 acides aminés différents dans les protéines naturelles, mais chaque molécule de protéine peut contenir de 50 à plusieurs centaines de molécules de ces acides aminés. Les permutations sont presque illimitées, si bien qu'on obtient des protéines de longueurs, de compositions et de structures très différentes. Le nombre de protéines est pratiquement sans fin et chaque cellule vivante en produit une grande diversité.

Les liaisons peptidiques

Lorsque deux acides aminés se combinent, la liaison a lieu entre l'atome de carbone du groupement carboxyle (—COOH) du premier acide aminé et l'atome d'azote du groupement amine (—NH₂) du second acide aminé (**figure 22.14**). Ce type de lien s'appelle **liaison peptidique**. Pour chaque liaison peptidique qui se forme, il y a libération d'une molécule d'eau ; il s'agit donc d'une

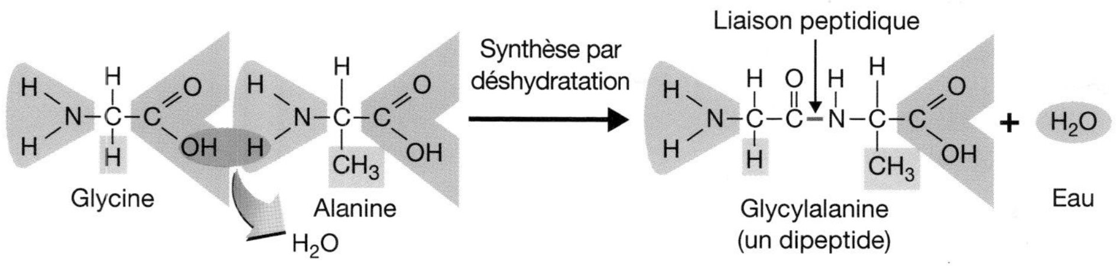

Figure 22.14 **Formation d'une liaison peptidique lors d'une réaction de synthèse par déshydratation.** Deux acides aminés, la glycine et l'alanine, se combinent pour former un dipeptide. La liaison ainsi créée entre l'atome de carbone du groupement carboxyle (—COOH) de la glycine et l'atome d'azote du groupement amine (—NH$_2$) de l'alanine s'appelle une *liaison peptidique*. La formation du dipeptide conduit à la libération d'une molécule d'eau.

réaction de synthèse par déshydratation. À la figure 22.14, le composé obtenu s'appelle *dipeptide*, parce qu'il est constitué de deux acides aminés unis par une liaison peptidique. L'ajout d'un autre acide aminé à ce complexe donnerait un *tripeptide*. Les ajouts supplémentaires amèneraient la formation d'une longue chaîne moléculaire appelée *peptide* (de 4 à 9 acides aminés) ou *polypeptide* (de 10 à 2 000 acides aminés), ou encore *molécule de protéine*, une macromolécule contenant un grand nombre d'acides aminés.

Les niveaux d'organisation structurale des protéines

Les protéines présentent une très grande diversité de structures. Elles diffèrent par leurs formes tridimensionnelles et leur façon de se déployer dans l'espace. Toutes ces structures sont directement liées aux diverses fonctions qu'elles remplissent.

Quand une cellule synthétise une protéine, la chaîne polypeptidique se replie spontanément pour adopter une forme définie. On observe ce phénomène en partie parce que certains segments de la protéine sont attirés par l'eau alors que d'autres sont repoussés. Dans presque tous les cas, la fonction d'une protéine dépend de sa capacité de reconnaître et de se lier spécifiquement à une autre molécule. Par exemple, une protéine enzymatique se lie de façon spécifique à son substrat. Une protéine hormonale se lie à un récepteur sur une cellule dont il modifie la fonction. Un anticorps, qui est une protéine immunitaire, se lie à un antigène (substance étrangère) qui a envahi le corps. Ainsi, la forme unique de chaque protéine lui permet d'interagir avec une molécule spécifique de façon à remplir une fonction très précise.

On observe quatre niveaux d'organisation dans les protéines : ce sont les structures primaire, secondaire, tertiaire et quaternaire. La *structure primaire* d'une protéine est la séquence particulière formée par la liaison des acides aminés les uns aux autres (**figure 22.15a**). Elle est déterminée génétiquement et toute modification de cette séquence peut avoir de profondes conséquences métaboliques. Par exemple, la substitution d'un seul acide aminé dans une protéine du sang peut produire une molécule d'hémoglobine déformée, caractéristique de l'anémie falciforme. Mais les protéines ne sont pas seulement de longues chaînes droites. Chaque polypeptide se replie et s'enroule de façon spécifique pour adopter une forme tridimensionnelle relativement compacte et caractéristique.

La *structure secondaire* d'une protéine est constituée de spirales et de replis réguliers qui résultent de la torsion et du repliement sur eux-mêmes des acides aminés de la chaîne polypeptidique. Ces formations sont créées par les liaisons hydrogène qui joignent les atomes des liaisons peptidiques à divers endroits le long de la chaîne. Les deux types de structures secondaires sont les spirales appelées *hélices*,

qui tournent dans le sens horaire, et les feuillets plissés (feuillets bêta), qui se forment à partir de segments de la chaîne plus ou moins parallèles les uns aux autres (**figure 22.15b**). Ces deux structures sont stabilisées par des liaisons hydrogène entre les atomes d'oxygène ou d'azote qui font partie du squelette polypeptidique.

La *structure tertiaire* est celle qui donne à la chaîne polypeptidique sa forme générale tridimensionnelle dans l'espace (**figure 22.15c**). Les replis qui l'engendrent ne donnent pas naissance à des formations régulières ou prévisibles comme celles de la structure secondaire. Alors que la structure secondaire comprend des liaisons hydrogène entre les atomes des groupements amine et carboxyle des liaisons peptidiques, la structure tertiaire fait intervenir plusieurs interactions entre divers groupements latéraux de la chaîne polypeptidique. Par exemple, les acides aminés qui ont des groupements latéraux non polaires (hydrophobes) se regroupent généralement à l'intérieur de la protéine pour éviter le contact de l'eau. Cette *interaction hydrophobe* contribue à stabiliser la structure tertiaire de la protéine. Les liaisons hydrogène entre les groupements latéraux et les liaisons ioniques entre les groupements latéraux qui ont des charges opposées renforcent également la structure tertiaire. Les protéines qui contiennent des cystéines produisent, entre ces acides aminés, des liaisons covalentes fortes appelées *ponts disulfure*, ou *liaisons disulfure*. Ces ponts s'établissent quand deux molécules de cystéine sont rapprochées l'une de l'autre lors du repliement de la protéine. Les molécules de cystéine contiennent des groupements sulfhydryle (—SH) dont les atomes de soufre peuvent se joindre deux à deux pour former (par la perte d'atomes d'hydrogène) des ponts disulfure (S—S) qui relient alors différents segments de la protéine et les gardent rapprochés les uns des autres.

Certaines protéines ont une *structure quaternaire*, qui résulte de l'agrégation d'au moins deux chaînes polypeptidiques (sous-unités) qui fonctionnent alors comme un tout. La **figure 22.15d** représente une protéine hypothétique composée de deux chaînes polypeptidiques. Le plus souvent, ces protéines ont deux ou plusieurs sous-unités polypeptidiques différentes. Les liaisons qui stabilisent la structure quaternaire sont essentiellement de même nature que celles qui maintiennent la structure tertiaire. La forme générale de la protéine peut être globulaire (compacte et plus ou moins sphérique) ou fibreuse (allongée).

Si une protéine est plongée dans un milieu défavorable sur les plans de la température, du pH ou des concentrations de sels, elle peut se défaire et perdre sa structure caractéristique. Ce processus porte le nom de **dénaturation**. Une protéine dénaturée n'est plus fonctionnelle. Nous examinerons ce phénomène plus en détail au chapitre 23, quand nous nous pencherons sur la dénaturation des enzymes.

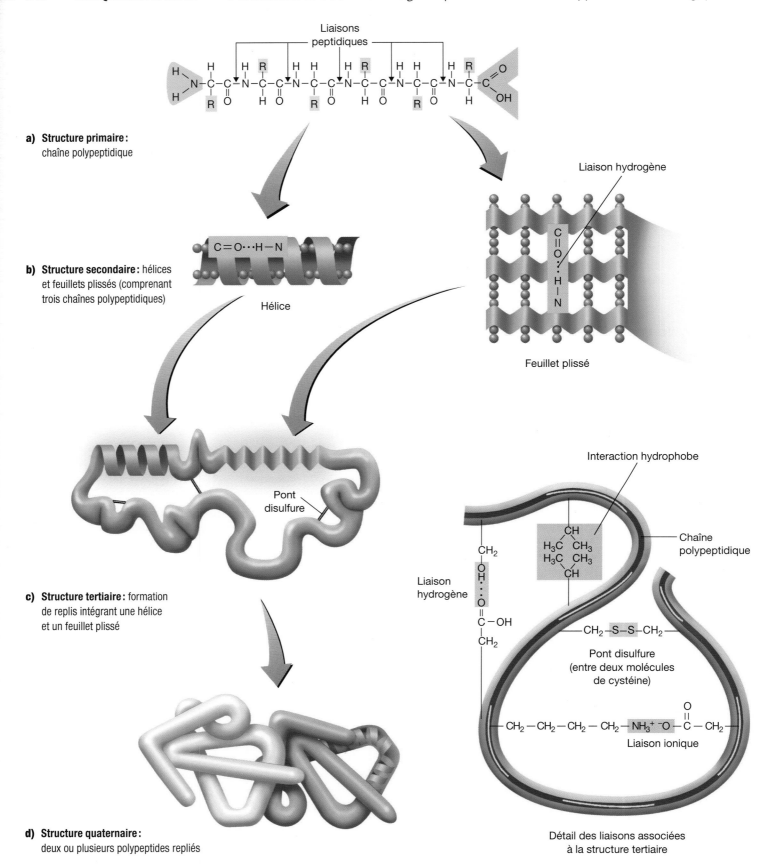

a) Structure primaire : chaîne polypeptidique

b) Structure secondaire : hélices et feuillets plissés (comprenant trois chaînes polypeptidiques)

c) Structure tertiaire : formation de replis intégrant une hélice et un feuillet plissé

d) Structure quaternaire : deux ou plusieurs polypeptides repliés

Détail des liaisons associées à la structure tertiaire

Figure 22.15 Structure des protéines. a) Structure primaire : séquence d'acides aminés formant un polypeptide. **b)** Structure secondaire : hélices et feuillets plissés. **c)** Structure tertiaire : forme tridimensionnelle résultant du repliement de la chaîne polypeptidique. **d)** Structure quaternaire : interactions entre les chaînes polypeptidiques qui composent une protéine. On voit ici la structure quaternaire d'une protéine hypothétique composée de deux chaînes polypeptidiques.

Q/R Jusqu'à maintenant, il a été question de *protéines simples*, qui ne contiennent que des acides aminés. Les *protéines conjuguées* combinent des acides aminés et d'autres composants organiques ou inorganiques. Les protéines conjuguées sont nommées d'après le composant qui n'est pas un acide aminé. Ainsi, les glycoprotéines contiennent des glucides; les nucléoprotéines, des acides nucléiques; les métalloprotéines, des atomes de métal; les lipoprotéines, des lipides; et les phosphoprotéines, des groupements phosphate. La synthèse microbienne de phosphoprotéines peut jouer un rôle important dans le pouvoir pathogène de certaines bactéries: par exemple, une bactérie telle que *Legionella pneumophila* utilise des phosphoprotéines régulatrices pour assurer sa survie et sa multiplication à l'intérieur du phagocyte qui l'a ingérée, alors que les phosphoprotéines produites par *Salmonella typhimurium* modifient la membrane plasmique d'une cellule hôte de façon à faciliter la pénétration. Les phosphoprotéines sont d'importants régulateurs de l'activité des cellules eucaryotes. **Q/R**

▸ **Vérifiez vos acquis**

Nommez les 2 groupements fonctionnels présents dans tous les acides aminés. **22-10**

Les acides nucléiques

En 1944, trois microbiologistes américains – Oswald Avery, Colin MacLeod et Maclyn McCarty – découvrent qu'une substance appelée **acide désoxyribonucléique (ADN)** porte le matériel génétique des êtres vivants. Neuf ans plus tard, James Watson et Francis Crick, à partir de modèles moléculaires et de clichés obtenus par diffraction des rayons X fournis par Maurice Wilkins et Rosalind Franklin, décrivent la structure physique de l'ADN. En même temps, Crick propose un mécanisme de réplication de l'ADN et son mode de fonctionnement comme matériel héréditaire. L'ADN et une autre substance nommée **acide ribonucléique (ARN)** forment ce qu'on appelle les **acides nucléiques**, pour la raison qu'ils ont été découverts tout d'abord dans le noyau des cellules. Tout comme les acides aminés sont les unités structurales des protéines, les nucléotides sont les unités structurales des acides nucléiques.

Chaque **nucléotide** comprend trois parties: une base azotée, un pentose (glucides à 5 carbones) qui est soit un **désoxyribose** ou un **ribose**, et un groupement phosphate (acide phosphorique). Les bases azotées sont des composés cycliques de carbone, d'hydrogène, d'oxygène et d'azote: l'adénine (A), la thymine (T), la cytosine (C), la guanine (G) et l'uracile (U). A et G sont des **purines**; chacune est constituée de deux structures cycliques. T, C et U sont des **pyrimidines** et possèdent une seule structure cyclique.

Les nucléotides tirent leur nom de leur base azotée. Ainsi, un nucléotide qui contient de la thymine est un *nucléotide de thymine*; s'il contient de l'adénine, c'est un *nucléotide d'adénine*, et ainsi de suite. On appelle **nucléoside** la combinaison d'une purine ou d'une pyrimidine et d'un pentose; cette molécule n'a pas de groupement phosphate.

L'ADN

Selon le modèle proposé par Watson et Crick, la molécule d'ADN est constituée de deux grands brins enlacés formant une **double hélice** (**figure 22.16**). Cette dernière ressemble à une échelle tordue composée d'un grand nombre de nucléotides.

Chacun des brins d'ADN de la double hélice comprend un «squelette» formé par une alternance de désoxyriboses et de groupements phosphate. Le désoxyribose d'un nucléotide est uni au groupement phosphate du nucléotide suivant. (La figure 24.3 illustre la formation de la liaison entre les nucléotides.) Les bases azotées composent les barreaux de l'échelle. Notez que l'adénine (A), une purine, est toujours liée à la thymine (T), une pyrimidine, et que la guanine (G), une purine, est toujours liée à la cytosine (C), une pyrimidine. Les bases sont jointes par des liaisons hydrogène, deux entre A et T et trois entre G et C. L'ADN ne contient pas d'uracile (U).

L'ordre dans lequel les paires de bases azotées se succèdent le long du squelette est extrêmement spécifique. En fait, il représente les instructions génétiques propres à l'organisme. Les séquences de nucléotides constituent les gènes; chaque molécule d'ADN peut porter des milliers de gènes. Les gènes déterminent tous les traits héréditaires et régissent toutes les activités qui ont lieu dans les cellules.

L'appariement des bases azotées a une conséquence très importante: en effet, si l'on connaît la séquence des bases d'un des brins de l'ADN, on peut en déduire immédiatement la séquence de l'autre brin. Par exemple, si un brin contient la séquence …ATGC…, alors l'autre doit avoir …TACG…Puisque la séquence des bases d'un brin est déterminée par celle de l'autre brin, on dit que les bases sont *complémentaires*. Le transfert de l'information est rendu possible, dans la réalité, par la structure unique de l'ADN (chapitre 8).

L'ARN

L'ARN est le second des deux principaux types d'acide nucléique. Il se distingue de l'ADN de plusieurs façons. Alors que ce dernier est bicaténaire, c'est-à-dire à deux brins, l'ARN est habituellement monocaténaire. Le glucide à cinq carbones du nucléotide d'ARN est le ribose, qui possède un atome d'oxygène de plus que le désoxyribose. En outre, une des bases de l'ARN est l'uracile (U), qui prend la place de la thymine (**figure 22.17**). Les trois autres bases (A, G et C) sont les mêmes que celles de l'ADN. On trouve trois principaux types d'ARN dans les cellules. Ce sont l'**ARN messager (ARNm)**, l'**ARN ribosomal (ARNr)** et l'**ARN de transfert (ARNt)**. Nous verrons au chapitre 24 que chacun de ces types d'ARN joue un rôle spécifique dans la synthèse des protéines.

▸ **Vérifiez vos acquis**

Différenciez la structure de l'ADN de celle de l'ARN. **22-11**

L'adénosine triphosphate (ATP)

L'**adénosine triphosphate (ATP)** est la principale molécule porteuse d'énergie de la cellule et est indispensable à la vie. Cette molécule emmagasine l'énergie chimique libérée par certaines réactions et fournit l'énergie nécessaire à d'autres. L'ATP est constituée d'une unité d'adénosine, elle-même formée d'adénine et de ribose, à laquelle sont combinés trois groupements phosphate (**figure 22.18**). Autrement dit, il s'agit d'un nucléotide d'adénine (aussi appelé

Figure 22.16

Schéma guide

Structure de l'ADN

Cette figure montre un aperçu de la structure de l'ADN, une molécule à double brin qui stocke l'information génétique de toutes les cellules. Il est essentiel de bien connaître la structure et les fonctions de l'ADN afin de comprendre la génétique, les techniques de l'ADN recombinant et l'émergence de la résistance aux antibiotiques et de nouvelles maladies.

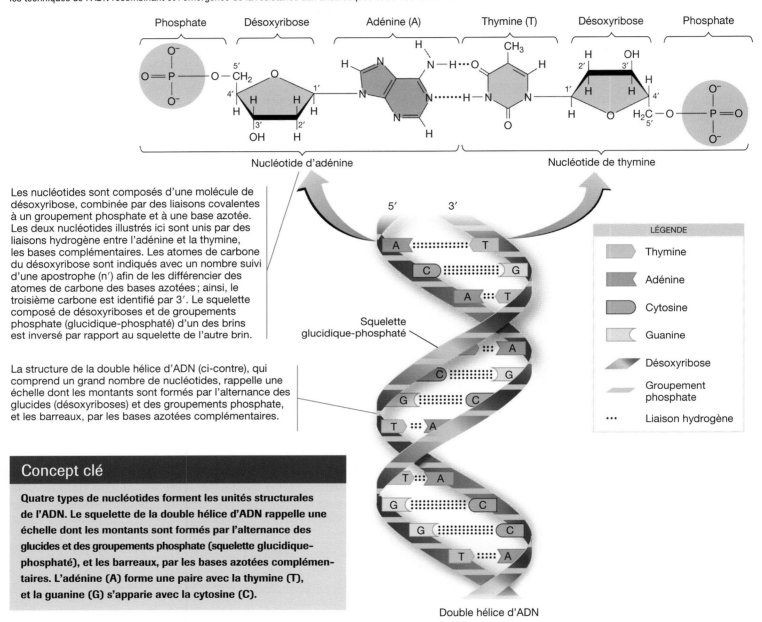

Les nucléotides sont composés d'une molécule de désoxyribose, combinée par des liaisons covalentes à un groupement phosphate et à une base azotée. Les deux nucléotides illustrés ici sont unis par des liaisons hydrogène entre l'adénine et la thymine, les bases complémentaires. Les atomes de carbone du désoxyribose sont indiqués avec un nombre suivi d'une apostrophe (n') afin de les différencier des atomes de carbone des bases azotées ; ainsi, le troisième carbone est identifié par 3'. Le squelette composé de désoxyriboses et de groupements phosphate (glucidique-phosphaté) d'un des brins est inversé par rapport au squelette de l'autre brin.

La structure de la double hélice d'ADN (ci-contre), qui comprend un grand nombre de nucléotides, rappelle une échelle dont les montants sont formés par l'alternance des glucides (désoxyriboses) et des groupements phosphate, et les barreaux, par les bases azotées complémentaires.

Concept clé

Quatre types de nucléotides forment les unités structurales de l'ADN. Le squelette de la double hélice d'ADN rappelle une échelle dont les montants sont formés par l'alternance des glucides et des groupements phosphate (squelette glucidique-phosphaté), et les barreaux, par les bases azotées complémentaires. L'adénine (A) forme une paire avec la thymine (T), et la guanine (G) s'apparie avec la cytosine (C).

adénosine monophosphate, ou AMP) qui porte deux groupements phosphate supplémentaires. On dit que l'ATP est une molécule riche en énergie parce qu'elle libère une grande quantité d'énergie utilisable quand elle est hydrolysée pour donner de l'**adénosine diphosphate (ADP)**. On peut représenter cette réaction de la façon suivante (le symbole **P** indique le groupement phosphate) :

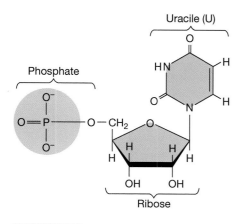

Figure 22.17 **Nucléotide d'uracile de l'ARN.**

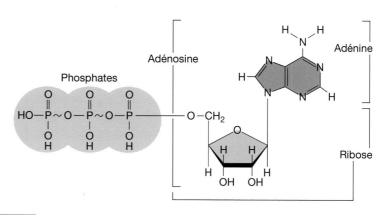

Figure 22.18 **Structure de l'ATP.** Les liaisons phosphate riches en énergie sont représentées par des lignes ondulées. La dégradation de l'ATP en ADP et en phosphate inorganique libère une grande quantité d'énergie chimique qui peut être utilisée en cas de besoin pour d'autres réactions chimiques.

Les réserves d'ATP de la cellule sont limitées. Quand il devient nécessaire de les reconstituer, la réaction s'effectue dans le sens contraire. L'ajout d'un groupement phosphate à l'ADP et l'apport d'énergie produisent une nouvelle molécule d'ATP. L'énergie qu'il faut fournir pour lier le groupement phosphate terminal à l'ADP provient de diverses réactions de dégradation qui ont lieu dans la cellule, en particulier celles qui ont pour

réactif le glucose. L'ATP peut être emmagasinée dans toutes les cellules, où son énergie potentielle est libérée au besoin.

▶ Vérifiez vos acquis

Laquelle de ces deux molécules fournit le plus d'énergie à la cellule : l'ATP ou l'ADP ? Expliquez votre réponse. **22-12**

RÉSUMÉ

INTRODUCTION (p. 626)

1. La science de l'interaction entre les atomes et les molécules s'appelle *chimie*.

2. L'activité métabolique des microorganismes comprend des réactions chimiques complexes.

3. Les nutriments sont décomposés par les microorganismes qui en tirent de l'énergie pour se reproduire et former de nouvelles cellules.

LA STRUCTURE DE L'ATOME (p. 627)

1. L'atome est la plus petite unité d'un élément chimique qui possède les propriétés de cet élément.

2. Les atomes sont constitués d'un noyau, qui contient des protons et des neutrons, et d'électrons qui gravitent autour du noyau.

3. Le numéro atomique est le nombre de protons dans le noyau ; le nombre de masse est le nombre total de protons et de neutrons d'un atome.

Les éléments chimiques (p. 627)

4. Les atomes qui ont le même nombre de protons et qui se comportent de la même façon sur le plan chimique sont considérés comme étant le même élément chimique.

5. Les éléments chimiques sont représentés par des symboles chimiques.

6. Environ 26 éléments chimiques sont communément présents dans les cellules vivantes.

7. Les atomes qui ont le même numéro atomique (qui sont donc du même élément) mais des masses atomiques différentes sont appelés *isotopes*.

Les configurations électroniques (p. 628)

8. Dans l'atome, les électrons sont disposés en niveaux énergétiques, ou couches électroniques, autour du noyau.

9. Chaque niveau peut contenir un nombre maximal caractéristique d'électrons.

10. Les propriétés chimiques des atomes sont déterminées en grande partie par le nombre d'électrons dans le dernier niveau énergétique.

COMMENT LES ATOMES FORMENT DES MOLÉCULES : LES LIAISONS CHIMIQUES (p. 628)

1. Les molécules sont formées d'au moins deux atomes ; celles qui sont formées d'au moins deux sortes d'atomes différents s'appellent *composés*.

2. Les atomes forment des molécules afin de combler leur dernier niveau énergétique.

3. La force d'attraction qui lie les noyaux de deux atomes est appelée *liaison chimique*.

4. La capacité de se combiner d'un atome – le nombre de liaisons chimiques qu'il peut former avec d'autres atomes – constitue sa valence.

Les liaisons ioniques (p. 630)

5. On appelle *ion* un atome ou un groupe d'atomes chargé positivement ou négativement.

6. L'attraction chimique qui s'exerce entre des ions de charges opposées s'appelle *liaison ionique*.

7. Pour qu'une liaison ionique se forme, un des ions doit être un donneur d'électrons et l'autre, un accepteur d'électrons.

Les liaisons covalentes (p. 630)

8. Dans une liaison covalente, les atomes partagent au moins une paire d'électrons.

9. Les liaisons covalentes sont plus fortes que les liaisons ioniques et sont beaucoup plus fréquentes dans les organismes vivants.

Les liaisons hydrogène (p. 631)

10. Une liaison hydrogène se forme quand un atome d'hydrogène uni par une liaison covalente à un atome d'oxygène ou d'azote est attiré par un autre atome d'oxygène ou d'azote.

11. Les liaisons hydrogène forment des liens faibles entre différentes molécules ou entre divers segments d'une même molécule de grande taille.

La masse moléculaire et les moles (p. 632)

12. La masse moléculaire est la somme des masses atomiques de tous les atomes d'une molécule ou d'une substance.

13. Une mole d'un atome, d'un ion ou d'une molécule égale sa masse moléculaire exprimée en grammes (g).

LES RÉACTIONS CHIMIQUES (p. 632)

1. Les réactions chimiques créent ou brisent des liaisons chimiques entre les atomes.

2. Il y a échange d'énergie durant les réactions chimiques.

3. Les réactions endergoniques absorbent de l'énergie; les réactions exergoniques en libèrent.

4. Lors d'une réaction de synthèse, des atomes, des ions ou des molécules se combinent pour former une plus grosse molécule.

5. Lors d'une réaction de dégradation, une molécule est brisée en ses composants, c'est-à-dire en molécules plus petites, en ions ou en atomes.

6. Lors d'une réaction d'échange (ou réaction de substitution), deux molécules sont décomposées et leurs sous-unités servent à la synthèse de deux nouvelles molécules.

7. Une réaction est réversible quand ses produits peuvent facilement redevenir les réactifs de départ.

LES MOLÉCULES BIOLOGIQUES IMPORTANTES (p. 633)

LES COMPOSÉS INORGANIQUES (p. 633)

1. Les composés inorganiques sont des molécules le plus souvent petites et contenant des liaisons ioniques. Ils ne contiennent pas de carbone, sauf le dioxyde de carbone (CO_2).

2. L'eau, le dioxyde de carbone et de nombreux acides, bases et sels courants comptent parmi les composés inorganiques.

L'eau (p. 633)

3. L'eau est la substance la plus abondante dans les cellules.

4. L'eau est une molécule polaire; la nature polaire de l'eau lui confère des caractéristiques qui en font un milieu vital pour les cellules vivantes, dont celle d'être un excellent solvant pour les substances polaires.

5. L'eau est un réactif dans un grand nombre de réactions de dégradation, comme celles qui se produisent lors de la digestion.

6. L'eau est un excellent tampon thermique.

Les acides, les bases et les sels (p. 635)

7. Les acides se dissocient en ions H^+ et en anions; ils sont des donneurs de protons (H^+).

8. Les bases se dissocient en ions OH^- et en cations; ils sont des accepteurs de protons (H^+).

9. Les sels se dissocient en ions positifs et en ions négatifs, qui ne sont ni H^+, ni OH^-.

L'équilibre acidobasique: le concept de pH (p. 636)

10. Le pH (potentiel d'hydrogène) représente la concentration des ions H^+ dans une solution.

11. Une solution de pH 7 est neutre; si le pH d'une solution est inférieur à 7, elle est acide; s'il est supérieur à 7, elle est alcaline, ou basique.

12. Un tampon est une substance qui stabilise le pH à l'intérieur de la cellule. On peut l'utiliser dans les milieux de culture.

LES COMPOSÉS ORGANIQUES (p. 637)

1. Les composés organiques contiennent toujours du carbone et de l'hydrogène.

2. Les atomes de carbone peuvent former jusqu'à quatre liaisons avec d'autres atomes.

3. Les composés organiques contiennent surtout, ou seulement, des liaisons covalentes; un grand nombre sont de grosses molécules.

La structure et les propriétés chimiques (p. 637)

4. Une chaîne d'atomes de carbone constitue un squelette carboné.

5. Des groupements fonctionnels d'atomes sont responsables de la plupart des propriétés des molécules organiques.

6. On peut utiliser la lettre R pour représenter le reste de la molécule organique.

7. Parmi les classes de molécules souvent mentionnées, il y a les alcools (R—OH), les acides carboxyliques (R—COOH) et les acides aminés (H₂N—R—COOH).

8. De petites molécules organiques peuvent se combiner pour former de très gros ensembles appelés *macromolécules*.

9. Les monomères s'associent habituellement les uns aux autres par des réactions de synthèse par déshydratation, ou réactions de condensation, pour former un polymère et de l'eau.

10. Les molécules organiques peuvent être dégradées en molécules plus petites par une réaction d'hydrolyse, réaction au cours de laquelle des molécules d'eau sont dégradées.

Les glucides (p. 639)

11. Les glucides sont composés d'atomes de carbone, d'hydrogène et d'oxygène dans lesquels l'hydrogène et l'oxygène figurent dans un rapport de 2:1.

12. Les glucides constituent un groupe vaste et diversifié de composés organiques qui remplissent plusieurs fonctions de premier plan dans les systèmes vivants.

13. On classifie les glucides selon leur taille : monosaccharides, disaccharides et polysaccharides.

14. Les monosaccharides contiennent de trois à sept atomes de carbone. Le glucose est un monosaccharide.

15. Les isomères sont des molécules qui ont la même formule chimique mais des structures et des propriétés différentes – par exemple le glucose ($C_6H_{12}O_6$) et le fructose ($C_6H_{12}O_6$).

16. Les monosaccharides peuvent former des disaccharides et des polysaccharides grâce à une réaction de synthèse par déshydratation.

Les lipides (p. 640)

17. Les lipides représentent un groupe diversifié de composés qui se distinguent par leur insolubilité dans l'eau.

18. Les lipides simples, appelés *graisses*, sont constitués d'une molécule de glycérol et d'une à trois molécules d'acide gras qui se combinent pour former un monoglycéride, un diglycéride ou un triglycéride.

19. Les lipides saturés ne présentent que des liaisons covalentes simples et n'ont donc pas de liaisons covalentes doubles ou triples entre les atomes de carbone des acides gras ; les lipides insaturés ont au moins une liaison covalente double. Le point de fusion des lipides saturés est plus élevé que celui des lipides insaturés.

20. Les phosphoglycérolipides sont des lipides complexes constitués de glycérol, de deux acides gras et d'un groupement phosphate.

21. Les stéroïdes sont formés d'anneaux de carbone ; le groupement fonctionnel des stérols est un groupement hydroxyle.

Les protéines (p. 642)

22. Les acides aminés sont les unités structurales des protéines.

23. Les acides aminés sont composés de carbone, d'hydrogène, d'oxygène, d'azote et parfois de soufre.

24. On trouve 20 acides aminés dans les protéines naturelles.

25. Les liaisons peptidiques (formées à la suite de synthèses par déshydratation) unissent les acides aminés et permettent la formation de chaînes polypeptidiques.

26. Il y a quatre niveaux d'organisation structurale des protéines : la structure primaire (séquence d'acides aminés), la structure secondaire (hélices et feuillets plissés), la structure tertiaire (forme générale tridimensionnelle du polypeptide dans l'espace) et la structure quaternaire (deux ou plusieurs chaînes polypeptidiques).

27. Les protéines conjuguées sont formées d'acides aminés combinés à des composés organiques ou inorganiques.

Les acides nucléiques (p. 647)

28. Les acides nucléiques – ADN et ARN – sont des macromolécules formées de nucléotides combinés les uns aux autres.

29. Un nucléotide est composé d'un pentose, d'un groupement phosphate et d'une base azotée. Un nucléoside est composé d'un pentose et d'une base azotée.

30. Un nucléotide d'ADN est constitué d'un groupement phosphate, de désoxyribose et d'une des bases azotées suivantes : thymine ou cytosine (pyrimidines), ou bien adénine ou guanine (purines).

31. L'ADN est constitué de deux brins de nucléotides, entrelacés de façon à former une double hélice. Les brins sont reliés par des liaisons hydrogène entre purines et pyrimidines, lesquelles sont appariées comme suit : AT et GC.

32. L'ADN est la molécule qui porte le matériel génétique ; les gènes sont constitués de séquences de nucléotides.

33. Un nucléotide d'ARN est constitué d'un groupement phosphate, d'un ribose et d'une des bases azotées suivantes : cytosine, guanine, adénine ou uracile.

L'adénosine triphosphate (ATP) (p. 647)

34. L'ATP sert de réserve d'énergie chimique pour diverses activités cellulaires. L'ATP se compose d'un nucléotide d'adénine (adénosine monophosphate) lié à deux groupements phosphate supplémentaires.

35. Quand la liaison du groupement phosphate terminal de l'ATP est hydrolysée, il y a libération d'énergie.

36. L'énergie des réactions de dégradation sert à reconstituer l'ATP à partir de l'ADP et du phosphate inorganique.

AUTOÉVALUATION

QUESTIONS À COURT DÉVELOPPEMENT

1. Lorsqu'on fait des bulles dans un verre d'eau en soufflant dans une paille, les réactions suivantes ont lieu :

$$H_2O + CO_2 \xrightarrow{A} H_2CO_3 \xrightarrow{B} H^+ + HCO^-_3$$

a) Quelle est la nature de la réaction A ?

b) Comment la réaction B révèle-t-elle la nature de la molécule H_2CO_3 ?

2. Quelles sont les caractéristiques structurales communes des molécules d'ATP et d'ADN ?

3. Si *Escherichia coli* est cultivé à 37 °C après avoir poussé pendant un certain temps à 25 °C, qu'advient-il de la quantité relative de lipides insaturés dans sa membrane plasmique ?

4. Les girafes, les termites et les koalas se nourrissent seulement de matière végétale. Les animaux étant incapables de digérer la cellulose, comment pensez-vous que ces espèces obtiennent les nutriments emmagasinés dans les feuilles et le bois qu'elles mangent ?

APPLICATIONS CLINIQUES

N. B. Certaines de ces questions nécessitent que vous cherchiez des réponses dans les différents chapitres du livre.

1. Les détergents et les déboucheurs de conduits contiennent des enzymes produites par différents microorganismes tels que la bactérie *Bacillus subtilis* et le mycète *Aspergillus niger*. À quelles fins utilise-t-on ces enzymes ? (*Indice :* Voir le chapitre 28.)

2. La bactérie *Thiobacillus ferrooxidans* a occasionné des dommages aux bâtiments dans le secteur de la rive-sud de Montréal, au Québec, en modifiant la composition du sol sur lequel ils étaient construits. Comment la bactérie a-t-elle causé cette destruction ?

3. Quand elle se multiplie dans un animal, la bactérie *Bacillus anthracis* produit une capsule protectrice qui résiste à la phagocytose. Pourquoi la capsule est-elle résistante à la digestion par les phagocytes de l'hôte ? Cette bactérie est transmissible à l'humain. Quelle maladie provoque-t-elle ? À quel événement très particulier pouvez-vous relier cette maladie ? Donnez un argument qui justifie l'état d'alerte déclenché relativement à la gravité de l'infection. (*Indice :* Voir le chapitre 18.)

4. L'amphotéricine B est un antibiotique qui cause des fuites dans les cellules en se combinant aux stérols de la membrane plasmique. À votre avis, l'amphotéricine B serait-elle indiquée pour combattre une infection bactérienne ? une mycose ? Selon vous, pourquoi cet antibiotique a-t-il des effets secondaires graves chez les humains ? (*Indice :* Voir le chapitre 15.)

5. La réfrigération est un procédé largement utilisé comme agent de conservation de nombreux produits, dont les aliments et les médicaments. Expliquez en quoi le froid peut freiner la multiplication des microbes qui altèrent ces produits. (*Indice :* Voir le chapitre 14.)

 ÉDITION EN LIGNE Consultez le volet de gauche de l'Édition en ligne pour d'autres activités.

Le métabolisme microbien

D ans le chapitre précédent, nous avons étudié les principaux groupes de molécules qui caractérisent les êtres vivants. Nous pouvons maintenant aborder les activités qui permettent aux microorganismes de vivre. Même chez les organismes les plus simples, les processus vitaux font intervenir un grand nombre de réactions biochimiques complexes. La plupart des processus biochimiques des bactéries, mais non la totalité, se retrouvent également chez les microorganismes eucaryotes et dans les cellules des organismes pluricellulaires, y compris celles des humains. Toutefois, les réactions qu'on observe uniquement chez les bactéries sont fascinantes parce qu'elles permettent aux cellules bactériennes de faire des choses qui, pour nous, sont impossibles. Par exemple, certaines bactéries se nourrissent de cellulose, alors que d'autres peuvent vivre de pétrole. Par leur métabolisme, les bactéries recyclent des éléments qui ont été utilisés et rejetés par d'autres organismes. D'autres types de bactéries subviennent à leurs besoins en consommant des substances inorganiques telles que le dioxyde de carbone, le fer, le soufre, le dihydrogène gazeux et l'ammoniac.

Dans le présent chapitre, nous examinons des réactions chimiques typiques qui produisent de l'énergie (réactions cataboliques) ou en consomment (réactions anaboliques) chez les microorganismes. Nous étudions également comment ces diverses réactions sont intégrées dans la cellule.

AU MICROSCOPE

***E. coli* O157:H7.** Cette bactérie cause une des plus graves maladies d'origine alimentaire appelée *syndrome hémolytique et urémique* (SHU) ; elle constitue une complication qui entraîne l'insuffisance rénale.

Escherichia coli est un membre important du microbiote intestinal, mais E. coli O157:H7 cause de graves diarrhées et des colites hémorragiques. C'est pourquoi il est important de diagnostiquer E. coli à la fois pour traiter le patient et pour trouver la source de l'infection. Toutefois, lorsqu'on les observe au microscope, tous les E. coli se ressemblent ; alors comment peut-on différencier E. coli O157:H7 des autres ?

La réponse est dans le chapitre.

Les réactions cataboliques et les réactions anaboliques

Nous utilisons le terme «**métabolisme**» pour désigner la somme des réactions chimiques qui se déroulent dans un organisme vivant. Puisqu'il y a soit libération, soit absorption d'énergie lors de ces réactions, on peut considérer le métabolisme comme un processus visant le maintien de l'équilibre énergétique. C'est ainsi qu'on peut le diviser en deux classes de réactions chimiques : celles qui libèrent de l'énergie et celles qui en nécessitent.

Dans les cellules vivantes, les réactions qui libèrent de l'énergie sont généralement celles qui appartiennent au **catabolisme**, c'est-à-dire la dégradation de composés organiques complexes en substances plus simples. Ces réactions sont dites *catabolique*, ou *de dégradation*. Les réactions cataboliques sont en général des *réactions d'hydrolyse* (qui consomment de l'eau et dans lesquelles des liaisons chimiques sont rompues) et elles sont *exergoniques* (elles produisent plus d'énergie qu'elles n'en consomment). Un exemple pour illustrer le catabolisme est celui de la cellule qui dégrade des glucides en dioxyde de carbone (CO_2) et en eau (H_2O).

Les réactions qui nécessitent de l'énergie interviennent, pour la plupart, dans l'**anabolisme**, c'est-à-dire la production de molécules organiques complexes à partir de composants plus simples. Ces réactions sont dites *anaboliques*, ou *de biosynthèse*. Les réactions anaboliques font souvent appel à des *réactions de synthèse par déshydratation* (qui libèrent de l'eau) et elles sont *endergoniques* (elles consomment plus d'énergie qu'elles n'en produisent). Les réactions anaboliques comprennent notamment la formation des protéines à partir des acides aminés, celle des acides nucléiques à partir des nucléotides et celle des polysaccharides à partir des glucides simples. Ces réactions de biosynthèse produisent les substances qui servent à la croissance cellulaire.

Les réactions cataboliques fournissent l'énergie nécessaire aux réactions anaboliques. Ce couplage des réactions qui requièrent de l'énergie et de celles qui en libèrent est rendu possible par la molécule appelée *adénosine triphosphate (ATP)* (figure 22.18). L'ATP emmagasine l'énergie dérivée des réactions cataboliques et la libère, le moment venu, pour alimenter les réactions anaboliques et accomplir du travail cellulaire. Une molécule d'ATP est constituée d'une adénine, d'un ribose et de trois groupements phosphate. Quand le groupement phosphate terminal est retiré de l'ATP, il y a formation d'adénosine diphosphate (ADP) et libération d'énergie pour les réactions anaboliques. Si nous représentons le groupement phosphate par 🅟, et le phosphate inorganique par 🅟$_i$ (qui ne se lie à aucune autre molécule), la réaction s'écrit :

$$\text{ATP} \longrightarrow \text{ADP} + \text{🅟}_i + \text{Énergie}$$

Ensuite, l'énergie des réactions cataboliques est utilisée pour combiner l'ADP et le 🅟 et synthétiser une nouvelle molécule d'ATP :

$$\text{ADP} + \text{🅟}_i + \text{Énergie} \longrightarrow \text{ATP}$$

Ainsi, les réactions anaboliques sont couplées à la dégradation de l'ATP et les réactions cataboliques, à sa synthèse. Cette notion de réactions couplées est très importante ; vous comprendrez pourquoi au fil du présent chapitre. Pour l'instant, retenez que la composition chimique de la cellule vivante change constamment : certaines molécules sont dégradées alors que d'autres sont synthétisées. Ce flux équilibré de substances chimiques et d'énergie maintient la cellule en vie.

Le rôle joué par l'ATP dans le couplage des réactions anaboliques et cataboliques est illustré à la **figure 23.1**. Seule une partie de l'énergie libérée par le catabolisme est en fait disponible pour les fonctions cellulaires, car une certaine quantité de cette énergie est dissipée dans le milieu sous forme de chaleur. Puisque la cellule doit utiliser de l'énergie pour rester en vie, il lui faut continuellement s'approvisionner à une source d'énergie externe.

Avant d'aborder ce qui permet à la cellule de produire de l'énergie, examinons les principales propriétés d'un groupe de protéines qui interviennent dans presque toutes les réactions chimiques importantes sur le plan biologique. Ces protéines, les enzymes, ont été décrites brièvement au chapitre 22. Il est important de comprendre que les **voies métaboliques** (séquences de réactions chimiques) de la cellule sont déterminées par ses enzymes, qui sont à leur tour déterminées par le bagage génétique de la cellule.

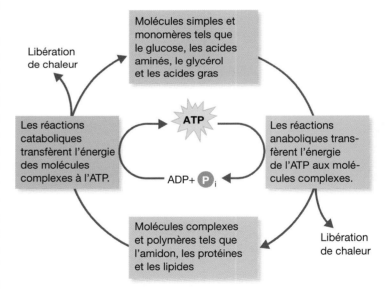

Figure 23.1 **Rôle de l'ATP dans le couplage des réactions anaboliques et cataboliques.** Quand des molécules complexes sont fragmentées (catabolisme), une partie de l'énergie est transférée à l'ATP, qui l'emmagasine, et le reste est dissipé sous forme de chaleur. Quand des molécules simples sont combinées pour former des molécules complexes (anabolisme), l'ATP fournit l'énergie nécessaire à la synthèse et, encore une fois, une partie de l'énergie est libérée sous forme de chaleur.

Les enzymes

> ▶ Objectifs d'apprentissage
>
> **23-3** Reconnaître les composants d'une enzyme.
>
> **23-4** Décrire le mécanisme de l'action enzymatique.
>
> **23-5** Nommer les facteurs qui influent sur l'activité enzymatique.
>
> **23-6** Comparer les modes d'action des inhibiteurs compétitifs et des inhibiteurs non compétitifs.
>
> **23-7** Définir le ribozyme.

La théorie des collisions

Nous avons indiqué au chapitre 22 qu'il y a réaction chimique lorsque des liaisons chimiques sont formées ou rompues. Pour que ces réactions aient lieu, les atomes, les ions ou les molécules doivent entrer en collision. La **théorie des collisions** explique comment les réactions chimiques se produisent et comment certains facteurs influent sur la vitesse à laquelle elles se déroulent. Selon cette théorie, tous les atomes, les ions et les molécules sont constamment en mouvement et, par conséquent, entrent sans cesse en collision les uns avec les autres. L'énergie transférée par les particules lors des collisions peut perturber suffisamment leur structure électronique pour briser des liaisons chimiques et en créer d'autres.

Plusieurs facteurs déterminent si une collision déclenchera une réaction chimique : la vitesse des particules qui entrent en collision, leur énergie et leur configuration chimique spécifique. Jusqu'à un certain point, plus la vitesse des particules est grande, plus la probabilité que leur collision entraîne une réaction est élevée. De plus, chaque réaction chimique nécessite un niveau d'énergie spécifique. Mais, même si les particules qui entrent en collision ont l'énergie minimale requise pour une réaction, cette dernière n'aura pas lieu si les particules ne sont pas bien orientées les unes par rapport aux autres.

Supposons que les molécules de la substance AB (le réactif) doivent être converties en molécules des substances A et B (les produits). Dans une population donnée de molécules de la substance AB, à une température donnée, certaines molécules possèdent relativement peu d'énergie, la majorité possède une quantité moyenne d'énergie et une petite partie de la population a une énergie élevée. Si seules les molécules AB riches en énergie sont en mesure de réagir et de se convertir en molécules A et B, il n'y aura alors, à tout moment, qu'un nombre relativement restreint de molécules avec assez d'énergie pour réagir lors d'une collision. L'énergie de collision minimale requise au départ pour qu'une réaction chimique puisse avoir lieu est l'**énergie d'activation** de cette réaction. Il s'agit de la quantité d'énergie nécessaire pour perturber la configuration électronique stable d'une molécule donnée, de telle sorte que les électrons puissent être réarrangés.

La **vitesse de réaction** – la fréquence des collisions contenant assez d'énergie pour déclencher une réaction chimique – dépend du nombre de molécules de réactif dont l'énergie est égale ou supérieure à l'énergie d'activation. On peut augmenter la vitesse de réaction d'une substance en élevant sa température. En accélérant le déplacement des molécules, la chaleur fait augmenter à la fois la fréquence des collisions et le nombre de molécules qui possèdent l'énergie d'activation. Le nombre de collisions augmente aussi quand la pression s'élève ou quand les réactifs sont plus concentrés, parce que la distance entre les molécules se trouve diminuée.

Paradoxalement, dans les systèmes vivants, la température et la pression physiologiques inhérentes aux organismes sont trop basses pour que les réactions chimiques aient lieu à un rythme assez rapide pour maintenir la vie. Élever la température et la pression ainsi que le nombre de molécules de réactif augmenterait la fréquence des collisions et la vitesse des réactions chimiques. Par contre, de tels changements pourraient aussi faire du tort à l'organisme, voire le tuer. La solution à ce problème réside dans les enzymes, qui peuvent accélérer les réactions chimiques de plusieurs façons. Par exemple, une enzyme peut rapprocher deux réactifs l'un de l'autre et les orienter de manière qu'ils réagissent. Quelle que soit la méthode employée, l'action de l'enzyme a pour effet d'abaisser l'énergie d'activation de la réaction sans faire augmenter la température ou la pression dans la cellule.

Les enzymes et les réactions chimiques

Les substances qui peuvent accélérer une réaction chimique sans être elles-mêmes modifiées de façon permanente s'appellent **catalyseurs**. Dans les cellules vivantes, les **enzymes** jouent le rôle de catalyseurs biologiques parce qu'elles ont la propriété d'accélérer considérablement les réactions. Les enzymes sont des catalyseurs spécifiques : chacune agit sur une substance déterminée appelée **substrat** de l'enzyme (ou substrats, s'il y a plus d'un réactif), et chacune ne catalyse qu'une seule réaction. Par exemple, le saccharose (sucre ordinaire) est le substrat de la saccharase, une enzyme qui catalyse l'hydrolyse du saccharose en glucose et en fructose.

En tant que catalyseurs, les enzymes accélèrent habituellement les réactions chimiques. Ce sont des molécules tridimensionnelles qui ont un *site actif*, c'est-à-dire une région capable d'une interaction spécifique avec une substance chimique (figure 23.4).

L'enzyme oriente le substrat de façon à augmenter la probabilité d'une réaction. Le **complexe enzyme-substrat** formé par la liaison temporaire de l'enzyme et des réactifs augmente l'efficacité des collisions. C'est pourquoi on dit que l'énergie d'activation nécessaire pour que se déclenche une réaction chimique est diminuée en présence d'une enzyme (**figure 23.2**). Ainsi, dans notre exemple précédent, l'enzyme accélère la réaction en augmentant le nombre de molécules AB qui possèdent assez d'énergie pour réagir.

Le fait que les enzymes soient capables d'accélérer les réactions sans augmenter la température est crucial pour les systèmes vivants, parce qu'une augmentation importante de la température détruit les protéines cellulaires. Ainsi, la fonction primordiale des enzymes est d'accélérer les réactions biochimiques à une température qui est compatible avec le fonctionnement normal de la cellule. Tout facteur qui perturbe l'activité enzymatique aura un effet sur la vitesse des réactions chimiques et, pour finir, sur les processus vitaux.

La spécificité et l'efficacité des enzymes

La *spécificité des enzymes* tient à leur structure tridimensionnelle ; en règle générale, ce sont de grosses protéines globulaires. Chacune des milliers d'enzymes connues possède une forme tridimensionnelle

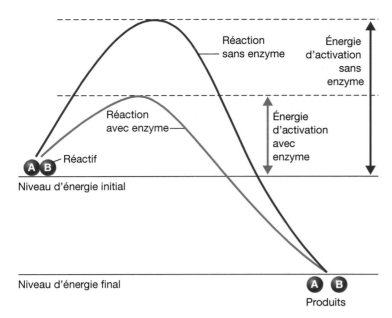

Figure 23.2 **Énergie nécessaire pour déclencher une réaction chimique.**
Le diagramme ci-dessus montre l'évolution de la réaction AB → A + B en
l'absence (courbe bleue) et en présence (courbe rouge) d'une enzyme.
La présence de l'enzyme diminue l'énergie d'activation de la réaction (comparer
les flèches). Ainsi, il y a plus de molécules du réactif AB qui sont converties
en produits A et B parce qu'il y en a plus qui possèdent l'énergie d'activation
requise pour la réaction.

caractéristique avec une configuration spécifique en surface. Ces
propriétés sont déterminées par les structures primaire, secondaire
et tertiaire de la protéine (figure 22.15). La configuration unique
de chaque enzyme lui permet de «trouver» le substrat approprié
parmi la multitude de molécules dans la cellule.

Les enzymes sont extrêmement efficaces. Dans des conditions
optimales, elles peuvent catalyser les réactions à des vitesses de 10^8 à
10^{10} fois (environ 10 milliards de fois) supérieures à celles de réactions comparables sans enzyme. La **fréquence d'échange** (*turnover
number* en anglais) équivaut au nombre maximal de molécules de
substrat converties en produits par molécule d'enzyme en une
seconde. Certaines enzymes peuvent répéter leur action catalytique
sur les molécules entre 1 et 10 000 fois par seconde; ce chiffre peut
même atteindre 500 000. Par exemple, l'ADN polymérase I, enzyme
qui participe à la synthèse de l'ADN, a une fréquence d'échange
de 15, alors que l'enzyme lactate déshydrogénase, qui supprime des
atomes d'hydrogène de l'acide lactique, a une fréquence d'échange
de 1 000.

De nombreuses enzymes sont présentes dans la cellule sous
des formes actives et inactives. La vitesse à laquelle elles passent
d'une forme à l'autre est déterminée par le milieu cellulaire.

La nomenclature des enzymes

Les noms d'enzymes se terminent habituellement par le suffixe «-ase».
On peut grouper toutes les enzymes en six classes, selon le type de
réaction chimique qu'elles catalysent (tableau 23.1). À l'intérieur
de chacune de ces grandes classes, les enzymes sont nommées en
fonction du type de réaction spécifique qu'elles accélèrent. Par
exemple, les enzymes de la classe des *oxydoréductases* interviennent
dans les réactions d'oxydoréduction (qui seront décrites sous peu).
Les enzymes de cette classe qui retirent de l'hydrogène d'un substrat sont appelées *déshydrogénases*; celles qui ajoutent de l'oxygène
sont appelées *oxydases*. Nous verrons plus loin que les déshydrogénases et les oxydases portent des noms encore plus spécifiques, tels
que lactate déshydrogénase et cytochrome oxydase, selon le substrat
spécifique sur lequel elles agissent.

Les composants des enzymes

Certaines enzymes sont entièrement constituées de protéines, mais
la plupart comprennent une partie protéique appelée **apoenzyme**
et une partie non protéique appelée **cofacteur**. Les cofacteurs
peuvent être, par exemple, des ions métalliques de fer, de zinc, de
magnésium ou de calcium. Un cofacteur qui est constitué d'une
molécule organique est appelé **coenzyme**. Les apoenzymes sont
inactives par elles-mêmes; elles doivent être activées par un cofacteur. Ensemble, l'apoenzyme et le cofacteur constituent une **holoenzyme**, c'est-à-dire une enzyme entière et active (figure 23.3).
Si le cofacteur est supprimé, l'apoenzyme ne peut pas fonctionner.

La coenzyme peut participer à l'action de l'enzyme en acceptant des atomes éliminés du substrat ou en donnant des atomes à ce
dernier. Certaines coenzymes jouent le rôle de transporteurs d'électrons, retirant des électrons du substrat et les donnant à d'autres
molécules lors de réactions qui viennent par la suite. Un grand
nombre de coenzymes sont dérivées des vitamines (tableau 23.2).

Tableau 23.1	Classification des enzymes basée sur le type de réaction chimique catalysée	
Classe	**Type de réaction chimique catalysée**	**Exemples**
Oxydoréductase	Réactions d'oxydoréduction au cours desquelles des atomes d'oxygène et d'hydrogène sont gagnés ou perdus	Cytochrome oxydase, lactate déshydrogénase
Transférase	Transfert de groupements fonctionnels, tels qu'un groupement amine, un groupement acétyle ou un groupement phosphate	Acétate kinase, alanine désaminase
Hydrolase	Hydrolyse (addition d'eau)	Lipase, saccharase
Lyase	Élimination de groupements d'atomes sans hydrolyse	Oxalate décarboxylase, isocitrate lyase
Isomérase	Réarrangement des atomes dans une molécule	Glucose-phosphate isomérase, alanine racémase
Ligase	Combinaison de 2 molécules (à l'aide d'énergie habituellement obtenue par dégradation d'ATP)	Acétyl CoA synthétase, ADN ligase

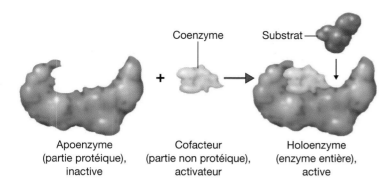

Coenzyme   Substrat

Apoenzyme | Cofacteur | Holoenzyme
(partie protéique), | (partie non protéique), | (enzyme entière),
inactive | activateur | active

Figure 23.3 **Composants d'une holoenzyme.** La conformation de l'apoenzyme (partie protéique) est celle d'une molécule inactive ; l'apoenzyme doit s'associer à un cofacteur (partie non protéique) pour prendre une conformation active. Le cofacteur peut être un ion métallique ; on l'appelle *coenzyme* s'il est formé d'une molécule organique (comme celle qui est représentée ici). L'apoenzyme et le cofacteur constituent ensemble une holoenzyme, soit une enzyme entière activée. Le substrat est le réactif sur lequel l'enzyme exerce son action.

Deux des coenzymes les plus importantes du métabolisme cellulaire sont le **nicotinamide adénine dinucléotide (NAD⁺)** et le **nicotinamide adénine dinucléotide phosphate (NADP⁺)**. Ces composés contiennent des produits dérivés de la niacine (acide nicotinique), une vitamine du groupe des vitamines B, et sont tous deux des transporteurs d'électrons. Alors que le NAD^+ intervient surtout dans les réactions cataboliques (qui libèrent de l'énergie), le $NADP^+$ est surtout présent dans les réactions anaboliques (qui consomment de l'énergie). Les coenzymes à base de flavine, telles que la **flavine mononucléotide (FMN)** et la **flavine adénine dinucléotide (FAD)**, contiennent des dérivés de la riboflavine, également une vitamine B, et sont également des transporteurs d'électrons. Une autre coenzyme importante, la **coenzyme A (CoA)**, contient un dérivé de l'acide pantothénique, une autre vitamine B. Cette coenzyme joue un rôle

important dans la synthèse et la dégradation des lipides et dans une série de réactions d'oxydation appelée *cycle de Krebs*. Nous reverrons toutes ces coenzymes en étudiant le métabolisme plus loin dans le présent chapitre.

Nous avons déjà mentionné que certains cofacteurs sont des ions métalliques, tels que le fer, le cuivre, le magnésium, le manganèse, le zinc, le calcium et le cobalt. Ces cofacteurs peuvent contribuer à catalyser des réactions en formant un pont entre l'enzyme et le substrat. Par exemple, le magnésium (Mg^{2+}) est nécessaire à un grand nombre d'enzymes de phosphorylation (qui transfèrent un groupement phosphate de l'ATP à un autre substrat). L'ion Mg^{2+} peut former un lien entre l'enzyme et la molécule d'ATP. La plupart des oligoéléments essentiels aux cellules vivantes sont probablement utilisés de la sorte pour activer des enzymes cellulaires.

Le mécanisme de l'action enzymatique

Les enzymes abaissent l'énergie d'activation des réactions chimiques. La séquence générale des étapes de l'action enzymatique se déroule de la façon suivante (**figure 23.4a**) :

1 Une portion de la surface du substrat entre en contact avec une région spécifique de la surface de la molécule d'enzyme active appelée *site actif*.

2 Un composé intermédiaire temporaire se forme : le complexe enzyme-substrat.

3 La molécule du substrat est transformée soit par un réarrangement des atomes existants, soit par la dégradation de la molécule de substrat ou sa combinaison à un autre substrat.

4 Les molécules de substrat transformées – les produits de la réaction – se détachent de l'enzyme parce qu'elles n'épousent plus la forme du site actif.

5 N'ayant pas changé, l'enzyme est maintenant libre de catalyser une nouvelle réaction avec d'autres molécules de substrat.

Tableau 23.2   Quelques vitamines et leurs fonctions coenzymatiques

Vitamine	Fonction
Vitamine B₁ (thiamine)	Fait partie de la cocarboxylase, une coenzyme ; accomplit de nombreuses fonctions, dont le métabolisme de l'acide pyruvique.
Vitamine B₂ (riboflavine)	Coenzyme des flavoprotéines ; participe aux transferts d'électrons.
Vitamine B₃ (niacine, ou acide nicotinique)	Fait partie de la molécule de NAD ; participe aux transferts d'électrons.
Vitamine B₆ (pyridoxine)	Coenzyme du métabolisme des acides aminés.
Vitamine B₁₂ (cyanocobalamine)	Coenzyme (méthylcyanocobalamide) intervenant dans le transfert des groupements méthyle ; participe au métabolisme des acides aminés.
Acide pantothénique	Fait partie de la molécule de coenzyme A ; intervient dans le métabolisme de l'acide pyruvique et des lipides.
Biotine	Intervient dans les réactions de fixation du CO_2 et dans la synthèse des acides gras.
Acide folique	Coenzyme utilisée pour la synthèse des purines et des pyrimidines.
Vitamine E	Nécessaire aux synthèses cellulaires et macromoléculaires.
Vitamine K	Coenzyme utilisée pour le transport des électrons.

Grâce à cette séquence d'actions, l'enzyme accélère la réaction chimique.

Nous avons mentionné plus haut que les enzymes sont dotées de *spécificité* à l'égard de substrats particuliers. Par exemple, une enzyme donnée ne sera en mesure d'hydrolyser la liaison peptidique qu'entre deux acides aminés spécifiques. D'autres enzymes (l'amylase, par exemple) peuvent hydrolyser l'amidon, mais non la cellulose; bien que l'amidon et la cellulose soient tous deux des polysaccharides composés de sous-unités de glucose, l'orientation de ces dernières est différente dans les deux polymères. Les enzymes possèdent cette spécificité parce que la forme tridimensionnelle du site actif et celle du substrat s'épousent l'une l'autre, un peu comme une serrure et sa clé (**figure 23.4b**). Toutefois, le site actif et le substrat sont flexibles et changent quelque peu de forme en se combinant, de façon à s'ajuster plus étroitement l'un à l'autre. Le substrat est habituellement beaucoup plus petit que l'enzyme, et le site actif est formé d'une petite fraction de l'enzyme.

Un composé peut être le substrat de plusieurs enzymes différentes qui catalysent des réactions différentes, si bien que son sort dépend de l'enzyme qui agit sur lui. Le glucose-6-phosphate est une molécule importante dans le métabolisme cellulaire qui peut être soumis à l'action d'au moins quatre enzymes différentes, et chaque réaction aboutit à un produit différent.

Les facteurs influant sur l'activité enzymatique

Les enzymes sont soumises à divers mécanismes de régulation cellulaire. Les deux principaux types de régulation sont celui de la *synthèse* des enzymes et celui de l'*activité* enzymatique (d'une part, la quantité d'enzymes et d'autre part, la mesure dans laquelle elles sont actives).

Plusieurs facteurs influent sur l'activité d'une enzyme. Parmi les plus importants, on compte la température, le pH, la concentration du substrat et la présence ou l'absence d'inhibiteurs. Toute modification du milieu qui ne respecte pas les conditions optimales nécessaires à l'activité enzymatique peut altérer la protéine, souvent de façon permanente, et rendre l'enzyme inactive: il en résulte la **dénaturation** de l'enzyme, c'est-à-dire la perte de sa structure tridimensionnelle caractéristique (structure tertiaire). La dénaturation d'une enzyme comprend la rupture des liaisons hydrogène et d'autres liaisons non covalentes qui stabilisent la forme tridimensionnelle de la protéine active. L'arrangement des acides aminés du site actif est alors modifié, ce qui rend la molécule dénaturée non

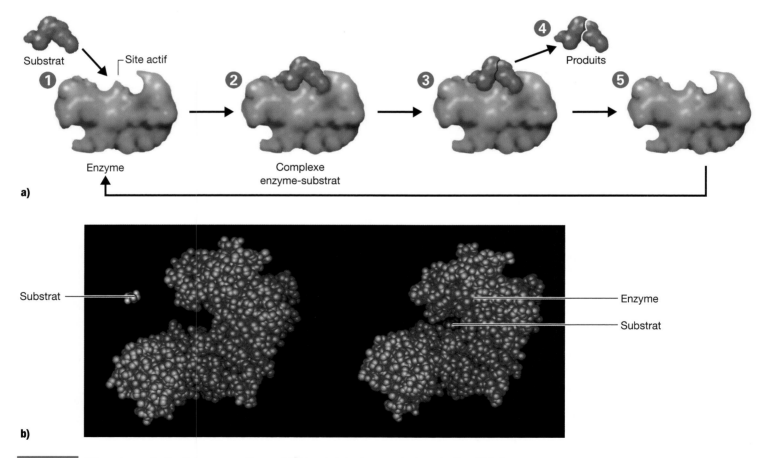

Figure 23.4 **Mécanisme de l'action enzymatique.** **a)** ❶ Le substrat entre en contact avec le site actif de l'enzyme pour former ❷ un complexe enzyme-substrat. ❸ Le substrat est alors transformé en produits, ❹ les produits sont libérés et ❺ l'enzyme est récupérée, inchangée. Dans l'exemple ci-dessus, la transformation en produits prend la forme d'une dégradation du substrat en deux produits. Toutefois, d'autres types de transformations sont possibles. **b)** À gauche: Modèle moléculaire de l'enzyme à l'étape ❶ de la partie *a)*. Le site actif de l'enzyme apparaît ici comme un creux à la surface de la protéine. À droite: Quand l'enzyme et le substrat se combinent à l'étape ❷ de la partie *a)*, ils changent légèrement de forme pour s'ajuster plus étroitement l'un à l'autre.

fonctionnelle. Dans certains cas, la dénaturation est partiellement ou entièrement réversible. Mais si elle se poursuit au-delà de certaines limites, l'enzyme ne peut plus récupérer ses propriétés d'origine. Les enzymes peuvent également être dénaturées par une température trop élevée, les bases et les acides concentrés, les ions de métaux lourds (tels que le plomb, l'arsenic ou le mercure), l'alcool et le rayonnement ultraviolet.

Dans le domaine médical, certains produits sont utilisés comme désinfectants et antiseptiques en raison de leur capacité à dénaturer les enzymes microbiennes.

La température

De façon générale, lorsque la température s'élève, le nombre de collisions entre les molécules augmente et la vitesse de la plupart des réactions chimiques s'accroît en conséquence. Les molécules se déplacent plus lentement à basse température qu'à température élevée et le nombre de collisions diminue, si bien que l'énergie des molécules peut être insuffisante pour causer une réaction chimique. Dans les réactions enzymatiques, l'activité enzymatique (vitesse de la réaction catalysée par l'enzyme) augmente en fonction de la température, et ce, jusqu'à l'atteinte d'une température optimale. On doit noter que la température optimale d'une enzyme est celle qui favorise les collisions de sorte que les chances que l'enzyme rencontre ses substrats sont maximales. La température optimale de la plupart des bactéries pathogènes qui s'introduisent dans le corps humain se situe entre 35 et 40 °C. Toutefois, lorsque la température s'élève au-dessus de la température optimale, la vitesse de réaction diminue rapidement (**figure 23.5a**) ; cette diminution résulte de la dénaturation de l'enzyme (**figure 23.6**). Un exemple bien connu de dénaturation d'une protéine est la transformation par la chaleur

du blanc d'œuf frais (une protéine appelée *albumine*) en une matière solide. Ainsi, si la température s'élève au point où la protéine perd sa solubilité et coagule, l'enzyme ne peut plus récupérer ses propriétés d'origine, et la dénaturation est alors irréversible. D'un autre côté, si la température est inférieure à la température optimale, la vitesse de réaction peut diminuer au point de devenir incompatible avec le maintien de la vie.

Le pH

Pour la plupart des enzymes, il existe un pH optimal auquel l'activité enzymatique est typiquement maximale. Au-dessus ou au-dessous de ce pH, cette activité et, par conséquent, la vitesse de la réaction diminuent (**figure 23.5b**). Quand la concentration des ions H^+ (pH) change de façon importante dans le milieu, la structure tridimensionnelle de la protéine est modifiée. Les changements de pH extrêmes peuvent entraîner la dénaturation de l'enzyme.

La concentration du substrat

Pour une certaine quantité d'enzyme, la concentration du substrat influe sur la vitesse à laquelle se déroulera la réaction spécifique qu'elle catalyse. Plus la concentration du substrat s'élève, plus la vitesse des réactions augmente. C'est seulement quand la concentration du substrat, ou des substrats, est extrêmement élevée que la réaction atteint cette vitesse maximale. Lorsque cela se produit, on dit que l'enzyme est dans des conditions de **saturation**, c'est-à-dire que son site actif est toujours occupé par des molécules de substrat ou de produit. Dans ce cas, toute augmentation supplémentaire de la concentration du substrat n'a aucun effet sur la vitesse de réaction parce que tous les sites actifs sont déjà remplis (**figure 23.5c**). Dans des conditions cellulaires normales, les enzymes ne sont pas

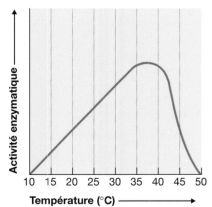

a) **Température.** L'activité enzymatique augmente en fonction de la température, et ce, jusqu'à l'atteinte d'une température optimale. L'enzyme représentée ici atteint son activité maximale à une température de 37 °C. Au-delà de cette température optimale, l'enzyme, une protéine, est dénaturée par la chaleur et inactivée. À partir de cette température, la vitesse de la réaction tombe rapidement à zéro.

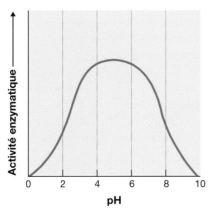

b) **pH.** L'enzyme représentée ici atteint son activité maximale à un pH d'environ 5,0. En deçà ou au-delà de ce pH, la vitesse de la réaction tombe rapidement à zéro.

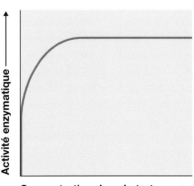

c) **Concentration du substrat.** Au fur et à mesure que la concentration des molécules de substrat augmente, la vitesse de la réaction s'accroît également, jusqu'à ce que les sites actifs de toutes les molécules d'enzyme soient occupés (saturation). La vitesse maximale de la réaction est alors atteinte. L'ajout de substrat supplémentaire n'a plus d'effet.

Figure 23.5 **Facteurs influant sur l'activité enzymatique.** (Les valeurs représentées sont celles d'une enzyme hypothétique.)

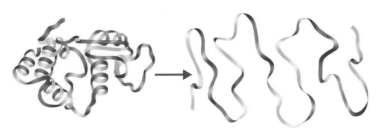

Protéine active (fonctionnelle)   Protéine dénaturée

Figure 23.6 **Dénaturation d'une protéine.** La rupture des liaisons non covalentes (telles que les liaisons hydrogène) qui stabilisent la forme tridimensionnelle de la protéine active rend la molécule dénaturée non fonctionnelle.

saturées par leurs substrats. À tout moment, il y a un grand nombre de molécules d'enzyme qui sont inactives, faute de substrat ; ainsi, la vitesse de réaction peut être régulée par la concentration de substrat.

Les inhibiteurs

Plusieurs stratégies sont utilisées dans la lutte contre les microbes (chapitre 14). Par exemple, un moyen efficace de limiter la croissance des bactéries est de contrôler leurs enzymes. Certains poisons, tels que le cyanure, l'arsenic et le mercure, se combinent aux enzymes et les empêchent de fonctionner. Les cellules cessent alors de fonctionner et meurent.

Il y a deux catégories d'inhibiteurs enzymatiques : les inhibiteurs compétitifs et les inhibiteurs non compétitifs (**figure 23.7**). Les **inhibiteurs compétitifs** occupent le site actif de l'enzyme et sont ainsi en compétition avec le substrat normal pour ce site. Ils sont en mesure de se substituer au substrat parce qu'ils ont une forme et une structure chimique qui ressemblent à celles de ce dernier (figure 23.7b). Mais, contrairement au substrat, ils ne déclenchent pas de réaction qui amènerait la formation de produits. Certains inhibiteurs compétitifs se lient de façon irréversible aux acides aminés du site actif, rendant ainsi impossible toute autre interaction avec le substrat. D'autres se lient de façon réversible, occupant et libérant tour à tour le site actif ; ces inhibiteurs ralentissent les interactions de l'enzyme avec le substrat. On peut surmonter l'inhibition compétitive réversible en augmentant la concentration du substrat. Au fur et à mesure que les sites actifs se

libèrent, les molécules de substrat, qui sont en plus grand nombre que celles de l'inhibiteur compétitif, ont plus de chances de s'y lier.

Le sulfanilamide est un bon exemple d'inhibiteur compétitif. Il agit sur l'enzyme dont le substrat normal est l'acide para-aminobenzoïque (PABA) :

Sulfanilamide   PABA

Le PABA est un nutriment essentiel utilisé par de nombreuses bactéries pour la synthèse de l'acide folique, une vitamine qui joue le rôle de coenzyme. Quand on prescrit du sulfanilamide à un patient qui souffre d'une infection urinaire, par exemple, ce médicament diffuse dans le milieu environnant des bactéries ; au cours du métabolisme bactérien, l'enzyme qui convertit normalement le PABA en acide folique se combine plutôt avec le sulfanilamide. L'acide folique n'est pas synthétisé, et la bactérie ne peut pas se multiplier. Puisque les cellules humaines n'utilisent pas le PABA pour produire leur acide folique, elles ne sont pas touchées par le sulfanilamide qui, par contre, inhibe la croissance des bactéries. L'infection est alors contrôlée.

Les **inhibiteurs non compétitifs** ne font pas concurrence au substrat pour le déplacer du site actif ; ils agissent plutôt sur une autre partie de l'enzyme (figure 23.7c). Lors de ce processus, appelé **inhibition allostérique** (signifiant « autre espace »), l'inhibiteur se lie à un site sur l'enzyme qui n'est pas le site actif du substrat et qui porte le nom de **site allostérique**. Cette liaison provoque une modification de la forme du site actif, le rendant ainsi non fonctionnel. En conséquence, l'activité de l'enzyme est réduite. Cet effet peut être soit réversible, soit irréversible, selon que le site actif est capable ou non de reprendre sa forme d'origine. Dans certains cas, les interactions allostériques peuvent activer une enzyme plutôt que l'inhiber. Il existe un autre type d'inhibition non compétitive qui s'exerce sur les enzymes dont l'activité nécessite un ion métallique. Certains agents chimiques peuvent se combiner aux ions métalliques activateurs ou les neutraliser et ainsi empêcher les

Liaison normale du substrat   **Action des inhibiteurs enzymatiques**

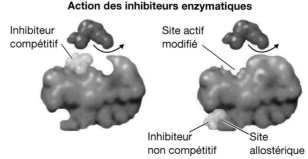

Figure 23.7 **Inhibiteurs enzymatiques.**
a) Une enzyme et son substrat normal, sans inhibiteur.
b) Un inhibiteur compétitif. **c)** Un type d'inhibiteur non compétitif, causant une inhibition allostérique.

réactions enzymatiques. Le cyanure peut se lier au fer des enzymes qui en contiennent et le fluorure, au calcium ou au magnésium. Les substances comme le cyanure et le fluorure sont parfois appelées *poisons d'enzymes* parce qu'elles entraînent l'inactivation permanente de ces protéines. À faible dose, le fluorure détruit les bactéries de la bouche qui peuvent contribuer à la carie dentaire.

La rétroinhibition

Les inhibiteurs allostériques jouent un rôle dans un type de régulation biochimique appelé **rétroinhibition** ou **inhibition par produit final**. Ce mécanisme empêche la cellule de gaspiller des ressources chimiques, et ce, en s'opposant à ce qu'elle produise plus de substances qu'elle n'en a besoin. Dans certaines réactions métaboliques, il faut plusieurs étapes pour synthétiser un composé chimique donné, appelé *produit final*. Le processus ressemble à une chaîne de montage où chaque étape est catalysée par une enzyme différente (**figure 23.8**). Dans un grand nombre de voies anaboliques,

le produit final peut inhiber par allostérie l'activité d'une des enzymes qui agit à une étape antérieure sur la voie. C'est ce phénomène qui s'appelle *rétroinhibition*.

En règle générale, la rétroinhibition s'exerce sur la première enzyme de la voie métabolique (c'est un peu comme interrompre une chaîne de montage en ordonnant à la première personne de cesser de travailler). L'enzyme étant inhibée, le produit de la première réaction enzymatique de la voie n'est pas synthétisé. Ce produit non synthétisé serait normalement le substrat de la deuxième enzyme dans la voie. Comme ce substrat manque à l'appel, la deuxième réaction est aussi immédiatement interrompue. En conséquence, même si c'est seulement la première enzyme de la cascade qui est inhibée, la voie entière est bloquée et aucun nouveau produit final n'est formé. En inhibant la première enzyme de la voie, la cellule prévient aussi l'accumulation des intermédiaires métaboliques. Au fur et à mesure que la cellule consomme le produit final existant, le site allostérique de la première enzyme commence à se libérer et la voie redevient active. Il y a donc rétroinhibition lorsqu'une série d'enzymes effectue la synthèse d'un produit final qui inhibe la première enzyme de la série, ou bien une enzyme intermédiaire, et ferme ainsi la voie entière dès qu'il y a une quantité suffisante du produit final.

Le cas de la bactérie *E. coli* permet d'illustrer la rétroinhibition dans la synthèse de l'isoleucine, un acide aminé nécessaire à la croissance cellulaire. Dans cette voie métabolique, il faut cinq étapes enzymatiques pour convertir la thréonine, l'acide aminé de départ, en isoleucine. Si on ajoute de l'isoleucine au milieu de culture d'*E. coli*, l'acide aminé inhibe la première enzyme de la voie et la bactérie cesse de synthétiser l'isoleucine. Cette situation se maintient jusqu'à l'épuisement de l'isoleucine. Ce type de rétroinhibition intervient également dans la régulation de la production par la cellule d'autres acides aminés, de vitamines, des purines et des pyrimidines.

Les ribozymes

Avant 1982, on croyait que seules les protéines étaient capables d'activité enzymatique. Des chercheurs qui étudiaient des microorganismes ont découvert un type d'ARN unique en son genre appelé **ribozyme**. Comme les enzymes protéiques, les ribozymes jouent le rôle de catalyseurs, possèdent un site actif qui lie des substrats et ne sont pas modifiés par la réaction chimique à laquelle elles participent. Leur action, qui s'exerce spécifiquement sur des brins d'ARN, consiste à enlever des segments des brins d'ARN et à épisser ceux qui restent. À cet égard, les ribozymes ont une action plus restreinte que celle des enzymes protéiques, c'est-à-dire que les substrats avec lesquels elles interagissent sont moins diversifiés.

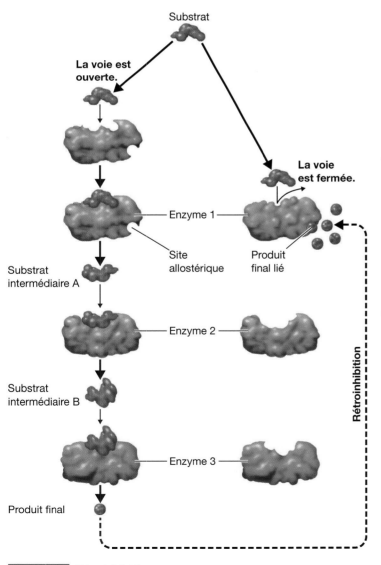

Substrat

La voie est ouverte.

La voie est fermée.

Enzyme 1

Site allostérique

Produit final lié

Substrat intermédiaire A

Enzyme 2

Substrat intermédiaire B

Enzyme 3

Rétroinhibition

Produit final

Figure 23.8 Rétroinhibition.

▶ **Vérifiez vos acquis**

Définissez une coenzyme. **23-3**

Pourquoi la spécificité de l'enzyme est-elle une propriété importante ? **23-4**

Quel est le sort réservé à l'enzyme lorsque celle-ci est soumise à une température au-delà de sa température optimale ? au-dessous de sa température optimale ? **23-5**

Comment fonctionne le processus de la rétroinhibition par inhibiteur non compétitif ? **23-6**

Qu'est-ce qu'un ribozyme ? **23-7**

La production d'énergie

> ▶ **Objectifs d'apprentissage**
>
> **23-8** Expliquer ce qu'on entend par oxydoréduction.
>
> **23-9** Nommer trois types de réactions de phosphorylation qui produisent de l'ATP et en donner des exemples.
>
> **23-10** Expliquer la fonction générale des voies métaboliques.

Les molécules de nutriment, comme toutes les molécules, possèdent de l'énergie associée aux électrons qui forment les liaisons entre leurs atomes. Quand cette énergie est répartie dans toute la molécule, il est difficile à la cellule de l'utiliser. Toutefois, diverses réactions des voies cataboliques concentrent l'énergie dans les liaisons de l'ATP, qui constitue un transporteur d'énergie commode. On dit en général de l'ATP qu'elle possède des liaisons riches en énergie. En réalité, il serait probablement plus approprié de parler de *liaisons instables*. Bien que la quantité d'énergie dans ces liaisons ne soit pas exceptionnellement élevée, elle peut être libérée rapidement et facilement. D'une certaine façon, l'ATP ressemble à un liquide très inflammable tel le kérosène. Une grosse bûche qui brûle finirait peut-être par produire plus de chaleur qu'une tasse de kérosène, mais ce dernier est plus facile à allumer et on en tire de la chaleur plus rapidement et avec moins d'efforts. De la même façon, les liaisons instables riches en énergie de l'ATP procurent à la cellule de l'énergie immédiatement disponible pour les réactions anaboliques.

Avant de nous pencher sur les voies cataboliques, nous examinerons deux aspects généraux de la production d'énergie : le concept d'oxydoréduction et le mécanisme de production de l'ATP.

Les réactions d'oxydoréduction

Lorsqu'un atome ou une molécule perd des électrons (e^-), il se produit une réaction appelée **oxydation**. Cette réaction produit souvent de l'énergie. La **figure 23.9** représente un exemple d'oxydation dans laquelle la molécule A perd un électron au profit de la molécule B. La molécule A a été soumise à l'oxydation (c'est-à-dire qu'elle a perdu un ou des électrons), alors que la molécule B est l'objet d'une **réduction** (c'est-à-dire qu'elle a acquis un ou des

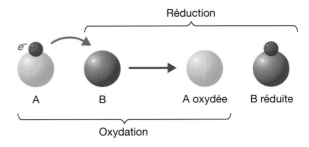

Figure 23.9 **Réaction d'oxydoréduction.** Un électron est transféré de la molécule A à la molécule B. Au cours de cette réaction, la molécule A est oxydée et la molécule B est réduite.

électrons)*. Les réactions d'oxydation et de réduction sont toujours couplées ; autrement dit, chaque fois qu'une substance est oxydée, il y en a une autre qui est simultanément réduite. Ces réactions couplées s'appellent **réactions d'oxydoréduction** (en abrégé **réactions redox**.)

Dans bon nombre d'oxydations cellulaires, il y a perte simultanée d'électrons et de protons (ions hydrogène, H^+) ; cela équivaut à la perte d'atomes d'hydrogène, parce que cet élément est constitué d'un proton et d'un électron (tableau 22.2). Puisque la plupart des oxydations biologiques se traduisent par la perte d'atomes d'hydrogène, elles portent aussi le nom de réactions de **déshydrogénation**. La **figure 23.10** représente un exemple d'oxydation biologique.

---

* Les appellations ne paraissent pas logiques sauf si on considère l'historique de la découverte de ces réactions. Quand on chauffe du mercure, sa masse augmente par suite de la formation d'oxyde de mercure ; on a appelé ce processus *oxydation*. Plus tard, on a déterminé qu'en fait le mercure *perdait* des électrons, et que le *gain* en oxygène observé était un résultat direct de cette perte. Ainsi, l'oxydation constitue une *perte* d'électrons, et la réduction, un *gain* d'électrons, mais ce gain et cette perte d'électrons ne sont habituellement pas représentés dans la version écrite des équations chimiques. Par exemple, dans les équations de la respiration aérobie présentée plus loin dans le présent chapitre, on remarque que chaque carbone du glucose ne possède qu'un seul atome d'oxygène au départ et que, plus tard, en tant que dioxyde de carbone (CO_2), chaque carbone possède deux atomes d'oxygène. Toutefois, le gain ou la perte d'électrons responsable de ce changement n'est pas représenté.

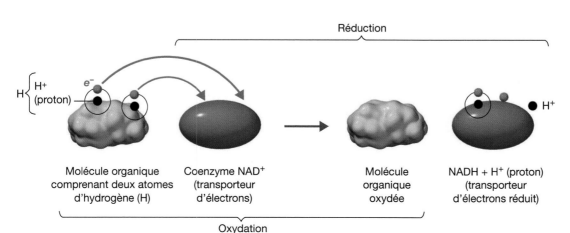

Figure 23.10 **Oxydation biologique typique.** Deux électrons et deux protons (qui équivalent ensemble à deux atomes d'hydrogène) sont transférés d'une molécule de substrat organique à une coenzyme, le NAD^+. En fait, le NAD^+ reçoit un atome d'hydrogène et un électron, et un proton est libéré dans le milieu. Le NAD^+ est réduit en NADH, qui est une molécule plus riche en énergie.

Une molécule organique est oxydée par la perte de deux atomes d'hydrogène et une molécule de NAD^+ est réduite. Nous avons mentionné plus haut, à propos des coenzymes, que le NAD^+ participe à l'activité des enzymes en acceptant des atomes d'hydrogène cédés par le substrat, dans le cas présent, la molécule organique. La figure 23.10 montre que le NAD^+ accepte deux électrons et un proton. Il reste ainsi un proton (H^+) qui est libéré dans le milieu. La coenzyme réduite, le NADH, contient plus d'énergie que le NAD^+. Cette énergie peut servir à produire de l'ATP au cours d'une réaction à venir.

À propos des réactions d'oxydoréduction biologiques, il est important de se rappeler que les cellules les utilisent lors du catabolisme pour extraire de l'énergie des molécules de nutriment. Les cellules absorbent les nutriments – dont certains servent de source d'énergie – et les transforment, de composés hautement réduits (avec un grand nombre d'atomes d'hydrogène) en composés hautement oxydés. Par exemple, quand une cellule oxyde une molécule de glucose ($C_6H_{12}O_6$) en CO_2 et en H_2O, l'énergie contenue dans le glucose est retirée progressivement et finit par être emmagasinée sous forme d'ATP, qui devient alors une source d'énergie pour les réactions qui en ont besoin. Les composés tels que le glucose, qui possèdent de nombreux atomes d'hydrogène, sont des composés hautement réduits, contenant une grande quantité d'énergie potentielle. C'est pourquoi le glucose est un nutriment précieux pour les cellules, y compris les cellules microbiennes. On peut également comprendre l'importance de l'ATP dans le métabolisme cellulaire ; l'ATP est une molécule riche en énergie potentielle qui s'insère comme une forme de réserve intermédiaire entre les réactions qui libèrent de l'énergie et celles qui en nécessitent.

▶ **Vérifiez vos acquis**

Pourquoi le glucose est-il considéré comme une molécule si importante pour les cellules, y compris les cellules microbiennes ? **23-8**

La production d'ATP

Une grande partie de l'énergie libérée durant les réactions d'oxydoréduction est emmagasinée dans la cellule sous forme d'ATP. Plus précisément, un groupement phosphate, **P**, est ajouté à une molécule d'ADP moyennant un investissement d'énergie pour former de l'ATP :

ADP

Adénosine—**P** ~ **P** + Énergie + **P** ⟶
Adénosine—**P** ~ **P** ~ **P**

ATP

Le symbole ~ désigne une liaison instable, c'est-à-dire qui peut être facilement rompue pour libérer de l'énergie utilisable. D'une certaine façon, la liaison instable qui attache le troisième **P** contient beaucoup d'énergie emmagasinée. Quand ce **P** est retiré, l'énergie utilisable est libérée. L'addition de **P** à un composé chimique est appelée **phosphorylation**. Les organismes emploient trois mécanismes de phosphorylation pour produire de l'ATP à partir d'ADP.

La phosphorylation au niveau du substrat

La **phosphorylation au niveau du substrat** produit de l'ATP quand un **P** riche en énergie est transféré directement d'un composé phosphorylé (un substrat) à une molécule d'ADP. En règle générale, le **P** a acquis son énergie au cours d'une réaction antérieure, durant laquelle le substrat lui-même a été oxydé. (Ce processus se déroule dans le cytoplasme.) L'exemple suivant montre seulement le squelette carboné et le **P** d'un substrat typique :

$$C—C—C \sim \text{\textbf{P}} + ADP \longrightarrow C—C—C + ATP$$

La phosphorylation oxydative

Au cours de la **phosphorylation oxydative**, des électrons sont transférés d'un composé organique à un des groupes de transporteurs d'électrons, habituellement NAD^+ et FAD, qui sont réduits respectivement en NADH et en $FADH_2$. Ensuite, les électrons sont acheminés par une série de transporteurs d'électrons différents pour aboutir à des molécules d'O_2 ou à d'autres molécules inorganiques. Ce processus se déroule dans la membrane plasmique des procaryotes et dans la membrane mitochondriale interne des eucaryotes. La suite de transporteurs d'électrons utilisée lors de la phosphorylation oxydative est appelée **chaîne de transport des électrons** (figure 23.14). Le transfert d'électrons d'un transporteur à l'autre libère de l'énergie, qui sert en partie à la production d'ATP à partir d'ADP par un processus appelé *chimiosmose*, que nous décrirons sous peu.

La photophosphorylation

Le troisième mécanisme de phosphorylation, la **photophosphorylation**, n'a lieu que dans les cellules photosynthétiques comme les cellules végétales et certaines bactéries, qui contiennent des pigments, tels que les chlorophylles, capables de capter la lumière solaire. Au cours de la photosynthèse, des molécules organiques, surtout des glucides, sont synthétisées grâce à l'énergie de la lumière à partir de composants de base pauvres en énergie, soit le CO_2 et l'eau. La photophosphorylation amorce ce processus en convertissant l'énergie de la lumière en énergie chimique sous forme d'ATP et de NADPH (forme réduite du NADP). Ces derniers servent à leur tour à la synthèse de molécules organiques. Comme dans le cas de la phosphorylation oxydative, ce mécanisme fait intervenir une chaîne de transport des électrons.

▶ **Vérifiez vos acquis**

Décrivez les trois mécanismes de phosphorylation qui mènent à la production de l'ATP. **23-9**

Les voies métaboliques de la production d'énergie

Les organismes libèrent et emmagasinent l'énergie des molécules organiques au moyen d'une série de réactions contrôlées plutôt qu'en une seule réaction brusque. Si toute l'énergie était libérée d'un seul coup, sous la forme d'une grande quantité de chaleur, elle ne pourrait pas être facilement employée pour alimenter les réactions chimiques et ferait en fait du tort à la cellule. Pour extraire l'énergie des composés organiques et l'emmagasiner dans des liaisons chimiques, les organismes font passer les électrons d'un composé à l'autre au moyen d'une série de réactions d'oxydoréduction.

Nous avons déjà mentionné qu'une séquence de réactions chimiques catalysées par des enzymes dans une cellule est appelée *voie métabolique*. La voie hypothétique présentée ci-dessous convertit la substance de départ A en produit final F par une série de cinq étapes :

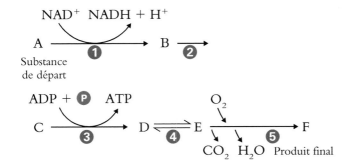

① La première étape consiste à convertir la molécule A en molécule B. La flèche courbée indique que la réduction de la coenzyme NAD^+ en NADH est couplée à cette réaction ; les électrons et les protons (H^+) proviennent de la molécule A. De la même façon, les deux flèches en ③ montrent le couplage de deux réactions. Pendant que C est converti en D, une molécule d'ADP est convertie en ATP ; l'énergie requise provient de C au moment où cette substance se transforme en D. ④ La réaction qui convertit D en E est facilement réversible, comme l'indique la double flèche. La réaction ② au cours de laquelle B est convertie en C s'effectue par contre dans un sens unique. ⑤ Au cours de la cinquième étape, la flèche courbée reliée à O_2 signale qu'O_2 est un réactif qui intervient dans cette réaction. Les flèches courbées reliées à CO_2 et à H_2O révèlent que ces substances sont des produits secondaires de la réaction et qu'elles s'ajoutent à F, le produit final qui (en principe) nous intéresse davantage. Les produits secondaires, tels que CO_2 et H_2O représentés ici, sont parfois appelés *sous-produits* ou *déchets*. Rappelons que, sauf exception, chacune des réactions d'une voie métabolique est catalysée par une enzyme spécifique ; il arrive qu'on écrive le nom de l'enzyme à côté de la flèche.

▶ **Vérifiez vos acquis**

Dans quel but les cellules utilisent-elles une voie métabolique pour convertir une substance en un produit final ? **23-10**

Le catabolisme des glucides

▶ **Objectifs d'apprentissage**

23-11 Décrire les réactions chimiques de la glycolyse.

23-12 Reconnaître les fonctions de la voie des pentoses phosphates et de la voie d'Entner-Doudoroff.

23-13 Expliquer les produits du cycle de Krebs.

23-14 Décrire le modèle de la production d'ATP par chimiosmose.

23-15 Comparer la respiration aérobie et la respiration anaérobie.

23-16 Décrire les réactions chimiques de la fermentation et en nommer des produits.

La plupart des microorganismes ont recours à l'oxydation des glucides comme principal moyen d'obtenir leur énergie cellulaire. Par conséquent, le **catabolisme des glucides**, soit la dégradation des molécules de glucide pour produire de l'énergie, revêt une importance capitale dans le métabolisme des cellules. Le glucose est le glucide le plus souvent utilisé comme source d'énergie par les cellules. Nous verrons plus loin que les microorganismes peuvent aussi cataboliser divers lipides et protéines pour produire de l'énergie.

Pour produire de l'énergie à partir du glucose, les microorganismes font appel à deux grands processus : la *respiration cellulaire* et la *fermentation*. (Quand nous parlons de respiration cellulaire, nous utilisons souvent le mot « respiration » sans autre qualificatif, mais il importe de ne pas confondre ce phénomène avec ce qui se passe dans les poumons.) Les deux processus commencent habituellement de la même façon, par la glycolyse, puis s'engagent par la suite dans des voies métaboliques différentes (**figure 23.11**). Avant d'analyser en détail la respiration cellulaire et la fermentation, nous donnerons une vue d'ensemble de ces processus.

La figure 23.11 montre que la respiration cellulaire du glucose s'effectue habituellement en trois grandes étapes : la glycolyse, le cycle de Krebs et la chaîne de transport des électrons.

① La glycolyse est l'oxydation du glucose en acide pyruvique accompagnée de la production d'une certaine quantité d'ATP et de NADH riche en énergie.

② Le cycle de Krebs représente l'oxydation de l'acétyl CoA (un dérivé de l'acide pyruvique) au cours d'une série de réactions chimiques, où du CO_2 est formé, accompagnée de la production d'une certaine quantité d'ATP et de NADH riche en énergie et d'un autre transporteur d'électrons réduit, la $FADH_2$.

③ Dans la chaîne de transport des électrons, le NADH et la $FADH_2$ sont oxydés, cédant les électrons qu'ils ont transportés des substrats à une « cascade » de réactions d'oxydoréduction qui fait intervenir une nouvelle série de transporteurs d'électrons. L'énergie de ces réactions sert à produire une quantité considérable d'ATP. Au cours de la respiration cellulaire, la plupart des molécules d'ATP proviennent de la troisième étape, soit la chaîne de transport des électrons.

Puisque la respiration cellulaire est en fait une longue série de réactions d'oxydoréduction, on peut considérer l'ensemble du processus comme un déplacement d'électrons ayant comme point de départ une molécule de glucose riche en énergie et comme point d'arrivée des molécules qui sont relativement pauvres en énergie. Par exemple, le point d'arrivée de la respiration aérobie sera formé des molécules de CO_2 et d'H_2O. Le couplage de la production d'ATP à ce déplacement est en quelque sorte analogue à la production d'énergie électrique grâce à la force exercée par un cours d'eau. Poursuivant l'analogie, on peut imaginer que la glycolyse et le cycle de Krebs ressemblent à un ruisseau qui coule doucement et dont l'énergie fait tourner deux roues à aubes antiques. Puis, une dénivellation importante transforme le ruisseau en torrent dans la chaîne de transport des électrons et fournit l'énergie nécessaire pour alimenter une grande centrale hydroélectrique moderne. De la même façon, la glycolyse et le cycle de Krebs produisent une petite quantité d'ATP et procurent par ailleurs les électrons qui vont produire une grande quantité d'ATP durant la phase de la chaîne de transport des électrons.

Figure 23.11

Schéma guide

Vue d'ensemble des processus de la respiration cellulaire et de la fermentation

La présente figure sera reproduite en format réduit à côté de plusieurs autres figures du chapitre pour montrer comment les différentes réactions s'insèrent dans l'ensemble des processus.

❶ La glycolyse produit de l'ATP et réduit le NAD⁺ en NADH, tout en oxydant le glucose en acide pyruvique. Lors de la respiration cellulaire, l'acide pyruvique est converti en une molécule, l'acétyl CoA, qui devient le premier réactif du cycle de Krebs.

❷ Le cycle de Krebs produit de l'ATP et réduit le NAD⁺ en NADH (et la FAD en FADH₂), tout en libérant du CO₂. Le NADH et la FADH₂ fournissent des électrons à la chaîne de transport des électrons.

❸ Dans la chaîne de transport des électrons, l'énergie des électrons sert à produire une quantité considérable d'ATP.

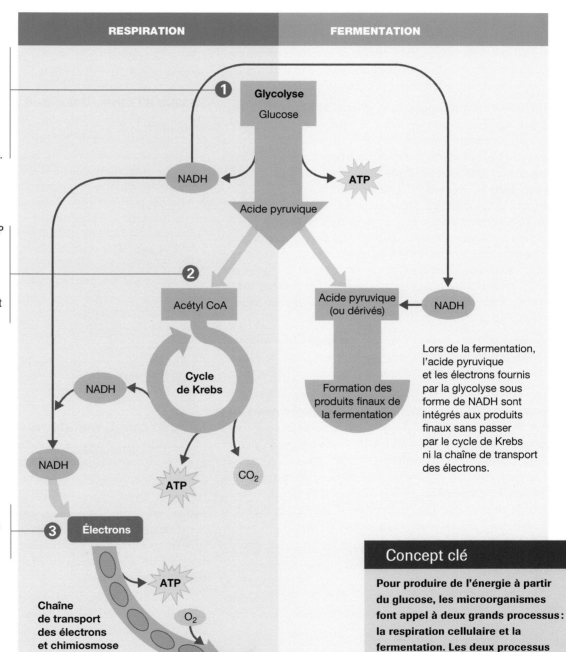

RESPIRATION

FERMENTATION

❶ **Glycolyse**

Glucose

NADH

ATP

Acide pyruvique

❷ Acétyl CoA

Acide pyruvique (ou dérivés)   NADH

Cycle de Krebs

NADH

NADH

ATP   CO₂

Formation des produits finaux de la fermentation

Lors de la fermentation, l'acide pyruvique et les électrons fournis par la glycolyse sous forme de NADH sont intégrés aux produits finaux sans passer par le cycle de Krebs ni la chaîne de transport des électrons.

❸ **Électrons**

ATP

Chaîne de transport des électrons et chimiosmose

O₂

H₂O

Concept clé

Pour produire de l'énergie à partir du glucose, les microorganismes font appel à deux grands processus: la respiration cellulaire et la fermentation. Les deux processus commencent habituellement de la même façon, par la glycolyse, puis s'engagent par la suite dans des voies métaboliques différentes.

En général, la première phase de la fermentation est aussi la glycolyse (figure 23.11). Toutefois, après cette dernière, l'acide pyruvique est converti en un ou plusieurs produits différents, selon le type de cellule. On peut trouver parmi ces produits de l'alcool (éthanol) et de l'acide lactique. Contrairement à la respiration cellulaire, il n'y a pas de cycle de Krebs ni de chaîne de transport des électrons lors de la fermentation. Par conséquent, la production d'ATP, qui résulte uniquement de la glycolyse, est beaucoup plus faible.

La glycolyse

La **glycolyse**, soit l'oxydation du glucose en acide pyruvique, constitue habituellement la première étape du catabolisme des glucides. La plupart des microorganismes utilisent cette voie ; en fait, elle est présente dans la plupart des cellules vivantes.

La glycolyse est aussi appelée *voie d'Embden-Meyerhof*. Le mot « glycolyse » signifie « décomposition de sucre », et c'est précisément ce qui se produit. Les enzymes de la glycolyse catalysent la dégradation du glucose, un glucide à 6 carbones, en 2 glucides à 3 carbones. Ces glucides sont par la suite oxydés, libérant de l'énergie, et leurs atomes sont réarrangés pour former deux molécules d'acide pyruvique. Au cours de la glycolyse, le NAD^+ est réduit en NADH, et il y a production nette de 2 molécules d'ATP par phosphorylation au niveau du substrat. La glycolyse peut avoir lieu avec ou sans molécules d'O_2. Cette voie est constituée d'une série de 10 réactions chimiques, dont chacune est catalysée par une enzyme particulière. Les étapes sont schématisées sur la **figure 23.12** ; voir aussi l'appendice C, pour une représentation plus détaillée de la glycolyse.

Pour résumer le processus, on peut dire que la glycolyse comprend deux grandes phases, une phase préparatoire et une phase de conservation d'énergie ; la figure 23.12 illustre le processus en 10 étapes.

1. Tout d'abord, lors de la phase préparatoire (étapes ❶ à ❹), 2 molécules d'ATP sont utilisées pour phosphoryler, restructurer et diviser une molécule de glucose à 6 carbones en 2 composés à 3 carbones : le glycéraldéhyde-3-phosphate (3-PG) et le dihydroxyacétone phosphate (DHAP). ❺ Le DHAP est facilement converti en 3-PG. (La réaction inverse est aussi possible.) La conversion de DHAP en 3-PG signifie que, à partir de ce moment dans la glycolyse, 2 molécules de 3-PG sont soumises aux réactions chimiques qui suivent.

2. Dans la phase de conservation d'énergie (étapes ❻ à ❿), les 2 molécules à 3 carbones sont oxydées par une suite d'étapes en 2 molécules d'acide pyruvique. Au cours de ces réactions, 2 molécules de NAD^+ sont réduites en NADH, et 4 molécules d'ATP sont formées par phosphorylation au niveau du substrat.

Puisqu'il a fallu 2 molécules d'ATP pour amorcer la glycolyse et que le processus en produit 4, *il y a un gain net de 2 molécules d'ATP pour chaque molécule de glucose oxydée.*

Les voies parallèles de la glycolyse

Un grand nombre de bactéries utilisent d'autres voies pour oxyder le glucose, en plus de la glycolyse. La plus répandue est la voie des pentoses phosphates ; la voie d'Entner-Doudoroff en est une autre.

La voie des pentoses phosphates

La **voie des pentoses phosphates** (ou voie des hexoses monophosphates) fonctionne en même temps que la glycolyse et fournit un moyen de dégrader les glucides à 5 carbones (pentoses) en plus du glucose (appendice C). Un des éléments clés de cette voie est la production d'importants pentoses intermédiaires qui servent à la synthèse 1) des acides nucléiques, 2) du glucose à partir du CO_2 par la photosynthèse et 3) de certains acides aminés. Cette voie constitue un producteur important de la coenzyme réduite NADPH à partir de $NADP^+$; une molécule de glucose produit 12 NADPH. La voie des pentoses phosphates permet un gain net de seulement 1 molécule d'ATP par molécule de glucose oxydée. Les bactéries qui utilisent cette voie comprennent *Bacillus subtilis*, *Escherichia coli*, *Leuconostoc mesenteroides* et *Enterococcus fæcalis*.

La voie d'Entner-Doudoroff

Pour chaque molécule de glucose, la **voie d'Entner-Doudoroff** produit 2 molécules de NADPH et 1 molécule d'ATP qui sont utilisées dans les réactions de biosynthèse cellulaire. Les bactéries qui possèdent les enzymes associées à la voie d'Entner-Doudoroff peuvent métaboliser le glucose sans passer par la glycolyse ni par la voie des pentoses phosphates. Cette voie est présente chez certaines bactéries à Gram négatif, dont *Rhizobium*, *Pseudomonas* et *Agrobacterium* ; en règle générale, elle est absente chez les bactéries à Gram positif. Dans les laboratoires d'analyses médicales, on identifie parfois *Pseudomonas* au moyen de tests qui mesurent la capacité d'oxyder le glucose par cette voie.

▶ **Vérifiez vos acquis**

Que se produit-il durant la phase préparatoire et la phase de conservation d'énergie de la glycolyse ? **23-11**

Quel est l'intérêt de la voie des pentoses phosphates et de la voie d'Entner-Doudoroff, si ces voies métaboliques ne produisent chacune qu'une molécule d'ATP ? **23-12**

La respiration cellulaire

Après l'oxydation du glucose en acide pyruvique, ce dernier peut être acheminé vers la phase suivante, c'est-à-dire soit vers la fermentation (voir plus loin), soit vers la respiration cellulaire (figure 23.11). La **respiration cellulaire**, ou simplement **respiration**, est définie comme un processus de production d'ATP au cours duquel des molécules sont oxydées et l'accepteur d'électrons final est (presque toujours) une molécule inorganique. Un élément essentiel de la respiration est le fonctionnement d'une chaîne de transport des électrons.

Il y a deux types de respiration, selon que l'organisme est un **aérobie** ou un **anaérobie**. Lors de la **respiration aérobie**, l'accepteur d'électrons final est l'O_2 ; dans la **respiration anaérobie**, l'accepteur d'électrons final est une molécule inorganique autre que l'O_2 ou, plus rarement, une molécule organique. Nous décrivons d'abord la respiration qui se poursuit habituellement dans la cellule aérobie.

La respiration aérobie

Le cycle de Krebs Le **cycle de Krebs**, aussi appelé *cycle de l'acide citrique* ou *cycle des acides carboxyliques*, consiste en une série de

Phase préparatoire

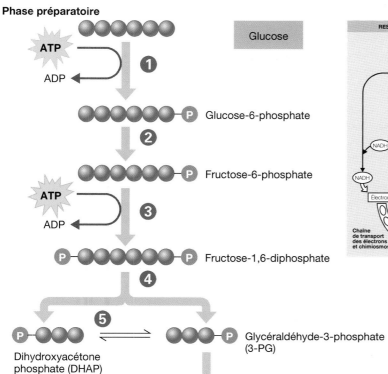

Glucose

Glucose-6-phosphate

Fructose-6-phosphate

Fructose-1,6-diphosphate

Dihydroxyacétone
phosphate (DHAP)

Glycéraldéhyde-3-phosphate
(3-PG)

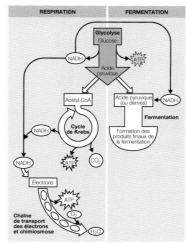

❶ Le glucose pénètre dans la cellule, où
il est phosphorylé. Le groupement ℗
provient d'une molécule d'ATP.
Le produit est le glucose-6-
phosphate.

❷ Le glucose-6-phosphate est converti
en fructose-6-phosphate.

❸ Le ℗ d'une autre molécule d'ATP
est utilisé pour produire du fructose-
1,6-diphosphate, qui est lui aussi
un composé à 6 carbones. (Notons
l'investissement total de 2 molécules
d'ATP jusqu'ici.)

❹ Une enzyme scinde le glucide en 2 molécules à 3 carbones : le
dihydroxyacétone phosphate (DHAP) et le glycéraldéhyde-3-phosphate
(3-PG).

❺ Le DHAP est facilement converti en 3-PG (l'inverse est aussi possible).

**Phase de
conservation
d'énergie**

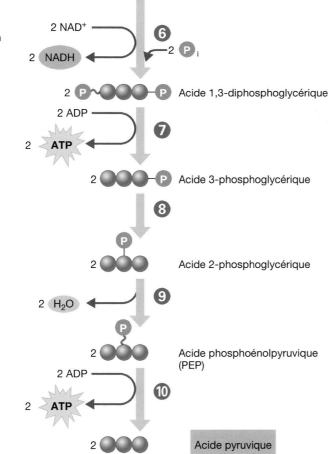

2 NAD⁺

2 NADH

2 ℗ᵢ

Acide 1,3-diphosphoglycérique

2 ADP

2 ATP

Acide 3-phosphoglycérique

Acide 2-phosphoglycérique

2 H₂O

Acide phosphoénolpyruvique
(PEP)

2 ADP

2 ATP

Acide pyruvique

❻ L'enzyme suivante convertit chacun des 3-PG en un autre composé
à 3 carbones, l'acide 1,3-diphosphoglycérique. Puisque chaque
molécule de DHAP peut être convertie en 3-PG, puis chaque 3-PG
en acide 1,3-diphosphoglycérique, on obtient 2 molécules d'acide
1,3-diphosphoglycérique pour chaque molécule de glucose de départ.
Le 3-PG est oxydé par le transfert de 2 atomes d'hydrogène à NAD⁺
pour former NADH. L'enzyme couple cette réaction à la création d'une
liaison riche en énergie (~) entre le glucide et un ℗. Le glucide
à 3 carbones possède maintenant deux groupements ℗.

❼ Le ℗ riche en énergie est cédé à 1 molécule d'ADP, pour former
2 molécules d'ATP, les premières à être produites par la glycolyse.
(Depuis que le glucide a été scindé à l'étape ❹, tous les produits
sont doublés. En conséquence, cette étape rembourse effectivement
l'investissement précédent de 2 molécules d'ATP.)

❽ Une enzyme déplace le ℗ qui reste sur l'acide
3-phosphoglycérique pour former de l'acide 2-phosphoglycérique
en vue de l'étape suivante.

❾ Par la perte d'une molécule d'eau, l'acide 2-phosphoglycérique
est converti en acide phosphoénolpyruvique (PEP). Du même coup, la
liaison phosphate est élevée au rang de liaison riche en énergie (~).

❿ Ce ℗ riche en énergie est transféré du PEP à l'ADP, pour former
de l'ATP. Pour chaque molécule de glucose de départ, cette étape
produit 2 molécules d'ATP et 2 molécules d'un composé à
3 carbones appelé acide pyruvique.

Figure 23.12 **Résumé des réactions de la glycolyse.** Le médaillon situe la glycolyse par rapport à l'ensemble des processus
de la respiration et de la fermentation. Nous présentons un plan plus détaillé de la glycolyse à l'appendice C.

réactions chimiques au cours de laquelle la grande quantité d'énergie chimique potentielle emmagasinée dans l'acétyl CoA est libérée par étapes (figure 23.11). Le cycle comprend une série d'oxydations et de réductions qui transfèrent cette énergie potentielle, sous forme d'électrons, à des coenzymes transporteurs d'électrons, principalement le NAD$^+$. Les dérivés de l'acide pyruvique sont oxydés et les coenzymes, réduites.

L'acide pyruvique, qui est le produit de la glycolyse, ne peut pas entrer dans le cycle de Krebs directement. Au cours d'une étape préparatoire, il doit perdre 1 molécule de CO_2 et se transformer en un composé à 2 carbones (**figure 23.13**). Ce processus s'appelle **décarboxylation**. Il s'agit de la première réaction qui dégage du CO_2 dans la respiration cellulaire. Le composé à 2 carbones, appelé

groupement acétyle, se fixe à la coenzyme A par une liaison riche en énergie ; le complexe obtenu porte le nom d'*acétyl coenzyme A (acétyl CoA)*. Au cours de cette réaction, l'acide pyruvique est également oxydé et le NAD$^+$ est réduit en NADH.

Rappelons que l'oxydation d'une molécule de glucose produit 2 molécules d'acide pyruvique. Ainsi, au cours de cette étape préparatoire, 2 molécules de CO_2 sont libérées, 2 molécules de NADH sont produites et 2 molécules d'acétyl CoA sont formées à partir de chaque molécule de glucose. Dès que l'acide pyruvique a été décarboxylé et que son dérivé (le groupement acétyle) s'est fixé à la CoA, l'acétyl CoA ainsi produit est prêt à entrer dans le cycle de Krebs, au cours duquel la grande quantité d'énergie chimique potentielle emmagasinée dans l'acétyl CoA sera graduellement libérée.

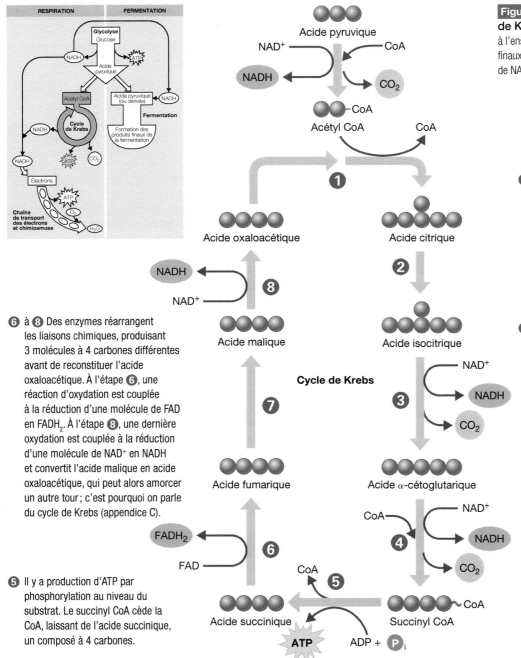

Figure 23.13 **Résumé des réactions du cycle de Krebs.** Le médaillon situe le cycle de Krebs par rapport à l'ensemble du processus de la respiration. Les produits finaux du cycle de Krebs sont du CO_2 avec production d'ATP, de NADH et de FADH$_2$.

❶ Le cycle est amorcé par une enzyme qui retire la partie CoA de l'acétyl CoA et combine le groupement acétyle avec ses 2 carbones à l'acide oxaloacétique, un composé à 4 carbones. L'addition du groupement acétyle produit une molécule à 6 carbones, l'acide citrique.

❷ à ❹ Des oxydations produisent du NADH. L'étape ❷ consiste en un réarrangement moléculaire. Les étapes ❸ et ❹ combinent des oxydations et des décarboxylations servant à éliminer les 2 atomes de carbone provenant de l'acide oxaloacétique. Ces carbones sont libérés sous forme de CO_2 et les oxydations sont couplées à la réduction des NAD$^+$ en NADH (étape ❸). Durant la deuxième oxydation (étape ❹), une molécule de CoA est introduite dans le cycle pour produire le succinyl CoA et elle forme un lien riche en énergie potentielle ($\sim$).

❻ à ❽ Des enzymes réarrangent les liaisons chimiques, produisant 3 molécules à 4 carbones différentes avant de reconstituer l'acide oxaloacétique. À l'étape ❻, une réaction d'oxydation est couplée à la réduction d'une molécule de FAD en FADH$_2$. À l'étape ❽, une dernière oxydation est couplée à la réduction d'une molécule de NAD$^+$ en NADH et convertit l'acide malique en acide oxaloacétique, qui peut alors amorcer un autre tour ; c'est pourquoi on parle du cycle de Krebs (appendice C).

❺ Il y a production d'ATP par phosphorylation au niveau du substrat. Le succinyl CoA cède la CoA, laissant de l'acide succinique, un composé à 4 carbones.

À son entrée dans le cycle de Krebs, l'acétyl CoA se scinde en deux, libérant la CoA et un groupement acétyle. Le groupement acétyle à 2 carbones se combine à un composé à 4 carbones appelé acide oxaloacétique pour former une molécule à 6 carbones, l'*acide citrique* (d'où l'un des noms de ce cycle). Cette réaction de synthèse nécessite de l'énergie, qui provient de la rupture de la liaison riche en énergie entre le groupement acétyle et la CoA. Ainsi, la formation d'acide citrique constitue la première étape du cycle de Krebs. Les principales réactions chimiques du cycle sont résumées à la figure 23.13. Rappelons que chaque réaction est catalysée par une enzyme spécifique.

Plusieurs grandes catégories de réactions chimiques sont représentées dans le cycle de Krebs ; l'une d'elles est la décarboxylation. Par exemple, à l'étape ❸, l'acide isocitrique, un composé à 6 carbones, est décarboxylé en un composé à 5 carbones, l'acide α-cétoglutarique. Une autre décarboxylation a lieu à l'étape ❹. Puisqu'il y a une décarboxylation à l'étape préparatoire et deux dans le cycle de Krebs, les 3 atomes de carbone de l'acide pyruvique finissent par être libérés sous forme de CO_2 au cours du cycle de Krebs. Cela représente la conversion en CO_2 des 6 atomes de carbone contenus au départ dans la molécule de glucose.

Une autre grande catégorie de réactions chimiques du cycle de Krebs est l'oxydoréduction. Par exemple, à l'étape ❸, 2 atomes d'hydrogène sont perdus au cours de la conversion de l'acide isocitrique, qui a 6 carbones, en un composé à 5 carbones. Autrement dit, le composé à 6 carbones est oxydé. D'autres atomes d'hydrogène sont libérés dans le cycle de Krebs aux étapes ❹, ❻ et ❽, et sont captés par les coenzymes NAD^+ et FAD. Puisque le NAD^+ reçoit 2 électrons, mais seulement 1 proton, sa forme réduite est représentée par NADH ; quant à la FAD, elle reçoit 2 atomes d'hydrogène complets et se trouve réduite en $FADH_2$.

Si on examine l'ensemble du cycle de Krebs, on constate que, pour 2 molécules d'acétyl CoA (composé à 2 carbones) qui entrent dans le cycle, 4 molécules de CO_2 sont libérées par décarboxylation, 6 molécules de NADH et 2 molécules de $FADH_2$ sont produites par des réactions d'oxydoréduction, et 2 molécules d'ATP sont produites par phosphorylation au niveau du substrat. Un grand nombre d'intermédiaires du cycle de Krebs jouent également des rôles dans d'autres voies métaboliques, en particulier dans la biosynthèse des acides aminés (nous y reviendrons plus loin dans le présent chapitre).

Le CO_2 qui se dégage au cours du cycle de Krebs finit par être libéré dans l'atmosphère ; il constitue un sous-produit gazeux de la respiration aérobie. (Les humains produisent du CO_2 par le cycle de Krebs dans la plupart des cellules du corps ; le CO_2 diffuse dans le sang et l'organisme le rejette par les poumons au cours de l'expiration.) Les coenzymes réduites NADH et $FADH_2$ sont les produits les plus importants du cycle de Krebs parce qu'elles contiennent la majeure partie de l'énergie emmagasinée au départ dans le glucose. Durant la phase suivante de la respiration, une série de réductions transfère indirectement à l'ATP l'énergie stockée dans ces coenzymes. L'ensemble de ces réactions porte le nom de chaîne de transport des électrons.

La chaîne de transport des électrons On appelle **chaîne de transport des électrons** une séquence de transporteurs moléculaires capables d'effectuer des réactions d'oxydation et de réduction. Au fur et à mesure que les électrons se déplacent sur la chaîne, l'énergie qu'ils renferment est libérée progressivement et sert à activer la chimiosmose par laquelle l'ATP est produite (voir plus loin). L'oxydation finale est irréversible. Dans la cellule eucaryote, la chaîne des transporteurs d'électrons est contenue dans la membrane interne des mitochondries ; dans la cellule procaryote, elle fait partie de la membrane plasmique.

Il y a trois classes de transporteurs moléculaires dans les chaînes de transport des électrons. La première est celle des **flavoprotéines**. Ces protéines contiennent de la flavine, coenzyme dérivée de la riboflavine (vitamine B_2), et sont capables d'effectuer en alternance des oxydations et des réductions. Une importante coenzyme à base de flavine est la flavine mononucléotide (FMN). La deuxième classe de transporteurs moléculaires est composée de **cytochromes**, protéines ayant un groupement porteur de fer (groupement hème) qui peut se présenter tour à tour sous forme réduite (Fe^{2+}) et sous forme oxydée (Fe^{3+}). Les cytochromes qui font partie de la chaîne de transport des électrons comprennent le cytochrome *b* (cyt *b*), le cytochrome c_1 (cyt c_1), le cytochrome *c* (cyt *c*), le cytochrome *a* (cyt *a*) et le cytochrome a_3 (cyt a_3). La troisième classe est formée de molécules appelées **ubiquinones** ou **coenzymes Q**, représentées par le symbole Q ; ce sont de petits transporteurs non protéiques. Les trois types de transporteurs, soit la FMN, les cytochromes *b* et c_1 et les cytochromes *a* et a_3, sont intégrés dans la membrane ; les électrons sont relayés entre ces transporteurs par deux transporteurs mobiles, soit Q et le cytochrome *c*.

Chez les bactéries, les chaînes de transport des électrons ne sont pas toutes identiques. La nature exacte des transporteurs utilisés par une bactérie et l'ordre dans lequel ils fonctionnent peuvent être différents de ceux d'une autre bactérie et de ceux des systèmes mitochondriaux eucaryotes. Une bactérie peut même posséder plusieurs types de chaînes de transport des électrons. Toutefois, il faut se rappeler que toutes ces chaînes ont la même fonction de base, celle de libérer de l'énergie par le transfert d'électrons de composés riches en énergie à des composés pauvres en énergie. Comme la chaîne de transport des électrons dans la mitochondrie des cellules eucaryotes a été amplement étudiée, c'est elle que nous décrirons dans notre étude du métabolisme bactérien.

Dans la mitochondrie, la première étape de la chaîne de transport des électrons consiste à transférer des électrons riches en énergie du NADH à la FMN, premier transporteur de la chaîne (**figure 23.14**). Le transfert comprend en fait le passage d'un atome d'hydrogène ayant 2 électrons à la FMN, qui capte alors un autre proton (H^+) du milieu aqueux. Par suite du premier transfert, le NADH est oxydé en NAD^+ et la FMN est réduite en $FMNH_2$. Au cours de la deuxième étape de la chaîne de transport des électrons, la $FMNH_2$ fait passer 2 H^+ de l'autre côté de la membrane mitochondriale (figure 23.16) et donne 2 électrons à la coenzyme Q. En retour, la $FMNH_2$ est oxydée en FMN. En même temps, la coenzyme Q, qui se déplace librement dans la membrane, capte 2 H^+ supplémentaires dans le milieu aqueux et les libère de l'autre côté de la membrane.

Les étapes suivantes de la chaîne de transport des électrons mettent en jeu les cytochromes. Les électrons sont acheminés successivement de Q au cyt *b*, au cyt c_1 et au cyt *c*, lequel se déplace

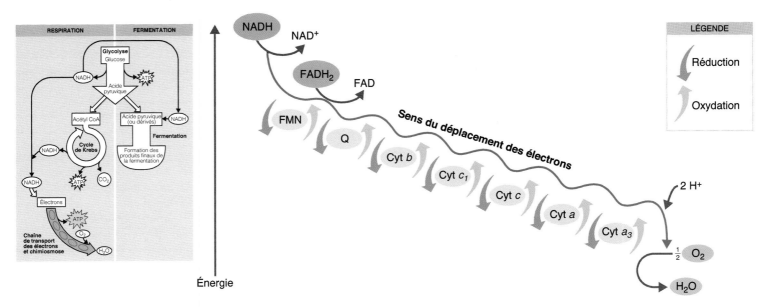

Figure 23.14 **Chaîne de transport des électrons.** Le médaillon montre où se situe la chaîne de transport des électrons par rapport à l'ensemble du processus de la respiration. Dans la chaîne de transport mitochondriale représentée ici, les électrons se déplacent le long de la chaîne de transporteurs de façon graduelle, de telle sorte que l'énergie est libérée par quantités faciles à gérer. Se reporter à la figure 23.16 pour savoir où l'ATP se forme.

pour relayer les électrons, puis au cyt a et au cyt a_3. Chacun des cytochromes de la chaîne est réduit lorsqu'il capte des électrons et oxydé lorsqu'il les cède. Le dernier cytochrome, le cyt a_3, cède ses électrons à une molécule d'O_2, qui devient chargée négativement et se lie à des protons (H^+) du milieu pour former H_2O.

Notez que la figure 23.14 présente la $FADH_2$, qui provient du cycle de Krebs, comme une autre source d'électrons. Toutefois, la $FADH_2$ ajoute ses électrons à la chaîne de transport à un niveau inférieur à celui utilisé par le NADH. Par conséquent, la chaîne de transport des électrons donne environ un tiers moins d'énergie pour la production d'ATP quand c'est la $FADH_2$ plutôt que le NADH qui donne les électrons.

Une des caractéristiques importantes de la chaîne de transport des électrons est la présence de certains transporteurs, tels que la FMN et Q, qui acceptent et libèrent des protons en plus des électrons, et d'autres transporteurs, tels que les cytochromes, qui se limitent à transférer des électrons. Le déplacement des électrons le long de la chaîne s'accompagne à plusieurs endroits du transport actif de protons (pompe à protons) à travers la membrane mitochondriale interne, à partir du côté qui fait face à la matrice vers l'autre côté de la membrane. Il en résulte une accumulation de protons d'un côté de la membrane. Comme l'eau retenue par un barrage forme un réservoir d'énergie qui peut servir à produire de l'électricité, cette accumulation de protons procure de l'énergie qui peut servir à la synthèse d'ATP par le mécanisme de la chimiosmose.

Le mécanisme de production d'ATP par chimiosmose Le mécanisme de synthèse d'ATP au moyen de la chaîne de transport des électrons s'appelle **chimiosmose**. Pour comprendre la chimiosmose, il y a lieu de rappeler plusieurs concepts abordés au chapitre 3 dans la section sur le mouvement des substances à travers les membranes. Rappelons-nous que la diffusion passive des

substances à travers les membranes s'effectue à partir de régions où leur concentration est élevée vers les régions où leur concentration est basse ; cette diffusion libère de l'énergie. Rappelons également que le mouvement des substances *contre* un tel gradient de concentration *nécessite* de l'énergie, et que, lors de ce transport actif de molécules ou d'ions à travers les membranes biologiques, l'énergie requise provient habituellement de l'ATP. Dans la chimiosmose, l'énergie libérée par une substance qui se déplace en suivant le gradient est utilisée pour *synthétiser* de l'ATP. Dans le cas présent, la « substance » est représentée par des protons (H^+). Au cours de la respiration, la chimiosmose est responsable de la majeure partie de la production d'ATP. Les étapes de la chimiosmose sont les suivantes (**figures 23.15** et **23.16**) :

❶ Au fur et à mesure que les électrons chargés d'énergie provenant du NADH (ou de la chlorophylle) descendent le long de la chaîne de transport, certains des transporteurs de cette chaîne pompent – font passer par transport actif – des protons d'un côté de la membrane à l'autre. Ces transporteurs moléculaires sont appelés *pompes à protons*.

❷ La membrane, qui se compose de phosphoglycérolipides, est normalement imperméable aux protons, si bien que ce pompage à sens unique crée un gradient de protons (une différence entre les concentrations de protons) de part et d'autre de la membrane plasmique. En plus du gradient de concentration, il se forme un gradient de charges électriques. Le surplus d'ions H^+ d'un côté de la membrane confère une charge positive à ce côté par rapport à l'autre. Le gradient électrochimique ainsi formé est porteur d'énergie potentielle, appelée *force protonique motrice* ou *force protonmotrice*.

❸ Les protons situés du côté de la membrane où leur concentration est plus élevée ne peuvent traverser la membrane par diffusion qu'en passant par des canaux protéiques spécifiques

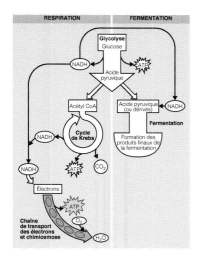

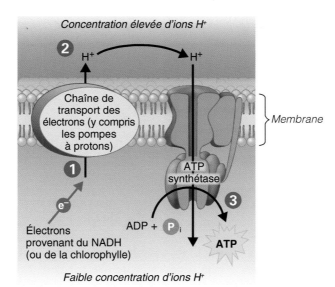

Figure 23.15 Chimiosmose.
Vue d'ensemble du mécanisme de la chimiosmose. La membrane pourrait être une membrane plasmique procaryote, une membrane mitochondriale eucaryote ou un thylakoïde photosynthétique. Les étapes représentées par des numéros sont décrites dans le texte.

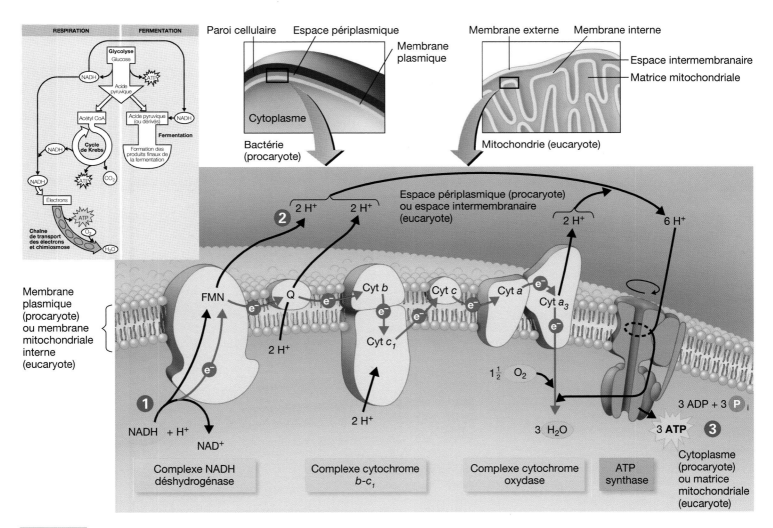

Figure 23.16 Transport des électrons et production d'ATP par chimiosmose. Dans la membrane mitochondriale interne, les transporteurs d'électrons sont organisés de façon à former trois complexes et, sous l'action des pompes, les protons (H^+) traversent la membrane à trois endroits. Dans la cellule procaryote, les protons sont pompés à travers la membrane plasmique à partir du côté cytoplasmique. Dans la cellule eucaryote, ils sont pompés à partir du côté de la membrane mitochondriale qui fait face à la matrice vers l'autre côté, l'espace intermembranaire (entre les membranes interne et externe de la mitochondrie). Le déplacement des électrons est indiqué par les flèches rouges.

qui contiennent une enzyme appelée *adénosine triphosphatase (ATP) synthase*, ou *ATP synthétase*. Lorsqu'ils empruntent ces canaux, il y a libération d'énergie, qui est utilisée par l'enzyme pour synthétiser de l'ATP à partir d'ADP et de **P**ᵢ.

La figure 23.16 montre en détail comment, chez les eucaryotes, l'action de la chaîne de transport des électrons entraîne le mécanisme de la chimiosmose. **❶** Les électrons chargés d'énergie provenant du NADH descendent les chaînes de transport des électrons. Dans la membrane mitochondriale interne, les transporteurs de la chaîne sont organisés de façon à former trois complexes, où la coenzyme Q transporte les électrons entre le premier et le deuxième complexe, et le cyt *c* les transporte entre le deuxième et le troisième. **❷** Trois des composants du système pompent des protons : le premier, le complexe NADH déshydrogénase, le deuxième, le complexe cytochrome *b-c₁*, et le troisième, le complexe cytochrome oxydase. À la fin de la chaîne, les électrons se joignent à des protons (H^+) et à l'O_2, dans le liquide de la matrice, pour former de l'eau (H_2O). Ainsi, l'O_2 est le dernier accepteur d'électrons.

Les cellules procaryotes, comme les cellules eucaryotes, utilisent le mécanisme de la chimiosmose pour produire l'énergie nécessaire à la création d'ATP. Cependant, dans la cellule eucaryote, **❸** la membrane mitochondriale interne contient les transporteurs de la chaîne et l'ATP synthétase alors que, dans la plupart des cellules procaryotes, ces protéines se trouvent dans la membrane plasmique. (Il y a aussi une chaîne de transport des électrons à l'œuvre lors de la photophosphorylation ; elle se situe dans la membrane des thylakoïdes chez les cyanobactéries et dans celle des chloroplastes des cellules eucaryotes.)

La chaîne de transport des électrons régénère finalement les coenzymes NAD^+ et FAD qui peuvent être réutilisées dans la glycolyse et le cycle de Krebs.

Récapitulation de la respiration aérobie Les divers transferts d'électrons de la chaîne de transport des électrons produisent environ 34 molécules d'ATP par molécule de glucose oxydée :

approximativement 3 molécules d'ATP proviennent de chacune des 10 molécules de NADH (30 ATP au total), et approximativement 2 proviennent de chacune des 2 molécules de $FADH_2$ (4 ATP au total). Pour calculer le nombre total de molécules d'ATP produites par molécule de glucose, on ajoute aux 34 ATP de la chimiosmose celles obtenues par oxydation lors de la glycolyse et du cycle de Krebs. Au cours de la respiration aérobie chez les procaryotes, 38 molécules d'ATP au total peuvent être produites à partir d'une molécule de glucose. Notons que 4 de ces ATP proviennent de la phosphorylation au niveau du substrat durant la glycolyse (2 ATP) et le cycle de Krebs (2 ATP). Le **tableau 23.3** dresse le bilan détaillé de la production d'ATP durant la respiration aérobie chez les procaryotes.

Chez les eucaryotes, la respiration aérobie ne produit au total que 36 molécules d'ATP. Il y en a moins que chez les procaryotes parce qu'une partie de l'énergie est perdue lorsque les électrons traversent la membrane mitochondriale qui sépare la glycolyse (dans le cytoplasme) de la chaîne de transport des électrons (dans la mitochondrie). Cette séparation n'existe pas chez les procaryotes. Nous pouvons maintenant résumer l'ensemble de la réaction constituant la respiration aérobie chez les procaryotes de la façon suivante :

$$C_6H_{12}O_6 + 6\ O_2 + 38\ ADP + 38\ \text{P}_i \longrightarrow$$
Glucose   Dioxygène

$$6\ CO_2 + 6\ H_2O + 38\ ATP$$
Dioxyde   Eau
de carbone

La **figure 23.17** présente une récapitulation des diverses phases de la respiration aérobie chez les procaryotes.

La respiration anaérobie

Dans le cas de la respiration anaérobie, l'accepteur d'électrons final est une substance inorganique autre que l'O_2. Certaines bactéries, telles que *Pseudomonas* et *Bacillus*, peuvent utiliser l'ion nitrate (NO_3^-) comme accepteur d'électrons final ; l'ion nitrate est réduit en ion nitrite (NO_2^-), en oxyde de diazote (N_2O) ou en diazote

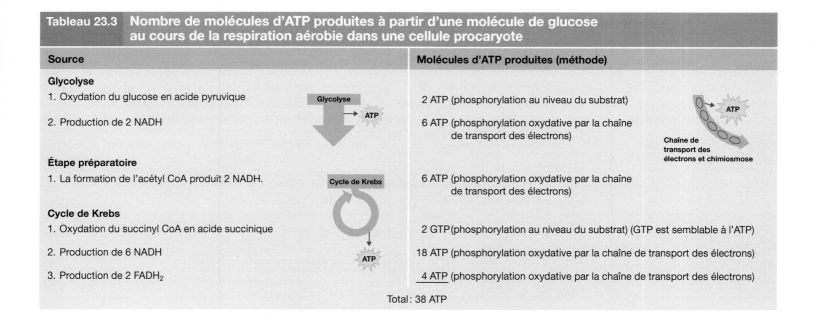

Tableau 23.3	Nombre de molécules d'ATP produites à partir d'une molécule de glucose au cours de la respiration aérobie dans une cellule procaryote	
Source		**Molécules d'ATP produites (méthode)**
Glycolyse		
1. Oxydation du glucose en acide pyruvique	Glycolyse → ATP	2 ATP (phosphorylation au niveau du substrat)
2. Production de 2 NADH		6 ATP (phosphorylation oxydative par la chaîne de transport des électrons)
Étape préparatoire		
1. La formation de l'acétyl CoA produit 2 NADH.	Cycle de Krebs	6 ATP (phosphorylation oxydative par la chaîne de transport des électrons)
Cycle de Krebs		
1. Oxydation du succinyl CoA en acide succinique		2 GTP (phosphorylation au niveau du substrat) (GTP est semblable à l'ATP)
2. Production de 6 NADH	ATP	18 ATP (phosphorylation oxydative par la chaîne de transport des électrons)
3. Production de 2 $FADH_2$		4 ATP (phosphorylation oxydative par la chaîne de transport des électrons)
	Total : 38 ATP	

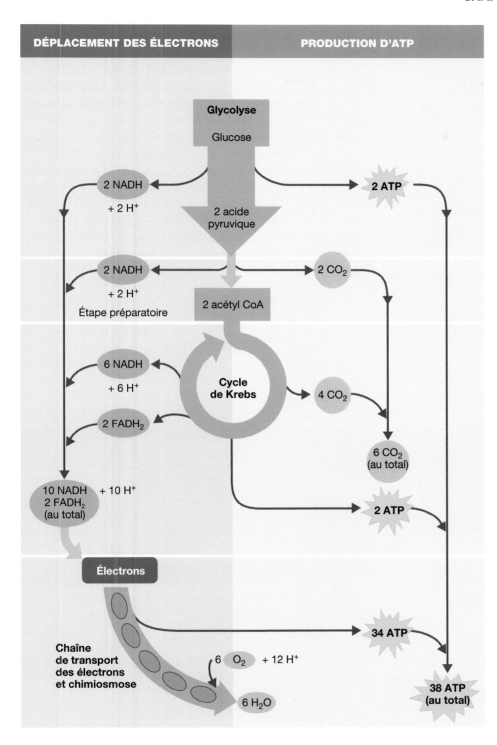

DÉPLACEMENT DES ÉLECTRONS

PRODUCTION D'ATP

Glycolyse

Glucose

2 NADH
+ 2 H⁺

2 ATP

2 acide
pyruvique

2 NADH

2 CO₂

+ 2 H⁺

Étape préparatoire

2 acétyl CoA

6 NADH

+ 6 H⁺

Cycle
de Krebs

4 CO₂

2 FADH₂

6 CO₂
(au total)

10 NADH + 10 H⁺
2 FADH₂
(au total)

2 ATP

Électrons

34 ATP

Chaîne
de transport
des électrons
et chimiosmose

6 O₂ + 12 H⁺

6 H₂O

38 ATP
(au total)

Figure 23.17 **Récapitulation de la respiration aérobie chez les procaryotes.** La dégradation complète du glucose en CO_2 et en H_2O produit de l'ATP. Le processus se déroule en trois grandes étapes : la glycolyse, le cycle de Krebs et la chaîne de transport des électrons. L'étape préparatoire fait le pont entre la glycolyse et le cycle de Krebs. La respiration aérobie présente un phénomène clé : des électrons sont cédés par des intermédiaires de la glycolyse et du cycle de Krebs, captés par le NAD^+ ou la FAD et acheminés par le NADH ou la $FADH_2$ jusqu'à la chaîne de transport des électrons. Il y a aussi production de NADH lors de la conversion de l'acide pyruvique en acétyl CoA. La plupart des molécules d'ATP produites par la respiration aérobie sont obtenues par le mécanisme de la chimiosmose durant la phase qui met en jeu la chaîne de transport des électrons ; ce processus est appelé phosphorylation oxydative.

(N_2). D'autres bactéries, telles que *Desulfovibrio*, utilisent l'ion sulfate (SO_4^{2-}) comme accepteur final pour former du sulfure d'hydrogène (H_2S). D'autres encore transforment l'ion carbonate (CO_3^{2-}) en méthane (CH_4). La respiration anaérobie des bactéries qui font appel au nitrate et au sulfate comme accepteurs d'électrons finaux est essentielle aux cycles de l'azote et du soufre présents dans la nature. La quantité d'ATP produite par la respiration anaérobie varie d'un organisme et d'une voie métabolique à l'autre. Une partie du cycle de Krebs fonctionne en anaérobiose, et tous les transporteurs de la chaîne de transport des électrons ne participent pas à ce type de respiration. Ainsi, la production d'ATP n'y est jamais aussi élevée qu'au cours de la respiration aérobie. Par conséquent, les anaérobies croissent généralement moins vite que les aérobies. Dans le cas des bactéries anaérobies facultatives, la présence d'O_2 les fait passer en mode de respiration aérobie, où une grande quantité d'énergie est produite ; leur métabolisme est augmenté et leur croissance est plus rapide. En l'absence d'O_2, ces bactéries passent en mode de respiration anaérobie ; la quantité d'énergie produite étant moins élevée, leur métabolisme est plus lent et leur croissance est également ralentie.

La fermentation

Après la transformation du glucose en acide pyruvique, ce dernier peut être complètement dégradé par la respiration, comme nous l'avons vu, ou il peut être converti en un produit organique par la fermentation (figure 23.11). On peut définir la **fermentation** de plusieurs façons (**encadré 23.1**) ; nous la définissons ici comme un processus qui :

1. libère de l'énergie par la dégradation de glucides ou d'autres molécules organiques, telles que les acides aminés, les acides carboxyliques, les purines et les pyrimidines ;

2. ne nécessite pas d'O_2, mais peut parfois se produire en sa présence ;

3. ne nécessite pas l'utilisation du cycle de Krebs ni d'une chaîne de transport des électrons ;

4. utilise une molécule organique comme accepteur d'électrons final (par exemple l'acide pyruvique) ;

5. produit seulement de petites quantités d'ATP (1 ou 2 molécules d'ATP par molécule de la substance de départ, par exemple du glucose) parce qu'une grande partie de l'énergie contenue à l'origine dans le glucose reste enfermée dans les liaisons chimiques du produit final, qui est une molécule organique telle que l'acide lactique ou l'éthanol.

Au cours de la première phase de la fermentation, tout comme dans la respiration, la glycolyse oxyde le glucose en 2 molécules d'acide pyruvique ; l'agent oxydant est le NAD^+, lequel est réduit en NADH : il y a production nette de 2 molécules d'ATP par phosphorylation au niveau du substrat. Durant la deuxième phase de la fermentation, les électrons – ainsi que des protons – de la coenzyme réduite (NADH) sont transférés directement à l'acide pyruvique ou à un de ses dérivés (**figure 23.18a**). La réduction de ces accepteurs d'électrons finaux se traduit par la formation des produits représentés à la **figure 23.18b**. Du même coup, le NAD^+ est régénéré et peut s'engager dans une autre ronde de glycolyse. Une des fonctions essentielles de la deuxième phase de la fermentation est d'assurer un approvisionnement ininterrompu de NAD^+ pour que la glycolyse puisse se poursuivre. Au cours de la

APPLICATIONS DE LA
MICROBIOLOGIE **Encadré 23.1**

Qu'est-ce que la fermentation ?

Pour un grand nombre d'entre nous, la fermentation signifie simplement la production d'alcool : des grains et des fruits sont mis à fermenter pour produire de la bière et du vin. Quand la nourriture surit, on dit parfois qu'elle a « tourné » ou fermenté. Voici quelques définitions de la fermentation, qui vont des acceptions générales ou courantes aux acceptions scientifiques. La fermentation, c'est :

1. Toute détérioration des aliments par des microorganismes (sens courant).

2. Tout processus qui donne des boissons alcoolisées ou des produits laitiers acidulés (sens courant).

3. Tout processus microbien à grande échelle qui se déroule en présence ou en l'absence d'air (définition courante dans l'industrie).

4. Tout processus métabolique qui libère de l'énergie et se déroule seulement dans des conditions anaérobies (définition plus scientifique).

5. Tout processus métabolique qui libère de l'énergie contenue dans un glucide ou une autre molécule organique, qui ne nécessite pas d'O_2 ni de chaîne de transport des électrons, et qui utilise une molécule organique comme accepteur d'électrons final (définition adoptée dans le présent ouvrage).

Figure 23.18 **Fermentation.** Le médaillon situe la fermentation par rapport à l'ensemble des processus producteurs d'énergie. **a)** Vue d'ensemble de la fermentation. La première phase est la glycolyse, c'est-à-dire la conversion du glucose en acide pyruvique ; durant la fermentation, toute l'ATP est produite par la glycolyse. Au cours de la deuxième phase, la coenzyme réduite provenant de la glycolyse ou des voies alternatives (NADH) donne ses électrons et ses ions H$^+$ à l'acide pyruvique ou à un de ses dérivés pour former le produit final de la fermentation. **b)** Produits finaux de diverses fermentations microbiennes.

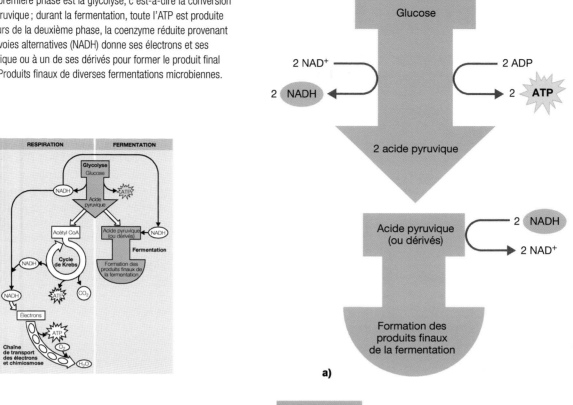

a)

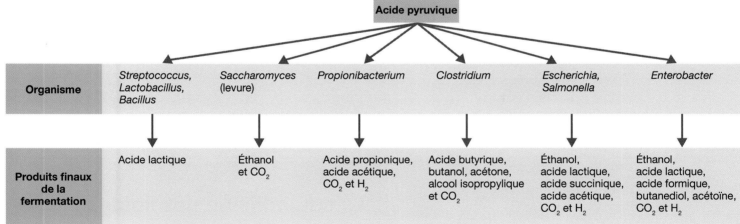

b)

Organisme	Streptococcus, Lactobacillus, Bacillus	Saccharomyces (levure)	Propionibacterium	Clostridium	Escherichia, Salmonella	Enterobacter
Produits finaux de la fermentation	Acide lactique	Éthanol et CO$_2$	Acide propionique, acide acétique, CO$_2$ et H$_2$	Acide butyrique, butanol, acétone, alcool isopropylique et CO$_2$	Éthanol, acide lactique, acide succinique, acide acétique, CO$_2$ et H$_2$	Éthanol, acide lactique, acide formique, butanediol, acétoïne, CO$_2$ et H$_2$

fermentation, toute l'ATP est produite par la glycolyse. Rappelons que, dans la respiration aérobie, le NADH est régénéré en NAD$^+$ par la chaîne de transport des électrons avec production d'une grande quantité d'ATP par phosphorylation oxydative ; au cours de la fermentation, par contre, les réactions qui régénèrent le NAD$^+$ transfèrent les électrons du NADH à l'acide pyruvique ou à ses dérivés. Le rendement énergétique de la fermentation est faible, puisque l'ATP est produite seulement par la glycolyse.

Divers microorganismes peuvent faire fermenter différents substrats ; le produit final dépend de la nature du microorganisme, du substrat et des enzymes qui sont présentes et actives. L'analyse chimique du produit final est utile lorsqu'on veut identifier le microorganisme qui en est la cause. Dans la section suivante, nous étudions deux des processus les plus importants : la fermentation lactique et la fermentation alcoolique.

La fermentation lactique

Durant la glycolyse, qui est la première étape de la **fermentation lactique**, une molécule de glucose est transformée par oxydation en 2 molécules d'acide pyruvique (**figure 23.19** et figure 23.11). Cette oxydation fournit l'énergie qui est utilisée pour former les 2 molécules d'ATP. Au cours de l'étape suivante, les 2 molécules

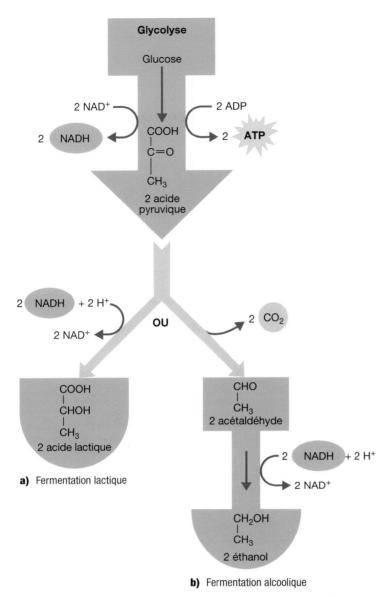

a) Fermentation lactique

b) Fermentation alcoolique

Figure 23.19 Types de fermentation.

intestinal qui peut fermenter le lactose et donner lieu à la formation d'acides ; la présence de cette bactérie entraîne donc, à un certain degré, l'acidification du milieu intestinal, ce qui aurait un effet régulateur sur la croissance d'entérobactéries dont l'activité enzymatique est perturbée par un pH acide.

La fermentation alcoolique

La **fermentation alcoolique** débute aussi par la glycolyse d'une molécule de glucose qui produit 2 molécules d'acide pyruvique et 2 molécules d'ATP. Au cours de la réaction qui suit, les 2 molécules d'acide pyruvique sont converties en 2 molécules d'acétaldéhyde et en 2 molécules de CO_2 (figure 23.19b). Ensuite, les 2 molécules d'acétaldéhyde sont réduites par 2 molécules de NADH pour former 2 molécules d'éthanol. La fermentation alcoolique est elle aussi un processus dont le rendement énergétique est faible parce que la majeure partie de l'énergie contenue au départ dans la molécule de glucose reste enfermée dans l'éthanol, le produit final.

La fermentation alcoolique est réalisée par un certain nombre de bactéries et de levures. L'éthanol et le CO_2 produits par la levure *Saccharomyces* sont des déchets pour cette cellule, mais sont utiles aux humains. L'éthanol produit par les levures est l'alcool que nous consommons dans les boissons alcoolisées et le CO_2 qu'elles dégagent fait lever notre pain.

Les organismes qui produisent de l'acide lactique ainsi que d'autres acides ou des alcools sont appelés **hétérolactiques** (ou *hétérofermentaires*) et utilisent souvent la voie des pentoses phosphates.

Le tableau 23.4 dresse une liste de diverses fermentations microbiennes employées par l'industrie pour convertir des matières premières peu coûteuses en produits finaux utiles. Le tableau 23.5 présente en parallèle les grandes lignes de la respiration aérobie, de la respiration anaérobie et de la fermentation.

▶ Vérifiez vos acquis

Énumérez quatre produits organiques obtenus par des organismes à la suite de la fermentation de l'acide pyruvique. **23-16**

d'acide pyruvique sont directement réduites par 2 molécules de NADH pour donner 2 molécules d'acide lactique, sans libérer de CO_2 (figure 23.19a). Étant le produit final de la réaction, l'acide lactique n'est pas oxydé davantage et conserve la majeure partie de l'énergie qu'il renferme. En conséquence, la fermentation ne produit qu'une petite quantité d'énergie au moment de la glycolyse.

Streptococcus et *Lactobacillus* sont deux genres importants de bactéries à fermentation lactique. Comme ces microorganismes ne produisent que de l'acide lactique, on les qualifie d'**homolactiques** (ou *homofermentaires*). La fermentation lactique peut causer la détérioration des aliments. Mais elle peut aussi produire du yogourt et des fromages à partir du lait, ou de la choucroute à partir de choux frais, ou encore des cornichons à partir de concombres.

Un groupe de bactéries, les bifidobactéries, fermentent le lactose et d'autres glucides en acide lactique et en acide acétique. *Bifidobacterium bifidus* est une bactérie commensale du microbiote

Le catabolisme des lipides et des protéines

▶ Objectif d'apprentissage

23-17 Décrire le catabolisme des lipides et des protéines.

Au cours de notre description de la production d'énergie, nous avons mis l'accent sur l'oxydation du glucose, le principal glucide employé comme source d'énergie. Mais les microorganismes oxydent aussi des lipides et des protéines, et ces différentes formes d'oxydation sont reliées les unes aux autres.

Rappelons que les graisses sont des lipides formés d'acides gras et de glycérol. Les microorganismes produisent des enzymes extracellulaires appelées *lipases* qui dégradent les graisses en leurs composants. Par la suite, chacun de ces composants traverse la membrane cytoplasmique et est métabolisé séparément (**figure 23.20**).

Tableau 23.4 Quelques usages industriels des divers types de fermentation

Produit final de la fermentation	Usage industriel ou commercial	Matière première	Microorganisme
Éthanol	Bière	Extrait de malt	*Saccharomyces cerevisiæ* (levure : du groupe des mycètes)
	Vin	Raisin ou autre jus de fruits	*Saccharomyces cerevisiæ* (levure)
	Carburant	Déchets agricoles	*Saccharomyces cerevisiæ* (levure)
Acide acétique	Vinaigre	Éthanol	*Acetobacter* (bactérie)
Acide lactique	Fromage, yogourt	Lait	*Lactobacillus, Streptococcus* (bactéries)
	Pain de seigle	Grain, glucide	*Lactobacillus delbruckii* (bactérie)
	Choucroute	Chou	*Lactobacillus plantarum* (bactérie)
	Saucisson	Viande	*Pediococcus* (bactérie)
Acide propionique et dioxyde de carbone (CO_2)	Fromage suisse	Acide lactique	*Propionibacterium freudenreichii* (bactérie)
Acétone et butanol	Usages pharmaceutiques et industriels	Mélasse	*Clostridium acetobutylicum* (bactérie)
Glycérol	Usages pharmaceutiques et industriels	Mélasse	*Saccharomyces cerevisiæ* (levure)
Acide citrique	Arôme	Mélasse	*Aspergillus* (mycète)
Méthane	Carburant	Acide acétique	*Methanosarcina* (bactérie)
Sorbose	Vitamine C (acide ascorbique)	Sorbitol	*Gluconobacter* (bactérie)

Tableau 23.5 Comparaison : respiration aérobie, respiration anaérobie et fermentation

Processus producteur d'énergie	Conditions de croissance	Accepteur d'hydrogène (d'électrons) final	Type de phosphorylation employé pour produire l'ATP	Molécules d'ATP produites par molécule de glucose
Respiration aérobie	Aérobie	Dioxygène (O_2)	Au niveau du substrat et oxydative	36 (eucaryotes) ou 38 (procaryotes)
Respiration anaérobie	Anaérobie	Généralement une substance inorganique (telle que NO_3^-, SO_4^{2-} ou CO_3^{2-}), mais non O_2	Au niveau du substrat et oxydative	Variable (moins de 38, mais plus de 2)
Fermentation	Aérobie ou anaérobie	Molécule organique	Au niveau du substrat	2

L'oxydation du glycérol et des acides gras s'effectue dans le cycle de Krebs. Un grand nombre de bactéries qui hydrolysent les acides gras peuvent utiliser les mêmes enzymes pour dégrader les dérivés du pétrole. Bien qu'elles soient la cause d'ennuis quand elles se multiplient dans les réservoirs à carburant, ces bactéries sont utiles quand elles s'attaquent aux déversements de pétrole. La **β-oxydation** (oxydation des acides gras) du pétrole est illustrée dans l'encadré 22.1.

Les protéines sont trop grosses pour traverser les membranes plasmiques sans aide. Les microorganismes produisent des *protéases* et des *peptidases* extracellulaires qui dégradent les protéines en acides aminés et leur permettent ainsi de franchir les membranes. Cependant, pour qu'ils puissent être catabolisés, les acides aminés doivent d'abord être convertis par des enzymes en substances qui

peuvent entrer dans le cycle de Krebs. Une de ces conversions, appelée **désamination**, consiste à retirer le groupement amine de l'acide aminé et à le transformer en ion ammonium (NH_4^+), qui peut alors être excrété par la cellule. L'autre partie de la molécule est un acide carboxylique qui peut entrer dans le cycle de Krebs. Les autres conversions comprennent la **décarboxylation** (perte de —COOH) et la **déshydrogénation**.

La **figure 23.21** présente une récapitulation des rapports entre le catabolisme des glucides, des lipides et des protéines.

▶ Vérifiez vos acquis

Quels sont les produits finaux du catabolisme des lipides et de celui des protéines ? **23-17**

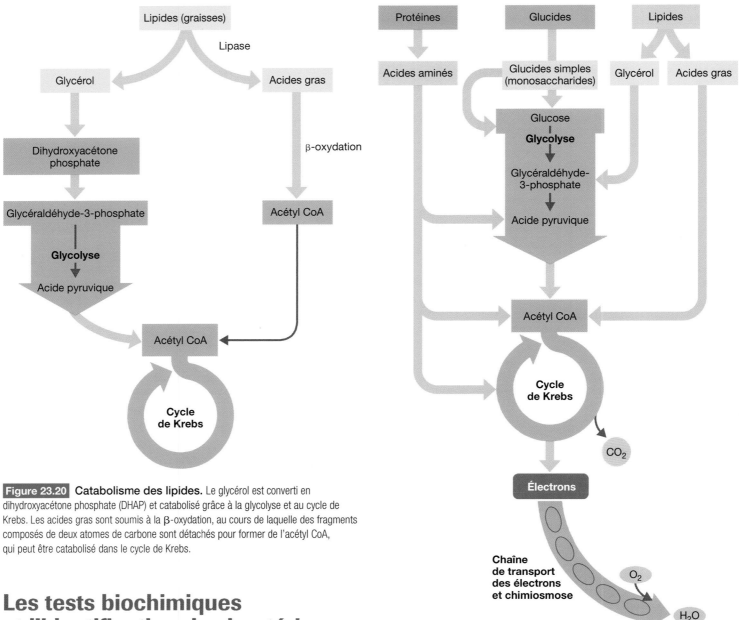

Figure 23.20 **Catabolisme des lipides.** Le glycérol est converti en dihydroxyacétone phosphate (DHAP) et catabolisé grâce à la glycolyse et au cycle de Krebs. Les acides gras sont soumis à la β-oxydation, au cours de laquelle des fragments composés de deux atomes de carbone sont détachés pour former de l'acétyl CoA, qui peut être catabolisé dans le cycle de Krebs.

Figure 23.21 **Catabolisme de diverses molécules organiques servant de nourriture.** Les protéines, les glucides et les lipides peuvent tous être à l'origine d'électrons et de protons pour la respiration cellulaire. Ces molécules de nutriment accèdent de différentes façons à la glycolyse ou au cycle de Krebs.

Les tests biochimiques et l'identification des bactéries

▶ Objectif d'apprentissage

23-18 Décrire deux exemples de tests biochimiques qui servent à l'identification des bactéries en laboratoire.

On a souvent recours aux tests biochimiques pour identifier les bactéries et les levures parce que les espèces se distinguent les unes des autres par les enzymes qu'elles produisent. Ces tests biochimiques ont pour but de déceler la présence d'enzymes. Certains d'entre eux révèlent les enzymes qui effectuent le catabolisme des acides aminés par décarboxylation et déshydrogénation (dont nous avons parlé précédemment ; **figure 23.22**).

Le **test de fermentation** est un autre type d'analyse biochimique. L'éprouvette de fermentation contient un milieu-test constitué de protéines, d'un seul glucide, d'un indicateur de pH et d'une petite cloche renversée (cloche de Durham), qui permet d'évaluer la production éventuelle de gaz (**figure 23.23a**). Les

bactéries inoculées dans l'éprouvette peuvent utiliser les protéines ou le glucide comme source de carbone et d'énergie. Si elles métabolisent le glucide et produisent de l'acide, l'indicateur de pH change de couleur. Certains organismes produisent du gaz en plus de l'acide lors du catabolisme du glucide. La présence d'une bulle dans la cloche de Durham révèle la formation de gaz (**figure 23.23b à d**). Un autre exemple de test biochimique est illustré à la figure 5.9.

Signalons que, dans certains cas, les déchets d'un microorganisme peuvent devenir la source de carbone et d'énergie d'une autre espèce. La bactérie *Acetobacter* est capable d'oxyder l'éthanol libéré par les levures. *Propionibacterium* peut utiliser l'acide lactique provenant

Figure 23.22 **Détection en laboratoire des enzymes dégradant les acides aminés.** Des bactéries sont ensemencées dans des éprouvettes contenant du glucose, un indicateur de pH et un acide aminé particulier. **a)** L'indicateur de pH devient jaune quand la bactérie produit de l'acide à partir du glucose. **b)** Il devient violet sous l'action des produits alcalins de la décarboxylation.

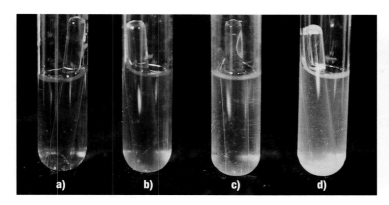

Figure 23.23 **Test de fermentation. a)** Une éprouvette de fermentation ensemencée contenant du mannitol, un glucide. **b)** *Staphylococcus epidermidis* s'est multiplié en se nourrissant de la protéine, mais n'a pas utilisé le glucide. Ce type d'organisme est qualifié de mannitol −. **c)** *S. aureus* produit de l'acide, mais non du gaz. Cette espèce est qualifiée de mannitol +. **d)** *E. coli* est également mannitol + et produit de l'acide et du gaz à partir du mannitol. Le gaz est emprisonné dans la cloche.

d'autres bactéries. Les propionibactéries convertissent l'acide lactique en acide pyruvique en vue d'effectuer le cycle de Krebs. Au cours du cycle, il y a production d'acide propionique et de CO_2. Ainsi, les trous du fromage suisse sont formés par l'accumulation de CO_2.

Q/R

E. coli cause la fermentation du sorbitol, un glucide. L'agent pathogène *E. coli* O157, par contre, ne fait pas fermenter le sorbitol ; c'est cette caractéristique qui le différencie des autres souches non pathogènes d'*E. coli*. Q/R

On utilise des tests biochimiques afin d'identifier les bactéries qui causent les maladies. Toutes les bactéries aérobies ont recours à une chaîne de transport des électrons, mais leur chaîne peut différer

d'une bactérie à l'autre. Certaines chaînes comprennent un cytochrome *c*, mais d'autres non. Dans le premier cas, la cytochrome oxydase est la dernière enzyme de la chaîne de transport des électrons, et transfère les électrons à l'O_2. Le test de détection de l'oxydase est couramment effectué pour identifier rapidement *Neisseria gonorrhœæ*. Cette bactérie pathogène produit une réaction positive en présence de cytochrome oxydase. Le test de l'oxydase peut également être utilisé pour différencier des bacilles à Gram négatif : *Pseudomonas* réagit à la cytochrome oxydase, tandis qu'*Escherichia* n'y réagit pas.

Shigella est une bactérie à Gram négatif qui cause la dysenterie. On la différencie d'*E. coli* au moyen de tests biochimiques. Contrairement à *E. coli*, *Shigella* ne produit pas de gaz à partir du lactose ni de lactate déshydrogénase.

On peut facilement distinguer la bactérie *Salmonella* d'*E. coli* par la production de sulfure d'hydrogène (H_2S). Le H_2S est libéré au moment où *Salmonella* retire le soufre des acides aminés (**figure 23.24**). Il se combine au fer et forme un précipité noir dans le milieu de culture.

L'encadré 23.2 décrit la façon dont les tests biochimiques ont été utilisés afin de déterminer la cause de la maladie d'un jeune enfant dans la ville de New York.

Figure 23.24 **Utilisation d'agar à base de peptone et de fer pour détecter la production de H_2S.** Le H_2S produit dans l'éprouvette précipite en présence de fer dans le milieu et devient du sulfure de fer (FeS).

▶ **Vérifiez vos acquis**

Sur quelles bases biochimiques les bactéries *Pseudomonas* et *E. coli* sont-elles différenciées ? **23-18**

La photosynthèse

▶ **Objectifs d'apprentissage**

23-19 Comparer la photophosphorylation de type cyclique et celle de type non cyclique.

23-20 Comparer les réactions photochimiques (phase lumineuse) et les réactions du cycle de Calvin-Benson (phase sombre) de la photosynthèse.

23-21 Comparer la phosphorylation oxydative et la photophosphorylation.

Dans toutes les voies métaboliques que nous avons examinées jusqu'ici, les organismes obtiennent l'énergie nécessaire au travail cellulaire par l'oxydation (catabolisme) de composés chimiques organiques. Mais d'où viennent ces composés organiques ? Certains organismes, dont les animaux et bon nombre de microorganismes, se nourrissent de la matière produite par d'autres organismes. Par exemple, certaines

La tuberculose chez l'humain à New York

Le présent texte présente une série de questions que les techniciens de laboratoire se posent lorsqu'ils procèdent à l'identification des bactéries. Tentez de répondre à chacune des questions avant de passer à la suivante.

❶ Un enfant de 15 mois, né dans la ville de New York, aux États-Unis, est mort de la tuberculose péritonéale. Cette maladie, causée par une mycobactérie, est une maladie à déclaration obligatoire aux États-Unis. La tuberculose péritonéale est une maladie qui touche les intestins et la cavité abdominale.

Quel organe est habituellement associé à la tuberculose? Comment certaines personnes peuvent-elles contracter la tuberculose péritonéale?

❷ La tuberculose pulmonaire est contractée par inhalation de la bactérie; l'ingestion de la bactérie peut entraîner la tuberculose péritonéale. La première étape consiste à observer les bactéries acido-alcoolo-résistantes dans les nodules développés sur les organes de l'enfant.

Quelle est la prochaine étape?

❸ La bactérie doit être ensemencée dans un milieu de culture. Dans le cas qui nous concerne, la bactérie prend jusqu'à six semaines pour former des colonies: il s'agit d'une mycobactérie à croissance lente. La spéciation des mycobactéries est effectuée à l'aide d'un test biochimique dans les laboratoires de référence (**figure A**).

Une fois les colonies isolées, quelle est la prochaine étape?

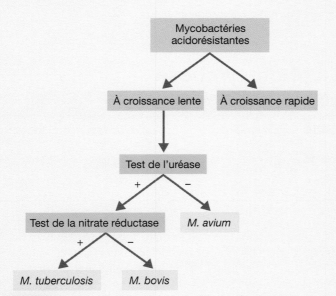

Figure A Schéma d'identification pour certaines espèces de mycobactéries à croissance lente

Test   Contrôle

Figure B Test de l'uréase. Dans le cas d'un résultat positif au test, l'uréase bactérienne hydrolyse l'urée, produisant ainsi de l'ammoniac. Ce gaz fait augmenter le pH, et l'indicateur présent dans le milieu devient fuchsia.

❹ Selon le schéma d'identification, le test de l'uréase devrait être effectué.

Quel est le résultat révélé sur la figure B?

❺ Le test de l'uréase donne un résultat positif.

Quel test doit-on faire ensuite?

❻ Le test de la réduction du nitrate est réalisé. Il montre que la bactérie ne produit pas de nitrate réductase.

De quelle bactérie s'agit-il?

❼ *Mycobacterium bovis* est une bactérie pathogène qui infecte principalement les bovins. Par contre, les humains peuvent également être infectés, le plus souvent en consommant des produits non pasteurisés provenant de vaches infectées. Dans les pays industrialisés, la tuberculose humaine causée par *M. bovis* est rare, en raison de la pasteurisation du lait et de la réforme des troupeaux de bovins infectés. Cette enquête a permis d'identifier 35 cas d'infection par *M. bovis* chez les humains dans la ville de New York. Le fromage frais importé du Mexique constitue une source probable d'infection. Il n'y a aucune preuve de transmission interhumaine de la maladie. Les produits provenant de lait de vache non pasteurisé ont été associés avec certaines maladies infectieuses et comportent le risque de transmettre *M. bovis* s'ils sont importés de pays où la bactérie est présente chez les bovins. En conséquence, on doit éviter de consommer les produits provenant de lait de vache non pasteurisé.

Source: Adaptation de *MMWR*, 54(24): 605-608 (24 juin 2005).

bactéries dégradent les composés provenant de plantes et d'animaux morts ou obtiennent leur alimentation d'un hôte vivant.

D'autres organismes synthétisent des composés organiques complexes à partir de substances inorganiques simples. Le principal mécanisme par lequel s'effectue cette synthèse est un processus appelé **photosynthèse**. Il est utilisé par les plantes et de nombreux microorganismes. Essentiellement, la photosynthèse est la conversion en énergie chimique de l'énergie lumineuse provenant du soleil. Par la suite, l'énergie chimique sert à convertir le CO_2 issu de l'atmosphère en composés carbonés (organiques) plus réduits, principalement en glucides. Le terme «photosynthèse» résume le processus: *photo* signifie «lumière» et *synthèse* désigne l'assemblage des composés organiques. La synthèse de glucides à partir d'atomes de carbone provenant du CO_2 atmosphérique s'appelle aussi **fixation du carbone**. La continuité de la vie terrestre dépend du recyclage du carbone qui s'opère de cette façon. Les cyanobactéries, les algues et les plantes vertes contribuent à ce recyclage vital par la photosynthèse.

On peut résumer la photosynthèse par les équations suivantes:

1. $6\ CO_2 + 12\ H_2O + \text{Énergie lumineuse} \longrightarrow$
$$C_6H_{12}O_6 + 6\ O_2 + 6\ H_2O$$

2. $6\ CO_2 + 12\ H_2S + \text{Énergie lumineuse} \longrightarrow$
$$C_6H_{12}O_6 + 6\ H_2O + 12\ S$$

Au cours de la photosynthèse, des électrons sont cédés par les atomes d'hydrogène de l'eau, une molécule pauvre en énergie, et intégrés à un glucide, une molécule riche en énergie. Le supplément d'énergie provient de la lumière, bien qu'indirectement.

La photosynthèse se déroule en deux phases. Dans la première, appelée **phase lumineuse**, l'énergie lumineuse est utilisée pour convertir des molécules d'ADP et de **P** en ATP au cours des **réactions photochimiques**. De plus, dans la forme prédominante des réactions photochimiques, le transporteur d'électrons $NADP^+$ est réduit en NADPH. La coenzyme NADPH, à l'instar du NADH, est un transporteur d'électrons riche en énergie. Dans la deuxième phase, appelée **phase sombre**, ces électrons, ainsi que de l'énergie provenant de l'ATP, servent à réduire le CO_2 en glucide au cours des **réactions du cycle de Calvin-Benson**.

Les réactions photochimiques: la photophosphorylation

La photophosphorylation est un des trois moyens mis au point par la nature pour produire de l'ATP et elle n'a lieu que dans les cellules photosynthétiques. L'énergie lumineuse est absorbée dans ces cellules par les molécules de chlorophylle, dont elle excite certains des électrons. La principale chlorophylle utilisée par les plantes vertes, les algues et les cyanobactéries est la *chlorophylle a*. Elle se situe dans les thylakoïdes membraneux des chloroplastes chez les algues et les plantes vertes (figure 3.26) et dans les thylakoïdes des structures photosynthétiques chez les cyanobactéries. Les autres bactéries utilisent les *bactériochlorophylles*. La photophosphorylation est décrite à la **figure 23.25**.

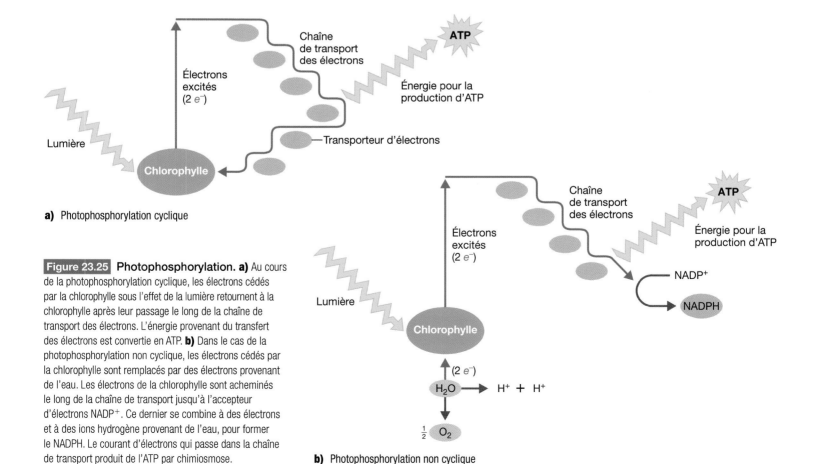

Figure 23.25 **Photophosphorylation. a)** Au cours de la photophosphorylation cyclique, les électrons cédés par la chlorophylle sous l'effet de la lumière retournent à la chlorophylle après leur passage le long de la chaîne de transport des électrons. L'énergie provenant du transfert des électrons est convertie en ATP. **b)** Dans le cas de la photophosphorylation non cyclique, les électrons cédés par la chlorophylle sont remplacés par des électrons provenant de l'eau. Les électrons de la chlorophylle sont acheminés le long de la chaîne de transport jusqu'à l'accepteur d'électrons $NADP^+$. Ce dernier se combine à des électrons et à des ions hydrogène provenant de l'eau, pour former le NADPH. Le courant d'électrons qui passe dans la chaîne de transport produit de l'ATP par chimiosmose.

Les électrons de la chlorophylle, excités par les rayons lumineux, bondissent sur le premier transporteur d'une série de transporteurs moléculaires, qui forment une chaîne de transport des électrons semblable à celle de la respiration. Au fur et à mesure que les électrons sont acheminés d'un transporteur à l'autre, des protons sont pompés d'un côté de la membrane à l'autre et l'ADP est converti en ATP par chimiosmose. Au cours des réactions photochimiques, le transport d'électrons peut se faire selon deux trajets, soit cyclique, soit non cyclique. Dans le cas de la **photophosphorylation cyclique**, l'électron finit par retourner à la chlorophylle (figure 23.25a). Dans celui de la **photophosphorylation non cyclique**, qui est le processus le plus répandu, les électrons cédés par la chlorophylle ne retournent pas à cette dernière, mais sont intégrés au NADPH (figure 23.25b). Les électrons perdus par la chlorophylle sont remplacés par d'autres provenant d'une substance réductrice contenant des atomes d'hydrogène telle qu'H_2O (ou un

autre composé oxydable tel que le sulfure d'hydrogène, H_2S). En résumé, les produits de la photophosphorylation non cyclique sont l'ATP (formée par chimiosmose grâce à l'énergie libérée par une chaîne de transport des électrons), l'O_2 (provenant des molécules d'eau) et le NADPH (dont les protons et les électrons d'hydrogène proviennent à l'origine de l'eau).

Les réactions du cycle de Calvin-Benson

La phase au cours de laquelle ont lieu les réactions du **cycle de Calvin-Benson** est appelée **phase sombre** parce que ces réactions peuvent se dérouler sans l'intervention directe de la lumière. Elles comprennent une voie métabolique cyclique et complexe au cours de laquelle le CO_2 est «fixé» – c'est-à-dire utilisé pour synthétiser des glucides (**figure 23.26**). Dans les réactions du cycle de Calvin-Benson, l'ATP est utilisée pour assembler les molécules de CO_2 en glucides; il n'y a pas de production d'ATP.

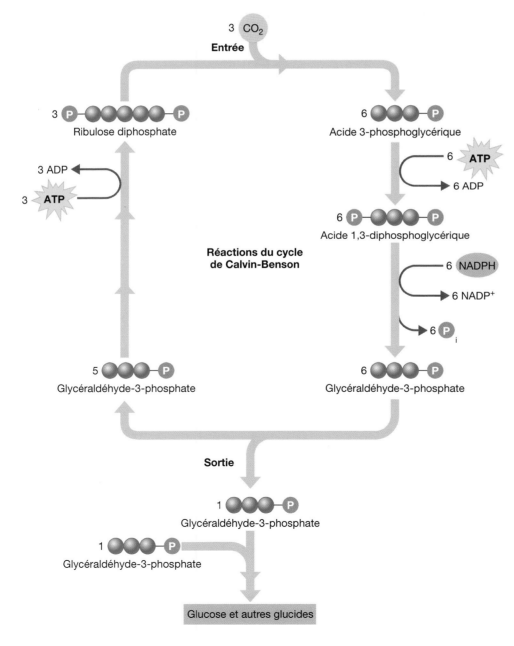

Figure 23.26 **Schéma simplifié des réactions du cycle de Calvin-Benson.** Le schéma illustre trois tours du cycle, au cours desquels 3 molécules de CO_2 sont fixées et 1 molécule de glycéraldéhyde-3-phosphate est produite et libérée dans le milieu. Il faut 2 molécules de glycéraldéhyde-3-phosphate pour produire 1 molécule de glucose. En conséquence, le cycle doit effectuer six tours par molécule de glucose produite, ce qui représente un investissement total de 6 molécules de CO_2, de 18 molécules d'ATP et de 12 molécules de NADPH (figure A de l'appendice C).

Résumé des mécanismes de production d'énergie

Dans le monde vivant, l'énergie passe d'un organisme à l'autre sous forme d'énergie potentielle, et cette dernière est contenue dans les liaisons des composés chimiques. Les organismes obtiennent l'énergie grâce à des réactions d'oxydation (**figure 23.27**). ❶ Pour que cette énergie soit obtenue sous une forme utilisable, la cellule doit dans un premier temps renfermer un donneur d'électrons (ou d'hydrogène), qui lui sert de source d'énergie initiale. Il existe une grande diversité de donneurs d'électrons possibles, tels que les pigments photosynthétiques (la chlorophylle, par exemple), le glucose ou d'autres composés organiques, le soufre, l'ammoniac ou le dihydrogène (H_2). Lors d'une deuxième étape, ❷ les électrons cédés par les sources d'énergie chimique sont transférés à des transporteurs d'électrons, tels que les coenzymes NAD^+, $NADP^+$ et FAD. Ce transfert est une réaction d'oxydoréduction ; la source d'énergie initiale est oxydée tandis que le premier transporteur d'électrons est réduit (pour donner NADH, NADPH et $FADH_2$). Durant cette phase, une certaine quantité d'ATP est produite. À la troisième étape, ❸ les électrons sont transférés des transporteurs d'électrons aux accepteurs d'électrons finaux grâce à des réactions d'oxydoréduction qui produisent plus d'ATP.

Dans le cas de la respiration aérobie, l'O_2 est l'accepteur d'électrons final. Dans celui de la respiration anaérobie, des substances inorganiques autres que l'oxygène, telles que les ions nitrate (NO_3^-) ou les ions sulfate (SO_4^{2-}), servent d'accepteurs d'électrons finaux. Lors de la fermentation, les accepteurs d'électrons finaux sont des composés organiques. Dans la respiration aérobie et anaérobie, une série de transporteurs d'électrons, constituant la chaîne de transport des électrons, libère l'énergie que le mécanisme de la chimiosmose utilise pour synthétiser l'ATP. Quelles que soient leurs sources d'énergie, tous les organismes emploient des réactions d'oxydoréduction semblables pour transférer les électrons et des mécanismes semblables pour produire l'ATP à partir de l'énergie libérée.

La diversité métabolique des organismes

Nous avons examiné en détail certaines des voies métaboliques de production d'énergie utilisées par les animaux et les plantes, ainsi que par de nombreux microorganismes. Toutefois, les microorganismes se distinguent par leur grande diversité métabolique et certains d'entre eux sont capables de se nourrir de substances inorganiques en utilisant des voies qui ne sont pas à la portée des plantes ou des animaux. On peut classifier tous les organismes (y compris les microorganismes), sur le plan métabolique, selon leur *type nutritionnel* – leur source d'énergie et leur source de carbone.

Si nous examinons d'abord la source d'énergie, on peut généralement regrouper les organismes en phototrophes et en chimiotrophes. Les **phototrophes** utilisent la lumière comme principale source d'énergie, alors que les **chimiotrophes** dépendent de réactions d'oxydoréduction auxquelles participent des composés inorganiques ou des composés organiques pour obtenir leur énergie. Comme principale source de carbone, les **autotrophes** (qui se nourrissent par eux-mêmes) utilisent le CO_2 et les **hétérotrophes** (qui se nourrissent à partir des autres) ont besoin d'une source de carbone

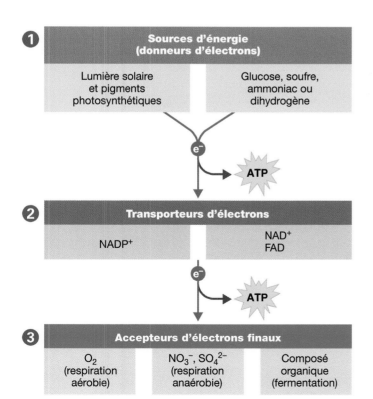

Figure 23.27   Éléments nécessaires à la production d'ATP.
La production d'ATP nécessite ❶ une source d'énergie initiale (donneur d'électrons), ❷ le transfert d'électrons à un transporteur d'électrons au cours d'une réaction d'oxydoréduction et ❸ le transfert d'électrons à un accepteur d'électrons final.

organique. Les autotrophes portent également le nom de *lithotrophes* (mangeurs de roche) et les hétérotrophes, celui d'*organotrophes*.

Combinant les sources d'énergie et de carbone, on obtient les classes nutritionnelles suivantes : *photoautotrophes*, *photohétérotrophes*, *chimioautotrophes* et *chimiohétérotrophes* (**figure 23.28**). Presque tous les microorganismes d'importance médicale dont nous traitons dans le présent ouvrage sont des chimiohétérotrophes. Habituellement, les organismes infectieux catabolisent des substances organiques tirées de l'hôte, en l'occurrence l'humain (encadré 23.2).

Les photoautotrophes

Les **photoautotrophes** utilisent la lumière comme source d'énergie et le CO_2 comme principale source de carbone. Ils comprennent les bactéries photosynthétiques (bactéries vertes sulfureuses et pourpres sulfureuses et cyanobactéries), les algues et les plantes vertes. Lors des réactions photosynthétiques des cyanobactéries, des algues et des plantes vertes, les atomes d'hydrogène de l'eau (H_2O) servent à réduire le CO_2 et il y a libération d'O_2 sous forme gazeuse. En raison de la production d'O_2, ce processus photosynthétique est parfois dit **oxygénique**.

En plus des cyanobactéries (figure 6.13) , il y a plusieurs autres familles de procaryotes photosynthétiques. Elles sont classifiées selon la méthode qu'elles emploient pour réduire le CO_2. Ces bactéries ne peuvent pas utiliser l'H_2O pour réduire le CO_2 et sont incapables d'accomplir la photosynthèse en présence d'O_2 (elles

doivent se trouver dans un milieu anaérobie). En conséquence, leur processus photosynthétique ne produit pas d'O_2 et est dit **anoxygénique**. Les photoautotrophes anoxygéniques sont les bactéries vertes sulfureuses et les bactéries pourpres sulfureuses. Les **bactéries vertes sulfureuses** (aussi appelées *bactéries vertes sulfo-réductrices*), telles que *Chlorobium*, utilisent le soufre (S), les composés sulfurés (tels que le sulfure d'hydrogène, H_2S) ou le dihydrogène (H_2) pour réduire le CO_2 et former des composés organiques. Grâce à l'énergie de la lumière solaire et aux enzymes appropriées, ces bactéries procèdent à l'oxydation des ions sulfure (S^{2-}) ou du soufre (S) pour donner des sulfates (SO_4^{2-}), ou du H_2 pour donner de l'eau (H_2O). Les **bactéries pourpres sulfureuses** (aussi appelées *bactéries pourpres sulforéductrices*), telles que *Chromatium* (figure 6.10), utilisent aussi le soufre, des composés sulfurés ou l'H_2 pour réduire le CO_2. Elles se distinguent des bactéries vertes sulfureuses par le type de chlorophylle qu'elles possèdent, les endroits où elles emmagasinent le soufre et l'ARN ribosomal.

Les chlorophylles utilisées par ces bactéries photosynthétiques s'appellent *bactériochlorophylles*. Elles absorbent la lumière à des longueurs d'onde plus grandes que celles captées par la chlorophylle *a*. Les bactériochlorophylles des bactéries vertes sulfureuses se trouvent dans des vésicules, appelées *chlorosomes*, fixées à la surface interne de la membrane plasmique. Chez les bactéries pourpres sulfureuses, les bactériochlorophylles sont situées dans des invaginations de la membrane plasmique (*chromatophores*).

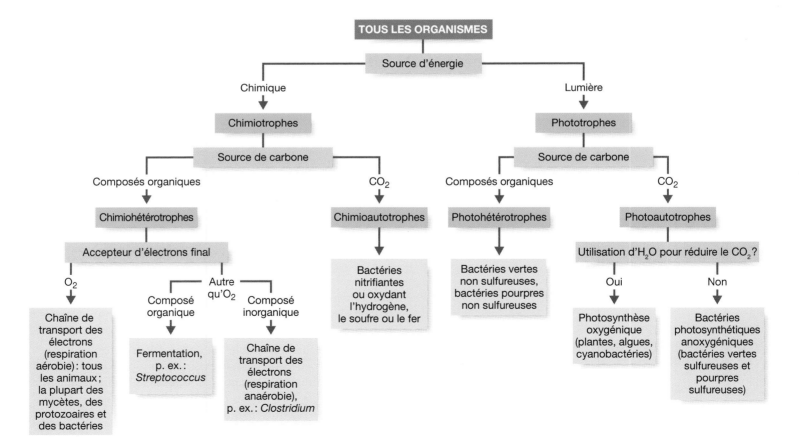

Figure 23.28 Classification des organismes selon le type nutritionnel.

Le **tableau 23.6** présente plusieurs des caractéristiques qui distinguent la photosynthèse eucaryote de la photosynthèse procaryote.

Les photohétérotrophes

Les **photohétérotrophes** utilisent la lumière comme source d'énergie, mais sont incapables de convertir le CO_2 en glucide ; ils emploient plutôt des composés organiques, tels que les alcools, les acides gras, d'autres acides carboxyliques et des glucides comme sources de carbone. Ils sont anoxygéniques. Les **bactéries vertes non sulfureuses** (aussi appelées *bactéries vertes non sulforéductrices*), telles que *Chloroflexus,* et les **bactéries pourpres non sulfureuses** (aussi appelées *bactéries pourpres non sulforéductrices*), telles que *Rhodopseudomonas*, sont photohétérotrophes.

Les chimioautotrophes

Les **chimioautotrophes** se servent de CO_2 comme principale source de carbone (figure 23.26). Ils utilisent les électrons provenant de composés inorganiques réduits comme source d'énergie. Les sources inorganiques d'énergie chez ces organismes comprennent le sulfure d'hydrogène (H_2S) pour *Beggiatoa*, le soufre élémentaire (S) pour *Thiobacillus thiooxidans*, l'ammoniac (NH_3) pour *Nitrosomonas*, l'ion nitrite (NO_2^-) pour *Nitrobacter,* le dihydrogène gazeux (H_2) pour *Hydrogenomonas*, l'ion ferreux (Fe^{2+}) pour *Thiobacillus ferrooxidans* (figure 28.13) et le monoxyde de carbone (CO) pour *Pseudomonas carboxydohydrogena*. L'énergie obtenue par l'oxydation de ces composés inorganiques est finalement emmagasinée dans des molécules d'ATP, qui sont produites par phosphorylation oxydative. Parce qu'ils consomment des substances inorganiques souvent présentes dans des déchets industriels polluants contenant du fer, du soufre, de l'arsenic, de l'ammoniac, du méthane, etc., les chimioautotrophes ont une grande importance dans l'équilibre des écosystèmes terriens et aquatiques.

Les chimiohétérotrophes

Quand on parle de photoautotrophes, de photohétérotrophes et de chimioautotrophes, il est facile de reconnaître la source d'énergie et celle de carbone parce qu'il s'agit d'entités distinctes. Par contre, chez les chimiohétérotrophes, la distinction n'est pas aussi claire, puisque ces sources se trouvent généralement dans le même composé organique – par exemple le glucose. Les **chimiohétérotrophes** utilisent spécifiquement comme source d'énergie les électrons provenant des atomes d'hydrogène qui font partie des composés organiques.

On subdivise les hétérotrophes selon leur source de molécules organiques. Les **saprophytes** se nourrissent de matière organique en décomposition, tandis que les **parasites** obtiennent leurs nutriments d'hôtes vivants.

Du point de vue de la microbiologie humaine, l'organisme humain représente un milieu composé de matière chimique organique ; il constitue une source d'énergie et de carbone pour les microorganismes chimiohétérotrophes qui satisfait leurs besoins nutritifs et énergétiques. Ainsi, les saprophytes font partie du microbiote humain qui colonise l'épiderme de la peau, dont la couche externe est composée de cellules mortes ; les bactéries pathogènes qui infectent l'individu et le rendent malade sont des parasites. Les microorganismes qui s'installent dans l'organisme humain y trouvent aussi les conditions optimales pour leur croissance, conditions liées aux exigences physiques (température, pH, pression osmotique) ou chimiques (présence ou non d'O_2, humidité, etc.).

La plupart des bactéries et tous les mycètes, les protozoaires et les animaux sont des chimiohétérotrophes. Chez les bactéries et les mycètes, une grande diversité de composés organiques servent de sources de carbone et d'énergie. C'est pourquoi ces organismes peuvent vivre dans toutes sortes de milieux. Comprendre la diversité microbienne est intéressant sur le plan scientifique et important sur le plan économique. Dans certains cas, la multiplication des bactéries est indésirable, comme lorsque des bactéries qui décomposent le caoutchouc s'attaquent à un joint d'étanchéité ou à la semelle des chaussures. En revanche, ces mêmes bactéries peuvent rendre service si elles dégradent des objets en caoutchouc qui ont été mis au rebut, tels des pneus. *Rhodococcus erythropolis* est largement répandu dans le sol et peut occasionner des maladies chez les humains et les animaux. Cette même espèce est en mesure de remplacer les atomes de soufre dans le pétrole par des atomes d'oxygène. À l'heure actuelle, une entreprise du Texas se sert de *R. erythropolis* pour produire du pétrole sans soufre.

Tableau 23.6	Comparaison des types de photosynthèse chez quelques eucaryotes et procaryotes			
	Eucaryotes		**Procaryotes**	
Caractéristique	**Algues, plantes**	**Cyanobactéries**	**Bactéries vertes sulfureuses**	**Bactéries pourpres sulfureuses**
Substance qui réduit le CO_2	Atomes H d'H_2O	Atomes H d'H_2O	Soufre, composés sulfurés, H_2 gazeux	Soufre, composés sulfurés, H_2 gazeux
Production d'O_2	Oxygénique	Oxygénique (et anoxygénique)	Anoxygénique	Anoxygénique
Type de chlorophylle	Chlorophylle *a*	Chlorophylle *a*	Bactériochlorophylle *a*	Bactériochlorophylle *a* ou *b*
Siège de la photosynthèse	Chloroplastes et thylakoïdes	Thylakoïdes	Chlorosomes	Chromatophores
Milieu	Aérobie	Aérobie (et anaérobie)	Anaérobie	Anaérobie

★ ★ ★

Nous allons maintenant examiner comment les cellules utilisent les voies de l'ATP pour faire la synthèse de composés organiques tels que les glucides, les lipides, les protéines et les acides nucléiques.

Les voies métaboliques consommatrices d'énergie

Jusqu'ici, nous nous sommes penchés sur la production d'énergie. Grâce à l'oxydation de molécules organiques, les êtres vivants produisent de l'énergie par respiration aérobie et anaérobie, et par fermentation. Une grande part de cette énergie est dissipée sous forme de chaleur. L'oxydation métabolique complète du glucose en dioxyde de carbone et en eau est considérée comme un processus très efficace, mais environ 45 % de l'énergie du glucose est perdue sous forme de chaleur. Les cellules utilisent de diverses façons le reste de l'énergie, qui est enfermée dans les liaisons de l'ATP. Les microorganismes se servent de l'ATP pour obtenir l'énergie nécessaire au transport des substances à travers la membrane plasmique – c'est le processus de transport actif que nous avons décrit au chapitre 3. Ils dépensent aussi une certaine quantité d'énergie dans le mouvement flagellaire (également décrit au chapitre 3). Cependant, la majeure partie de l'ATP sert à la production de nouveaux composants cellulaires. Cette production est un processus continuel dans les cellules et, en général, elle se déroule plus rapidement dans les cellules procaryotes que dans les cellules eucaryotes.

Les autotrophes fabriquent leurs composés organiques en fixant le CO_2 au moyen du cycle de Calvin-Benson (figure 23.26). Cela nécessite à la fois de l'énergie (ATP) et des électrons (provenant de l'oxydation de NADPH). Par contraste, les hétérotrophes doivent disposer d'une source de composés organiques disponibles pour la biosynthèse, c'est-à-dire la production des composants cellulaires dont ils ont besoin et qui s'effectue habituellement à partir de molécules plus simples. Les cellules utilisent ces composés à la fois comme source de carbone et comme source d'énergie. Nous allons maintenant étudier la biosynthèse de quelques classes types de molécules biologiques : glucides, lipides, protéines, purines et pyrimidines. Ce faisant, nous vous invitons à garder à l'esprit que les réactions de synthèse exigent un apport net d'énergie.

La biosynthèse des polysaccharides

Les microorganismes synthétisent des glucides, tels que des monosaccharides et des polysaccharides. Les atomes de carbone nécessaires à la synthèse du glucose proviennent des intermédiaires produits par des processus tels que la glycolyse et le cycle de Krebs, ainsi que des lipides ou des acides aminés. Après la synthèse du glucose (ou d'autres glucides simples), les bactéries peuvent assembler les molécules obtenues afin de former des polysaccharides complexes tel le glycogène. Pour synthétiser du glycogène à partir du glucose, les unités de glucose doivent être phosphorylées et liées les unes aux autres. Le produit de la phosphorylation du glucose est le glucose-6-phosphate. Ce processus exige une dépense d'énergie, généralement sous la forme d'ATP. Pour synthétiser le glycogène, les bactéries ajoutent une molécule d'ATP au glucose-6-phosphate afin de former de l'*adénosine diphosphoglucose (ADPG)* (**figure 23.29**). Une fois synthétisées, les unités d'ADPG sont liées les unes aux autres pour former le glycogène.

À l'aide d'un nucléotide appelé *uridine triphosphate (UTP)* comme source d'énergie ainsi que du glucose-6-phosphate, les animaux synthétisent le glycogène (et bon nombre d'autres glucides) en formant d'abord de l'*uridine diphosphoglucose (UDPG)* (figure 23.29). Un composé apparenté à l'UDPG, appelé *UDP-N-acétylglucosamine (UDPNAc)*, est une matière première importante pour la biosynthèse du peptidoglycane, la substance constitutive des parois cellulaires bactériennes. L'UDPNAc est formée à partir du fructose-6-phosphate, et la réaction consomme aussi de l'UTP.

La biosynthèse des lipides

La composition chimique des lipides est fort variée. En conséquence, leur synthèse s'effectue par diverses voies. Les cellules synthétisent les graisses en joignant du glycérol à des acides gras. La partie glycérol des graisses est dérivée du dihydroxyacétone phosphate, un intermédiaire de la glycolyse. Les acides gras, qui sont des hydrocarbures (atomes d'hydrogène liés à des atomes de carbone) à longue chaîne, sont assemblés à partir de fragments à 2 carbones provenant de l'acétyl CoA, qui sont attachés les uns à la suite des autres (**figure 23.30**). Comme dans le cas de la synthèse des polysaccharides, les unités qui composent les graisses et les autres lipides sont reliées les unes aux autres au moyen de réactions de synthèse par déshydratation qui nécessitent de l'énergie, mais pas toujours sous forme d'ATP.

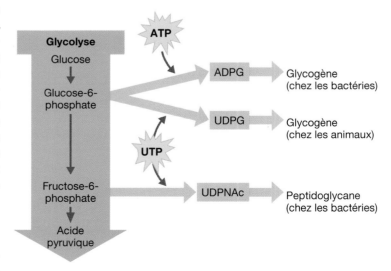

Figure 23.29 Biosynthèse des polysaccharides.

Le rôle le plus important des lipides consiste à former les composants structuraux des membranes biologiques, et la plupart des lipides membranaires sont des phosphoglycérolipides. Le cholestérol, un lipide ayant une tout autre structure, fait aussi partie de la membrane plasmique des cellules eucaryotes. Les cires sont des lipides qui constituent des composants importants de la paroi cellulaire des bactéries acido-résistantes. D'autres lipides, tels que les caroténoïdes, fournissent les pigments rouges, orange et jaunes de certains microorganismes. Certains lipides font partie des molécules de chlorophylle. D'autres jouent également un rôle dans le stockage d'énergie. Rappelons que les produits de la dégradation des lipides résultant de l'oxydation biologique entrent dans le cycle de Krebs.

La biosynthèse des acides aminés et des protéines

Les acides aminés sont essentiels à la biosynthèse des protéines. Certains microorganismes, comme *E. coli*, contiennent les enzymes nécessaires à l'utilisation de substances de départ, telles que le glucose et des sels inorganiques, pour faire la synthèse de tous les acides aminés dont ils ont besoin. Les organismes qui possèdent les enzymes requises peuvent synthétiser tous les acides aminés directement ou indirectement à partir d'intermédiaires du métabolisme des glucides (**figure 23.31a**). D'autres microorganismes doivent puiser dans leur milieu certains acides aminés déjà formés.

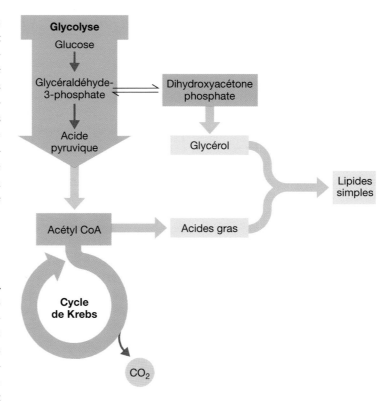

Figure 23.30 Biosynthèse des lipides simples.

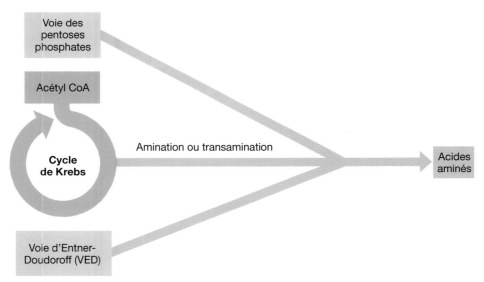

a) Biosynthèse des acides aminés

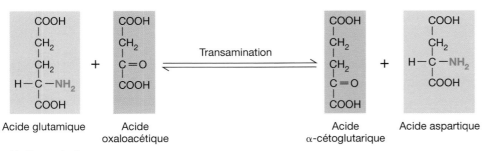

b) Transamination

Figure 23.31 **Biosynthèse des acides aminés.** **a)** Voies de la biosynthèse des acides aminés, mettant en jeu l'amination ou la transamination d'intermédiaires du métabolisme des glucides issus du cycle de Krebs, de la voie des pentoses phosphates et de la voie d'Entner-Doudoroff. **b)** La transamination, processus par lequel de nouveaux acides aminés sont formés à partir des groupements amine provenant d'acides aminés périmés. L'acide glutamique et l'acide aspartique sont tous deux des acides aminés ; les deux autres composés sont des intermédiaires du cycle de Krebs.

Le cycle de Krebs représente une source importante de *précurseurs* (intermédiaires) pour la synthèse des acides aminés. L'ajout d'un groupement amine ($-NH_2$) à l'acide pyruvique ou à un acide carboxylique approprié du cycle de Krebs convertit cette molécule en acide aminé. Ce processus s'appelle **amination**. Si le groupement amine provient d'un autre acide aminé, le processus s'appelle **transamination** (figure 23.31b).

La plupart des acides aminés présents dans les cellules sont destinés à la synthèse des protéines. Les protéines accomplissent des fonctions très importantes dans la cellule ; elles jouent plusieurs rôles, notamment ceux d'enzymes, de composants structuraux et de toxines. La combinaison des acides aminés pour former les protéines comprend des réactions de synthèse par déshydratation et nécessite de l'énergie sous forme d'ATP. Le mécanisme de cette synthèse met en jeu des gènes ; nous y reviendrons au chapitre 24.

La biosynthèse des purines et des pyrimidines

Nous avons vu au chapitre 22 que l'ADN et l'ARN sont des molécules porteuses d'information constituées d'une suite de sous-unités appelées *nucléotides*. Ces derniers sont eux-mêmes formés d'une base azotée (une purine ou une pyrimidine), d'un pentose (glucide à 5 atomes de carbone) et d'un groupement phosphate. Les glucides à 5 atomes de carbone (ribose et désoxyribose) proviennent soit de la voie des pentoses phosphates, soit de la voie d'Entner-Doudoroff. Certains acides aminés – acide aspartique, glycine et glutamine – issus d'intermédiaires produits durant la glycolyse et dans le cycle de Krebs participent à la biosynthèse des purines et des pyrimidines (figure 23.32). Les atomes de carbone et d'azote provenant de ces acides aminés forment les noyaux des purines et des pyrimidines, et l'énergie pour la synthèse vient de l'ATP. L'ADN contient toute l'information nécessaire à la détermination des structures et des fonctions spécifiques de la cellule. Il faut de l'ARN aussi bien que de l'ADN pour la synthèse des protéines. De plus, certains nucléotides tels que l'ATP, le NAD^+ et le $NADP^+$ jouent un rôle dans la stimulation et l'inhibition de la vitesse du métabolisme cellulaire. Au chapitre 24, nous nous pencherons sur la synthèse de l'ADN et de l'ARN à partir des nucléotides.

▶ Vérifiez vos acquis

D'où proviennent les acides aminés nécessaires à la synthèse des protéines ? **23-24**

L'intégration du métabolisme

▶ Objectif d'apprentissage

23-25 Définir les voies amphiboliques.

Nous avons vu jusqu'ici que les processus métaboliques des microorganismes produisent de l'énergie à partir de la lumière, de composés inorganiques et de composés organiques. D'autres réactions utilisent de l'énergie pour la biosynthèse. Compte tenu de cette diversité d'activités, on pourrait imaginer que les réactions anaboliques et cataboliques se déroulent indépendamment les unes des autres dans l'espace et dans le temps. En réalité, les réactions anaboliques et cataboliques sont reliées par un groupe d'intermédiaires communs (intermédiaires clés de la figure 23.33). Certaines voies métaboliques, telles que la glycolyse et le cycle de Krebs, servent à la fois à l'anabolisme et au catabolisme. Par exemple, des

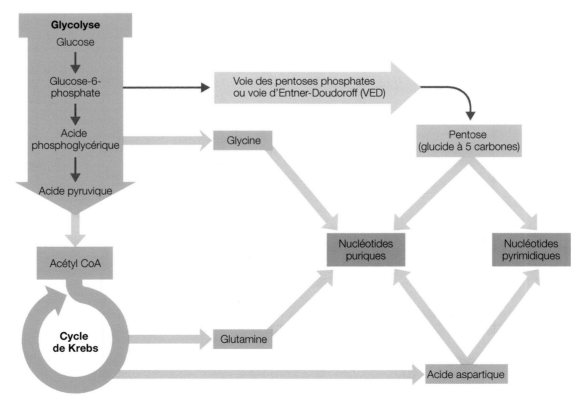

Figure 23.32 Biosynthèse des nucléotides puriques et pyrimidiques.

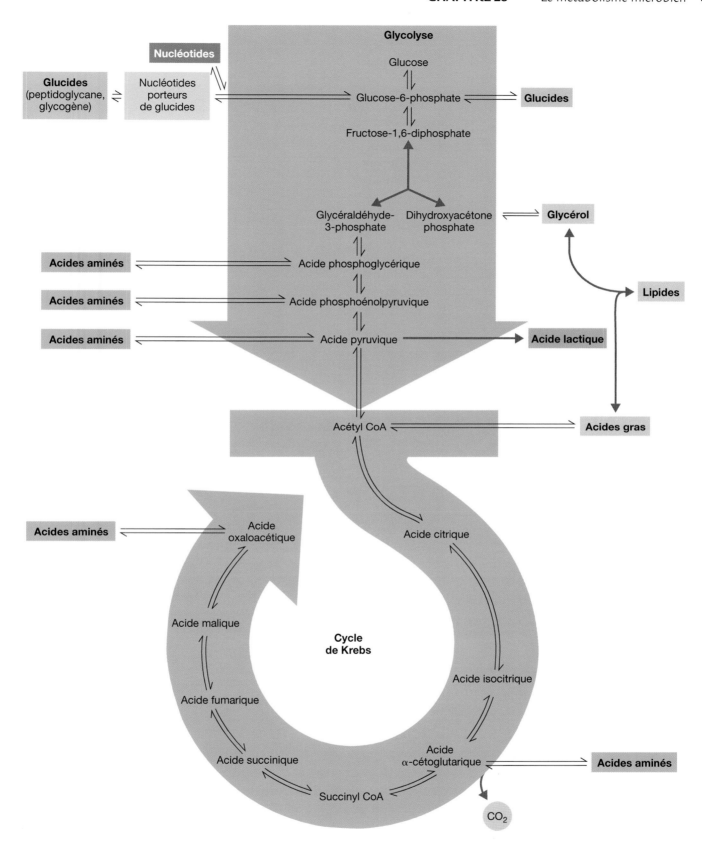

Figure 23.33 **Intégration du métabolisme.** Seuls les intermédiaires clés sont présentés. La figure ne l'indique pas, mais des acides aminés et du ribose sont nécessaires à la synthèse des nucléotides puriques et pyrimidiques (figure 23.32). Les flèches doubles représentent des voies amphiboliques.

réactions du cycle de Krebs participent à l'oxydation du glucose et produisent également des intermédiaires qui peuvent être convertis en acides aminés. Les voies métaboliques qui interviennent aussi bien dans l'anabolisme que dans le catabolisme sont appelées **voies amphiboliques**, ce qui veut dire qu'elles ont une double fonction.

Les voies amphiboliques réunissent les réactions qui appartiennent à la dégradation et à la synthèse des glucides, des lipides, des protéines et des nucléotides. Ces voies autorisent des réactions simultanées au cours desquelles le produit de dégradation d'une réaction est utilisé dans une autre réaction pour synthétiser un composé différent, et vice versa. Puisque divers intermédiaires sont communs aux réactions anaboliques et cataboliques, il existe des mécanismes qui assurent la régulation des voies de la synthèse et de la dégradation de façon à permettre qu'elles fonctionnent simultanément. Un de ces mécanismes fait appel à l'utilisation de coenzymes différentes selon que les voies sont utilisées dans un sens ou dans l'autre. Par exemple, le NAD$^+$ intervient dans les réactions cataboliques, alors que le NADP$^+$ sert aux réactions anaboliques. Les enzymes peuvent aussi coordonner les voies anaboliques et cataboliques en augmentant ou en réduisant la vitesse des réactions biochimiques.

Les réserves énergétiques de la cellule peuvent aussi influer sur la vitesse des réactions biochimiques. Par exemple, si l'ATP s'accumule, une enzyme fait cesser la glycolyse; cette régulation contribue à synchroniser la vitesse de la glycolyse et celle du cycle de Krebs. Ainsi, si la consommation d'acide citrique augmente, soit parce qu'il y a une plus grande demande d'ATP, soit parce que les voies anaboliques drainent les intermédiaires du cycle de l'acide citrique, la glycolyse s'accélère et comble le vide.

▶ **Vérifiez vos acquis**

Faites un résumé de l'intégration des voies métaboliques en prenant la synthèse du peptidoglycane comme exemple. **23-25**

RÉSUMÉ

LES RÉACTIONS CATABOLIQUES ET LES RÉACTIONS ANABOLIQUES (p. 654)

1. L'ensemble des réactions chimiques qui se déroulent dans un organisme vivant s'appelle *métabolisme*.

2. Le catabolisme comprend les réactions chimiques qui entraînent la dégradation de molécules organiques complexes en substances plus simples. En général, les réactions cataboliques libèrent de l'énergie.

3. L'anabolisme comprend les réactions chimiques au cours desquelles des substances plus simples sont combinées pour former des molécules plus complexes. En général, les réactions anaboliques nécessitent de l'énergie.

4. L'énergie des réactions cataboliques est la force motrice derrière les réactions anaboliques.

5. L'énergie nécessaire aux réactions chimiques est emmagasinée dans l'ATP.

LES ENZYMES (p. 655)

1. Les enzymes sont des protéines, produites par les cellules vivantes, qui catalysent les réactions chimiques en abaissant l'énergie d'activation.

2. En général, les enzymes sont des protéines globulaires ayant une forme tridimensionnelle caractéristique.

3. Les enzymes sont efficaces; elles fonctionnent à des températures optimales (selon l'enzyme) et sont soumises à divers mécanismes de régulation cellulaire.

La nomenclature des enzymes (p. 656)

4. Les noms d'enzymes se terminent habituellement par le suffixe «-ase».

5. Il y a six classes d'enzymes, selon le type de réaction qu'elles catalysent.

Les composants des enzymes (p. 656)

6. La plupart des enzymes sont des holoenzymes, composées d'une partie protéique (apoenzyme) et d'une partie non protéique (cofacteur).

7. Le cofacteur peut être un ion métallique (fer, cuivre, magnésium, manganèse, zinc, calcium ou cobalt) ou une molécule organique complexe appelée *coenzyme* (NAD$^+$, NADP$^+$, FMN, FAD, coenzyme A).

Le mécanisme de l'action enzymatique (p. 657)

8. Lorsqu'une enzyme et un substrat se combinent, le substrat est transformé et l'enzyme est récupérée.

9. Les enzymes sont dotées de spécificité, une caractéristique qui réside dans leur site actif.

Les facteurs influant sur l'activité enzymatique (p. 658)

10. À haute température, les enzymes subissent la dénaturation et perdent leurs propriétés catalytiques; à basse température, la vitesse de la réaction diminue. La température à laquelle l'activité enzymatique est maximale s'appelle *température optimale*.

11. Le pH optimal est le pH auquel l'activité enzymatique est maximale.

12. L'activité enzymatique augmente proportionnellement à l'accroissement de la concentration du substrat, jusqu'à ce que les enzymes atteignent la saturation.

13. Les inhibiteurs compétitifs sont en compétition avec le substrat normal pour le site actif de l'enzyme. Les inhibiteurs non compétitifs agissent sur d'autres parties de l'apoenzyme (site allostérique) ou sur le cofacteur et entravent la capacité de l'enzyme à se combiner au substrat normal.

La rétroinhibition (p. 661)

14. Il y a rétroinhibition quand le produit final d'une voie métabolique inhibe l'activité d'une enzyme qui intervient près du début de la voie. La rétroinhibition se fait généralement sur le site allostérique.

Les ribozymes (p. 661)

15. Les ribozymes sont des molécules d'ARN enzymatiques qui coupent et épissent l'ARN dans les cellules eucaryotes.

LA PRODUCTION D'ÉNERGIE (p. 662)

Les réactions d'oxydoréduction (p. 662)

1. L'oxydation est la perte d'un ou de plusieurs électrons par un substrat. Des protons (H^+) sont souvent cédés en même temps que les électrons.

2. La réduction d'un substrat signifie que ce dernier gagne un ou plusieurs électrons.

3. Chaque fois qu'une substance est oxydée, une autre est simultanément réduite : on parle de réactions d'oxydoréduction.

4. Le NAD^+ est la forme oxydée ; le NADH est la forme réduite.

5. Le glucose est une molécule réduite ; l'oxydation du glucose dans la cellule permet la libération d'énergie sous forme d'ATP.

La production d'ATP (p. 663)

6. L'énergie libérée au cours de certaines réactions métaboliques peut être captée pour former de l'ATP à partir d'ADP et de ⓟ (phosphate). L'ajout d'un ⓟ à une molécule s'appelle *phosphorylation*.

7. Au cours de la phosphorylation au niveau du substrat, un ⓟ riche en énergie provenant d'un substrat intermédiaire du catabolisme est ajouté à une molécule d'ADP pour donner de l'ATP.

8. Au cours de la phosphorylation oxydative, la libération d'énergie s'effectue quand les électrons sont acheminés d'un accepteur d'électrons au suivant, le long d'une chaîne de transport des électrons, pour aboutir à un accepteur final qui peut être soit une molécule de dioxygène (O_2), soit un autre composé inorganique.

9. Au cours de la photophosphorylation, l'énergie de la lumière est captée par la chlorophylle, et des électrons sont acheminés par une série d'accepteurs d'électrons. Le transport des électrons libère de l'énergie qui sert à la synthèse d'ATP.

Les voies métaboliques de la production d'énergie (p. 663)

10. Les voies métaboliques sont des séries de réactions chimiques catalysées par des enzymes, qui permettent d'emmagasiner l'énergie dans des molécules organiques (anabolisme) ou de la libérer de ces dernières (catabolisme).

LE CATABOLISME DES GLUCIDES (p. 664)

1. La majeure partie de l'énergie de la cellule provient de l'oxydation des glucides.

2. Le glucose est le glucide le plus souvent utilisé.

3. Les deux principales formes de catabolisme du glucose sont la respiration cellulaire, au cours de laquelle le glucose est complètement dégradé, et la fermentation, au cours de laquelle il est partiellement dégradé.

La glycolyse (p. 666)

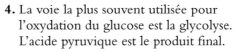

4. La voie la plus souvent utilisée pour l'oxydation du glucose est la glycolyse. L'acide pyruvique est le produit final.

5. Deux molécules d'ATP et deux molécules de NADH sont produites à partir d'une molécule de glucose.

Les voies parallèles de la glycolyse (p. 666)

6. La voie des pentoses phosphates sert à métaboliser les glucides à 5 carbones ; 1 molécule d'ATP et 12 molécules de NADPH sont produites à partir d'une molécule de glucose.

7. La voie d'Entner-Doudoroff produit une molécule d'ATP et deux molécules de NADPH à partir d'une molécule de glucose.

La respiration cellulaire (p. 666)

8. Au cours de la respiration, il y a oxydation de molécules organiques. La chaîne de transport des électrons produit de l'énergie.

9. Lors de la respiration aérobie, l'O_2 sert d'accepteur d'électrons final.

10. Lors de la respiration anaérobie, l'accepteur d'électrons final est une molécule inorganique autre que l'O_2.

La respiration aérobie (p. 666)

Le cycle de Krebs (p. 666)

11. La décarboxylation de l'acide pyruvique produit une molécule de CO_2 et un groupement acétyle (coenzyme A).

12. Des groupements acétyle à 2 carbones sont oxydés dans le cycle de Krebs. Les électrons sont captés par le NAD^+ et la FAD qui les acheminent à la chaîne de transport des électrons.

13. À partir d'une molécule de glucose, l'oxydation produit 6 molécules de NADH, 2 molécules de $FADH_2$ et 2 molécules d'ATP.

14. La décarboxylation produit 6 molécules de CO_2.

La chaîne de transport des électrons (p. 669)

15. Les électrons sont acheminés à la chaîne de transport des électrons par le NADH.

16. La chaîne de transport des électrons est constituée de transporteurs, notamment des flavoprotéines, des cytochromes et des ubiquinones.

Le mécanisme de production d'ATP par chimiosmose (p. 670)

17. Les protons (H^+) sont pompés à travers la membrane tandis que les électrons sont acheminés par une série d'accepteurs ou de transporteurs. Ce processus crée une force protonique motrice.

18. L'énergie libérée par le retour des protons à travers la membrane est utilisée par l'ATP synthétase pour produire de l'ATP à partir d'ADP et de Ⓟ.

19. Chez les eucaryotes, les transporteurs d'électrons sont situés dans la membrane mitochondriale interne ; chez les procaryotes, ils se trouvent dans la membrane plasmique.

Récapitulation de la respiration aérobie (p. 672)

20. Chez les procaryotes aérobies, 38 molécules d'ATP peuvent être produites par l'oxydation complète d'une molécule de glucose au moyen de la glycolyse, du cycle de Krebs et de la chaîne de transport des électrons.

21. Chez les eucaryotes, 36 molécules d'ATP sont produites par l'oxydation complète d'une molécule de glucose.

La respiration anaérobie (p. 672)

22. Les accepteurs d'électrons finaux de la respiration anaérobie sont des ions inorganiques autres que l'O_2 ; ces ions comprennent, entre autres, NO_3^-, SO_4^{2-} et CO_3^{2-}.

23. La production totale d'ATP est inférieure à celle de la respiration aérobie parce qu'une partie du cycle de Krebs fonctionne en anaérobiose.

La fermentation (p. 674)

24. La fermentation libère par oxydation l'énergie contenue dans les glucides ou d'autres molécules organiques.

25. L'O_2 n'est pas nécessaire à la fermentation.

26. Deux molécules d'ATP sont produites par phosphorylation au niveau du substrat.

27. Les électrons cédés par le substrat réduisent NAD^+.

28. L'accepteur d'électrons final est une molécule organique.

29. Au cours de la fermentation lactique, l'acide pyruvique est réduit par le NADH pour donner de l'acide lactique.

30. Au cours de la fermentation alcoolique, l'acétaldéhyde est réduit par le NADH pour produire de l'éthanol.

31. Les organismes hétérolactiques peuvent utiliser la voie des pentoses phosphates pour produire de l'acide lactique et de l'éthanol.

LE CATABOLISME DES LIPIDES ET DES PROTÉINES (p. 676)

1. Les lipases hydrolysent les lipides en glycérol et en acides gras.

2. Les acides gras et autres hydrocarbures sont catabolisés par β-oxydation.

3. La dégradation des produits du catabolisme peut se poursuivre par la glycolyse et le cycle de Krebs.

4. Avant d'être catabolisés, les acides aminés doivent être convertis en diverses substances qui entrent dans le cycle de Krebs.

5. Les réactions de désamination, de décarboxylation et de déshydrogénation permettent de convertir les acides aminés destinés au catabolisme.

LES TESTS BIOCHIMIQUES ET L'IDENTIFICATION DES BACTÉRIES (p. 678)

1. On peut identifier les bactéries et les levures en découvrant l'action de leurs enzymes.

2. Les tests de fermentation servent à déterminer si un organisme peut faire fermenter un glucide pour produire de l'acide et du gaz.

LA PHOTOSYNTHÈSE (p. 679)

1. La photosynthèse est la conversion en énergie chimique de l'énergie lumineuse provenant du soleil ; l'énergie chimique sert à la fixation du carbone.

Les réactions photochimiques : la photophosphorylation (p. 681)

2. La chlorophylle _a_ est utilisée par les plantes vertes, les algues et les cyanobactéries ; on la trouve dans les membranes des thylakoïdes.

3. Les électrons provenant de la chlorophylle sont acheminés par une chaîne de transport des électrons, grâce à laquelle de l'ATP est produite par chimiosmose.

4. Dans le cas de la photophosphorylation cyclique, les électrons retournent à la chlorophylle.

5. Dans le cas de la photophosphorylation non cyclique, les électrons sont utilisés pour réduire le $NADP^+$, et les électrons qui proviennent d'H_2O ou de H_2S remplacent ceux perdus par la chlorophylle.

6. Quand l'H_2O est oxydé par les plantes vertes, les algues et les cyanobactéries, il y a production d'O_2 ; quand le H_2S est oxydé par des bactéries sulforéductrices, il y a production de granules de soufre.

Les réactions du cycle de Calvin-Benson (p. 682)

7. Le CO_2 est utilisé pour synthétiser des glucides dans le cycle de Calvin-Benson.

RÉSUMÉ DES MÉCANISMES DE PRODUCTION D'ÉNERGIE (p. 683)

1. La lumière solaire est convertie en énergie chimique par des réactions d'oxydoréduction chez les phototrophes. Les chimiotrophes peuvent utiliser cette énergie chimique.

2. Au cours des réactions d'oxydoréduction, l'énergie provient du transfert des électrons.

3. Pour produire de l'énergie, la cellule a besoin d'un donneur d'électrons (organique ou inorganique), d'une chaîne de transporteurs d'électrons et d'un accepteur d'électrons final (organique ou inorganique).

LA DIVERSITÉ MÉTABOLIQUE DES ORGANISMES (p. 683)

1. Les photoautotrophes obtiennent leur énergie de la photophosphorylation et fixent le carbone provenant du CO_2 grâce au cycle de Calvin-Benson pour synthétiser des composés organiques.

2. Les cyanobactéries sont des phototrophes oxygéniques. Les bactéries vertes sulfureuses et les bactéries pourpres sulfureuses sont des phototrophes anoxygéniques.

3. Les photohétérotrophes utilisent la lumière comme source d'énergie et un composé organique comme source de carbone et donneur d'électrons.

4. Les chimioautotrophes utilisent des composés inorganiques comme source d'énergie et le CO_2 comme source de carbone.

5. Les chimiohétérotrophes utilisent des molécules organiques complexes comme sources de carbone et d'énergie. Les agents pathogènes qui agressent l'organisme humain font partie de cette catégorie.

LES VOIES MÉTABOLIQUES CONSOMMATRICES D'ÉNERGIE (p. 686)

La biosynthèse des polysaccharides (p. 686)

1. Le glycogène est formé à partir de molécules d'ADPG (adénosine diphosphoglucose).

2. L'UDPNAc est la substance de départ de la biosynthèse du peptidoglycane.

La biosynthèse des lipides (p. 686)

3. Les lipides sont synthétisés à partir d'acides gras et de glycérol.

4. Le glycérol provient du dihydroxyacétone phosphate, et les acides gras sont assemblés à partir de molécules d'acétyl CoA.

La biosynthèse des acides aminés et des protéines (p. 687)

5. Les acides aminés sont essentiels à la biosynthèse des protéines.

6. Tous les acides aminés peuvent être synthétisés soit directement, soit indirectement, à partir d'intermédiaires du métabolisme des glucides, en particulier du cycle de Krebs.

La biosynthèse des purines et des pyrimidines (p. 688)

7. Les glucides qui font partie des nucléotides proviennent soit de la voie des pentoses phosphates, soit de la voie d'Entner-Doudoroff.

8. Les atomes de carbone et d'azote provenant de certains acides aminés forment le squelette des purines et des pyrimidines.

L'INTÉGRATION DU MÉTABOLISME (p. 688)

9. Les réactions anaboliques et cataboliques sont intégrées grâce à un groupe d'intermédiaires communs.

10. Ces voies métaboliques intégrées portent le nom de *voies amphiboliques*.

AUTOÉVALUATION

QUESTIONS À COURT DÉVELOPPEMENT

N. B. Certaines de ces questions nécessitent que vous cherchiez des réponses dans les différents chapitres du livre.

1. Écrivez votre propre définition du mécanisme de production d'ATP par chimiosmose.

2. Expliquez pourquoi *Streptococcus* se multiplie lentement, même dans des conditions idéales.

3. Le graphique de droite montre la vitesse de réaction normale d'une enzyme et de son substrat (en bleu) et la vitesse observée quand il y a un excès d'inhibiteur compétitif (en rouge). Expliquez pourquoi on obtient les deux courbes suivantes.

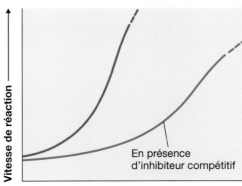

4. *Thiobacillus* est un chimioautotrophe qui peut obtenir de l'énergie par l'oxydation du fer ($Fe^{2+} \rightarrow Fe^{3+}$). Comment cette réaction fournit-elle de l'énergie ? Comment cette bactérie peut-elle être utile aux humains ?

5. Des bactéries sont capables de cataboliser des hydrocarbures à longue chaîne tels que le pétrole. Quel lien faites-vous avec les procédés de biorestauration ? (*Indice :* Voir le chapitre 27.)

6. *Hæmophilus influenzæ* a besoin de deux facteurs de croissance présents dans le sang pour croître, soit d'hématine (facteur X), le précurseur des cytochromes, et de NAD^+ (facteur V).

   a) À quelle fin cette bactérie utilise-t-elle ces deux facteurs de croissance ?

   b) Sur quel type de milieu de culture peut-on isoler cette bactérie ?

APPLICATIONS CLINIQUES

N. B. Certaines de ces questions nécessitent que vous cherchiez des réponses dans les différents chapitres du livre.

1. Henri, un homme de 53 ans, a eu un malaise cardiaque qui a nécessité son admission à l'hôpital. Son médecin l'avait averti des troubles que pouvait entraîner la gravité de son état d'hypertension artérielle chronique. L'angine de poitrine a été probablement causée par un caillot logé dans un vaisseau coronarien qui irrigue le muscle cardiaque. Le médecin soupçonne la présence possible d'autres caillots sanguins ; il prescrit à Henri un traitement à la streptokinase. (*Indice :* Voir le chapitre 28.)

   Pourquoi l'injection de la streptokinase ne cause-t-elle pas une infection par le streptocoque, le microorganisme qui synthétise cette enzyme ? Quelle est l'action de la streptokinase ? Quels seront les effets probables du traitement chez Henri ?

2. Corinne, une femme de 62 ans, a souffert de 2 cystites au cours des 3 derniers mois. Elle revient consulter son médecin pour ce qui semble être une troisième cystite. Le médecin lui avait prescrit du sulfanilamide lors des deux accès précédents.

   Quel est le mode d'action du sulfanilamide ? Quel est son effet sur les bactéries traitées ? Corinne dit à son médecin qu'elle n'aura pas besoin d'acheter le médicament puisqu'il lui en reste. Elle explique qu'elle arrête le traitement lorsque la douleur s'estompe. Pourquoi le médecin exige-t-il que Corinne respecte la posologie du médicament ?

3. Julie, une étudiante en sciences infirmières, doit présenter à ses camarades un exposé sur les bienfaits de l'allaitement maternel. Au cours de sa recherche, elle apprend que le lait maternel, riche en lactose, favorise la colonisation de la muqueuse intestinale par une espèce bactérienne, *Bifidobacterium bifidus*. (*Indice :* Voir le chapitre 9.)

   Quelles caractéristiques du métabolisme de cette bactérie permettent d'expliquer les bienfaits de sa présence ? Quels troubles intestinaux seront peut-être évités au nouveau-né nourri au sein ?

4. Les applications industrielles du métabolisme microbien sont nombreuses. Plusieurs d'entre elles ont un effet bénéfique sur la santé. Par exemple, les probiotiques suscitent un intérêt grandissant.

   Faites une recherche qui vous permettra de découvrir les probiotiques, leur mode d'action et leurs effets bénéfiques escomptés.

 Consultez le volet de gauche de l'Édition en ligne pour d'autres activités.

La génétique microbienne

Presque tous les caractères microbiens dont il a été question dans les chapitres précédents sont gouvernés ou influencés par l'hérédité. Les caractères héréditaires des microorganismes comprennent leur forme et leurs caractéristiques structurales, leur métabolisme, leur capacité de se déplacer ou d'accomplir certaines actions, et celle d'interagir avec d'autres organismes – causant parfois des maladies. Chacun de ces organismes transmet ses caractéristiques à sa descendance au moyen de gènes, c'est-à-dire les unités du matériel héréditaire contenant l'information qui détermine ces dernières.

À l'heure actuelle, les chercheurs tentent de résoudre le problème médical épineux de la résistance aux antibiotiques, qui devient de plus en plus répandue chez les microbes. Un microbe peut devenir résistant aux antibiotiques de plusieurs façons, mais, quel qu'en soit le mécanisme, cette résistance a toujours sa source dans une information génétique. Les microbes résistants ont réussi à obtenir un gène ou un ensemble de gènes qui s'opposent à l'action de l'antibiotique. À titre d'exemple, l'émergence des infections dues au *Staphylococcus aureus* résistant à la vancomycine (SARV) pose un sérieux problème de traitement des personnes infectées. Nous verrons dans le présent chapitre comment *S. aureus* acquiert cette caractéristique.

À l'heure actuelle, les biologistes se servent de la génétique pour découvrir les liens de parenté entre les organismes, pour établir l'origine des microorganismes tels le *VIH* et le *virus du Nil occidental* et pour étudier le potentiel infectieux des *virus de la grippe aviaire* chez l'humain.

AU MICROSCOPE

Chromosome bactérien. Le chromosome unique s'enroule normalement sur lui-même dans un petit espace de la cellule bactérienne. On voit ici une cellule d'*E. coli* dont le chromosome s'est répandu par suite de la rupture de la paroi cellulaire et de la membrane plasmique.

Q/R

Une petite fille de deux ans est emmenée au service des urgences. Elle souffre de diarrhée sanglante, de vomissements, de fièvre et de déficience rénale. Elle reçoit un diagnostic de syndrome hémolytique et urémique, causé par E. coli O157:H7. On trouve normalement E. coli chez l'humain, dans le gros intestin, où il est alors bénéfique. Par contre, la souche E. coli O157:H7 produit la toxine de Shiga, qui cause une maladie grave et qui représente une cause importante de maladies d'origine alimentaire. Comment E. coli a-t-il acquis le gène du Shigella ?

La réponse est dans le chapitre.

La structure et la fonction du matériel génétique

> ▶ **Objectifs d'apprentissage**
>
> **24-1** Définir la génétique, le génome, le chromosome, le gène, le code génétique, le génotype, le phénotype et la génomique.
>
> **24-2** Décrire comment l'ADN sert de support pour l'information génétique.
>
> **24-3** Décrire le processus de la réplication de l'ADN.
>
> **24-4** Décrire la synthèse des protéines, y compris la transcription, la maturation de l'ARN et la traduction.
>
> **24-5** Comparer la synthèse des protéines dans les cellules procaryotes et dans les cellules eucaryotes.

La **génétique** est la science de l'hérédité ; elle a pour objet d'élucider ce que sont les gènes, comment ils portent l'information, comment ils se répliquent et sont transmis d'une génération de cellules à la suivante ou d'un organisme à l'autre, et comment l'expression de leur information au sein de l'organisme détermine les caractères distinctifs de cet organisme. L'information génétique de la cellule s'appelle **génome**. Le génome de la cellule inclut ses chromosomes et les plasmides. Les **chromosomes** sont des structures contenant l'ADN, qui constitue le support physique de l'information concernant le bagage héréditaire ; les chromosomes sont composés de gènes. Les **gènes** sont des segments d'ADN (excepté chez certains virus où ils sont formés d'ARN) qui déterminent la synthèse de produits fonctionnels tels que les protéines. Nous avons vu au chapitre 22 que l'ADN est une macromolécule constituée d'une suite d'unités appelées *nucléotides*. Rappelons que chaque nucléotide est composé d'une base azotée (adénine, thymine, cytosine ou guanine), d'un désoxyribose (un glucide du groupe des pentoses) et d'un groupement phosphate (figure 22.16). Le modèle de la double hélice représente la molécule d'ADN comme une échelle spiralée dans la cellule. Les montants de cette échelle sont constitués de deux longs brins de nucléotides. Chaque brin est une chaîne de glucides alternant avec des groupements phosphate – le *squelette glucidique-phosphaté*. Les barreaux de l'échelle sont constitués de bases azotées, dont chacune est liée à un glucide du squelette. Les deux brins sont retenus ensemble par des liaisons hydrogène entre les bases azotées. Les **paires de bases** sont toujours formées suivant une règle précise : l'adénine est toujours associée à la thymine, et la cytosine à la guanine. Grâce à cette règle très spécifique, la séquence des bases d'un brin d'ADN détermine celle de l'autre brin. Ainsi, les deux brins d'ADN sont *complémentaires*. On peut se représenter ces séquences complémentaires d'ADN comme l'épreuve positive d'une photographie et son négatif.

La structure de l'ADN permet d'expliquer deux caractéristiques importantes du stockage de l'information biologique. Premièrement, la séquence linéaire des bases représente l'information elle-même. L'information génétique est codée dans la séquence de bases le long du brin d'ADN. On peut comparer cela à la langue écrite, qui fait appel à des séquences linéaires de lettres pour former des mots et des phrases. Toutefois, le langage génétique possède un alphabet qui ne contient que quatre lettres – les quatre bases azotées de l'ADN (ou de l'ARN). Mais 1 000 de ces 4 bases, soit le nombre qu'on trouve en moyenne dans un gène, permettent $4^{1\,000}$ permutations. Ce nombre astronomique explique comment les gènes

peuvent être assez différents les uns des autres pour fournir toute l'information requise par la cellule pour croître et accomplir ses fonctions. Le **code génétique**, c'est-à-dire l'ensemble des règles qui déterminent la façon dont une séquence de nucléotides est convertie en une séquence d'acides aminés pour former une protéine, sera examiné en détail plus loin dans le présent chapitre.

Deuxièmement, la structure complémentaire rend possible la duplication précise de l'ADN durant la division cellulaire, chacune des deux cellules filles recevant ainsi une copie d'un brin original de la molécule d'ADN parentale. Encore une fois, considérons l'analogie de la photographie : si on possède le négatif, on peut toujours tirer une nouvelle épreuve positive. Il en est de même pour l'ADN : sachant la séquence d'un brin, on connaît du même coup celle du brin complémentaire.

Une grande part du métabolisme cellulaire est consacrée à la traduction des messages contenus dans les gènes en vue de produire des protéines précises. Le code inscrit dans un gène détermine habituellement la synthèse d'une molécule d'ARN messager (ARNm) qui dirige la formation d'une protéine. Mais le produit du gène peut aussi être une molécule d'ARN ribosomal (ARNr) ou d'ARN de transfert (ARNt). Nous verrons plus loin que tous ces types d'ARN interviennent dans la synthèse des protéines. Quand la molécule dont un gène détient le code est finalement produite (par exemple une protéine), on dit que le gène est *exprimé*.

Le génotype et le phénotype

Le **génotype** d'un organisme constitue son bagage génétique, l'information codée qui détermine tous ses caractères distinctifs. Le génotype représente les propriétés *potentielles*, non pas les propriétés elles-mêmes. Le **phénotype** désigne les propriétés *réelles, exprimées*, telles que la capacité, pour un organisme, d'exécuter une réaction chimique particulière. En conséquence, le phénotype est la manifestation du génotype.

À l'échelle moléculaire, le génotype d'un organisme est l'ensemble des gènes qu'il possède, son ADN entier. Qu'est-ce qui constitue le phénotype de l'organisme à l'échelle moléculaire ? Dans un certain sens, le phénotype d'un organisme est son ensemble de protéines. La plupart des propriétés de la cellule découlent de la structure et des fonctions de ses protéines. Chez les microorganismes, la plupart des protéines sont soit *enzymatiques* (elles catalysent des réactions précises), soit *structurales* (elles font partie de grands complexes fonctionnels tels que les membranes et les flagelles). Même les phénotypes qui dépendent de macromolécules structurales qui ne sont pas des protéines (mais plutôt des lipides ou des polysaccharides) sont gouvernés indirectement par des protéines. Par exemple, la structure d'un lipide ou d'un polysaccharide complexe provient de l'activité catalytique d'enzymes qui synthétisent ces molécules, les transforment et les dégradent. Par conséquent, même s'il n'est pas tout à fait exact de dire que les phénotypes sont attribuables seulement à des protéines, c'est là une simplification utile.

L'ADN et les chromosomes

En règle générale, les bactéries possèdent un seul chromosome circulaire qui consiste en une molécule unique d'ADN associée à des protéines. Le chromosome forme des boucles et des replis (**figure 24.1a**) et il est relié par un ou plusieurs points d'attache à la membrane plasmique. L'ADN d'*E. coli*, l'espèce bactérienne la plus étudiée, comprend environ 4,6 millions de paires de bases et mesure à peu près 1 mm de long – 1 000 fois la longueur de la cellule entière. Toutefois, l'ADN étant très mince et bien tassé dans la cellule, cette macromolécule toute en spirales et en lacets – la *superhélice* d'ADN – finit par occuper seulement quelque 10 % du volume de la cellule bactérienne.

La position des gènes sur le chromosome bactérien est révélée par des expériences sur le transfert des gènes d'une cellule à l'autre. Nous reviendrons sur ces processus plus loin dans le chapitre. La carte du chromosome bactérien qu'on obtient ainsi est divisée en minutes, qui correspondent au temps nécessaire pour que les gènes soient transférés d'une cellule donneuse à une cellule receveuse (**figure 24.1b**).

Au cours des dernières années, on a établi la séquence de bases complète de plusieurs chromosomes bactériens. On utilise les ordinateurs afin de rechercher des *cadres ouverts de lecture*, c'est-à-dire des régions de l'ADN qui sont susceptibles de coder pour une protéine, c'est-à-dire diriger la synthèse de cette dernière. Comme nous le verrons plus loin, il existe des séquences de bases entre le codon d'initiation et le codon d'arrêt. La discipline qui comprend le séquençage et la caractérisation moléculaire des génomes s'appelle **génomique**. L'utilisation de la génomique pour suivre la trace du virus du Nil occidental est décrite dans l'**encadré 24.1**.

La circulation de l'information génétique

La réplication de l'ADN rend possible la transmission de l'information génétique d'une génération à la suivante. La **figure 24.2** montre que l'ADN de la cellule se réplique avant la division cellulaire, si bien que chaque cellule fille reçoit un chromosome identique à celui de la cellule mère. Au sein de la cellule dont le métabolisme est actif, l'information génétique contenue dans l'ADN circule aussi d'une autre façon : elle est transcrite en ARNm, puis traduite en protéines. L'information génétique circule également par recombinaison, grâce à laquelle elle est transférée entre les cellules d'une même génération. Nous reviendrons plus loin dans le présent chapitre sur la synthèse des protéines et sur la recombinaison.

▶ Vérifiez vos acquis

Décrivez une application clinique de la génomique. **24-1**

En quoi la complémentarité des paires de bases dans l'ADN est-elle importante ? **24-2**

La réplication de l'ADN

Lors de la réplication de l'ADN, une molécule « parentale » d'ADN bicaténaire (double brin) est convertie en deux molécules « filles » identiques. La structure complémentaire de la séquence des bases azotées est la clé qui permet de comprendre la réplication de l'ADN. Comme les bases qui se suivent le long des brins de la double hélice d'ADN sont complémentaires, chaque brin peut servir de *matrice* pour la production du brin opposé (**figure 24.3a**).

La réplication de l'ADN nécessite la présence de protéines enzymatiques cellulaires dont l'action est orchestrée de façon à produire une suite d'événements précis. Le **tableau 24.1** présente

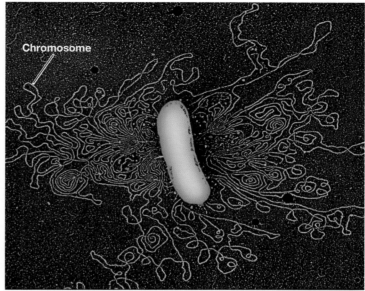

a) Chromosome procaryote. La masse enchevêtrée et les filaments enroulés d'ADN qui émergent de cette cellule brisée d'*E. coli* font partie de son chromosome unique.

MET ├────┤ 1 µm

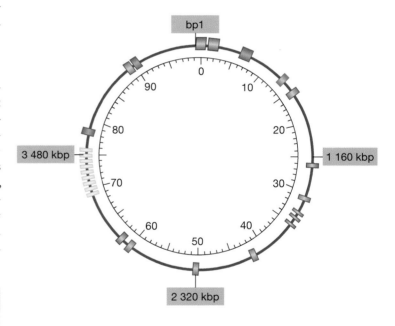

LÉGENDE	
▦ Métabolisme des acides aminés	▦ Métabolisme des glucides
▦ Réplication et réparation de l'ADN	▢ Synthèse de la membrane
▦ Métabolisme des lipides	

b) Carte génétique du chromosome d'*E. coli*. Les nombres à l'intérieur du cercle représentent des minutes et correspondent au temps requis pour transférer les gènes d'une cellule donneuse à une cellule receveuse ; les nombres dans les cases colorées indiquent le nombre de paires de bases (pb = paire de bases ; kpb = kilo paires de bases).

Figure 24.1 Chromosome procaryote.

Figure 24.2

Schéma guide

Vue d'ensemble de la circulation de l'information génétique

Cette figure, montrant une bactérie ayant un chromosome circulaire unique, composé d'ADN, résume la façon dont l'information génétique est utilisée par la cellule et transférée à d'autres cellules. Cette illustration sera reproduite en format réduit à côté de certaines figures du présent chapitre pour faire ressortir les relations entre les différents processus.

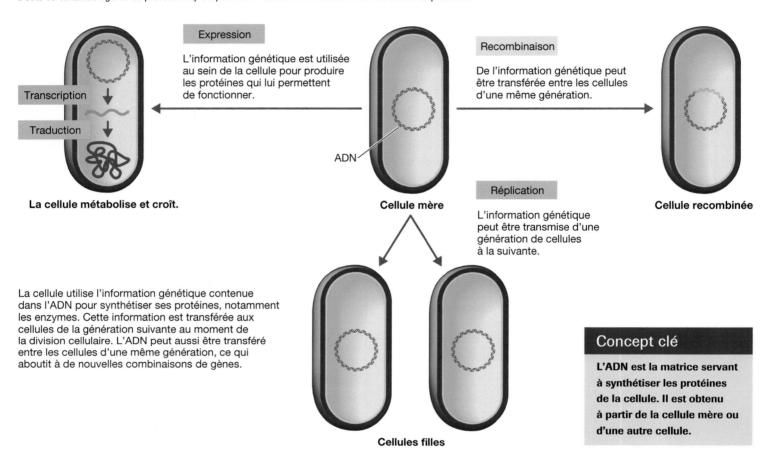

Expression
L'information génétique est utilisée au sein de la cellule pour produire les protéines qui lui permettent de fonctionner.

Transcription

Traduction

La cellule métabolise et croît.

ADN

Cellule mère

Recombinaison
De l'information génétique peut être transférée entre les cellules d'une même génération.

Cellule recombinée

Réplication
L'information génétique peut être transmise d'une génération de cellules à la suivante.

La cellule utilise l'information génétique contenue dans l'ADN pour synthétiser ses protéines, notamment les enzymes. Cette information est transférée aux cellules de la génération suivante au moment de la division cellulaire. L'ADN peut aussi être transféré entre les cellules d'une même génération, ce qui aboutit à de nouvelles combinaisons de gènes.

Cellules filles

Concept clé

L'ADN est la matrice servant à synthétiser les protéines de la cellule. Il est obtenu à partir de la cellule mère ou d'une autre cellule.

la liste des principales enzymes intervenant dans la réplication de l'ADN, l'expression des gènes et la réparation de l'ADN. Lorsque la réplication débute, les deux brins de l'ADN parental sont déroulés par l'enzyme *hélicase* et séparés l'un de l'autre sur une courte distance. Des nucléotides libres, présents dans le cytoplasme de la cellule, se lient aux bases exposées de l'ADN parental monocaténaire (simple brin), suivant les règles d'appariement. Là où il y a des thymines sur le brin d'origine, seules des adénines peuvent se mettre en place pour former le nouveau brin; là où il y a des guanines sur le brin d'origine, seules des cytosines peuvent être en face, et ainsi de suite. Les bases qui ne sont pas appariées correctement sont remplacées par les enzymes de réplication afin d'obtenir une réplique conforme du brin d'ADN original. Une fois en place, le nouveau nucléotide est lié au brin d'ADN naissant par une enzyme appelée **ADN polymérase**. Puis, l'ADN d'origine se déroule un peu plus pour permettre l'ajout des nucléotides suivants.

L'endroit où s'effectue la réplication s'appelle *fourche de réplication*; il s'agit d'une région en forme d'Y où les nouveaux brins d'ADN subissent une élongation.

Au fur et à mesure que la fourche de réplication se déplace le long de l'ADN d'origine, chacun des brins simples déroulés se combine à de nouveaux nucléotides. Le brin original et le brin nouvellement synthétisé s'enroulent alors en double hélice. Puisque chacune des deux nouvelles molécules d'ADN bicaténaire contient un brin qui a été conservé de la molécule d'origine et un nouveau brin, le processus de la réplication porte le nom de **réplication semi-conservatrice**.

Avant d'étudier la réplication plus en détail, examinons de plus près la structure de l'ADN. Il est important de comprendre que les deux brins d'ADN appariés sont orientés dans des directions opposées l'un par rapport à l'autre. On remarque à la figure 22.16 que les atomes de carbone du glucide de chaque nucléotide sont

Suivre la trace du virus du Nil occidental

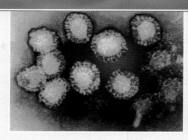

Virus du Nil occidental

MEB   50 nm

Le 23 août 1999, un médecin spécialisé dans les maladies infectieuses, pratiquant dans un hôpital du nord de l'arrondissement Queens, à New York, a communiqué avec le New York City Department of Health (NYCDOH) pour lui rapporter deux cas de patients atteints d'encéphalite. Après avoir mené une enquête, le NYCDOH a d'abord déterminé que six patients étaient atteints d'encéphalite, dont cinq souffraient d'une grande faiblesse musculaire et avaient besoin d'assistance respiratoire. Les mises en culture n'ont révélé la présence d'aucune bactérie à partir du sang ou du liquide cérébrospinal (ou céphalorachidien) des patients. Il est probable que les virus transmis par les moustiques soient la cause d'encéphalite aseptique pendant l'été. Ces virus sont appelés *arbovirus* (de l'anglais *arthropod-borne viruses*). Ils survivent dans la nature grâce à la transmission biologique entre des hôtes vertébrés sensibles par des arthropodes qui se nourrissent de sang, comme les moustiques.

Le séquençage des acides nucléiques de ces isolats a été effectué par les Centers for Disease Control and Prevention (CDC) le 23 septembre 1999. La comparaison des séquences d'acides nucléiques avec les bases de données a indiqué que les virus étaient étroitement apparentés au virus du Nil occidental (VNO, voir la photo ci-dessus), qui n'avait jamais été isolé dans l'hémisphère occidental.

En date de 2007, on avait déjà trouvé le VNO dans les oiseaux de tous les États des États-Unis, sauf l'Alaska et Hawaii, ainsi que partout au Canada. La découverte de la présence du VNO dans l'hémisphère occidental au cours de l'été 1999 a marqué la première introduction au cours de l'histoire récente d'un flavivirus des vieux pays dans le Nouveau Monde. Il n'y a pas qu'aux États-Unis et au Canada qu'on rapporte une activité nouvelle ou accrue des virus sur les humains ou les animaux. En date de 2007, le VNO a également causé l'encéphalite humaine au Mexique, et on pense que des incursions de flavivirus dans de nouvelles régions pourraient continuer à cause de l'augmentation des voyages et des échanges internationaux. Le virus du Nil occidental a été isolé pour la première fois en 1937 dans le district ougandais du Nil occidental. Au début des années 1950, les scientifiques ont découvert des épidémies d'encéphalite causée par le VNO chez les humains en Égypte et en Israël. À l'origine considéré comme un arbovirus peu important, le VNO est devenu un problème de santé publique et vétérinaire important en Europe du Sud, dans le bassin méditerranéen et en Amérique du Nord.

À l'heure actuelle, les chercheurs étudient le génome du virus dans le but de trouver des indices à propos de son parcours dans le monde. Le génome des flavivirus contient un ARN monocaténaire à brin positif, comprenant de 11 000 à 12 000 nucléotides. (Un ARN positif peut agir comme un ARNm et être traduit.) Le virus a subi plusieurs mutations, et les chercheurs s'efforcent d'y trouver des indices afin d'en déterminer le parcours.

❶ En utilisant les parties des génomes (illustrés ci-dessous) qui codent pour les protéines virales, pouvez-vous déterminer à quel point ces virus se ressemblent? Pouvez-vous imaginer son déplacement dans le monde?

Déterminez les acides aminés codés et divisez les virus en fonction du pourcentage de similitude avec la souche ougandaise.

❷ Selon les acides aminés qui les composent, on compte deux groupements de microbes appelés *clades*.

Quel groupe est le plus ancien?

❸ Les souches d'Amérique du Nord et d'Australie ont subi plus de mutations; ainsi, elles devraient être plus récentes.

Calculez le pourcentage de différence entre les nucléotides afin de déterminer la façon dont les virus sont reliés au sein de leur clade.

❹ Malgré le fait que les groupes ou les clades génétiquement apparentés peuvent être observés, le parcours du virus demeure énigmatique.

Source : Adaptation de données des CDC.

Australie	A	C	C	C	C	G	T	C	C	A	C	C	C	T	T	T	C	A	A	T	T
Égypte	A	A	T	C	G	A	T	C	A	T	C	T	T	C	G	T	C	G	A	T	C
France	A	A	T	C	G	A	T	C	A	T	C	G	T	C	G	T	C	G	A	T	C
Israël	A	T	C	C	A	T	T	C	A	T	C	C	T	C	A	T	C	G	A	T	T
Italie	A	T	C	C	A	C	T	C	A	T	C	C	T	C	G	T	C	G	A	T	T
Kenya	A	T	C	C	A	C	T	C	A	T	C	C	T	C	G	T	C	G	A	T	T
Mexique	A	A	C	C	C	T	T	C	C	T	C	C	C	C	T	T	C	G	A	T	T
États-Unis	A	A	C	C	C	C	T	C	C	T	C	C	C	C	T	T	C	G	A	T	T
Ouganda	A	T	A	C	G	A	T	C	A	T	G	C	T	C	G	T	C	C	A	T	C

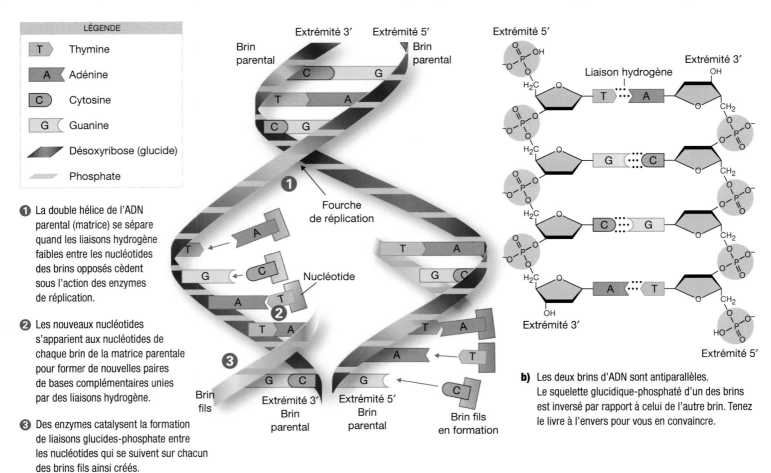

LÉGENDE

T	Thymine
A	Adénine
C	Cytosine
G	Guanine
	Désoxyribose (glucide)
	Phosphate

① La double hélice de l'ADN parental (matrice) se sépare quand les liaisons hydrogène faibles entre les nucléotides des brins opposés cèdent sous l'action des enzymes de réplication.

② Les nouveaux nucléotides s'apparient aux nucléotides de chaque brin de la matrice parentale pour former de nouvelles paires de bases complémentaires unies par des liaisons hydrogène.

③ Des enzymes catalysent la formation de liaisons glucides-phosphate entre les nucléotides qui se suivent sur chacun des brins fils ainsi créés.

a) Fourche de réplication

b) Les deux brins d'ADN sont antiparallèles. Le squelette glucidique-phosphaté d'un des brins est inversé par rapport à celui de l'autre brin. Tenez le livre à l'envers pour vous en convaincre.

Figure 24.3 Réplication de l'ADN.

Tableau 24.1	Enzymes importantes dans la réplication de l'ADN, l'expression des gènes et la réparation de l'ADN
ADN gyrase	Relâche la structure de la superhélice devant la fourche de réplication.
ADN ligase	Établit les liaisons covalentes servant à joindre les brins d'ADN ; relie les fragments d'Okazaki et les nouveaux segments lors de la réparation par excision.
ADN polymérase	Synthétise l'ADN ; corrige et répare l'ADN.
Endonucléases	Coupent le squelette de l'ADN sur un brin d'ADN ; facilitent la réparation et les insertions.
Exonucléases	Coupent l'ADN provenant d'une extrémité exposée de l'ADN ; facilitent la réparation.
Hélicase	Déroule l'ADN double brin (bicaténaire).
Méthylase	Ajoute un groupement méthyle à certaines bases sur l'ADN naissant.
Photolyase	Utilise l'énergie de la lumière visible pour séparer les dimères de pyrimidine créés par le rayonnement ultraviolet.
Ribozyme	Molécule (enzyme) d'ARN qui supprime l'ARN dérivé des introns et raccorde les segments dérivés des exons.
ARN polymérase	Copie l'ARN à partir d'une matrice d'ADN.
ARN primase	ARN polymérase qui fabrique les amorces d'ARN à partir d'une matrice d'ADN.
pRNPn	Petites ribonucléoprotéines nucléaires formant un complexe ARN-protéines qui supprime l'ARN dérivé des introns et raccorde les segments dérivés des exons.
Topoisomérase	Relâche la structure de la superhélice devant la fourche de réplication ; sépare les boucles d'ADN à la fin de la réplication d'ADN.
Transposase	Coupe le squelette de l'ADN, laissant des «extrémités collantes» monocaténaires.

numérotés de 1' à 5' (le signe «prime» permet de distinguer les atomes de carbone du glucide de ceux des bases azotées). Pour que les bases appariées soient en face l'une de l'autre, les glucides dans un brin doivent être à l'envers par rapport à ceux dans l'autre brin. L'extrémité qui porte un groupement hydroxyle attaché au carbone 3' est appelée extrémité 3'; l'extrémité avec un groupement phosphate attaché au carbone 5' s'appelle extrémité 5'. Pour que les deux brins s'épousent bien, la direction 5' ⟶ 3' d'un des brins doit être l'inverse de la direction 5' ⟶ 3' de l'autre brin (**figure 24.3b**). Cette structure antiparallèle de la double hélice d'ADN influe sur le processus de la réplication parce que les ADN polymérases ne peuvent ajouter les nouveaux nucléotides qu'à l'extrémité 3', jamais à l'extrémité 5'. Par conséquent, pendant que la fourche de réplication se déplace le long de l'ADN d'origine, les deux nouveaux brins doivent s'allonger en sens inverse, un nouveau brin d'ADN ne pouvant s'allonger que dans le sens 5' ⟶ 3'.

La réplication de l'ADN s'accompagne d'une grande dépense d'énergie. Cette dernière provient des nucléotides, qui sont en fait des nucléosides triphosphates (NTP, nucléotide à trois molécules d'acide phosphorique). Nous avons déjà étudié l'ATP (adénosine triphosphate); la seule différence entre l'ATP et le nucléotide d'adénine qui fait partie de l'ADN est le glucide qui le compose. Le glucide des nucléosides qui servent à la synthèse de l'ADN est le désoxyribose; quant à l'ARN, il est synthétisé à partir de nucléosides triphosphates contenant du ribose. Deux groupements phosphate sont cédés par le nucléotide au moment où il est ajouté au brin d'ADN naissant; l'hydrolyse du nucléoside est exothermique et fournit l'énergie nécessaire à la formation de la nouvelle liaison du nucléotide au brin d'ADN (**figure 24.4**).

La **figure 24.5** résume les nombreuses étapes de ce processus complexe. Ainsi, une fois que l'ADN d'origine est déroulé et stabilisé par l'action de protéines fixatrices, la fourche de réplication se forme à un endroit fixe appelé *origine de réplication*. L'ADN

polymérase synthétise un brin continu de nouvel ADN – le brin directeur – en utilisant un des brins parentaux comme matrice. L'élongation se fait de façon continue parce que l'ADN polymérase suit le mouvement d'ouverture de la fourche de réplication et produit de l'ADN dans la direction 5' ⟶ 3'. Pour synthétiser l'autre brin d'ADN, l'ADN polymérase doit procéder «à rebours», puisque l'orientation des glucides est dans le sens opposé, et l'enzyme doit donc suivre le brin matrice en s'éloignant de la fourche de réplication. Rappelons que l'ADN polymérase peut ajouter de nouveaux nucléotides à l'extrémité 3' seulement; l'action de l'ADN polymérase est aussi limitée par le fait qu'elle ne peut attacher un nouveau nucléotide qu'à un autre nucléotide déjà en place. En conséquence, il faut qu'un court segment, servant en quelque sorte d'amorce, soit mis en place pour démarrer la synthèse de l'autre brin d'ADN. Ce segment, formé d'ARN et non d'ADN, est appelé **amorce d'ARN**, et sa synthèse est catalysée par l'ARN primase, un type d'ARN polymérase. Une fois que l'amorce d'ARN est insérée près de la fourche de réplication, l'ADN polymérase peut ajouter un nucléotide à l'extrémité 3' de l'amorce et entreprendre la synthèse du brin d'ADN; l'élongation se fait par courts segments de nucléotides, appelés **fragments d'Okazaki**, ou *brins d'Okazaki*. L'ADN polymérase retire l'amorce d'ARN et une autre enzyme, l'ADN ligase, réunit les fragments nouvellement synthétisés en un brin appelé *brin discontinu*.

Chez certaines bactéries, comme *E. coli*, la réplication de l'ADN est *bidirectionnelle* autour du chromosome (**figure 24.6**). Deux fourches de réplication se déplacent en sens opposé à partir de l'origine de réplication. Le chromosome bactérien étant une boucle fermée, les fourches finissent par se rencontrer au terme de la réplication. Les deux boucles doivent être séparées par une **topoisomérase** (une enzyme) à la fin de la réplication de l'ADN. De nombreux résultats expérimentaux indiquent qu'il y a une association entre la membrane plasmique bactérienne et l'origine de réplication. Si,

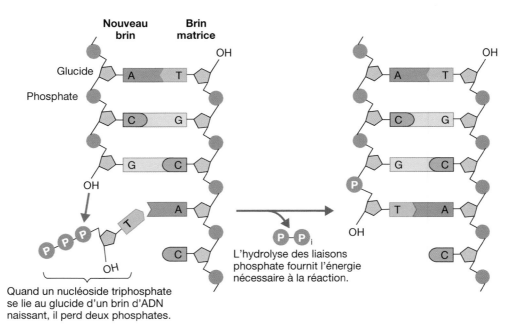

Figure 24.4 Addition d'un nucléotide à un brin d'ADN.

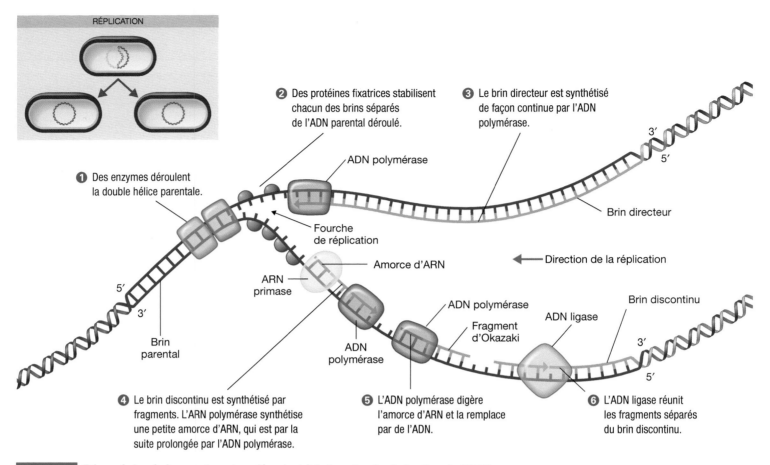

Figure 24.5 Résumé des événements qui se déroulent à la fourche de réplication de l'ADN.

après la duplication, les copies de l'origine sont liées à la membrane aux pôles opposés, chaque cellule fille recevra alors une copie de la molécule d'ADN – c'est-à-dire un chromosome complet.

La réplication de l'ADN est un processus d'une extraordinaire précision. En règle générale, le taux d'erreur est de seulement 1 sur 10^{10} bases intégrées. Cette précision est due en grande partie à la *fonction correctrice* de l'ADN polymérase. Chaque fois qu'une nouvelle base s'ajoute, l'enzyme évalue si elle est appariée correctement de façon à respecter la complémentarité des paires de bases. Si elle ne l'est pas, l'enzyme excise la mauvaise base et la remplace par celle qui convient. C'est ainsi que la réplication de l'ADN peut s'effectuer avec une grande précision, pour permettre à chacun des nouveaux chromosomes d'être presque identiques à l'ADN parental.

▶ Vérifiez vos acquis

Décrivez le processus de la réplication de l'ADN, incluant les fonctions de l'ARN primase, de l'ADN polymérase et de l'ADN ligase. **24-3**

La synthèse de l'ARN et des protéines

Comment l'information contenue dans l'ADN est-elle utilisée pour produire les protéines qui dirigent l'activité cellulaire ? Au cours du processus de la *transcription*, l'information génétique de l'ADN est copiée, ou transcrite, sous forme de séquence de bases d'ARN complémentaires. La cellule utilise alors l'information

encodée dans la molécule d'ARN pour synthétiser des protéines spécifiques au moyen du processus de la *traduction*. Examinons maintenant comment ces deux processus se déroulent dans la cellule bactérienne.

La transcription

La **transcription** est la synthèse d'un brin d'ARN complémentaire à partir d'une matrice d'ADN. Nous avons mentionné plus haut qu'il y a trois sortes d'ARN dans la cellule bactérienne : l'ARN messager, l'ARN ribosomal et l'ARN de transfert. L'ARN ribosomal fait partie intégrante des ribosomes, ces automates cellulaires qui font la synthèse des protéines. L'ARN de transfert intervient aussi dans la synthèse des protéines ; nous y reviendrons. L'**ARN messager (ARNm)** transmet l'information codée (d'où le terme de messager), de l'ADN aux ribosomes, où les protéines sont synthétisées.

Durant la transcription, un brin d'ARNm est synthétisé à partir d'un gène spécifique – un segment de l'ADN – qui sert de matrice. Autrement dit, l'information génétique contenue dans la séquence de bases azotées de l'ADN est recopiée de telle sorte que la même information se retrouve dans la séquence de bases de l'ARNm. Comme dans le cas de la réplication, un G sur la matrice d'ADN détermine la mise en place d'un C sur l'ARNm naissant, un C sur la matrice d'ADN signifie un G sur l'ARNm, et un T réclame un A sur l'ARNm. Toutefois, un A sur la matrice d'ADN entraîne l'insertion d'un uracile (U) sur l'ARNm parce que l'ARN

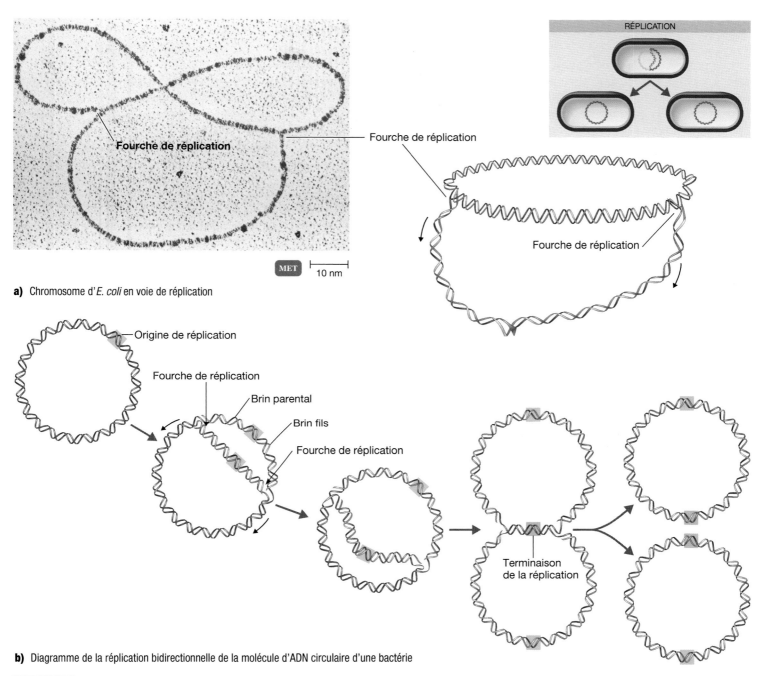

a) Chromosome d'*E. coli* en voie de réplication

RÉPLICATION

b) Diagramme de la réplication bidirectionnelle de la molécule d'ADN circulaire d'une bactérie

Figure 24.6 Réplication de l'ADN bactérien.

contient des U à la place des T. (La structure chimique de l'U est légèrement différente de celle du T, mais les deux bases s'apparient de la même façon avec le A.) Par exemple, si le segment d'ADN qui sert de matrice présente la séquence de bases 3′-ATGCAT, le brin d'ARNm nouvellement synthétisé aura la séquence de bases complémentaires 5′-UACGUA. Le langage de l'ARNm se compose de **codons**, c'est-à-dire des groupes de trois nucléotides, tels que AUG, GGC ou AAA. Par conséquent, la séquence des bases azotées qui se suivent dans la molécule d'ADN peut aussi se subdiviser en triplets appelés **génons** qui s'associent, par complémentarité, aux codons de l'ARNm.

Le processus de la transcription nécessite une enzyme appelée *ARN polymérase* et des nucléotides d'ARN (**figure 24.7**). La

transcription commence quand ❶ l'ARN polymérase se lie à l'ADN à un endroit spécifique appelé **promoteur**; le promoteur comprend le site d'initiation, qui est le point de départ de la transcription du gène. Un seul des deux brins d'ADN sert de matrice à la synthèse de l'ARN d'un gène donné. Comme l'ADN, l'ARN est synthétisé dans le sens 5′ ⟶ 3′. ❷ L'ARN polymérase assemble les nucléotides libres en un nouveau brin, suivant l'ordre déterminé par l'appariement des bases complémentaires. ❸ Au fur et à mesure que le nouveau brin d'ARN s'allonge, l'ARN polymérase se déplace le long du brin codant de l'ADN. ❹ La synthèse de l'ARN se poursuit jusqu'à ce que l'ARN polymérase atteigne un point spécifique de l'ADN appelé **terminateur**. ❺ À cet endroit, l'ARN polymérase et l'ARNm simple brin qui vient d'être formé se séparent de l'ADN. Après la transcription, les deux brins d'ADN reprennent leur forme de double hélice.

Le processus de la transcription permet à la cellule de reproduire les gènes d'une manière temporaire et d'utiliser ces copies comme source d'information directe pour la synthèse des protéines. L'ARN messager constitue un intermédiaire entre l'ADN, le support permanent de l'information, et le processus qui l'utilise, la traduction.

La traduction

Nous avons vu comment l'information génétique contenue dans l'ADN est transférée à l'ARNm durant la transcription. Nous allons maintenant examiner comment l'ARNm sert de source d'information pour la synthèse des protéines. La synthèse des protéines est appelée **traduction** parce qu'elle passe par un décodage du «langage» des acides nucléiques et par la conversion de l'information obtenue en «langage» des protéines.

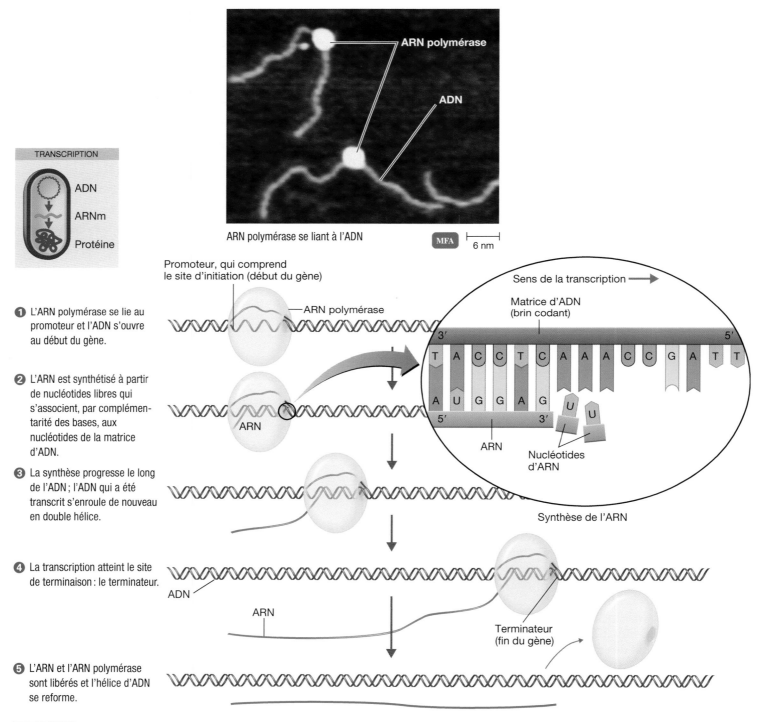

Figure 24.7 **Processus de la transcription.** Le petit diagramme du haut situe la transcription par rapport à l'ensemble de la circulation de l'information génétique dans la cellule.

Nous avons mentionné que le langage de l'ARNm se compose de triplets de nucléotides appelés *codons*, tels que AUG, GGC ou AAA. La séquence des codons de la molécule d'ARNm détermine la séquence des acides aminés de la protéine en cours de synthèse. Chaque codon correspond à un acide aminé particulier. C'est le code génétique (**figure 24.8**).

On représente les codons par les séquences de bases qu'ils forment sur l'ARNm. Il est important de noter qu'il y a 64 codons possibles, mais seulement 20 acides aminés. Cela signifie que la plupart des acides aminés sont représentés par plusieurs codons. C'est pourquoi on dit qu'il y a **dégénérescence** du code (on parle aussi de **redondance** du code). Par exemple, il y a 6 codons pour la leucine et 4 pour l'alanine. On parle alors de codons synonymes. La dégénérescence permet à l'ADN de subir certaines modifications, ou mutations, sans que soit altérée la protéine qui finira par être produite. Toutefois, aucun codon ne code pour plus d'un acide aminé, ce qui empêche toute ambiguïté.

Sur les 64 codons, 61 représentent des acides aminés, alors que 3 sont appelés **codons d'arrêt**, ou *codon non-sens*, qui ne correspondent pas à des acides aminés. Ces derniers – UAA, UAG et UGA – signalent la fin de la synthèse de la molécule de protéine. Le codon d'initiation qui démarre la synthèse de la molécule de protéine est AUG, qui est aussi le codon de la méthionine. La méthionine d'initiation est souvent supprimée plus tard, si bien que toutes les protéines ne commencent pas par cet acide aminé. Chez les bactéries, le codon d'initiation AUG désigne la formylméthionine plutôt que la méthionine qu'on trouve ailleurs dans la protéine.

Les codons de l'ARNm donnent naissance à des protéines par le processus de la traduction. Les codons sont «lus» en suivant une séquence. En réponse à chacun d'eux, l'acide aminé approprié est mis en place et relié à la chaîne naissante d'acides aminés. La traduction s'effectue sur un ribosome, et les molécules d'**ARN de transfert (ARNt)** ont pour double tâche de reconnaître les codons spécifiques et de mettre en place les acides aminés qui leur correspondent.

Chaque molécule d'ARNt possède un **anticodon**, c'est-à-dire une séquence de trois bases qui forment des paires complémentaires avec les bases du codon. C'est ainsi qu'une molécule d'ARNt et un codon peuvent s'associer par appariement de leurs bases respectives. Chaque ARNt porte aussi à son autre extrémité l'acide aminé spécifié par le codon qu'il reconnaît. La fonction du ribosome est d'assurer que les ARNt se lient dans l'ordre à leurs codons respectifs et d'assembler les acides aminés ainsi mis en place de façon à former une chaîne qui deviendra une protéine.

La **figure 24.9** illustre la traduction en détail. ❶ Les composants nécessaires s'assemblent : les deux sous-unités ribosomales, un ARNt d'initiation portant l'anticodon UAC et la molécule d'ARNm à traduire, ainsi que plusieurs autres facteurs protéiques (non illustrés). Ce montage place le codon d'initiation (AUG) à l'endroit approprié pour que la traduction puisse commencer. ❷ Le premier ARNt se lie au codon d'initiation, entraînant avec lui une molécule de méthionine, un acide aminé. ❸ Quand l'ARNt qui reconnaît le deuxième codon se met en place sur le ribosome, ce dernier transfère le premier acide aminé. ❹ Le ribosome se déplace alors le long de l'ARNm jusqu'au codon suivant. ❺ Après qu'il a combiné les deux acides aminés au moyen d'une liaison peptidique, le ribosome libère la première molécule d'ARNt. ❻ Au fur et à mesure que les

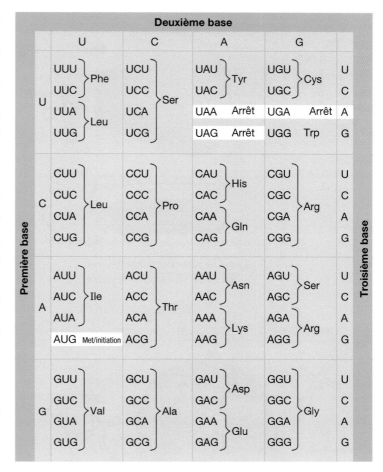

Figure 24.8 **Code génétique.** Les trois nucléotides d'un codon d'ARNm sont appelés, respectivement, la première, la deuxième et la troisième base. Chaque groupe de trois nucléotides correspond à un acide aminé particulier, représenté par une abréviation de trois lettres (tableau 22.4). Le codon AUG, dont l'acide aminé correspondant est la méthionine, marque aussi le point de départ, ou d'initiation, de la synthèse des protéines. Le mot «Arrêt» indique les codons qui signalent la terminaison de la synthèse des protéines.

acides aminés appropriés viennent s'ajouter, un à la fois, des liaisons peptidiques se forment pour les réunir et la chaîne polypeptidique s'allonge. ❼ La traduction prend fin quand un des trois codons d'arrêt est atteint sur l'ARNm. ❽ Quand le ribosome arrive à ce codon, ses deux sous-unités se séparent. L'ARNm et la chaîne polypeptidique qui vient d'être synthétisée sont libérés. Le ribosome, l'ARNm et les ARNt peuvent alors être réutilisés.

Le ribosome se déplace le long de l'ARNm dans le sens 5' $\longrightarrow$ 3'. Peu après que la progression du ribosome est entamée, le codon d'initiation devient à nouveau exposé. D'autres ribosomes peuvent alors se constituer et commencer la synthèse de la protéine. C'est ainsi qu'il y a habituellement sur chaque molécule d'ARNm un certain nombre de ribosomes à divers stades de synthèse de la protéine. Dans la cellule procaryote, la traduction de l'ARNm en protéine peut commencer avant même que la transcription soit terminée (**figure 24.10**). Puisque l'ARNm est produit dans le cytoplasme, le codon d'initiation d'un ARNm en cours de transcription est accessible aux ribosomes avant même que toute la molécule d'ARNm soit produite. Ainsi, la traduction peut commencer avant

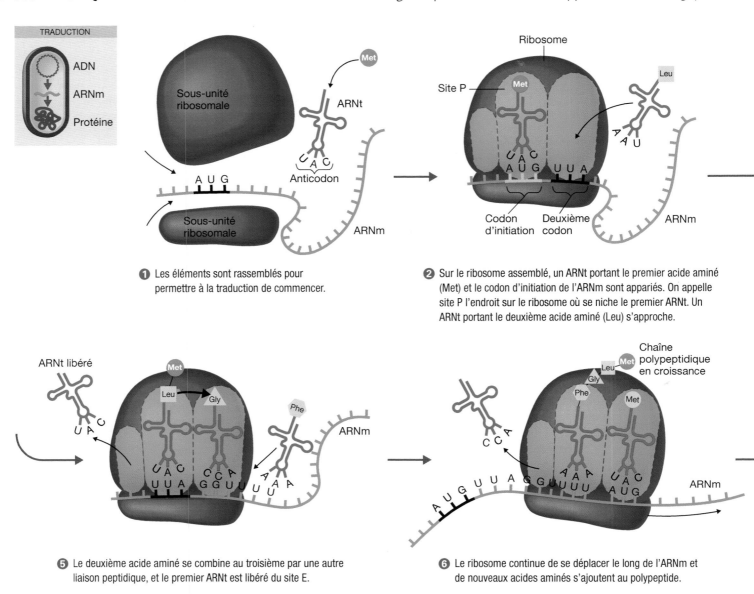

Figure 24.9 **Processus de la traduction.** Le principal objectif de la traduction est de produire des protéines en utilisant les molécules d'ARNm comme source d'information biologique. La suite complexe d'événements illustrée ici montre le rôle primordial des ARNt et des ribosomes dans le décodage de cette information. Le ribosome est le poste de travail où l'information contenue dans l'ARNm est décodée et où les acides aminés sont assemblés en une chaîne polypeptidique. Les molécules d'ARNt sont les véritables « traducteurs » dans cette grande opération – chaque ARNt reconnaît un codon spécifique d'ARNm à une de ses extrémités et porte à l'autre extrémité l'acide aminé correspondant à ce codon.

la fin de la transcription. Cette possibilité d'effectuer simultanément le processus de la transcription et celui de la traduction confère aux bactéries une grande capacité de synthèse des protéines, ce qui augmente leur taux de croissance et leur taux de reproduction.

Dans la cellule eucaryote, la transcription s'effectue dans le noyau. L'ARNm doit être complètement synthétisé et traverser l'enveloppe nucléaire vers le cytoplasme avant que la traduction puisse commencer. De plus, l'ARN doit être « traité » avant de quitter le noyau. Dans la cellule eucaryote, les régions des gènes qui contiennent le code des protéines sont souvent interrompues par de l'ADN non codant. Ainsi, les gènes eucaryotes sont composés d'**exons** – régions de l'ADN qui sont *exprimées* – et d'**introns** – régions *interposées* de l'ADN qui n'ont pas de séquences

codantes pour les protéines (**figure 24.11**). ❶ Dans le noyau de la cellule eucaryote, l'ARN polymérase synthétise une molécule d'ARN composée d'exons et d'introns, et appelée *unité de transcription d'ARN*. ❷ Cette longue molécule d'ARN est ensuite traitée par des ribozymes, qui suppriment l'ARN dérivé des introns et raccordent les segments dérivés des exons, pour produire l'ARNm ; le processus de maturation par lequel la molécule d'ARN subit l'excision des introns, suivie de la réunion des exons, s'appelle **épissage**. ❸ L'ARNm ainsi formé quitte le noyau et se joint aux molécules d'ARNr et d'ARNt pour la synthèse des protéines.

★ ★ ★

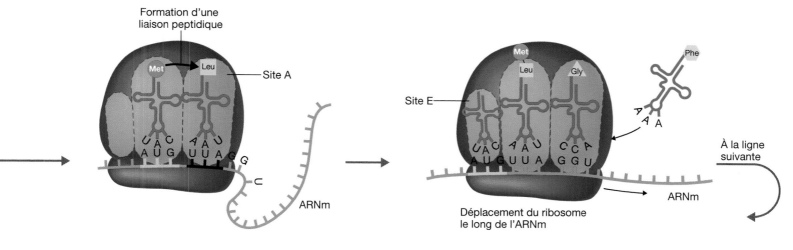

❸ Au site A juste à côté, le deuxième codon de l'ARNm et un ARNt portant le deuxième acide aminé s'apparient. Le premier acide aminé (site P) se combine au deuxième (site A) par une liaison peptidique.

❹ Le ribosome se déplace le long de l'ARNm jusqu'à ce que le deuxième ARNt vienne se placer au site P. Le processus continue : le prochain codon à être traduit est mis en place au site A. Le premier codon occupe maintenant le site E.

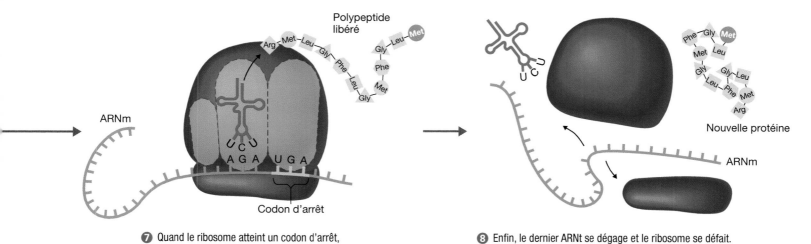

❼ Quand le ribosome atteint un codon d'arrêt, le polypeptide est libéré.

❽ Enfin, le dernier ARNt se dégage et le ribosome se défait. Le polypeptide libéré forme une nouvelle protéine.

Figure 24.9 **Processus de la traduction.** (*suite*)

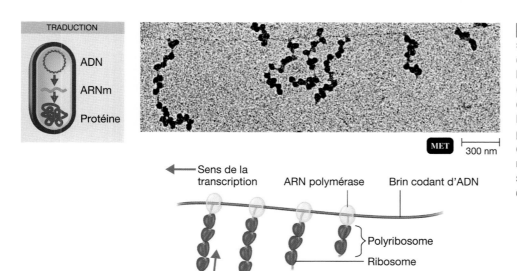

Figure 24.10 **Transcription et traduction simultanées chez les bactéries.** La micrographie et le diagramme illustrent ces processus pour un gène bactérien unique. Un grand nombre de molécules d'ARNm (4 molécules d'ARNm sont représentées) sont synthétisées en même temps à partir d'un brin codant d'ADN. Les plus longues ont été les premières à être transcrites à partir du promoteur. Remarquez les ribosomes accrochés aux brins d'ARNm en cours de transcription ; la traduction, par les ribosomes, des molécules d'ARNm en polypeptides a lieu simultanément. Les polypeptides dont la synthèse est en cours ne sont pas visibles.

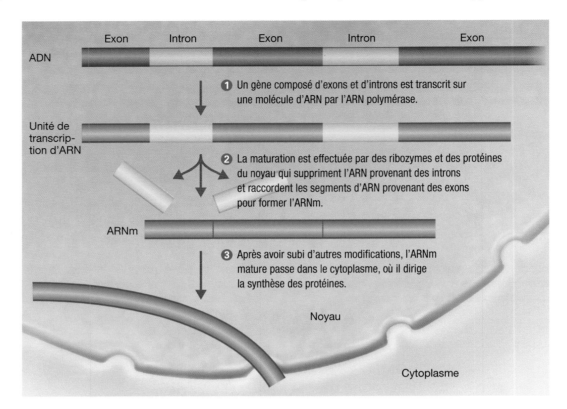

Figure 24.11 Maturation de l'ARN dans la cellule eucaryote (épissage).

En résumé, le gène est l'unité d'information biologique encodée dans la séquence de bases des nucléotides de l'ADN. Un gène est exprimé, ou transformé en produit dans la cellule, par les processus de la transcription et de la traduction. L'information génétique contenue dans l'ADN est transférée à une molécule temporaire d'ARNm par la transcription. Puis, durant la traduction, l'ARNm dirige l'assemblage des acides aminés en une chaîne polypeptidique : l'ARNm se joint à un ribosome, les ARNt apportent les acides aminés au ribosome conformément aux indications représentées par la séquence de codons de l'ARNm, et le ribosome assemble les acides aminés en une chaîne qui sera la protéine nouvellement synthétisée.

▶ Vérifiez vos acquis

Quels sont les rôles respectifs du promoteur, du terminateur et de l'ARNm dans la transcription ? **24-4**

En quoi la synthèse de l'ARNm dans les cellules eucaryotes diffère-t-elle de celle qui se produit dans les cellules procaryotes ? **24-5**

La régulation de l'expression génique chez les bactéries

▶ Objectifs d'apprentissage

24-6 Définir l'opéron.

24-7 Expliquer la régulation de l'expression génique chez les bactéries par l'induction, la répression et la répression catabolique.

Les processus génétiques et métaboliques de la cellule sont intégrés et interdépendants. Nous avons vu au chapitre 23 que la cellule bactérienne est le siège d'un très grand nombre de réactions métaboliques. Toutes ces réactions ont pour caractéristique commune d'être catalysées par des enzymes. Nous avons également indiqué au chapitre 23 que la rétroinhibition permet à la cellule de mettre un terme aux réactions chimiques qui ne sont pas nécessaires. La rétroinhibition bloque l'activité des enzymes déjà synthétisées. Examinons maintenant les mécanismes qui bloquent la synthèse des enzymes dont la cellule n'a pas besoin.

Nous avons mentionné que, par la transcription et la traduction, les gènes dirigent la synthèse des protéines, dont un grand nombre servent d'enzymes — celles-là mêmes qui sont utilisées dans le métabolisme cellulaire. Puisque la synthèse des protéines exige une très grande dépense d'énergie, la régulation de ce processus est importante pour l'économie énergétique de la cellule. La cellule conserve de l'énergie en ne produisant que les protéines dont elle a un besoin immédiat. Nous examinons maintenant comment la régulation des réactions chimiques peut s'effectuer par celle de la synthèse des enzymes.

Un grand nombre de gènes, peut-être de 60 à 80 %, ne sont pas régulés, mais sont plutôt *constitutifs*, c'est-à-dire que leurs produits sont synthétisés constamment à une cadence régulière. En règle générale, ces gènes qui fonctionnent effectivement sans arrêt produisent des enzymes dont la cellule a besoin en assez grand nombre pour effectuer ses processus vitaux les plus importants ; les enzymes de la glycolyse en sont des exemples. La production des autres enzymes est régulée de telle sorte qu'elles ne sont présentes que lorsque c'est nécessaire. Par exemple, *Trypanosoma*, le protozoaire parasite qui cause la maladie du sommeil en Afrique, possède des centaines de gènes pour l'expression de glycoprotéines de surface. Chaque protozoaire n'utilise qu'un de ces gènes. Pendant que les parasites qui affichent un type de molécule de surface sont la cible du système immunitaire de l'hôte, ceux qui présentent d'autres glycoprotéines de surface peuvent échapper à l'attaque et continuer à se multiplier (chapitre 12).

La répression et l'induction

Il existe deux mécanismes génétiques, appelés *répression* et *induction*, qui régulent la transcription des ARNm et, par conséquent, la synthèse des enzymes auxquelles ces ARNm donnent naissance. Ces mécanismes agissent sur la formation et la quantité des enzymes dans la cellule, non sur leur activité.

La répression

Le mécanisme de régulation qui inhibe l'expression génique et freine la synthèse des enzymes s'appelle **répression**. La répression est habituellement déclenchée par la surabondance du produit final d'une voie métabolique ; elle entraîne une diminution de la vitesse à laquelle s'effectue la synthèse des enzymes à l'origine de la formation du produit. Elle est réalisée par des protéines régulatrices appelées **répresseurs**, qui empêchent l'ARN polymérase de commencer la transcription du gène inhibé. Les enzymes dont la synthèse est inhibée par des répresseurs sont appelées *enzymes répressibles*.

L'induction

Le processus qui stimule la transcription d'un ou de plusieurs gènes est l'**induction**. Une substance qui amorce la transcription d'un gène s'appelle **inducteur**, et les enzymes qui sont synthétisées par suite de l'action d'un inducteur sont des *enzymes inductibles*. Les gènes nécessaires au métabolisme du lactose chez *E. coli* sont un exemple bien connu de système inductible. Un de ces gènes dirige la synthèse de la β-galactosidase, l'enzyme qui dégrade le lactose, son substrat, en deux glucides simples, le glucose et le galactose. (La lettre β qualifie le type de liaison qui unit le glucose au galactose.) Si *E. coli* se trouve dans un milieu sans lactose, ses cellules ne contiennent presque pas de β-galactosidase ; mais quand on ajoute du lactose au milieu, les cellules bactériennes se mettent à produire l'enzyme en grande quantité. Le lactose est converti dans la cellule en allolactose, un composé apparenté qui est l'inducteur de ces gènes. Ainsi, la présence d'un substrat, le lactose dans ce cas-ci, incite indirectement les cellules à synthétiser une plus grande quantité d'enzymes nécessaires au catabolisme du lactose. Cette réaction, régulée au niveau des gènes, porte le nom d'**induction enzymatique**.

L'expression génique : le modèle de l'opéron

Le modèle de l'opéron explique en détail la régulation de l'expression génique par l'induction et la répression. François Jacob et Jacques Monod ont élaboré ce modèle général en 1961 pour rendre compte de la régulation de la synthèse des protéines. Leur modèle est issu de leurs études sur l'induction des enzymes qui assurent le catabolisme du lactose chez *E. coli*. En plus de la β-galactosidase, ces enzymes comprennent la lactose perméase, qui intervient dans l'absorption du lactose par transport à travers la membrane, et l'acétyltransférase, qui métabolise certains disaccharides autres que le lactose.

Les gènes des trois enzymes qui interviennent dans l'absorption et l'utilisation du lactose sont situés l'un à côté de l'autre sur le chromosome bactérien et sont régulés ensemble (**figure 24.12**). On

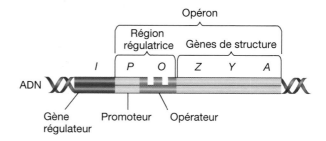

1 **Structure de l'opéron.** L'opéron est constitué du site promoteur (*P*), du site opérateur (*O*) et des gènes de structure qui contiennent le code des protéines. L'opéron est régulé par le produit du gène régulateur (*I*).

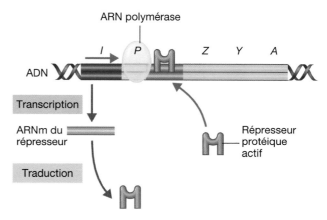

2 **Répresseur actif, opéron désactivé (ou « *off* »).** Le répresseur protéique se lie à l'opérateur et empêche la transcription de l'opéron.

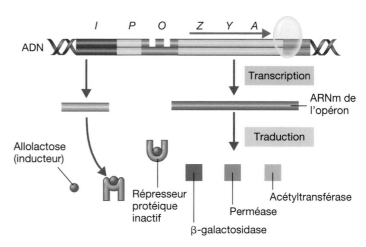

3 **Répresseur inactif, opéron activé (ou « *on* »).** Quand l'inducteur, ici l'allolactose, se lie au répresseur protéique, ce dernier devient inactif et n'est plus en mesure de bloquer la transcription. Les gènes de structure sont transcrits, ce qui entraîne la production des enzymes nécessaires au catabolisme du lactose.

Figure 24.12 **Opéron inductible.** Les enzymes capables de digérer le lactose sont produits en présence de lactose. Chez *E. coli*, les gènes de trois enzymes se trouvent dans l'opéron *lac*. La β-galactosidase est codée par le gène *lacZ*. Le gène *lacY* code pour la lactose perméase, et le *lacA* code pour l'acétyltransférase, dont la fonction dans le métabolisme du lactose demeure incertaine.

appelle *gènes de structure* les gènes qui déterminent la structure des protéines, pour les distinguer des régions régulatrices adjacentes sur l'ADN. Quand on introduit du lactose dans le milieu de culture, les gènes de structure *lac* sont transcrits et traduits rapidement et simultanément. Voyons maintenant comment cette régulation s'effectue.

Dans la région régulatrice de l'opéron *lac* se trouvent deux segments d'ADN relativement courts. L'un d'eux, le *promoteur*, est la région de l'ADN où l'ARN polymérase amorce la transcription. L'autre est l'**opérateur**, qui joue un rôle analogue à celui d'un feu de circulation, c'est-à-dire qu'il donne le signal de départ ou d'arrêt pour la transcription des gènes de structure. On définit l'**opéron** comme l'ensemble constitué par un site promoteur, un site opérateur et des gènes de structure qu'ils régulent. Ainsi, on appelle *opéron lac* la combinaison des trois gènes de structure *lac* et des régions régulatrices adjacentes.

Près de l'opéron *lac* sur l'ADN bactérien, il y a un gène régulateur appelé *gène I* qui commande la synthèse d'un **répresseur** protéique qui active ou désactive les opérons inductibles et répressibles. ❶ L'opéron *lac* est un **opéron** dit «**inductible**» (figure 24.12) parce que son expression est inhibée en temps normal (ou «*off*») mais activée sous l'action d'un inducteur, ici l'allolactose (ou «*on*»). ❷ Quand il n'y a pas de lactose, le répresseur protéique se lie étroitement au site opérateur. Cette liaison empêche la transcription des gènes de structure adjacents. Par conséquent, il n'y a ni synthèse d'ARNm, ni production d'enzyme. ❸ Mais quand le lactose est présent, quelques molécules sont transportées à travers la membrane et converties en allolactose, qui joue le rôle d'inducteur. Ce dernier se lie au répresseur protéique et le rend inactif, c'est-à-dire incapable de s'accrocher au site opérateur. Les gènes de structure sont alors transcrits en ARNm, qui est ensuite traduit en enzymes. Grâce à ce mécanisme, des enzymes sont produites en présence de lactose. On dit alors que le lactose déclenche la synthèse des enzymes et l'opéron *lac* est qualifié d'opéron inductible.

Un **opéron** est dit «**répressible**» parce que son expression est stimulée en temps normal (ou «*on*») mais inhibée sous l'action d'un répresseur (ou «*off*») (**figure 24.13**). ❶ Les gènes des enzymes qui catalysent la synthèse du tryptophane sont régulés de cette façon. ❷ Les gènes de structure sont transcrits et traduits, pour donner lieu à la synthèse du tryptophane. ❸ Quand il y en a trop, le tryptophane devient **corépresseur** et se lie au répresseur protéique. Ce dernier peut maintenant s'accrocher à l'opérateur et bloquer la synthèse du tryptophane.

▶ Vérifiez vos acquis

Qu'est-ce qu'un opéron? **24-6**

La régulation positive

La régulation de l'opéron lactose dépend aussi de la quantité de glucose dans le milieu, laquelle influe sur le taux intracellulaire d'**AMP cyclique (AMPc)**, petite molécule dérivée de l'ATP qui sert de signal d'alarme cellulaire. Les enzymes qui métabolisent le glucose sont constitutives, et les cellules se multiplient à leur vitesse maximale quand le glucose est leur source de carbone parce qu'elles l'utilisent avec la plus grande efficacité (**figure 24.14**). Quand il n'y a plus de glucose dans le milieu, l'AMP cyclique (AMPc) s'accumule dans la cellule. Il se lie au site allostérique d'une protéine régulatrice

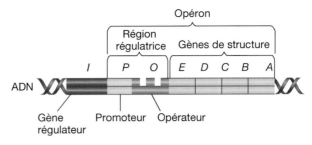

❶ **Structure de l'opéron.** L'opéron est constitué du site promoteur (*P*), du site opérateur (*O*) et des gènes de structure qui contiennent le code des protéines. L'opéron est régulé par le produit du gène régulateur (*I*).

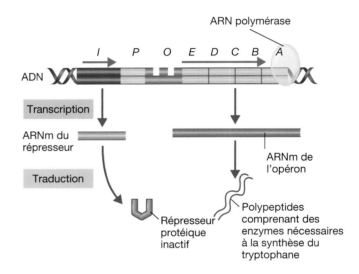

❷ **Répresseur inactif, opéron activé (ou «*on*»).** En l'absence de tryptophane, le répresseur est inactif. La transcription et la traduction se poursuivent et aboutissent à la synthèse du tryptophane.

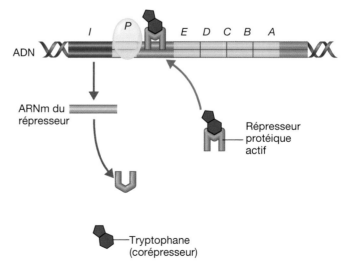

❸ **Répresseur actif, opéron désactivé (ou «*off*»).** Quand le corépresseur, ici le tryptophane, se lie au répresseur protéique, ce dernier devient actif et se lie à l'opérateur, empêchant la transcription de l'opéron.

Figure 24.13 **Opéron répressible.** Le tryptophane, un acide aminé, est produit par les enzymes anaboliques codées par cinq gènes de structure. L'accumulation de tryptophane réprime la transcription de ces gènes, ce qui bloque la synthèse du tryptophane. La figure illustre l'opéron *trp* d'*E. coli*.

appelée *protéine réceptrice d'AMPc* (CAP, pour *catabolite activator protein*). La CAP se fixe ensuite au promoteur *lac*, ce qui amorce la transcription en facilitant la liaison de l'ARN polymérase au promoteur. Ainsi, la transcription de l'opéron *lac* exige à la fois la présence de lactose et l'absence de glucose (**figure 24.15**).

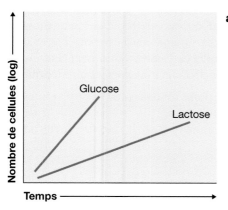

a) Les bactéries dont la seule source de carbone est le glucose se multiplient plus vite que celles dont la seule source est le lactose.

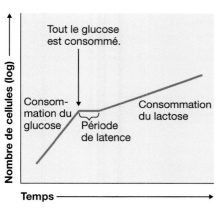

b) Les bactéries en culture dans un milieu contenant les deux glucides consomment d'abord le glucose puis, après une brève période de latence, passent au lactose. Pendant la période de latence, l'AMP cyclique intracellulaire augmente, l'opéron *lac* est transcrit, le transport du lactose vers le cytoplasme s'accélère et la β-galactosidase est synthétisée pour dégrader le lactose.

Figure 24.14 **Taux de croissance d'*E. coli* nourri au glucose ou au lactose.** Plus la pente de la droite est élevée, plus la croissance est rapide.

L'AMP cyclique est un exemple d'*alarmone*, signal d'alarme de nature chimique utilisé par la cellule pour réagir à un stress environnemental ou nutritionnel. (Dans le cas présent, le stress est causé par la pénurie de glucose.) Ce mécanisme déclenché par l'AMPc permet aussi à la cellule de se nourrir d'autres glucides. L'inhibition du métabolisme des autres sources de carbone par le glucose s'appelle **répression catabolique** (ou *effet glucose*). Quand le glucose est disponible, le taux d'AMPc dans la cellule est bas et, par conséquent, la CAP n'est pas liée.

▶ **Vérifiez vos acquis**

Quelle est la différence entre une enzyme répressible et une enzyme inductible? **24-7**

Quel rôle joue l'AMPc dans la répression catabolique? **24-7**

La mutation, ou la modification du matériel génétique

▶ **Objectifs d'apprentissage**

24-8 Classer les types de mutations.

24-9 Définir un mutagène et nommer différents types de mutagènes.

24-10 Décrire deux moyens de réparer les mutations.

24-11 Décrire l'effet des mutagènes sur le taux de mutation.

24-12 Donner un aperçu des méthodes de sélection directe et indirecte des mutants.

24-13 Décrire le test d'Ames et en préciser le but.

Une **mutation** est une modification de la séquence de bases de l'ADN. Il arrive qu'un tel changement entraîne une altération du produit du gène. Par exemple, quand une mutation touche le gène d'une enzyme, cette dernière peut perdre toute activité ou devenir moins efficace par suite d'une modification de sa séquence d'acides

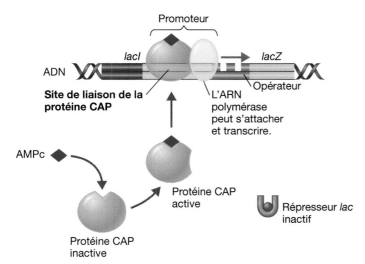

a) **Le lactose est présent, le glucose est rare (haut taux d'AMPc).** Lorsque le glucose est rare, le haut taux d'AMPc active la protéine CAP et l'opéron *lac* produit de grandes quantités d'ARNm servant à digérer le lactose.

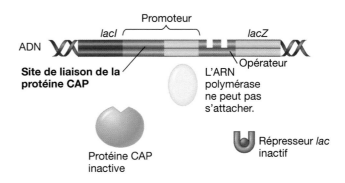

b) **Le lactose est présent, le glucose aussi (bas taux d'AMPc).** Lorsque le glucose est présent, l'AMPc est rare et la protéine CAP ne peut pas stimuler la transcription. La digestion du lactose n'est pas amorcée.

Figure 24.15 **Régulation positive de l'opéron *lac*.**

aminés. Ce type de changement dans le génotype peut être défavorable, voire létal, si la cellule perd un caractère phénotypique essentiel. En revanche, une mutation peut être avantageuse si, par exemple, l'enzyme altérée obtenue à partir du gène mutant possède une nouvelle fonction ou une activité améliorée qui sont avantageuses pour la cellule.

Un grand nombre de mutations simples sont *silencieuses* (neutres) ; le changement dans la séquence de bases de l'ADN n'influe pas sur l'activité du produit du gène. C'est souvent le cas quand il y a substitution d'un seul nucléotide d'ADN, en particulier à une position correspondant à la troisième base du codon d'ARNm. En raison de la dégénérescence (figure 24.8) du code génétique, il est possible que le nouveau codon représente le même acide aminé. Même si l'acide aminé est substitué, la fonction de la protéine peut

être inchangée si le nouvel acide aminé est très semblable, sur le plan chimique, à celui qu'il remplace, ou si la modification a lieu dans une région non fonctionnelle de la protéine.

Les types de mutations

On observe deux types de mécanismes qui conduisent à des mutations : 1) les mutations par substitution de bases, qui donnent naissance à des mutations faux-sens ou à des mutations non-sens, et 2) les mutations par décalage du cadre de lecture, qui surviennent quand une ou plusieurs paires de nucléotides sont insérées ou supprimées.

La **substitution d'une paire de bases** (ou *mutation ponctuelle*) est la plus répandue des mutations agissant sur une seule paire de bases (**figure 24.16**). Elle commence par le remplacement d'une

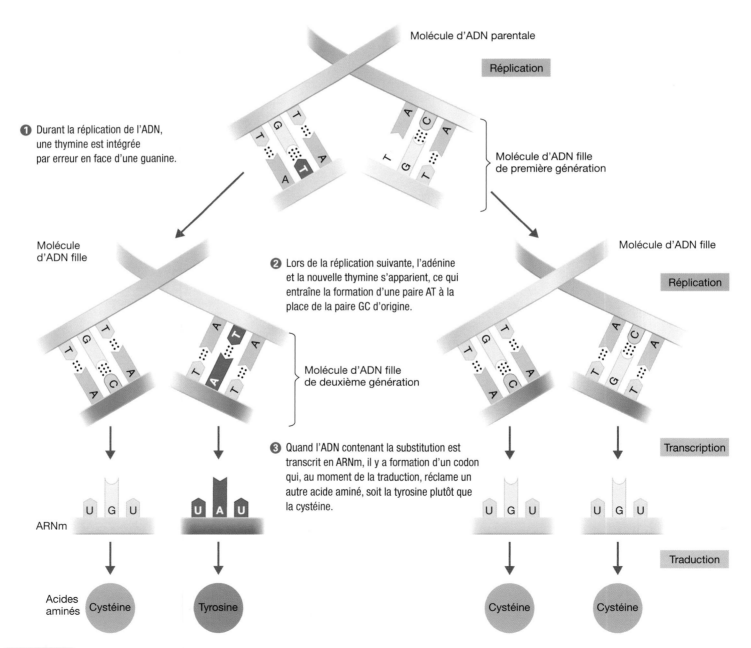

① Durant la réplication de l'ADN, une thymine est intégrée par erreur en face d'une guanine.

Molécule d'ADN parentale

Réplication

Molécule d'ADN fille de première génération

Molécule d'ADN fille

② Lors de la réplication suivante, l'adénine et la nouvelle thymine s'apparient, ce qui entraîne la formation d'une paire AT à la place de la paire GC d'origine.

Molécule d'ADN fille

Réplication

Molécule d'ADN fille de deuxième génération

③ Quand l'ADN contenant la substitution est transcrit en ARNm, il y a formation d'un codon qui, au moment de la traduction, réclame un autre acide aminé, soit la tyrosine plutôt que la cystéine.

Transcription

ARNm

Traduction

Acides aminés — Cystéine — Tyrosine — Cystéine — Cystéine

Figure 24.16 **Substitution de bases.** Cette mutation donne naissance à une protéine altérée dans une cellule fille de la deuxième génération.

seule base à un point donné de la séquence d'ADN. Lors de la réplication de l'ADN, il se forme une nouvelle paire de bases. Par exemple, la paire AT peut se substituer à la paire GC, ou CG à GC. Si la substitution a lieu dans le gène d'une protéine, l'ARNm transcrit à partir de ce gène devient porteur d'une base inappropriée à cette position. Quand l'ARNm est traduit en protéine, la base inappropriée peut causer l'insertion d'un acide aminé inapproprié dans la protéine. Si la substitution de bases entraîne la substitution d'un acide aminé dans la protéine synthétisée, la modification de l'ADN porte le nom de **mutation faux-sens** (**figure 24.17a** et **b**). Dans ce type de mutations, le codon qui porte la mutation code encore pour un acide aminé et a donc un sens, mais ce sens peut ne pas être approprié.

Les effets d'une telle mutation peuvent être considérables. Par exemple, l'anémie falciforme est causée par un seul changement dans le gène de la globine, constituant protéique de l'hémoglobine. L'hémoglobine a pour fonction principale de transporter l'oxygène des poumons aux tissus. Une seule mutation faux-sens, le remplacement d'un A par un T à un endroit précis, entraîne le remplacement d'un acide glutamique dans la protéine par une valine. Il en résulte que la forme de la molécule d'hémoglobine change quand le taux d'oxygène est bas, ce qui modifie la forme des érythrocytes et entrave gravement leur circulation dans les capillaires.

La substitution d'une base sur le brin d'ADN peut entraîner la formation d'un codon dont l'écriture peut correspondre à celle d'un codon d'arrêt. En créant un codon d'arrêt au milieu d'une molécule d'ARNm, certaines substitutions de paires de bases empêchent effectivement la synthèse d'une protéine fonctionnelle complète ; seule une partie de cette dernière est synthétisée. En conséquence, une substitution de bases qui donne naissance à un codon d'arrêt est appelée **mutation non-sens** (**figure 24.17c**).

En plus des mutations dues à la substitution de bases, il y a aussi des modifications de l'ADN qui surviennent lorsqu'une ou plusieurs paires de nucléotides sont ajoutées ou supprimées ; ces modifications donnent lieu à des mutations par **décalage du cadre de lecture** (**figure 24.17d**). Comme leur nom l'indique, ces mutations déplacent le « cadre de lecture de la traduction », c'est-à-dire les regroupements trois à trois (triplets) des nucléotides qui forment les codons reconnus par les ARNt durant la traduction. Par exemple, la délétion, ou suppression, d'une paire de nucléotides au milieu d'un gène entraîne de nombreux changements d'acides aminés en aval de la mutation d'origine. Les mutations qui entraînent des décalages du cadre de lecture donnent presque toujours naissance à une longue suite d'acides aminés sans rapport avec la séquence normale ; une protéine inactive est alors synthétisée. Dans la plupart des cas, il y a formation d'un codon d'arrêt qui termine la traduction.

À l'occasion, on trouve des mutations où un nombre important de bases sont insérées dans un gène. Par exemple, la chorée de Huntington est une maladie neurologique progressive causée par l'insertion de bases supplémentaires dans un gène particulier. On tente à l'heure actuelle d'élucider pourquoi ces insertions surviennent précisément dans ce gène.

Les substitutions de bases et les décalages du cadre de lecture peuvent se produire spontanément lorsqu'une erreur se glisse dans la réplication de l'ADN. Ces **mutations spontanées** ont lieu apparemment en l'absence de causes externes. Les agents présents

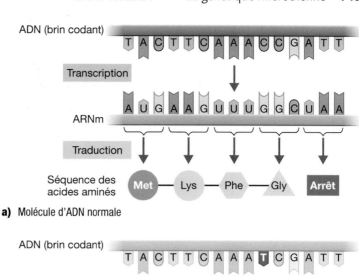

a) Molécule d'ADN normale

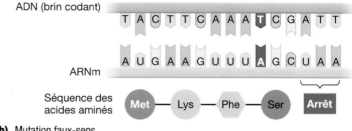

b) Mutation faux-sens

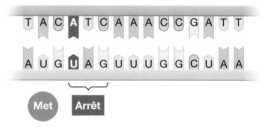

c) Mutation non-sens

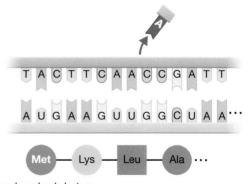

d) Mutation par décalage du cadre de lecture

Figure 24.17 Types de mutations et leurs effets sur la séquence d'acides aminés des protéines.

dans l'environnement, tels que certaines substances chimiques et divers types de rayonnement, qui donnent naissance directement ou indirectement à des mutations, sont appelés **mutagènes**. Presque tous les agents qui peuvent exercer une action physique ou chimique sur l'ADN sont des causes potentielles de mutations. Toutes sortes de substances chimiques, dont bon nombre sont communes dans la nature et même dans les maisons, sont des mutagènes connus. De nombreuses formes de rayonnement, y compris les rayons X et les rayons ultraviolets (UV), sont également mutagènes, comme nous allons le constater sous peu.

Dans le monde microbien, certaines mutations ont pour conséquence la résistance aux antibiotiques ou un nouveau pouvoir pathogène. Une mutation dans un gène de la membrane externe d'une bactérie peut faire augmenter le pouvoir pathogène; par exemple, *Salmonella enterica* peut vivre à l'intérieur de phagocytes lorsque sa membrane externe est modifiée. Une mutation dans un gène de la capsule peut entraîner une diminution du pouvoir pathogène parce que les phagocytes sont en mesure de détruire la bactérie; c'est le cas chez *Streptococcus pneumoniæ*, *Hæmophilus influenzæ* et *Neisseria meningitidis*.

▶ **Vérifiez vos acquis**

Comment une mutation peut-elle être avantageuse? **24-8**

Les mutagènes

Les mutagènes chimiques

L'acide nitreux (acide dioxonitrique) est un des nombreux composés chimiques dont l'action mutagène est bien connue. La **figure 24.18** illustre comment le traitement de l'ADN à l'acide nitreux peut convertir l'adénine (A) en une forme qui s'apparie non plus à la thymine (T), mais à la cytosine (C). Quand l'ADN contenant ce type d'adénine altérée se réplique, une des molécules filles d'ADN présente une séquence de paires de bases différente de celle de la molécule parentale. À la fin, certaines paires AT de la molécule d'ADN parentale auront été remplacées par des paires GC dans les molécules d'ADN filles de la deuxième génération. L'acide nitreux est à l'origine d'un changement spécifique dans les paires de bases de l'ADN. Comme tous les mutagènes, il altère l'ADN au hasard.

Les **analogues de nucléosides** sont un autre type de mutagène chimique. Il s'agit de molécules qui ressemblent par leur structure aux bases azotées normales, mais qui affichent des propriétés légèrement différentes en ce qui concerne l'appariement des bases. La 2-aminopurine et le 5-bromouracile en sont des exemples (**figure 24.19**). Quand on fournit des analogues de nucléosides à des cellules en croissance, ils sont intégrés au hasard à l'ADN cellulaire au lieu des bases normales. La molécule de 2-aminopurine est intégrée à l'ADN à la place de l'adénine, mais peut parfois former une paire avec la cytosine. La molécule de 5-bromouracile est intégrée à l'ADN à la place de la thymine (T), mais elle s'apparie à la guanine. Ainsi, lors de la réplication de l'ADN, les analogues de nucléosides causent des erreurs d'appariement des bases. Les bases introduites par erreur sont copiées au cours des réplications suivantes de l'ADN, ce qui occasionne des substitutions de bases dans les cellules filles. Certains médicaments antiviraux et anticancéreux sont des analogues de nucléosides. C'est le cas de l'AZT (azidothymidine, ou zidovudine), un des principaux agents utilisés pour traiter les infections par le VIH.

D'autres mutagènes chimiques causent des petites délétions ou des insertions courtes, qui peuvent entraîner des décalages du cadre de lecture. Par exemple, dans certaines conditions, le benzopyrène, présent dans la fumée et la suie, est un *mutagène* efficace causant des mutations par *décalage du cadre de lecture*. Il existe d'autres mutagènes de ce type, tels que l'aflatoxine – produite par *Aspergillus flavus*, une moisissure qui pousse sur les arachides et les céréales, qui cause des infections respiratoires –, de même que les colorants d'acridine utilisés expérimentalement pour lutter contre les infections à herpèsvirus. Les mutagènes qui entraînent des décalages du cadre de lecture possèdent habituellement la taille et les propriétés chimiques appropriées pour se glisser entre les paires de bases de la double hélice d'ADN. On croit qu'ils réussissent à faire décaler légèrement les deux brins de l'ADN, créant un espace ou un renflement dans un des brins. Quand les brins décalés sont copiés durant la synthèse de l'ADN, une ou plusieurs paires de bases peuvent être insérées dans la nouvelle double hélice ou en être retirées. Fait intéressant, les mutagènes qui causent des décalages du cadre de lecture sont souvent de puissants cancérogènes.

Les rayonnements

Les rayons X et les rayons gamma sont des formes de rayonnement capables d'effets mutagènes importants parce qu'ils peuvent ioniser

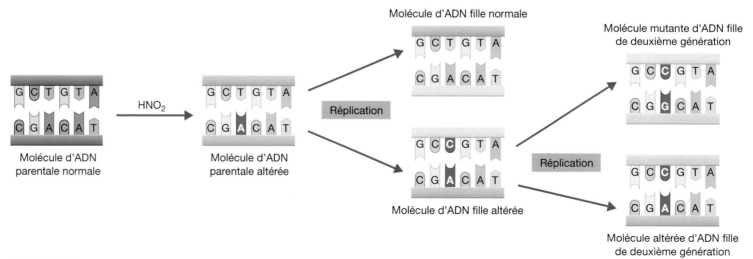

Molécule d'ADN fille normale

Molécule mutante d'ADN fille de deuxième génération

Molécule d'ADN parentale normale

HNO₂

Molécule d'ADN parentale altérée

Réplication

Réplication

Molécule d'ADN fille altérée

Molécule altérée d'ADN fille de deuxième génération

Figure 24.18 **Action mutagène de l'acide nitreux (HNO₂).** L'acide nitreux (acide dioxonitrique) modifie l'adénine de telle sorte qu'elle s'apparie à la cytosine plutôt qu'à la thymine.

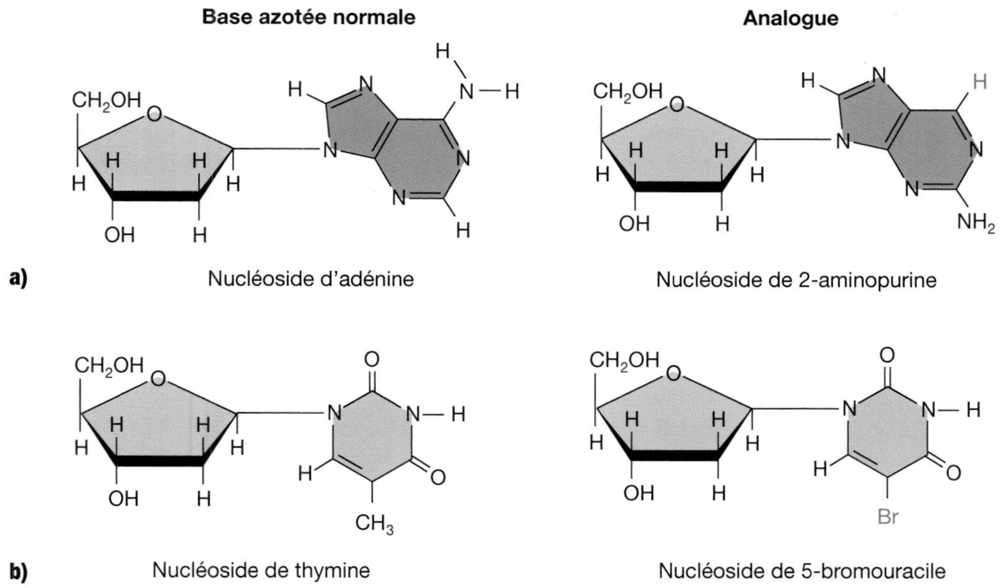

Base azotée normale

Analogue

a)

Nucléoside d'adénine

Nucléoside de 2-aminopurine

b)

Nucléoside de thymine

Nucléoside de 5-bromouracile

Figure 24.19 Analogues de nucléosides et bases azotées qu'ils remplacent.
a) La molécule de 2-aminopurine est intégrée à l'ADN à la place de l'adénine, mais peut parfois former une paire avec la cytosine. Ainsi, la paire de bases azotées AT peut être remplacée par la paire CG. **b)** La molécule de 5-bromouracile est utilisée comme médicament anticancéreux parce que les enzymes cellulaires la confondent avec la thymine, mais elle s'apparie avec la cytosine. Lors de la réplication suivante de l'ADN, la paire de bases AT est ainsi remplacée par la paire CG.

des atomes et des molécules. Le rayonnement ionisant peut pénétrer en profondeur et faire sortir les électrons de leurs niveaux énergétiques habituels (chapitre 22). Ces électrons bombardent d'autres molécules et causent eux aussi des dommages. De plus, un grand nombre des ions et des radicaux libres (fragments moléculaires avec des électrons non appariés) ainsi produits ont une très grande réactivité. Certains de ces ions peuvent se combiner aux bases de l'ADN, entraînant des erreurs de réplication et de réparation de l'ADN qui aboutissent à des mutations. Les effets sont encore plus graves quand il y a rupture de liaisons covalentes dans le squelette glucidique-phosphaté de l'ADN, ce qui entraîne des bris de chromosomes.

Il existe une autre forme de rayonnements mutagènes, les rayons ultraviolets (UV), qui constituent une partie non ionisante des rayons solaires. Toutefois, la partie la plus mutagène des rayons UV (longueur d'onde de 260 nm) est bloquée par la couche d'ozone de l'atmosphère. L'exposition directe de l'ADN aux rayons UV se traduit par la formation de liaisons covalentes indésirables entre certaines bases. Les thymines adjacentes dans un brin d'ADN peuvent se lier deux à deux pour former des dimères de thymine. S'ils ne sont pas réparés, ces dimères peuvent occasionner des dommages graves à la cellule, voire la tuer, parce qu'ils empêchent cette dernière de répliquer l'ADN touché ou de le transcrire correctement. Il existe des mécanismes de réparation qui protègent les cellules.

Les bactéries et d'autres organismes possèdent des enzymes qui peuvent réparer les dégâts des rayons UV. Des enzymes de photoréactivation, appelées **photolyases**, utilisent l'énergie de la lumière visible pour séparer les dimères et redonner aux thymines leur forme originale. En l'absence de lumière visible, un autre mécanisme peut se produire. La **réparation par excision-resynthèse**, illustrée à la **figure 24.20**, est utilisée par la cellule pour réparer les dommages causés par les rayons UV ; elle peut également corriger des mutations d'origines diverses. Les enzymes retirent les thymines jumelées qui déforment l'ADN en pratiquant une large ouverture. Puis, elles comblent la brèche avec de l'ADN nouvellement

synthétisé et complémentaire au brin qui n'a pas été endommagé. De cette façon, la séquence originale des paires de bases est restaurée. À l'occasion, il se produit une erreur lors de ce processus de réparation, et la séquence originale des paires de bases n'est pas reconstituée intégralement. La conséquence de cette erreur est une mutation.

Chez les humains, l'exposition aux rayons UV, par exemple par des bronzages excessifs, donne naissance à de nombreux dimères de thymine dans les cellules de la peau. Les dimères qui ne sont pas réparés peuvent occasionner des cancers de la peau. Les humains atteints de xeroderma pigmentosum (ou éphithéliomatose pigmentaire), trouble héréditaire qui s'accompagne d'une sensibilité accrue aux rayons UV, ont une défectuosité du mécanisme de réparation par excision-resynthèse de nucléotides ; en conséquence, ils ont un risque plus élevé de présenter un jour un cancer de la peau.

La fréquence des mutations

Le **taux de mutation** est la probabilité qu'un gène subisse 1 mutation quand la cellule se divise. Ce taux est habituellement exprimé par une puissance de 10 et, les mutations étant très rares, l'exposant est toujours un nombre négatif. Par exemple, s'il y a 1 chance sur 10 000 qu'un gène ait une mutation quand la cellule se divise, le taux de mutation est de 1/10 000, ou 10^{-4}. Les erreurs spontanées lors de la réplication de l'ADN surviennent à un taux très faible, peut-être seulement 1 fois par 10^9 paires de bases répliquées (taux de mutation de 10^{-9}). Puisque le gène moyen possède environ 10^3 paires de bases, le taux de mutation spontanée est d'environ 1 fois sur 10^6 (1 million) gènes répliqués.

En général, les mutations surviennent plus ou moins au hasard le long des chromosomes. L'apparition de rares mutations aléatoires est un aspect essentiel de l'adaptation des espèces à leur milieu, car l'évolution exige que la diversité génétique soit produite au hasard et à un faible rythme. Par exemple, dans une population bactérienne de taille importante – supérieure à 10^7 cellules –, quelques cellules mutantes sont produites à chaque nouvelle génération. La plupart des mutations sont soit silencieuses, soit nuisibles et appelées

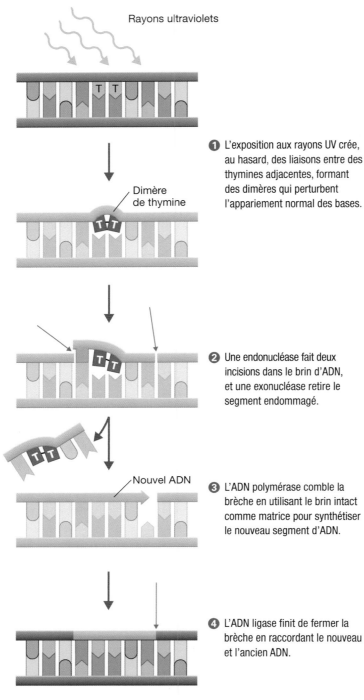

Rayons ultraviolets

❶ L'exposition aux rayons UV crée, au hasard, des liaisons entre des thymines adjacentes, formant des dimères qui perturbent l'appariement normal des bases.

Dimère de thymine

❷ Une endonucléase fait deux incisions dans le brin d'ADN, et une exonucléase retire le segment endommagé.

Nouvel ADN

❸ L'ADN polymérase comble la brèche en utilisant le brin intact comme matrice pour synthétiser le nouveau segment d'ADN.

❹ L'ADN ligase finit de fermer la brèche en raccordant le nouveau et l'ancien ADN.

Figure 24.20 **Création d'un dimère de thymine par rayonnement ultraviolet et sa réparation.** Lors de l'exposition aux rayons UV, deux thymines adjacentes peuvent se lier l'une à l'autre pour former un dimère. En l'absence de lumière visible, le mécanisme de réparation par excision-resynthèse est utilisé par la cellule pour remettre l'ADN à neuf.

à disparaître du patrimoine génétique à la mort des cellules qui les portent. Par contre, quelques mutations peuvent être avantageuses. Par exemple, une mutation qui confère une résistance aux antibiotiques est souhaitable si une population de bactéries est régulièrement exposée à ces médicaments. Une fois qu'un de ces caractères s'est manifesté par suite d'une mutation, les cellules dotées du gène mutant ont plus de chances de survivre et de se reproduire que les

autres. En peu de temps, la plupart des cellules de la population possèdent le gène mutant ; il y aura eu évolution, même si c'est à une petite échelle.

En règle générale, les mutagènes font augmenter par un facteur de 10 à 1 000 le taux de mutations spontanées, qui est d'environ 1 mutation par 10^6 gènes répliqués. Autrement dit, sous l'action d'un mutagène, le taux normal de 10^{-6} mutation par gène répliqué s'élève pour se situer entre 10^{-5} et 10^{-3} mutation par gène répliqué. On utilise les mutagènes en laboratoire pour stimuler la production de cellules mutantes qui servent soit à la recherche sur les propriétés génétiques des microorganismes, soit à des fins commerciales.

▶ **Vérifiez vos acquis**

Comment les mutations sont-elles causées par des mutagènes chimiques ? **24-9**

Comment les mutations peuvent-elles être réparées ? **24-10**

Comment les mutagènes affectent-ils le taux de mutation ? **24-11**

La détection des mutants

On peut mettre en évidence les mutants en sélectionnant ou en révélant les nouveaux phénotypes. Avec ou sans mutagène, les cellules mutantes ayant des mutations précises sont toujours rares par rapport à l'ensemble de la population. Mais il est difficile de repérer ces événements rares.

Les expériences portent habituellement sur des bactéries parce qu'elles se reproduisent rapidement, si bien qu'on peut facilement utiliser un grand nombre d'organismes (plus de 10^9 par millilitre de bouillon de culture). De plus, les bactéries n'ont en général qu'une copie de chaque gène par cellule, car elles ne contiennent qu'un seul chromosome. En conséquence, les effets d'un gène mutant ne sont pas masqués par la présence d'une copie normale du même gène, comme c'est le cas chez de nombreux organismes eucaryotes.

La **sélection positive (directe)** comprend la détection des cellules mutantes par rejet des cellules parentales normales. Par exemple, supposons qu'on recherche des bactéries mutantes qui résistent à la pénicilline. Quand les cellules bactériennes sont mises en culture sur un milieu contenant de la pénicilline, on peut repérer les mutants directement. Les quelques cellules de la population qui sont résistantes (mutantes) se multiplient et forment des colonies, alors que les cellules parentales normales et sensibles à la pénicilline ne croissent pas.

Pour révéler des mutations qui touchent d'autres types de gènes, on peut utiliser la **sélection négative (indirecte)**. Ce processus isole les cellules qui sont incapables d'accomplir une certaine fonction au moyen de la technique de **réplique sur boîte**. Par exemple, supposons qu'on veuille utiliser cette technique pour trouver une cellule bactérienne qui a perdu la capacité de synthétiser l'histidine, un acide aminé (**figure 24.21**). Tout d'abord, environ 100 cellules bactériennes sont étalées sur une gélose dans une boîte de Petri. Cette boîte, appelée *boîte maîtresse*, contient un milieu avec de l'histidine sur lequel toutes les cellules peuvent se multiplier. Après 18 à 24 heures d'incubation, chaque cellule bactérienne se reproduit pour former une colonie. Puis, un tampon de matière stérile, en velours, en papier filtre ou en latex, est appliqué à la surface de la boîte maîtresse, et quelques cellules de chaque colonie adhèrent au tampon. Ensuite, le tampon est appliqué à la surface de deux (ou plusieurs) boîtes stériles. Une des boîtes contient un milieu avec de l'histidine et l'autre, un milieu sans histidine sur lequel la bactérie non mutante (his⁺) d'origine peut croître. Toute colonie qui se forme sur le milieu avec histidine de la boîte maîtresse, mais qui est incapable de synthétiser cet acide aminé ne croîtra pas sur le milieu sans histidine ; les bactéries mutantes (his⁻), qui ont besoin d'histidine, sont dites *auxotrophes*. On peut alors repérer la colonie mutante dans la boîte maîtresse. Bien sûr, compte tenu de la rareté des mutants (même s'ils sont déclenchés par des mutagènes), il faut produire beaucoup de boîtes par cette technique pour isoler un mutant précis.

La technique de réplique sur boîte est un moyen très efficace d'isoler des mutants qui ont besoin d'un ou de plusieurs nouveaux facteurs de croissance. Tout microorganisme mutant ayant un besoin nutritionnel qui n'existe pas chez le parent est appelé **auxotrophe**. Par exemple, un auxotrophe peut être dépourvu d'une enzyme nécessaire à la synthèse d'un acide aminé particulier ; par conséquent, on devra lui fournir cet acide aminé comme facteur de croissance dans son milieu de culture.

La détection des agents chimiques cancérogènes

Un grand nombre de mutagènes connus s'avèrent également **cancérogènes**, c'est-à-dire qu'ils provoquent des cancers chez les animaux et les humains. Au cours des dernières années, certains agents chimiques dans l'environnement, les lieux de travail et l'alimentation ont été mis en cause dans l'apparition de cancers chez les humains. On se sert habituellement d'animaux pour effectuer les tests qui permettent de déterminer quels agents sont des cancérogènes potentiels ; ces méthodes exigent beaucoup de temps et sont coûteuses. Il existe maintenant des moyens plus rapides et moins chers de faire le triage préliminaire des cancérogènes potentiels. Un de ceux-ci, appelé **test d'Ames**, utilise des bactéries comme indicateurs d'agents cancérogènes.

Le test d'Ames est fondé sur l'observation selon laquelle l'exposition de bactéries mutantes à des substances mutagènes peut causer de nouvelles mutations qui inversent l'effet (la modification du phénotype) de la première mutation. On parle alors de *réversions*, de *mutations réverses* ou de *rétromutations*. Plus précisément, le test mesure la rétromutation de cellules de *Salmonella* qui sont auxotrophes pour l'histidine (cellules his⁻, ou dépendant de l'histidine,

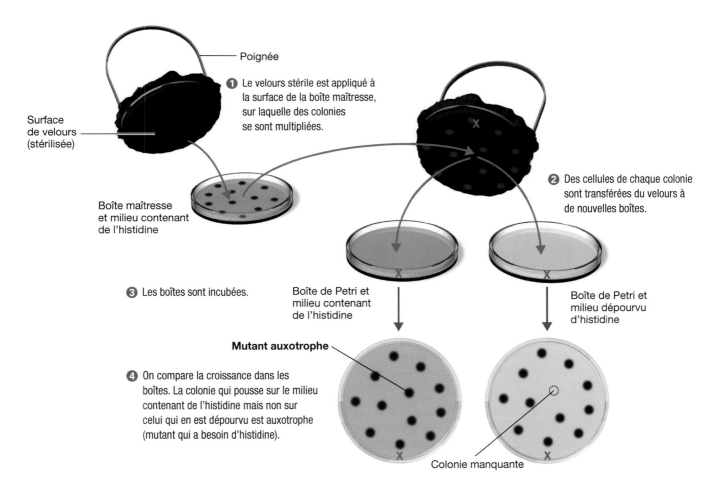

Poignée

❶ Le velours stérile est appliqué à la surface de la boîte maîtresse, sur laquelle des colonies se sont multipliées.

Surface de velours (stérilisée)

Boîte maîtresse et milieu contenant de l'histidine

❷ Des cellules de chaque colonie sont transférées du velours à de nouvelles boîtes.

❸ Les boîtes sont incubées.

Boîte de Petri et milieu contenant de l'histidine

Boîte de Petri et milieu dépourvu d'histidine

Mutant auxotrophe

❹ On compare la croissance dans les boîtes. La colonie qui pousse sur le milieu contenant de l'histidine mais non sur celui qui en est dépourvu est auxotrophe (mutant qui a besoin d'histidine).

Colonie manquante

Figure 24.21 **Technique de réplique sur boîte.** Dans le présent exemple, le mutant auxotrophe est incapable de synthétiser l'histidine. Les boîtes de Petri doivent être soigneusement marquées (ici au moyen d'un X) pour maintenir toujours la même orientation et permettre de situer les colonies par rapport à la boîte maîtresse.

mutants ayant perdu la capacité de synthétiser cet acide aminé). On cherche les cellules qui ont retrouvé la capacité de produire de l'histidine (his⁺) après avoir été exposées à un agent mutagène (**figure 24.22**). Les bactéries sont incubées avec et sans la substance mise à l'épreuve. Puisque de nombreux agents chimiques – au départ non mutagènes – doivent être activés (transformés en substances mutagènes réactives) par des enzymes animales pour que se manifeste leur pouvoir mutagène ou cancérogène, l'agent testé et les bactéries mutantes sont incubés ensemble avec de l'extrait de foie de rat, une source riche en enzymes d'activation. Si la substance étudiée est mutagène, elle provoquera la rétromutation de bactéries his⁻ en bactéries his⁺ à un taux plus élevé que celui des rétromutations spontanées. Le nombre de rétromutants observés

est un indice du pouvoir mutagène d'une substance et, par conséquent, de son potentiel cancérogène.

Le test peut s'utiliser de bien des façons. On peut analyser qualitativement plusieurs mutagènes potentiels en déposant de petites pastilles de papier – chacune étant imprégnée d'un agent chimique différent – sur une même boîte ensemencée avec des bactéries. On peut aussi vérifier la présence de substances mutagènes dans des mélanges tels que le vin, le sang, les condensats de fumée et les extraits d'aliments.

Environ 90 % des substances qui se révèlent mutagènes par le test d'Ames ont aussi un pouvoir cancérogène chez les animaux. De même, les substances les plus mutagènes sont généralement aussi les plus cancérogènes.

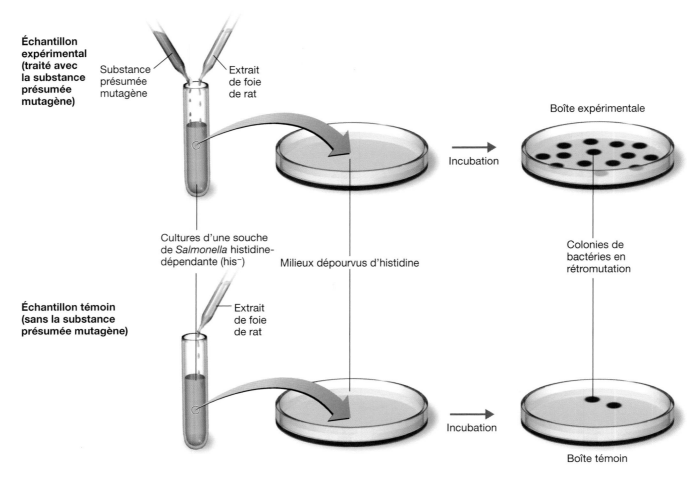

❶ On prépare deux cultures de bactéries du genre *Salmonella* qui ont perdu la capacité de synthétiser l'acide aminé histidine (histidine-dépendantes).

❷ La substance présumée mutagène est ajoutée seulement à l'échantillon expérimental ; on ajoute de l'extrait de foie de rat (un activateur) aux deux échantillons.

❸ Chacun des échantillons, expérimental et témoin, est étalé sur un milieu dépourvu d'histidine. Puis, les boîtes sont incubées à 37 °C pendant deux jours. Les bactéries mutantes (his⁻) ne se multiplient pas sur un milieu dépourvu d'histidine. Seules les bactéries qui ont recouvré, par une mutation réverse (rétromutation), la capacité de synthétiser l'histidine formeront des colonies.

❹ On compare le nombre de colonies de la boîte expérimentale à celui de la boîte témoin. Il est possible que cette dernière contienne quelques rétromutants (ou mutants inverses) spontanés qui synthétisent l'histidine. Cependant, la boîte expérimentale aura un plus grand nombre de bactéries rétromutantes qui synthétisent l'histidine si l'agent chimique testé est effectivement un mutagène et un cancérogène potentiel. Plus la concentration de mutagène utilisée est élevée, plus il y a de colonies rétromutantes.

Figure 24.22 Test d'Ames.

▶ Vérifiez vos acquis

Comment procéderiez-vous pour isoler une bactérie résistante à un antibiotique ? une bactérie sensible à un antibiotique ? **24-12**

Sur quel principe le test d'Ames est-il fondé ? **24-13**

Les transferts génétiques et la recombinaison

▶ Objectifs d'apprentissage

24-14 Distinguer le transfert horizontal de gènes du transfert vertical de gènes.

24-15 Comparer les mécanismes de recombinaison génétique chez les bactéries.

24-16 Décrire les fonctions des plasmides et des transposons.

La **recombinaison génétique** est l'échange de gènes entre deux molécules d'ADN qui donne lieu à la formation de nouvelles combinaisons de gènes sur un chromosome. La **figure 24.23** illustre un type de recombinaison génétique. Lorsque la cellule acquiert un ADN étranger (appelé *ADN de la cellule donneuse* sur la figure), une partie de l'ADN pourrait s'insérer dans le chromosome de la cellule – un processus appelé **enjambement** (ou entrecroisement chromosomique) – et certains gènes portés par les chromosomes sont réorganisés. L'ADN a subi une recombinaison, et le chromosome porte maintenant une partie de l'ADN de la cellule donneuse.

Si A et B représentent l'ADN d'individus différents, comment peuvent-ils se rapprocher suffisamment l'un de l'autre pour qu'il y ait recombinaison ? Chez les eucaryotes, la recombinaison génétique est un processus ordonné qui fait habituellement partie du cycle sexuel de l'organisme. En règle générale, elle a lieu durant la formation des cellules reproductrices, de telle sorte que ces cellules contiennent de l'ADN recombinant. Chez les bactéries, la recombinaison génétique peut s'effectuer de plusieurs façons, que nous décrivons dans les prochaines sections.

Comme les mutations, la recombinaison génétique contribue à la diversité génétique des populations et constitue un des ressorts de l'évolution. Chez les organismes très évolués, tels que les microorganismes actuels, la recombinaison a plus de chances que la mutation d'avoir des effets bénéfiques. En effet, elle est moins susceptible d'empêcher la fonction des gènes et elle peut engendrer des combinaisons de gènes qui permettent aux organismes d'accomplir des fonctions inédites et avantageuses.

La principale protéine du flagelle de *Salmonella* est aussi une de celles qui contribuent le plus à faire réagir notre système immunitaire. Toutefois, la bactérie est capable de produire deux protéines flagellaires différentes. Pendant que notre système immunitaire se prépare à riposter contre les bactéries qui présentent une des formes de la protéine flagellaire, les salmonelles qui produisent l'autre forme sont épargnées. Le type de protéine flagellaire synthétisé est déterminé par une recombinaison qui semble survenir de façon plutôt aléatoire sur l'ADN bactérien. Ainsi, en changeant de protéine flagellaire, *Salmonella* peut plus facilement se soustraire aux défenses de l'hôte.

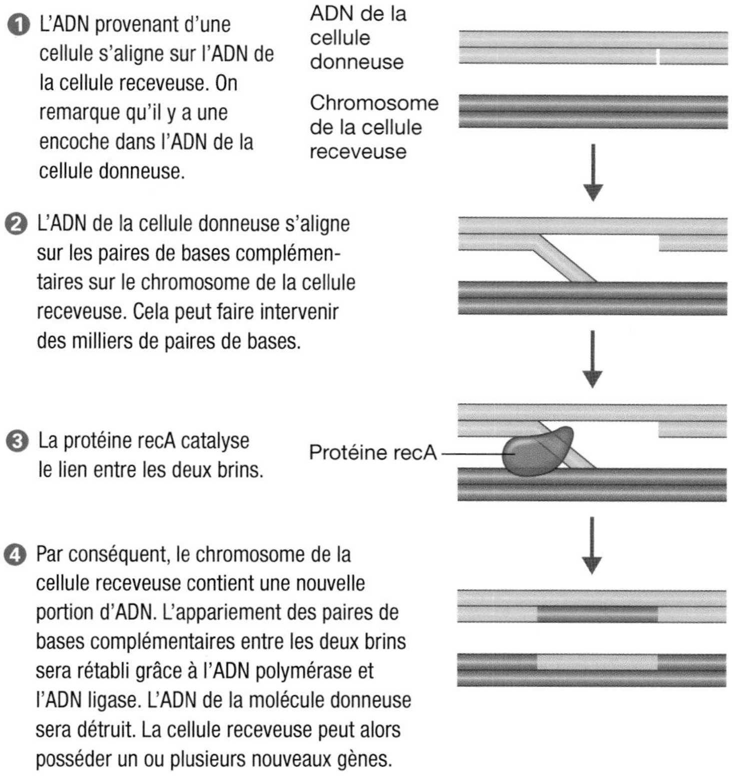

❶ L'ADN provenant d'une cellule s'aligne sur l'ADN de la cellule receveuse. On remarque qu'il y a une encoche dans l'ADN de la cellule donneuse.

❷ L'ADN de la cellule donneuse s'aligne sur les paires de bases complémentaires sur le chromosome de la cellule receveuse. Cela peut faire intervenir des milliers de paires de bases.

❸ La protéine recA catalyse le lien entre les deux brins.

❹ Par conséquent, le chromosome de la cellule receveuse contient une nouvelle portion d'ADN. L'appariement des paires de bases complémentaires entre les deux brins sera rétabli grâce à l'ADN polymérase et l'ADN ligase. L'ADN de la molécule donneuse sera détruit. La cellule receveuse peut alors posséder un ou plusieurs nouveaux gènes.

Figure 24.23 **Recombinaison génétique par enjambement.** L'ADN étranger peut être inséré dans un chromosome en brisant et en rejoignant le chromosome. Ce processus permet d'insérer un ou plusieurs gènes dans le chromosome. Une micrographie de la protéine recA est présentée à la figure 3.11a.

Le **transfert vertical de gènes** a lieu quand les gènes sont transmis d'un organisme à sa descendance. Les plantes et les animaux transmettent leurs gènes de cette façon. Les bactéries peuvent donner leurs gènes non seulement à leurs descendants, mais aussi à d'autres microbes de la même génération. Il s'agit alors de **transfert horizontal de gènes** (figure 24.2). Ce type d'échange peut s'effectuer de plusieurs façons. Quel que soit le mécanisme, le transfert fait intervenir une **cellule donneuse** qui cède une partie de son ADN à une **cellule receveuse**. Une fois que le transfert a été accompli, une partie de l'ADN de la cellule donneuse est habituellement intégrée à l'ADN de la cellule receveuse ; le reste est dégradé par des enzymes cellulaires. La cellule receveuse qui intègre une partie de l'ADN de la cellule donneuse à son propre ADN est dite génétiquement modifiée ; le nouvel ADN est dit *recombinant*. Le transfert de matériel génétique entre bactéries n'est pas du tout fréquent ; il se produit seulement dans 1 % ou moins de la population. Examinons en détail les types de transferts génétiques, soit les processus de transformation, de conjugaison et de transduction.

La transformation chez les bactéries

Durant le processus de la **transformation**, des gènes sont transférés d'une bactérie à une autre sous forme d'ADN «nu» en solution. En d'autres termes, la transformation entraîne la modification du matériel génétique d'une bactérie qui a absorbé des fragments d'ADN présents dans le milieu extracellulaire. On a mis au jour ce processus il y a plus de 70 ans, mais on ne pouvait pas l'expliquer à l'époque. La transformation a permis non seulement de montrer que le matériel génétique peut être transféré d'une cellule bactérienne à une autre, mais aussi de découvrir que l'ADN est le matériel génétique.

La première expérience sur la transformation est menée par Frederick Griffith en Angleterre, en 1928, à l'occasion de ses travaux sur deux souches de *Streptococcus pneumoniæ*. L'une d'elles, une souche virulente, possède une capsule de polysaccharide qui la protège de la phagocytose. La bactérie se multiplie et cause la pneumonie. L'autre est avirulente ; elle est dépourvue de capsule et ne donne pas la maladie. Par cette expérience, Griffith veut savoir si des injections de bactéries de la souche capsulée, préalablement tuées par exposition à la chaleur, peuvent servir à vacciner des souris contre la pneumonie. Comme prévu, les injections de bactéries vivantes capsulées tuent les souris (**figure 24.24a**) ; les injections de bactéries vivantes non capsulées (**figure 24.24b**) ou mortes mais capsulées ne tuent pas les souris (**figure 24.24c**). Mais quand on injecte aux souris un mélange de bactéries mortes capsulées et de bactéries vivantes non capsulées, bon nombre de souris meurent. Dans le sang des souris mortes, Griffith découvre des bactéries vivantes capsulées. Du matériel héréditaire (gènes) mis à nu lors de la mort des bactéries s'est introduit dans les bactéries vivantes et les a modifiées génétiquement, si bien que leur descendance est pourvue d'une capsule et est donc virulente (**figure 24.24d**). Ce phénomène est assez spectaculaire, si l'on considère que des bactéries, même mortes, constituent encore un danger.

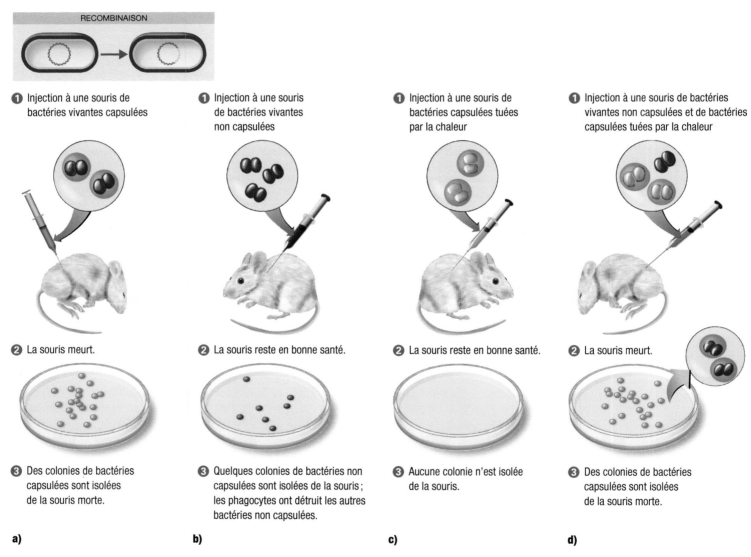

Figure 24.24 L'expérience qui a permis à Griffith de révéler la transformation génétique. **a)** Des bactéries vivantes capsulées injectées à des souris leur transmettent la maladie et causent leur mort. **b)** Les bactéries vivantes non capsulées sont facilement détruites par les phagocytes de l'hôte, si bien que les souris injectées restent en bonne santé. **c)** Après avoir été tuées par la chaleur, les bactéries capsulées perdent le pouvoir de causer la maladie. **d)** Cependant, la combinaison de bactéries vivantes non capsulées et de bactéries capsulées tuées par la chaleur (qui, séparément, ne causent pas la maladie) est en mesure de rendre les souris malades. Les bactéries vivantes non capsulées sont transformées par les bactéries mortes capsulées de telle sorte qu'elles acquièrent la capacité de former une capsule protectrice et peuvent, par conséquent, causer la maladie. Des expériences réalisées par la suite permettent de prouver que le facteur de transformation est l'ADN.

D'autres recherches, dans la foulée de celles de Griffith, révèlent que la transformation bactérienne peut s'opérer sans les souris. On ensemence un bouillon avec des bactéries vivantes non capsulées. Ensuite, on ajoute des bactéries mortes capsulées. Après incubation, on observe que la culture contient des bactéries vivantes qui sont capsulées et virulentes. Les bactéries non capsulées sont transformées ; elles ont acquis un nouveau caractère héréditaire en assimilant des gènes qui proviennent des bactéries mortes capsulées et qui codent pour la production de la capsule.

L'étape suivante consiste à extraire divers composants chimiques des cellules tuées pour déterminer lequel cause la transformation. Ces expériences cruciales sont réalisées aux États-Unis par Oswald T. Avery et ses collaborateurs Colin M. MacLeod et Maclyn McCarty. Après des années de recherche, ils annoncent, en 1944, que le composant qui permet de transformer des cellules inoffensives de *S. pneumoniæ* en souches virulentes est l'ADN. Leurs résultats indiquent que l'ADN est effectivement le support de l'information génétique.

Depuis l'époque des expériences de Griffith, on a recueilli une quantité considérable de renseignements sur la transformation. Dans la nature, certaines bactéries, peut-être après leur mort et la lyse de leurs cellules, libèrent leur ADN dans le milieu environnant. D'autres bactéries peuvent alors y être exposées (**figure 24.25**). Selon l'espèce et les conditions de croissance, elles peuvent absorber des fragments de cet ADN nu et les intégrer à leur propre chromosome par recombinaison. Une protéine appelée *protéine recA* se lie à l'ADN de la cellule, puis à l'ADN de la cellule donneuse, ce qui cause l'échange des brins (figure 24.23). Une cellule receveuse qui possède cette nouvelle combinaison de gènes est une sorte de cellule hybride : elle est dite génétiquement transformée. Tous ses descendants lui ressemblent en tous points. La transformation s'observe naturellement chez quelques genres de bactéries seulement, dont *Bacillus*, *Hæmophilus*, *Neisseria*, *Acinetobacter* et certaines souches des genres *Streptococcus* et *Staphylococcus*.

La transformation s'opère le mieux quand les cellules donneuse et receveuse ont un lien de parenté étroit. Même si une petite partie seulement de l'ADN d'une cellule est transférée à la cellule receveuse, la molécule qui doit traverser la paroi et la membrane cellulaires est tout de même très grosse. On dit que la cellule receveuse est compétente quand elle se trouve dans un état physiologique propice à l'absorption de l'ADN nu de la cellule donneuse. La **compétence** résulte de modifications de la paroi cellulaire qui la rendent perméable aux grosses molécules d'ADN.

E. coli est une bactérie dont on connaît bien le fonctionnement et qui est largement utilisée, mais qui n'est pas naturellement compétente pour la transformation. Toutefois, un simple traitement de laboratoire permet à cette bactérie d'absorber facilement de l'ADN. La découverte de ce traitement a ouvert la voie à l'utilisation d'*E. coli* en technologie de l'ADN recombinant (chapitre 25).

La conjugaison chez les bactéries

Un autre mécanisme permet le transfert de matériel héréditaire d'une bactérie à une autre : c'est la **conjugaison**. La conjugaison est rendue possible par un type de *plasmide*, c'est-à-dire une molécule d'ADN circulaire qui se réplique indépendamment du chromosome bactérien (nous y reviendrons plus loin dans le présent

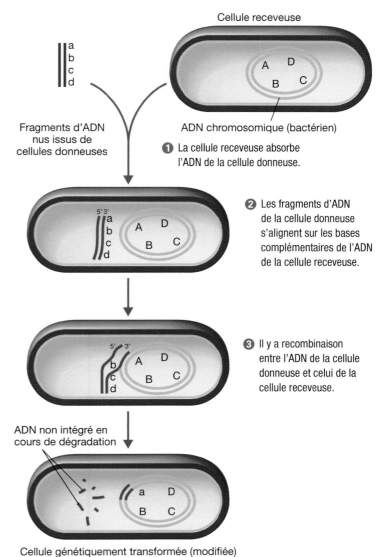

Cellule receveuse

Fragments d'ADN nus issus de cellules donneuses

ADN chromosomique (bactérien)

1 La cellule receveuse absorbe l'ADN de la cellule donneuse.

2 Les fragments d'ADN de la cellule donneuse s'alignent sur les bases complémentaires de l'ADN de la cellule receveuse.

3 Il y a recombinaison entre l'ADN de la cellule donneuse et celui de la cellule receveuse.

ADN non intégré en cours de dégradation

Cellule génétiquement transformée (modifiée)

Figure 24.25 **Mécanisme de la transformation génétique chez les bactéries.**

chapitre). Toutefois, les plasmides diffèrent des chromosomes bactériens par le fait que les gènes qu'ils portent ne sont généralement pas essentiels à la croissance de la cellule dans des conditions normales. Les plasmides peuvent être transmis d'une cellule à l'autre durant cette conjugaison.

Il y a deux grandes différences entre la conjugaison et la transformation. Premièrement, il faut que les bactéries soient en contact direct pour qu'il y ait conjugaison. Deuxièmement, les cellules bactériennes qui entrent en conjugaison doivent en général être de types sexuels opposés ; les cellules donneuses doivent posséder le plasmide, alors que les cellules receveuses en sont habituellement dépourvues. Chez les bactéries à Gram négatif, le plasmide porte des gènes qui dirigent la synthèse de *pili sexuels*, soit des prolongements de la surface de la cellule donneuse qui établissent un pont avec la cellule receveuse et contribuent à mettre les deux bactéries en contact direct (**figure 24.26a**). Les bactéries à Gram positif produisent des molécules de surface adhérentes qui maintiennent les cellules en contact les unes avec les autres. Au cours de la conjugaison, le plasmide se réplique en même temps qu'une copie monocaténaire de son ADN est transférée à la cellule receveuse, où le brin complémentaire est synthétisé (**figure 24.26b**).

Puisque la plupart des expériences sur la conjugaison ont été réalisées à l'aide d'*E. coli*, nous décrivons maintenant le processus tel qu'il se déroule dans ce microorganisme. Le **facteur F (facteur de fertilité)** est le premier plasmide dont on a observé le transfert d'une bactérie à l'autre durant la conjugaison. Les bactéries donneuses (cellules F$^+$) transfèrent le plasmide à des cellules receveuses (cellules F$^-$), qui deviennent alors des cellules F$^+$ (**figure 24.27a**). Dans certaines bactéries, le facteur F s'intègre au chromosome bactérien, convertissant la cellule F$^+$ en **cellule Hfr** (à haute fréquence de recombinaison) (**figure 24.27b**). Quand la conjugaison s'effectue entre une cellule Hfr et une cellule F$^-$, le chromosome de la première se réplique (ainsi que son facteur F intégré), et un brin parental du chromosome est transféré à la cellule receveuse (**figure 24.27c**). La réplication du chromosome Hfr commence au milieu du facteur F intégré, si bien qu'une petite partie de ce dernier constitue le premier élément à pénétrer dans la cellule F$^-$ avec les autres gènes chromosomiques à sa suite. Habituellement, le chromosome se brise avant d'être entièrement transféré, mais, une fois

qu'il est à l'intérieur, l'ADN de la cellule donneuse peut se recombiner avec celui de la cellule receveuse. (L'ADN de la cellule donneuse qui n'est pas intégré est dégradé.) En conséquence, par suite de sa conjugaison avec une cellule Hfr, une cellule F$^-$ peut acquérir de nouvelles versions des gènes chromosomiques (comme dans le cas de la transformation). Par contre, elle demeure une cellule F$^-$ si elle n'a pas reçu un facteur F entier au cours de la conjugaison.

On utilise la conjugaison pour cartographier le chromosome bactérien, c'est-à-dire situer les gènes les uns par rapport aux autres (figure 24.1b). On remarque que les gènes qui déterminent la synthèse de la thréonine (*thr*) et de la leucine (*leu*) sont les premiers sur la carte, lorsqu'on lit la carte dans le sens horaire à partir de 0. On a établi leur position par des expériences de conjugaison. Supposons qu'on laisse la conjugaison se poursuivre pendant seulement 1 minute entre une souche Hfr qui est his$^+$, pro$^+$, thr$^+$ et leu$^+$, et une souche F$^-$ qui est his$^-$, pro$^-$, thr$^-$ et leu$^-$. Si la cellule F$^-$ devient capable de synthétiser la thréonine, alors le gène *thr* est situé au début du chromosome, entre 0 et 1 minute. Si, après 2 minutes, la cellule F$^-$ devient thr$^+$ et leu$^+$, la position de ces deux gènes sur le chromosome doit être *thr*, *leu*, dans l'ordre.

La transduction chez les bactéries

La **transduction** est un troisième mécanisme de transfert génétique entre les bactéries. Lors de ce processus, l'ADN bactérien est transféré d'une cellule donneuse à une cellule receveuse après avoir été transporté à l'intérieur d'un virus qui infecte les bactéries et qui porte le nom de **bactériophage** ou **phage**. (Nous avons examiné ces organismes en détail au chapitre 8.)

Pour comprendre le mécanisme de la transduction, nous nous penchons sur le cycle vital d'un type de phage transducteur d'*E. coli*; ce phage effectue une **transduction généralisée** (**figure 24.28**). Lors de la reproduction du phage, c'est la bactérie hôte qui assure la synthèse des nouvelles molécules d'ADN du phage ainsi que de la capside protéique de ce dernier. L'ADN du phage doit ensuite être intégré à l'intérieur de la capside protéique. Durant cet assemblage, quelques fragments d'ADN bactérien peuvent être enfermés par erreur à l'intérieur de la capside protéique des bactériophages. Les phages peuvent aussi acquérir de l'ADN plasmidique ou l'ADN d'un autre virus.

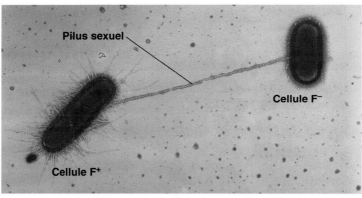

a) Le pilus sexuel reliant ces bactéries dont la conjugaison est en cours permet le transfert d'information génétique. On peut remarquer qu'une des bactéries possède de nombreuses fimbriæ. [MET] ⊢ 1 µm

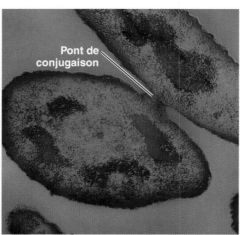

b) Au moment précis où l'échange génétique a lieu, le pont entre les bactéries se contracte et ramène ces dernières beaucoup plus près l'une de l'autre.

Figure 24.26 Conjugaison bactérienne. [MET] ⊢ 0,3 µm

Q/R Tous les gènes contenus dans une bactérie infectée par un phage capable de transduction généralisée ont des chances égales d'être enfermés dans la capside virale et transférés. Un autre type de transduction, appelé **transduction localisée**, n'autorise que le transfert de certains gènes bactériens. Dans un des types de transduction localisée, les phages contiennent le code de certaines toxines produites par leurs hôtes bactériens, telles que la toxine diphtérique provenant de *Corynebacterium diphtheriæ*, la toxine érythrogène du streptocoque β-hémolytique du groupe A et la vérotoxine d'*E. coli* O157:H7 qui cause la diarrhée sanglante caractéristique de la colite hémorragique (ou maladie du hamburger). Nous avons traité de la transduction localisée au chapitre 8. En plus des mutations, de la transformation et de la conjugaison, la transduction est donc un des moyens par lesquels les bactéries obtiennent de nouveaux génotypes. **Q/R**

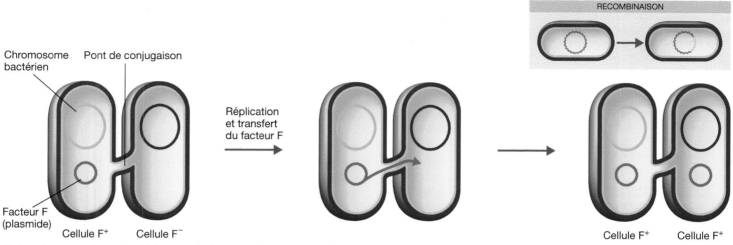

a) Quand un facteur F (un plasmide) est transféré d'une cellule donneuse (F⁺) à une cellule receveuse (F⁻), la cellule F⁻ est convertie en cellule F⁺.

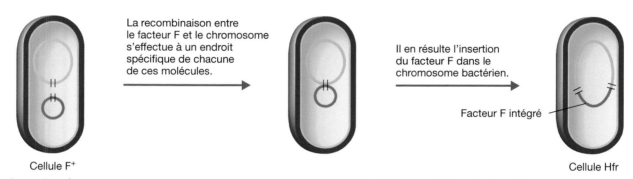

b) Quand un facteur F s'intègre au chromosome d'une cellule F⁺, il y a formation d'une cellule à haute fréquence de recombinaison (Hfr).

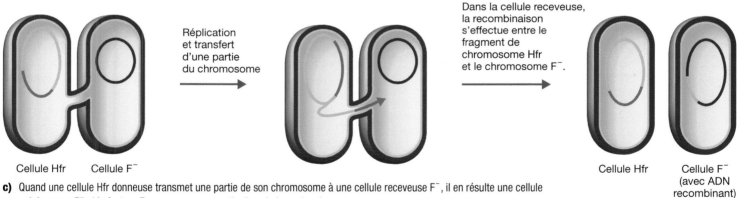

c) Quand une cellule Hfr donneuse transmet une partie de son chromosome à une cellule receveuse F⁻, il en résulte une cellule qui demeure F⁻ si le facteur F ne passe pas en entier lors de la conjugaison.

Figure 24.27 Conjugaison chez *E. coli*.

▶ **Vérifiez vos acquis**

Expliquez la différence entre le transfert horizontal de gènes et le transfert vertical de gènes. **24-14**

Comparez les résultats du mécanisme de conjugaison entre les souches bactériennes suivantes : une cellule F⁺ et une cellule F⁻ ; une cellule Hfr et une cellule F⁻. **24-15**

Les plasmides et les transposons

Les plasmides et les transposons sont des éléments génétiques qui s'ajoutent aux autres mécanismes de modification génétique. On les trouve aussi bien dans les organismes procaryotes que dans les organismes eucaryotes, mais dans cette section, nous traitons de leur rôle dans la modification de l'information génétique chez les procaryotes seulement.

Les plasmides

Nous avons déjà mentionné au chapitre 3 que les plasmides sont de petites molécules d'ADN circulaires qui contiennent des gènes et sont capables de réplication autonome. Leur taille se situe entre 1 et 5 % de celle du chromosome bactérien (**figure 24.29a**). On les

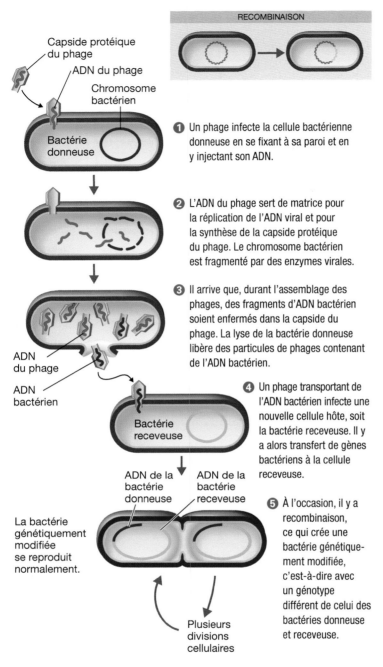

RECOMBINAISON

❶ Un phage infecte la cellule bactérienne donneuse en se fixant à sa paroi et en y injectant son ADN.

❷ L'ADN du phage sert de matrice pour la réplication de l'ADN viral et pour la synthèse de la capside protéique du phage. Le chromosome bactérien est fragmenté par des enzymes virales.

❸ Il arrive que, durant l'assemblage des phages, des fragments d'ADN bactérien soient enfermés dans la capside du phage. La lyse de la bactérie donneuse libère des particules de phages contenant de l'ADN bactérien.

❹ Un phage transportant de l'ADN bactérien infecte une nouvelle cellule hôte, soit la bactérie receveuse. Il y a alors transfert de gènes bactériens à la cellule receveuse.

❺ À l'occasion, il y a recombinaison, ce qui crée une bactérie génétique-ment modifiée, c'est-à-dire avec un génotype différent de celui des bactéries donneuse et receveuse.

Figure 24.28 **Transduction par un bactériophage.** La figure représente la transduction généralisée, au cours de laquelle n'importe quelle partie de l'ADN bactérien peut être transférée d'une cellule bactérienne à l'autre.

inhabituels. C'est ainsi que certaines espèces de *Pseudomonas* peuvent utiliser, comme sources principales de carbone et d'énergie, des substances inusitées telles que le toluène (un composé aromatique), le camphre et les hydrocarbures pétroliers; en effet, ces bactéries possèdent des enzymes cataboliques dont les gènes sont portés par des plasmides. Ces aptitudes spécialisées permettent à ces micro-organismes de vivre dans des milieux très diversifiés et inhospitaliers. Puisqu'ils peuvent dégrader et détoxiquer un éventail de composés très particuliers, bon nombre de ces microorganismes font l'objet d'études visant à les utiliser un jour pour éliminer certains déchets de l'environnement, tels que des pesticides et le pétrole (encadré 22.1).

D'autres plasmides dirigent la synthèse de protéines qui augmentent le pouvoir pathogène des bactéries. La souche d'*E. coli* qui cause la diarrhée infantile et celle des voyageurs contient des plasmides qui déterminent la production d'une toxine et la fixation de la bactérie aux cellules intestinales. Sans ces plasmides, *E. coli* est un résident inoffensif du gros intestin; s'il en est porteur, il est pathogène. Les plasmides sont à l'origine d'autres toxines telles que la toxine exfoliatrice de *Staphylococcus aureus*, la neurotoxine de *Clostridium tetani* et les toxines de *Bacillus anthracis*. D'autres plasmides contiennent des gènes pour la synthèse de **bactériocines**, des protéines toxiques synthétisées par des bactéries et qui tuent d'autres bactéries tentant d'occuper leur territoire; les bactéries productrices sont évidemment résistantes à leurs propres bactériocines. On trouve ces plasmides dans de nombreux genres de bactéries; ils constituent des marqueurs utiles pour l'identification de certaines bactéries dans les laboratoires d'analyses médicales.

Les **facteurs R (facteurs de résistance)** sont des plasmides qui jouent un rôle important en médecine. Ils ont été découverts au Japon à la fin des années 1950 à la suite de plusieurs épidémies de dysenterie. On a observé à cette époque que l'agent infectieux à l'origine de certaines de ces épidémies était résistant aux antibiotiques habituels. Après avoir isolé l'agent pathogène, on a constaté qu'il était résistant à plus d'un antibiotique. De plus, d'autres bactéries du microbiote intestinal normal des patients (telles qu'*E. coli*) étaient résistantes, elles aussi. Les chercheurs ont découvert peu après que l'acquisition de la résistance s'effectuait par la propagation de gènes d'une bactérie à l'autre. Les plasmides qui rendent ces transferts possibles sont les facteurs R.

Les facteurs R portent des gènes qui rendent la cellule hôte résistante aux antibiotiques, aux métaux lourds ou aux toxines cellulaires. Un grand nombre de facteurs R contiennent deux groupes de gènes. L'un d'eux est appelé **facteur de transfert de résistance (RTF)**; il comprend des gènes nécessaires à la réplication du plasmide et à son transfert par conjugaison. L'autre groupe, appelé **déterminant r**, comporte les gènes de résistance, qui dirigent la production d'enzymes capables d'inactiver certains médicaments ou substances toxiques (**figure 24.29b**). Lorsqu'ils se trouvent dans la même cellule, différents facteurs R peuvent produire par recombinaison des facteurs R avec de nouveaux ensembles de gènes dans leurs déterminants r.

Dans certains cas, le nombre de gènes de résistance qui s'accumulent dans un même plasmide est assez remarquable. Par exemple, la figure 24.29b représente la carte génétique du plasmide de résistance R100. Ce dernier porte des gènes de

trouve surtout chez les bactéries, mais aussi chez certains micro-organismes eucaryotes, tels que *Saccharomyces cerevisiæ*. Le facteur F est un **plasmide conjugatif** qui porte des gènes codant pour les pili sexuels et le transfert d'une copie du plasmide à une autre bactérie. Bien que les plasmides ne soient pas indispensables en général, les gènes qu'ils portent peuvent, dans certaines conditions, jouer un rôle crucial dans la survie et la croissance de la bactérie. Par exemple, les **plasmides métaboliques** portent des gènes qui déterminent la synthèse d'enzymes, lesquelles déclenchent le catabolisme de substances telles que des glucides et des hydrocarbures résistance aux sulfamides, à la streptomycine, au chloramphénicol et à la tétracycline, ainsi que des gènes de résistance au mercure. Plusieurs espèces de bactéries intestinales peuvent s'échanger ce plasmide, y compris *Escherichia*, *Klebsiella* et *Salmonella*.

Les facteurs R posent des problèmes très importants pour le traitement des maladies infectieuses par les antibiotiques. L'utilisation répandue des antibiotiques en médecine et en agriculture (beaucoup de farines pour les animaux contiennent des antibiotiques) a favorisé la survie (sélection) des bactéries possédant des facteurs R, de telle sorte que les populations de bactéries résistantes ne cessent de prendre de l'ampleur. Le transfert de la résistance entre les cellules d'une population de bactéries et même entre les

bactéries de genres différents ne fait qu'aggraver le problème. Chez les eucaryotes, une espèce est définie par la capacité des individus qui en font partie de se reproduire sexuellement. Chez les bactéries, une espèce peut s'unir à une autre espèce par conjugaison et lui transférer des plasmides. Il est possible que *Neisseria* ait acquis de *Streptococcus* le plasmide qui lui permet de produire la pénicillinase. Les plasmides non conjugatifs peuvent passer d'une cellule à l'autre en s'insérant dans un plasmide conjugatif ou un chromosome. Ce processus est rendu possible par une séquence d'insertion, qui est décrite plus loin.

Les plasmides sont d'importants outils de la technologie de l'ADN recombinant (chapitre 25).

Les transposons

Les **transposons** sont de petits segments d'ADN qui peuvent se déplacer (par «transposition») d'une région de la molécule d'ADN à une autre région. Ces fragments d'ADN ont de 700 à 40 000 paires de bases.

Dans les années 1950, la généticienne américaine Barbara McClintock découvre les transposons dans le maïs, mais ils existent chez tous les organismes et les études les plus approfondies sur ce sujet ont été faites chez les microorganismes. Les transposons peuvent se déplacer d'un site à un autre sur le même chromosome, ou aboutir sur un autre chromosome ou sur un plasmide. On peut imaginer que de fréquents déplacements de transposons seraient dévastateurs pour la cellule. Par exemple, en sautant d'un endroit à l'autre sur le chromosome, ils peuvent s'insérer *à l'intérieur* d'un gène et l'inactiver. Heureusement, la transposition est un phénomène assez rare. Sa fréquence est comparable au taux de mutation spontanée observé chez les bactéries – c'est-à-dire de 10^{-5} à 10^{-7} fois par génération.

Tous les transposons contiennent l'information nécessaire à leur propre transposition. On peut voir à la **figure 24.30a** que les transposons les plus simples, aussi appelés **séquences d'insertion (IS)**, contiennent seulement un gène et des sites de reconnaissance. Le gène code pour une enzyme, la *transposase*, laquelle coupe l'ADN et le referme lors de la transposition. Les *sites de reconnaissance* sont de courtes séquences répétitives inversées d'ADN que l'enzyme reconnaît comme des sites de recombinaison entre le transposon et le chromosome. Ces séquences répétitives sont dites inversées parce que les séries de bases se trouvent en sens inverse l'une par rapport à l'autre.

Les transposons complexes portent aussi d'autres gènes sans lien avec le processus de la transposition. Par exemple, les transposons bactériens peuvent contenir des gènes d'entérotoxines ou de résistance aux antibiotiques (**figure 24.30b**). Les plasmides tels que les facteurs R sont souvent le résultat d'un assemblage de transposons (**figure 24.30c**).

Les transposons qui portent des gènes de résistance aux antibiotiques sont bien sûr d'un intérêt pratique, mais ils peuvent contenir toutes sortes de gènes. Ainsi, les transposons constituent un mécanisme naturel puissant par lequel les gènes peuvent se déplacer d'un chromosome à l'autre. De plus, puisqu'ils peuvent circuler entre les cellules par l'intermédiaire de plasmides ou de virus, ils peuvent aussi se propager d'un organisme – voire d'une

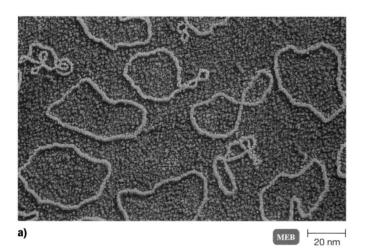

a)   [MEB]   20 nm

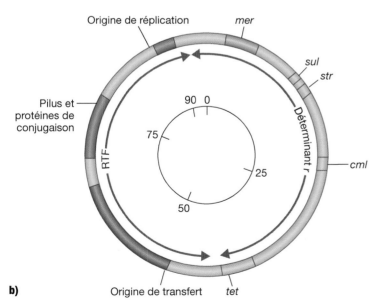

b)

Figure 24.29 **Facteur R, un type de plasmide. a)** Plasmide isolé de la bactérie *Bacteroides fragilis*, qui confère la résistance à la clindamycine, un antibiotique. **b)** Schéma d'un facteur R. Les deux parties du facteur sont représentées : le RTF contient les gènes nécessaires à la réplication du plasmide et à son transfert par conjugaison ; le déterminant r porte les gènes qui confèrent la résistance à quatre antibiotiques différents et au mercure. (*sul* = résistance aux sulfamides, *str* = résistance à la streptomycine, *cml* = résistance au chloramphénicol, *tet* = résistance à la tétracycline, *mer* = résistance au mercure) ; les nombres = paires de bases × 1 000.

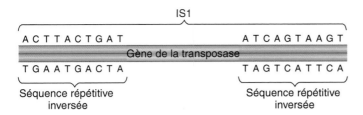

a) La séquence d'insertion (IS), qui est la forme la plus simple du transposon, contient le gène de la transposase, l'enzyme qui catalyse la transposition. Le gène de la transposase est borné aux deux bouts par des séquences répétitives inversées d'ADN qui servent de sites de reconnaissance pour le transposon. IS1 est un exemple de séquence d'insertion, représenté ici avec des séquences répétitives inversées simplifiées.

❶ La transposase coupe l'ADN, laissant des extrémités cohésives, ou collantes.

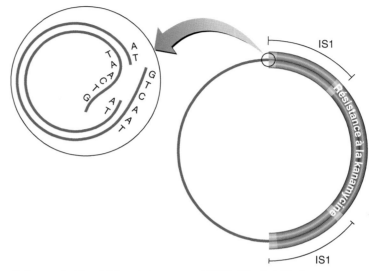

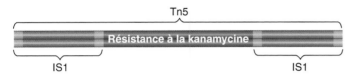

b) Les transposons complexes portent d'autres éléments génétiques en plus des gènes de la transposase. L'exemple qui figure ici, Tn5, contient le gène de la résistance à la kanamycine et des copies complètes de la séquence d'insertion IS1 à chaque extrémité.

❷ Les extrémités cohésives du transposon et l'ADN cible s'hybrident.

c) Insertion du transposon Tn5 dans le plasmide R100

Figure 24.30 Transposons et séquences d'insertion.

espèce – à l'autre. Par exemple, le gène de la résistance à la vancomycine est transféré d'*Enterococcus fæcalis* à *Staphylococcus aureus* par l'intermédiaire d'un transposon appelé Tn1546. En conséquence, les transposons ont le potentiel de constituer un ressort important de l'évolution des organismes.

▶ **Vérifiez vos acquis**

Quels types de gènes les plasmides portent-ils? **24-16**

Les gènes et l'évolution

▶ **Objectif d'apprentissage**

24-17 Expliquer comment les mutations et la recombinaison génétique produisent la matière première sur laquelle opère la sélection naturelle.

Nous avons vu comment l'activité des gènes est soumise aux mécanismes régulateurs internes de la cellule et comment les gènes eux-mêmes peuvent être modifiés ou réarrangés par la mutation, la recombinaison et la transposition. Tous ces processus créent de la diversité chez les descendants des cellules. L'évolution trouve sa matière première dans cette diversité, et la sélection naturelle lui procure sa force motrice. La sélection naturelle agit sur les populations qui se diversifient de manière à assurer la survie des individus adaptés au milieu particulier où ils se trouvent. Les différents types de microorganismes qui existent aujourd'hui sont l'aboutissement d'une longue évolution. Les microorganismes changent depuis toujours et continuent de le faire en modifiant leurs propriétés génétiques et en s'adaptant à de nombreux habitats différents (encadré 21.2 portant sur la résistance aux antibiotiques, un exemple de sélection naturelle).

▶ **Vérifiez vos acquis**

La sélection naturelle signifie que l'environnement favorise la survie de certains génotypes. D'où vient la diversité entre les génotypes? **24-17**

RÉSUMÉ

LA STRUCTURE ET LA FONCTION DU MATÉRIEL GÉNÉTIQUE (p. 696)

1. La génétique est la science qui a pour objet d'élucider ce que sont les gènes, comment ils portent l'information, comment leur information est exprimée, comment ils se répliquent et comment ils sont transmis d'une génération de cellules à la suivante ou d'un organisme à l'autre.

2. L'ADN se présente dans la cellule sous la forme d'une double hélice dont les deux brins sont antiparallèles ; le squelette glucidique-phosphaté d'un des brins est inversé par rapport à celui de l'autre brin. Les deux brins sont retenus ensemble par des liaisons hydrogène entre des bases azotées qui forment des paires précises : AT et CG.

3. Le gène est un segment d'ADN (une séquence de nucléotides) qui contient, sous forme de code, l'information nécessaire à la synthèse d'un produit fonctionnel, habituellement une protéine.

4. Lors de l'expression d'un gène, l'ADN est transcrit pour produire de l'ARN ; l'ARNm est alors traduit en protéine.

5. L'ADN est dupliqué avant que la cellule se divise, afin que chaque cellule fille reçoive la même information génétique.

Le génotype et le phénotype (p. 696)

6. Le génotype d'un organisme constitue sa composition génétique, l'ensemble de son ADN.

7. Le phénotype est l'expression des gènes : les protéines de la cellule et les propriétés qu'elles confèrent à l'organisme.

L'ADN et les chromosomes (p. 696)

8. L'ADN qui forme un chromosome est une longue double hélice associée à diverses protéines qui régulent l'activité génétique.

9. L'ADN bactérien est circulaire. Par exemple, le chromosome d'*E. coli* contient environ 4 millions de paires de bases et est approximativement 1 000 fois plus long que la cellule.

10. La génomique a pour objet la caractérisation moléculaire des génomes.

La circulation de l'information génétique (p. 697)

11. L'information contenue dans l'ADN est transcrite en ARNm et traduite en protéines.

La réplication de l'ADN (p. 697)

12. Durant la réplication de l'ADN, les deux brins de la double hélice se séparent à la fourche de réplication. En utilisant chaque brin comme matrice, les molécules d'ADN polymérase synthétisent deux nouveaux brins d'ADN suivant les règles d'appariement des bases azotées.

13. La réplication de l'ADN crée deux nouveaux brins d'ADN, chacun étant associé à un des brins d'origine grâce à la complémentarité de leurs séquences de bases. L'ADN polymérase est l'enzyme qui catalyse la polymérisation des nucléotides.

14. Puisque chaque molécule d'ADN bicaténaire (double brin) contient un des brins d'origine et un nouveau brin, on dit que la réplication est semi-conservatrice ; ce mécanisme assure la transmission d'au moins un brin original de l'ADN parental.

15. L'ADN est synthétisé dans un sens seulement, appelé $5' \longrightarrow 3'$. À la fourche de réplication, le brin directeur est synthétisé de façon continue et le brin discontinu est synthétisé par petits fragments à partir d'une amorce d'ARN.

16. L'ADN polymérase vérifie la nouvelle molécule d'ADN et élimine les bases qui contreviennent aux règles d'appariement avant de continuer la synthèse de l'ADN.

17. Quand une bactérie se divise, chaque cellule fille reçoit un chromosome identique, sauf exception, à celui de la cellule mère.

La synthèse de l'ARN et des protéines (p. 702)

18. La transcription est le processus par lequel l'ARN polymérase synthétise un brin d'ARN à partir d'un des brins de l'ADN bicaténaire, qui sert de matrice ; ce dernier est l'ARN messager (ARNm), ainsi appelé parce que son rôle consiste à transmettre l'information génétique contenue dans l'ADN aux ribosomes qui effectuent la synthèse des protéines.

19. L'ARN est composé de nucléotides contenant les bases A, C, G et U, qui forment des paires avec les bases du brin d'ADN utilisé pour la transcription.

20. Le promoteur est la région où l'ARN polymérase se lie à l'ADN ; il comprend le site d'initiation, qui est le point de départ de la transcription du gène ; le terminateur est la région de l'ADN où la transcription prend fin ; l'ARNm est synthétisé dans le sens $5' \longrightarrow 3'$.

21. La traduction est le processus par lequel l'information contenue dans la séquence des bases de nucléotides de l'ARNm est utilisée pour déterminer la séquence des acides aminés d'une protéine.

22. L'ARNm s'associe à des ribosomes, qui sont constitués d'ARNr et de protéines.

23. On appelle *codon* un segment d'ARNm composé de trois bases représentant un acide aminé.

24. Le code génétique fait référence à la relation qui existe entre la séquence des bases de nucléotides de l'ADN (génons), les codons correspondants de l'ARNm et les acides aminés correspondants dans la protéine.

25. Le code génétique est dégénéré (ou redondant), c'est-à-dire que la plupart des acides aminés sont représentés par plus d'un codon.

26. Sur les 64 codons, 61 représentent des acides aminés, et 3 ne correspondent pas à des acides aminés; ces 3 codons constituent des signaux d'arrêt pour la traduction.

27. Le codon d'initiation, AUG, est aussi celui qui représente la méthionine chez les cellules eucaryotes, et celui de la formylméthionine chez les procaryotes, telles les cellules bactériennes.

28. Les acides aminés sont combinés à des molécules d'ARNt spécifiques. Une autre partie de l'ARNt possède un triplet de bases appelé *anticodon*.

29. L'appariement des bases du codon de l'ARNm et de l'anticodon de l'ARNt au niveau du ribosome a pour résultat d'introduire l'acide aminé spécifique au site de synthèse de la protéine.

30. Le ribosome se déplace le long du brin d'ARNm au fur et à mesure que les acides aminés s'ajoutent au polypeptide naissant; l'ARNm est lu dans le sens $5' \longrightarrow 3'$.

31. La traduction se termine quand le ribosome atteint un codon d'arrêt sur l'ARNm.

32. Chez les procaryotes, la traduction peut commencer avant la fin de la transcription, ce qui accélère la production des protéines.

LA RÉGULATION DE L'EXPRESSION GÉNIQUE CHEZ LES BACTÉRIES (p. 708)

1. La régulation de la synthèse des protéines au niveau des gènes est une mesure qui conserve l'énergie parce que les protéines sont alors produites seulement quand elles sont requises.

2. Les produits des gènes constitutifs sont synthétisés à une cadence régulière. Les gènes des enzymes de la glycolyse sont des exemples de gènes constitutifs.

3. En ce qui concerne ces mécanismes de régulation génique, le contrôle s'exerce sur la synthèse de l'ARNm (transcription).

La répression et l'induction (p. 709)

4. La répression est le processus par lequel la synthèse d'une ou de plusieurs enzymes est inhibée (enzymes répressibles).

5. Quand des cellules sont exposées à un produit final particulier, la synthèse des enzymes liées à ce produit diminue.

6. L'induction est le processus par lequel la présence de certaines substances chimiques (inducteurs) active la synthèse d'une plus grande quantité d'enzymes.

7. La production de l'enzyme β-galactosidase par *E. coli* en présence de lactose – le substrat qui sert d'inducteur – est un exemple d'induction. Lorsque le lactose se lie au répresseur, ce dernier n'est plus en mesure de bloquer la transcription de la β-galactosidase; le lactose peut alors être métabolisé.

L'expression génique : le modèle de l'opéron (p. 709)

8. La composition des enzymes est déterminée par des gènes de structure.

9. Chez les bactéries, on appelle *opéron* un groupe de gènes de structure ayant des fonctions métaboliques apparentées qui s'expriment de façon coordonnée, avec le site promoteur et le site opérateur qui régulent leur transcription.

10. Selon le modèle de l'opéron appliqué à un système inductible, un gène régulateur détermine la synthèse d'un répresseur protéique.

11. Quand l'inducteur est absent, le répresseur se lie à l'opérateur et l'ARNm n'est pas synthétisé.

12. Quand l'inducteur est présent, il se lie au répresseur, si bien que ce dernier est incapable de s'accrocher à l'opérateur. Par conséquent, il y a production d'ARNm et la synthèse de l'enzyme est amorcée.

13. Dans les systèmes répressibles, le répresseur doit s'associer à un corépresseur pour se lier au site opérateur. Par conséquent, le corépresseur régule la synthèse de l'enzyme.

La régulation positive (p. 710)

14. La transcription des gènes de structure des enzymes cataboliques (telles que la β-galactosidase) est déclenchée par l'absence de glucose. L'AMP cyclique et la protéine CAP doivent se fixer à un promoteur en présence d'un autre glucide.

15. La présence de glucose inhibe par répression catabolique le métabolisme des autres sources de carbone; c'est ainsi que les organismes utilisent de façon préférentielle le glucose par rapport à d'autres sources secondaires de carbone.

LA MUTATION, OU LA MODIFICATION DU MATÉRIEL GÉNÉTIQUE (p. 711)

1. Une mutation est une modification de la séquence des bases azotées de l'ADN. Ce changement entraîne une altération du produit du gène (la protéine) qui a subi la mutation.

2. Un grand nombre de mutations sont silencieuses, ou neutres, certaines sont défavorables, voire létales, et d'autres sont avantageuses.

Les types de mutations (p. 712)

3. On appelle *substitution de bases* le remplacement d'une paire de bases de l'ADN par une paire différente.

4. Les modifications de l'ADN peuvent donner naissance à des mutations faux-sens (qui causent des substitutions d'acides aminés dans la protéine sans nécessairement produire d'effet ni de protéines altérées) et à des mutations non-sens (qui créent des codons d'arrêt et, par conséquent, empêchent la synthèse de la protéine).

5. Dans le cas des mutations par décalage du cadre de lecture, une ou plusieurs paires de bases sont ajoutées à l'ADN ou en sont supprimées: on parle d'insertions ou de délétions de bases.

6. Les mutagènes sont des agents présents dans l'environnement qui causent des changements permanents dans l'ADN.

7. Les mutations spontanées ont lieu sans l'intervention d'agents mutagènes.

Les mutagènes (p. 714)

8. Les mutagènes chimiques comprennent ceux qui agissent sur les paires de bases, les analogues de nucléosides et ceux qui causent des décalages du cadre de lecture.

9. Le rayonnement ionisant occasionne la formation d'ions et de radicaux libres qui réagissent avec l'ADN ; il en résulte des substitutions de bases ou des ruptures du squelette glucidique-phosphaté.

10. Les rayons ultraviolets (UV) sont non ionisants ; ils causent la formation de liaisons entre les thymines adjacentes.

11. Les dommages causés à l'ADN par les rayons UV ou par tout autre agent mutagène peuvent être réparés par des enzymes qui excisent les segments d'ADN touchés et les remplacent.

12. Les enzymes de photoréactivation réparent les dimères de thymine en présence de lumière visible.

La fréquence des mutations (p. 715)

13. Le taux de mutation est la probabilité qu'un gène subisse une mutation quand la cellule se divise ; ce taux est exprimé par une puissance négative de 10.

14. En règle générale, les mutations surviennent au hasard le long des chromosomes.

15. Un faible taux de mutations spontanées est avantageux, car il procure la diversité génétique nécessaire à l'évolution.

La détection des mutants (p. 716)

16. On peut mettre en évidence les mutants en sélectionnant les nouveaux phénotypes ou en les révélant.

17. La sélection positive comprend la sélection des cellules mutantes et le rejet des cellules non mutantes.

18. La technique de réplique sur boîte est utilisée pour la sélection négative, par exemple pour détecter des auxotrophes ayant des besoins nutritionnels qui n'existent pas dans les cellules parentales (non mutantes).

La détection des agents chimiques cancérogènes (p. 717)

19. Le test d'Ames est un moyen relativement peu coûteux et rapide de repérer les agents chimiques qui ont un pouvoir cancérogène.

20. Le test est fondé sur l'hypothèse voulant que, grâce à une rétromutation, une cellule mutante puisse redevenir normale en présence d'un mutagène et que de nombreux mutagènes soient cancérogènes.

LES TRANSFERTS GÉNÉTIQUES ET LA RECOMBINAISON (p. 719)

1. La recombinaison génétique, soit le réarrangement de gènes appartenant à des groupements de gènes distincts, fait habituellement intervenir l'ADN d'organismes différents ; elle contribue à la diversité génétique.

2. Au cours de l'enjambement, des gènes provenant de deux chromosomes sont recombinés sur le même chromosome, qui contient alors des gènes de chacun des chromosomes d'origine.

3. Le transfert vertical de gènes a lieu durant la reproduction quand les gènes sont transmis d'un organisme à sa descendance.

4. Chez les bactéries, le transfert horizontal de gènes signifie qu'une partie de l'ADN cellulaire passe d'une cellule donneuse à une cellule receveuse, les deux cellules pouvant appartenir à la même génération.

5. Quand une partie de l'ADN de la cellule donneuse est intégrée à l'ADN de la cellule receveuse, on dit que la cellule ainsi obtenue est génétiquement modifiée.

La transformation chez les bactéries (p. 719)

6. Durant ce processus, des gènes sont transférés d'une bactérie à une autre sous forme d'ADN «nu» en solution, ce qui signifie que les bactéries absorbent l'ADN du milieu extracellulaire. Cet ADN peut provenir de bactéries mortes qui ont libéré leur contenu cellulaire.

7. Ce processus a été observé pour la première fois chez *Streptococcus pneumoniæ*. Il se produit naturellement chez quelques genres de bactéries.

La conjugaison chez les bactéries (p. 721)

8. Ce processus exige un contact entre des bactéries vivantes unies par un pilus sexuel ; pendant le contact, il y a transfert de matériel génétique d'une bactérie donneuse à une bactérie receveuse.

9. La cellule F^+ est un exemple de cellule donneuse de gènes ; la cellule receveuse est F^-. Les cellules F^+ contiennent des plasmides appelés facteurs F qui sont transférés aux cellules F^- durant la conjugaison.

10. Quand le plasmide devient intégré au chromosome, il y a formation d'une cellule Hfr (à haute fréquence de recombinaison).

11. Durant la conjugaison, une cellule Hfr peut transférer de l'ADN chromosomique à une cellule F^-. Habituellement, le chromosome Hfr se brise avant d'être entièrement transféré, de sorte que le plasmide F n'est pas totalement transféré ; la cellule obtenue est génétiquement modifiée (son ADN est recombinant), mais reste F^-.

La transduction chez les bactéries (p. 722)

12. Au cours de ce processus, de l'ADN est transporté d'une bactérie à une autre par un bactériophage ; il est ensuite intégré à l'ADN de la cellule receveuse.

13. Lors de la transduction généralisée, n'importe quel gène bactérien peut être transféré ; lors de la transduction localisée, seuls certains gènes sont transférés.

Les plasmides et les transposons (p. 723)

14. Les plasmides sont des molécules d'ADN circulaires, capables de réplication autonome et portant des gènes qui, en général, ne sont pas essentiels à la vie de la cellule.

15. Il y a plusieurs types de plasmides, notamment les plasmides conjugatifs, les plasmides métaboliques, les plasmides qui portent des gènes de toxines ou de bactériocines, et les facteurs de résistance (facteurs R).

16. Les transposons sont de courts segments d'ADN qui peuvent se déplacer d'une région d'un chromosome à une autre, ou aboutir sur un autre chromosome ou sur un autre plasmide.

17. On trouve des transposons sur les chromosomes des organismes, dans les plasmides et dans le matériel génétique des virus. Ils peuvent être simples (séquences d'insertion) ou complexes.

18. Les transposons complexes peuvent porter n'importe quel type de gène, y compris des gènes de résistance aux antibiotiques. Par conséquent, ils constituent un mécanisme naturel par lequel les gènes peuvent se déplacer d'un chromosome à l'autre.

LES GÈNES ET L'ÉVOLUTION (p. 726)

1. La diversité est un préalable à l'évolution.

2. La mutation, la transposition et les processus de la recombinaison génétique, telles la transformation, la conjugaison et la transduction, créent une diversité d'organismes. Le processus de la sélection naturelle favorise la croissance de ceux qui sont le mieux adaptés à leur milieu.

AUTOÉVALUATION

QUESTIONS À COURT DÉVELOPPEMENT

1. Les analogues de nucléosides et le rayonnement ionisant sont utilisés pour traiter le cancer. Ces mutagènes peuvent causer le cancer. Comment alors, selon vous, peuvent-ils servir à combattre la maladie ?

2. La bactérie *E. coli* peut accomplir toutes les fonctions nécessaires à la vie, bien qu'elle soit plus petite que la cellule eucaryote. Le temps de génération d'*E. coli* est de 26 min. La vitesse de croissance et, par conséquent, la capacité de reproduction de cette bactérie sont donc très grandes. (*Indice :* Voir le chapitre 3, réponse à la question n° 1 de la section Questions à court développement.)

   a) La grande rapidité de croissance d'une bactérie est liée à son processus de synthèse des protéines. Quelle est la caractéristique particulière de ce processus ?

   b) Quel avantage *E. coli* tire-t-il de son métabolisme élevé lorsqu'il infecte l'organisme humain ?

3. Expliquez pourquoi une bactérie virulente morte constitue encore un danger.

4. *Pseudomonas* possède un plasmide qui contient l'opéron *mer*, qui comprend le gène d'une enzyme qui catalyse la réduction de l'ion mercurique Hg^{2+} à la forme métallique du mercure, Hg^0. Hg^{2+} est toxique pour les cellules ; Hg^0 ne l'est pas.

   a) De quel type de plasmide s'agit-il ? Décrivez-le.

   b) Selon vous, quel est l'inducteur de cet opéron ?

   c) La protéine produite par un des gènes *mer* capte l'ion Hg^{2+} dans l'espace périplasmique et l'entraîne dans la cellule. Pourquoi une cellule absorberait-elle un produit toxique ?

   d) Quelle est l'utilité de l'opéron *mer* pour *Pseudomonas* ?

APPLICATIONS CLINIQUES

N. B. Certaines de ces questions nécessitent que vous cherchiez des réponses dans les différents chapitres du livre.

1. La chloroquine, l'érythromycine et l'acyclovir sont utilisés pour traiter les infections microbiennes. La chloroquine exerce son action en s'insérant entre les paires de bases de la molécule d'ADN. L'érythromycine se lie en face du site A de la sous-unité 50S du ribosome. L'acyclovir est un analogue de la guanine.

   Quelle est l'étape de la synthèse des protéines inhibée par chacun de ces médicaments ? Lequel des médicaments est le plus efficace contre les bactéries ? Pourquoi ? Lequel des médicaments est le plus efficace contre les virus ? Pourquoi ? Quels médicaments auront des effets sur les cellules de l'hôte ? Pourquoi ? Consultez l'index pour trouver la maladie contre laquelle on utilise le plus souvent la chloroquine. Pourquoi cette dernière est-elle plus efficace que l'érythromycine dans ce cas ? Consultez l'index pour trouver la maladie contre laquelle on utilise le plus souvent l'acyclovir. Pourquoi ce dernier est-il plus efficace que l'érythromycine dans ce cas ?

2. On a isolé le VIH (virus du sida) de trois individus et on a établi la séquence des acides aminés de la capside virale.

   D'après les séquences d'acides aminés ci-dessous, quels sont les deux virus les plus apparentés ? Pourquoi est-il utile de connaître ces séquences d'acides aminés d'un virus ?

Patient	Séquence des acides aminés viraux
A	Asn Gln Thr Ala Ala Ser Lys Asn Ile Asp Ala Glu Leu
B	Asn Leu His Ser Asp Lys Ile Asn Ile Ile Leu Gln Leu
C	Asn Gln Thr Ala Asp Ser Ile Val Ile Asp Ala Cys Leu

3. L'herpèsvirus humain 8 (HHV-8) est répandu dans certaines régions d'Afrique, du Moyen-Orient et de la Méditerranée. Il est rare ailleurs, sauf chez les patients atteints du sida, chez qui il provoque le sarcome de Kaposi. Les analyses génétiques indiquent que la souche africaine n'est pas en train de changer, alors que la souche occidentale accumule les changements.

   Imaginons que les segments du génome de HHV-8 décrits ci-après contiennent le code d'une des protéines virales. Établissez le degré de similitude entre ces deux virus en comparant les séquences d'ADN et les séquences d'acides aminés que les deux fragments d'ADN de ces virus vont coder. (*Indice :* Calculez la proportion de changements dans les acides aminés et dans les nucléotides.) Quel mécanisme serait à l'origine des changements ? Ce mécanisme a-t-il toujours des effets sur le type de protéines virales ? Justifiez votre réponse. Quel est l'effet des changements qui s'opèrent dans la souche occidentale du virus ?

Souche occidentale   3′-ATGGAGTTCTTCTGGACAAGA

Souche africaine   3′-ATAAACTTTTTCTTGACAACG

4. M. Ranger est un patient alcoolique ; il a contracté de nombreuses maladies infectieuses contre lesquelles il a reçu à plusieurs reprises des doses massives d'antibiotiques. Dernièrement, il s'est fracturé l'avant-bras ; on a dû l'opérer pour réduire la fracture et solidifier les os. Il vient d'être à nouveau hospitalisé à la suite de l'infection de la plaie. Le médecin a prescrit immédiatement une culture bactérienne de la plaie et du nez du patient ainsi que d'une vis retirée de l'os fracturé. Le pus de la plaie et le nez de M. Ranger contenaient des staphylocoques multirésistants aux antibiotiques. Un staphylocoque sensible aux antibiotiques a été trouvé sur la vis retirée. Une culture du nez du chirurgien a aussi révélé la présence du staphylocoque sensible aux antibiotiques.

Formulez une explication qui décrive comment les bactéries présentes chez M. Ranger ont acquis leur multi-résistance aux antibiotiques. Le médecin représente-t-il un danger pour ses patients ? Justifiez votre réponse. Expliquez en quoi la contamination par des bactéries multirésistantes d'un jeune enfant hospitalisé aura des conséquences sur son propre microbiote normalement sensible aux antibiotiques.

 Consultez le volet de gauche de l'Édition en ligne pour d'autres activités.

La biotechnologie et l'ADN recombinant

Depuis des milliers d'années, nous consommons des aliments transformés par l'action de microorganismes. Le pain, le chocolat, le vin, les fromages et la sauce soja figurent parmi les exemples les plus connus. Toutefois, ce n'est que depuis une centaine d'années que les scientifiques ont démontré leur rôle dans la fabrication de ces denrées. Cette découverte a pavé la voie à l'utilisation courante des microorganismes pour créer des produits cruciaux. Dès la Première Guerre mondiale, on s'en sert pour élaborer une variété de substances chimiques, telles que l'alcool éthylique, l'acétone et l'acide citrique. Depuis la Deuxième Guerre mondiale, on les cultive à grande échelle pour fabriquer des antibiotiques. Plus récemment, leur action et celle de leurs enzymes se substituent à diverses réactions chimiques visant à produire le papier, certains textiles et le fructose. L'utilisation de microorganismes et de leurs enzymes, au lieu du recours à la synthèse chimique, offre plusieurs avantages : les microorganismes peuvent utiliser des matières premières économiques et abondantes, telles que l'amidon ; ils sont actifs à des températures et à des pressions courantes, ce qui évite l'utilisation de systèmes pressurisés dangereux dont le fonctionnement s'avère coûteux ; enfin, ils ne forment pas de déchets toxiques ou difficiles à traiter.

Dans le présent chapitre, nous traitons des outils et des techniques nécessaires à la recherche et à la mise au point d'un produit biotechnologique. Nous nous penchons également sur la façon dont on se sert de la technologie de l'ADN recombinant pour surveiller les éclosions de cas d'infections et pour fournir les preuves requises par les tribunaux en matière de microbiologie médicolégale.

Q/R

Depuis une trentaine d'années, les chercheurs savent que les interférons sont des agents antiviraux efficaces. Toutefois, ils ont découvert que ceux-ci sont propres à l'espèce, ce qui fait que les interférons qu'on veut utiliser pour les humains doivent être produits dans les cellules humaines. Les chercheurs ont alors craint que les interférons ne seraient disponibles qu'en quantité limitée, de façon permanente. Pouvez-vous imaginer une façon d'augmenter l'approvisionnement en interférons afin qu'ils soient utilisés dans le traitement des maladies humaines ?

La réponse est dans le chapitre.

AU MICROSCOPE

Escherichia coli. Cette bactérie a été génétiquement modifiée dans le but de produire une protéine humaine, l'interféron gamma. Contrairement aux cellules humaines, *E. coli* ne sécrète pas cette protéine, d'où la nécessité de la lyser pour récolter la protéine.

Introduction à la biotechnologie

> ▶ Objectifs d'apprentissage
>
> **25-1** Comparer et différencier la biotechnologie, la modification génétique et la technologie de l'ADN recombinant.
>
> **25-2** Reconnaître le rôle joué par le clone et le vecteur dans la fabrication d'un ADN recombinant.

La **biotechnologie** consiste en l'utilisation des propriétés biochimiques des microorganismes, des cellules ou de leurs composants pour fabriquer un produit particulier. Depuis des années, on a recours aux microorganismes pour élaborer commercialement des aliments, des vaccins, des antibiotiques et des vitamines. L'industrie minière utilise les bactéries pour extraire les métaux précieux du minerai (figure 28.13). Depuis les années 1950, on se sert de cellules animales pour créer des vaccins antiviraux. Jusque dans les années 1980, les produits dérivés de cellules vivantes étaient *naturellement* fabriqués par les cellules, et le rôle des scientifiques consistait à trouver la cellule appropriée et à mettre au point une méthode de culture des cellules à grande échelle.

Aujourd'hui, on se sert des microorganismes, de même que des plantes, comme de véritables petites «usines» pour fabriquer des produits chimiques que ces organismes ne produisent pas normalement. Pour ce faire, on doit insérer de nouveaux gènes dans leur ADN. Le nouvel ADN modifié s'appelle *ADN recombinant* ou *ADNr*. L'évolution constante des techniques de la technologie de l'ADN recombinant ne cesse de repousser les limites de la biotechnologie*.

La technologie de l'ADN recombinant

Nous avons vu au chapitre 24 que la recombinaison de l'ADN est un processus qui se déroule naturellement chez les microorganismes. Au cours des années 1970 et 1980, les scientifiques ont mis au point des techniques de manipulation contrôlée et de transfert de gènes qui permettent de modifier expérimentalement le matériel génétique des êtres vivants : on a regroupé ces techniques sous l'appellation **technologie de l'ADN recombinant** ou **technologie de recombinaison de l'ADN** (quelquefois aussi appelée *génie génétique*).

Par ces procédés, il est possible d'insérer le gène d'un animal vertébré, y compris l'humain, dans l'ADN d'une bactérie, ou encore le gène d'un virus dans une levure. Dans bon nombre de cas, la cellule receveuse peut exprimer le gène, qui peut alors coder pour un produit d'intérêt commercial. C'est ainsi que l'on a inséré dans des bactéries le gène codant pour l'insuline humaine ; les bactéries produisent de l'insuline, qui est utilisée dans le traitement du diabète. De même, on a inséré un gène du virus de l'hépatite dans une levure afin de faire fabriquer par cette dernière une protéine virale utilisée dans le vaccin contre l'hépatite B. Les scientifiques espèrent que la technologie de l'ADN recombinant permettra de créer des vaccins pour lutter contre d'autres agents infectieux, et que l'on pourra alors éviter l'utilisation d'animaux pour leur fabrication.

L'une des nouvelles techniques de l'ADN recombinant permet également de fabriquer des milliers de copies de la même molécule d'ADN – cette *amplification* du gène cloné procure une quantité suffisante d'ADN à des fins d'expérimentation et d'analyse. L'amplification fait aussi l'objet d'applications pratiques pour identifier certains microorganismes, tels que les virus, qui ne peuvent être mis en culture.

Les techniques de recombinaison de l'ADN : une vue d'ensemble

La **figure 25.1** présente une vue d'ensemble des procédés couramment utilisés pour fabriquer de l'ADN recombinant (ADNr), de même que certaines de leurs applications les plus prometteuses. Suivons la procédure d'une technique étape par étape. Durant les étapes préparatoires, on choisit un gène «étranger» en fonction de l'intérêt particulier qu'il suscite, et une molécule d'ADN dans lequel on l'insérera. La molécule d'ADN qui tient lieu de vecteur doit être capable de se répliquer de façon indépendante, comme c'est le cas pour les plasmides (ADN bactérien extrachromosomique) ou les génomes viraux. Dans le présent exemple, ❶ l'ADN vecteur est un plasmide contenu dans une bactérie ; ❷ on extrait d'une cellule l'ADN renfermant le gène recherché, et celui-ci est fragmenté par l'action d'une enzyme spécifique ; ❸ le gène recherché est isolé, puis inséré in vitro dans le plasmide : ce dernier devient alors un plasmide recombinant. ❹ Par la suite, le plasmide recombinant est introduit dans une cellule receveuse, par exemple une bactérie. ❺ La cellule bactérienne «modifiée» est alors mise en culture pour produire des **clones**, soit des cellules génétiquement identiques. Le plasmide se réplique en même temps que la bactérie se multiplie, de sorte que chaque bactérie du clone porte une copie du plasmide recombinant. Chaque clone cellulaire comporte donc plusieurs copies du gène recherché. C'est pourquoi les plasmides sont souvent appelés *vecteurs de clonage de gènes* ou, tout simplement, *vecteurs de clonage*.

La dernière étape varie selon le résultat que l'on désire obtenir : le gène lui-même ou son produit. ❻Ⓐ À partir des clones cellulaires, le chercheur isole («récolte») de grandes quantités du gène recherché, qui, à leur tour, seront utilisées à diverses fins. Le gène peut même être inséré dans un autre vecteur, qui sera lui-même introduit dans un autre type de cellule (végétale ou animale). Autrement, ❻Ⓑ si le clone cellulaire exprime – lors de la biosynthèse de la protéine – le gène recherché, ❼ on recueille la protéine produite, qui servira dans de nombreuses applications.

La production de l'hormone de croissance humaine (hGH, pour *human growth hormone*, ou somatotrophine) est l'une des premières réalisations de la technologie de l'ADN recombinant et illustre bien les immenses avantages offerts par ces techniques. Certaines personnes ne sécrètent pas des quantités suffisantes de somatotrophine, ce qui compromet leur croissance. Afin de pallier le déficit en somatotrophine, on extrayait autrefois de l'hypophyse de cadavres humains. (L'hormone de croissance provenant d'autres animaux est inefficace chez l'humain.) Cette pratique s'est avérée non seulement coûteuse, mais aussi dangereuse, car certaines maladies neurologiques ont été ainsi transmises. En revanche, l'hormone

---

* La *Loi canadienne sur la protection de l'environnement* (LCPE) définit ainsi la biotechnologie : «Application des sciences ou de l'ingénierie à l'utilisation des organismes vivants ou de leurs parties ou produits sous leur forme naturelle ou modifiée.»

Figure 25.1

Schéma guide

Aperçu des techniques couramment utilisées en biotechnologie

Cette figure présente un aperçu des procédés couramment utilisés pour fabriquer une cellule génétiquement modifiée, de même que certaines de leurs applications les plus prometteuses. Chaque étape illustrée sera présentée plus en détail dans le chapitre.

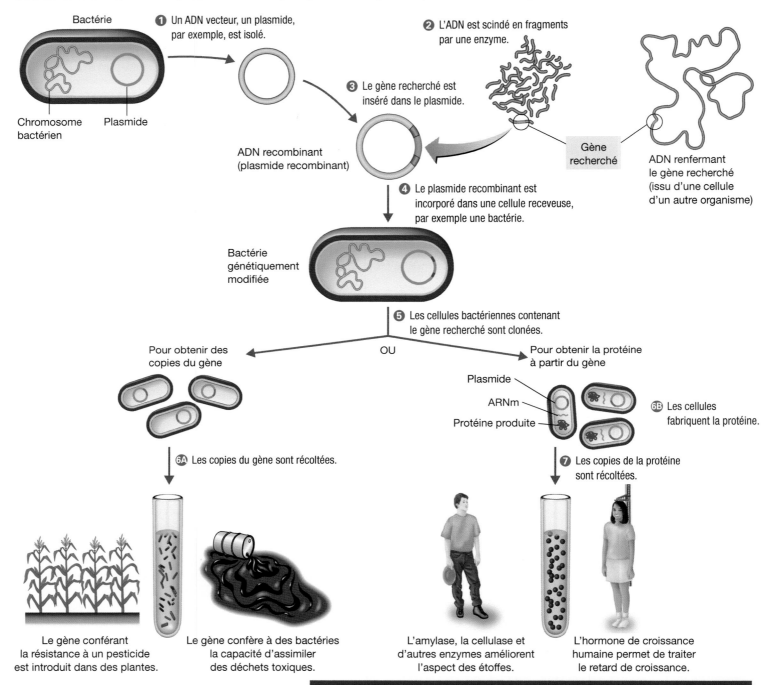

Concept clé

Les gènes d'une cellule d'un organisme donné peuvent être insérés dans une cellule d'un autre organisme et s'exprimer dans cette dernière. Les cellules génétiquement modifiées peuvent être utilisées pour fabriquer une grande variété de produits utiles.

de croissance humaine produite par des bactéries *E. coli* génétique-ment modifiées est pure et rentable. De plus, les techniques de l'ADN recombinant permettent un temps de production beaucoup plus rapide que les méthodes traditionnelles.

▶ **Vérifiez vos acquis**

Expliquez les différences entre la biotechnologie et la technologie de l'ADN recombinant. **25-1**

Décrivez brièvement comment un vecteur et un clone sont utilisés dans la technique de l'ADN recombinant. **25-2**

Les outils de la biotechnologie

▶ **Objectifs d'apprentissage**

25-3 Distinguer la sélection de la mutation.

25-4 Définir l'enzyme de restriction et expliquer son utilisation pour fabriquer de l'ADN recombinant.

25-5 Nommer quatre propriétés des vecteurs.

25-6 Expliquer l'utilité de vecteurs tels les plasmides et les génomes viraux.

25-7 Esquisser les grandes lignes de l'amplification en chaîne par polymérase et donner un exemple d'application.

Les chercheurs et les techniciens isolent les bactéries et les mycètes du milieu dans lequel ils se trouvent, l'eau et le sol, par exemple, pour trouver ou *sélectionner* les organismes qui fabriquent le produit désiré. On peut alors soumettre l'organisme sélectionné à des *mutations* afin de le rendre capable de fabriquer de plus grandes quantités d'un produit donné ou un produit de meilleure qualité.

La sélection

Dans la nature, les organismes qui possèdent des caractéristiques favorisant leur survie ont plus de chances de se reproduire que les organismes qui en sont dépourvus. C'est la *sélection naturelle*. Lorsqu'ils choisissent des races d'animaux à élever ou des variétés de plantes à cultiver, les humains font appel à la **sélection artificielle**. De manière similaire, les microbiologistes isolent des cultures pures de microorganismes afin de sélectionner les cellules capables d'atteindre le but recherché, tel qu'un procédé de fermentation de la bière plus efficace, ou encore la production d'un nouvel antibiotique. On a découvert plus de 2 000 souches de bactéries produisant des antibiotiques en procédant à l'analyse de bactéries du sol et à la sélection de souches productrices d'antibiotiques. L'encadré 28.1 décrit l'isolement d'une bactérie qui transforme un déchet de fabrication en produits utiles.

La mutation

Nous avons vu au chapitre 24 que les mutations sont responsables de la diversité que l'on observe dans la nature. Une bactérie ayant subi une mutation qui lui confère la résistance à un antibiotique survivra dans un milieu qui en contient, et elle se reproduira. Or, les biologistes qui effectuent des recherches sur les bactéries produisant des antibiotiques ont découvert qu'ils pouvaient créer de nouvelles souches en exposant les bactéries à des mutagènes. Après avoir réalisé des mutations aléatoires, à l'aide de rayonnements, chez

Penicillium – la moisissure produisant la pénicilline –, ils ont sélectionné, parmi les survivantes, les cellules qui fournissaient le meilleur rendement. Ensuite, ils les ont exposées de nouveau à un mutagène. Ainsi, par des mutations successives, les biologistes ont réussi à faire fabriquer 1 000 fois plus de pénicilline par cette moisissure.

Les gènes qui subissent des mutations aléatoires ne sont pas nécessairement les gènes ciblés, et il serait fastidieux de vérifier si chacune des cellules mutantes fabrique la pénicilline. La **mutagenèse dirigée** permet de modifier un gène en un point précis. Prenons l'exemple suivant: supposons que le remplacement d'un acide aminé par un autre rende une enzyme de lessive plus efficace dans l'eau froide. En se servant du code génétique (figure 24.8), on pourrait produire la séquence d'ADN qui code pour cet acide aminé et insérer cette séquence dans le gène de l'enzyme grâce à des techniques que nous allons décrire ci-après.

La science de la génétique moléculaire a progressé au point où beaucoup de techniques de clonage courantes sont maintenant réalisées à l'aide de trousses et de protocoles qui ressemblent fort à des recettes de cuisine. Les scientifiques disposent de tout un ensemble de méthodes parmi lesquelles ils peuvent choisir celle qui s'applique le mieux à leurs expériences. Nous étudions maintenant quelques outils et techniques particulièrement importants, puis nous aborderons certaines applications particulières de la technologie de l'ADN recombinant.

Les enzymes de restriction

La technologie de l'ADN recombinant est née, sur le plan technique, à la suite de la découverte des **enzymes de restriction**, soit des enzymes particulières qui scindent l'ADN et que l'on trouve chez de nombreuses bactéries. Les enzymes de restriction sont isolées pour la première fois en 1970, mais leur activité a déjà été observée dans la nature, notamment lors de la découverte de la spécificité de certains bactériophages (virus) envers leurs bactéries hôtes. On remarque alors que, lorsqu'on utilise ces phages pour infecter d'autres bactéries que les bactéries hôtes habituelles, les enzymes de restriction de ces nouvelles bactéries dégradent l'ADN des phages, empêchant ainsi l'infection des bactéries par les phages. En effet, les enzymes de restriction protègent les bactéries en hydrolysant l'ADN phagique. Quant à l'ADN bactérien, il est protégé de la digestion par la *méthylation* – ajout de groupements méthyle – de certaines de ses cytosines, l'une des quatre bases azotées de l'ADN. Des formes purifiées de ces enzymes bactériennes sont aujourd'hui employées par les laboratoires spécialisés.

L'enzyme de restriction présente une particularité importante pour les techniques de l'ADN recombinant; elle ne reconnaît et ne coupe, ou ne *digère*, qu'une séquence particulière de bases dans l'ADN, et elle coupe toujours cette séquence de la même manière. Les enzymes typiques utilisées dans les expériences de clonage reconnaissent des séquences de quatre, six ou huit paires de bases. On connaît maintenant des centaines d'enzymes de restriction, dont chacune produit des fragments d'ADN aux extrémités caractéristiques. Quelques enzymes de restriction sont présentées au tableau 25.1. Nous pouvons constater que leur nom dérive de la source bactérienne. Certaines de ces enzymes (par exemple *Hæ*III) scindent les deux brins de l'ADN au même endroit, ce qui produit des **extrémités franches**, tandis que d'autres enzymes coupent les

Tableau 25.1	Enzymes de restriction utilisées dans la technologie de l'ADN recombinant	
Enzyme	**Source bactérienne**	**Séquence de reconnaissance**
BamHI	Bacillus amyloliquefaciens	G↓G A T C C G C T A G↑G
EcoRI	Escherichia coli	G↓A A T T C C T T A A↑G
HæIII	Hæmophilus ægyptius	G G↓C C C C↑G G
HindIII	Hæmophilus influenzæ	A↓A G C T T T T C G A↑A

du fait qu'elles peuvent joindre deux fragments d'ADN qui ont été coupés par la même enzyme de restriction. Les extrémités cohésives «collent» aux segments de l'ADN monocaténaire (simple brin) grâce à l'appariement des bases.

La figure 25.2 illustre le rôle des enzymes de restriction. ❶ La molécule d'ADN présente deux séquences de bases, appelées *séquences de reconnaissance*; elles peuvent être reconnues par l'enzyme de restriction capable de couper chacun des brins d'ADN en un point précis entre deux bases, la guanine (G) et l'adénine (A); c'est le *site de restriction*, ou *site de coupe*. Compte tenu de la complémentarité des bases dans l'ADN bicaténaire, la séquence de reconnaissance (en mauve foncé) est la même sur les deux brins, mais elle se lit cependant à l'envers sur le brin opposé. ❷ Habituellement, la coupure n'est pas franche; elle laisse des extrémités cohésives. ❸ Si un deuxième fragment d'ADN (en rose) provenant d'une source différente, par exemple d'un plasmide, a été coupé par la même enzyme de restriction, les deux fragments (le mauve et le rose) présentent des extrémités cohésives identiques et peuvent être joints (recombinés) in vitro. ❹ Les bases complémentaires des extrémités cohésives s'unissent d'abord spontanément, grâce à des

deux brins d'une molécule d'ADN de manière décalée, c'est-à-dire que les coupures sur chacun des brins ne sont pas situées l'une vis-à-vis de l'autre (**figure 25.2**). Ces extrémités décalées, ou **extrémités cohésives**, sont très utiles pour la recombinaison de l'ADN,

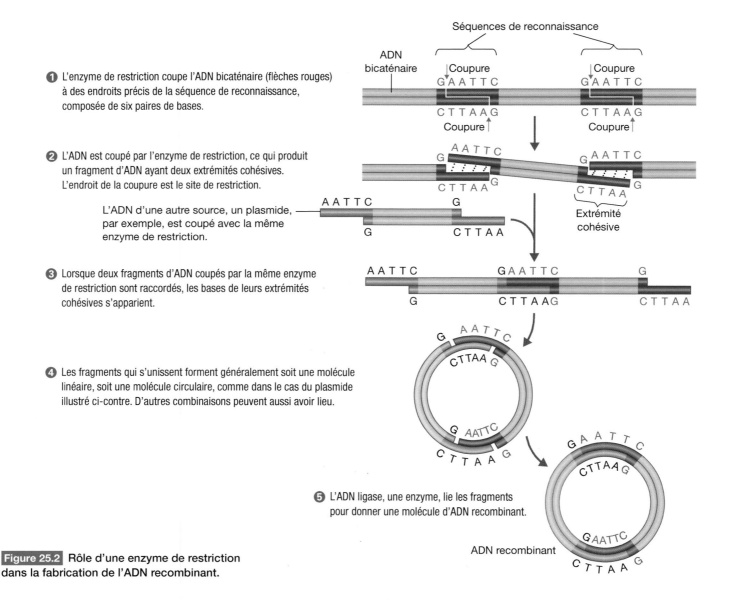

❶ L'enzyme de restriction coupe l'ADN bicaténaire (flèches rouges) à des endroits précis de la séquence de reconnaissance, composée de six paires de bases.

❷ L'ADN est coupé par l'enzyme de restriction, ce qui produit un fragment d'ADN ayant deux extrémités cohésives. L'endroit de la coupure est le site de restriction.

L'ADN d'une autre source, un plasmide, par exemple, est coupé avec la même enzyme de restriction.

❸ Lorsque deux fragments d'ADN coupés par la même enzyme de restriction sont raccordés, les bases de leurs extrémités cohésives s'apparient.

❹ Les fragments qui s'unissent forment généralement soit une molécule linéaire, soit une molécule circulaire, comme dans le cas du plasmide illustré ci-contre. D'autres combinaisons peuvent aussi avoir lieu.

❺ L'ADN ligase, une enzyme, lie les fragments pour donner une molécule d'ADN recombinant.

Figure 25.2 Rôle d'une enzyme de restriction dans la fabrication de l'ADN recombinant.

liaisons hydrogène, en adoptant une forme linéaire ou circulaire. ❺ Puis, l'ADN ligase, une enzyme, lie de manière covalente les squelettes des deux brins d'ADN, ce qui donne une molécule d'ADN recombinant. Il s'agit d'une nouvelle molécule d'ADN parce qu'elle est composée d'ADN provenant de deux sources différentes et qu'elle porte une information génétique unique.

Les enzymes de restriction sont donc des outils importants qui permettent aux spécialistes de la manipulation génétique de fabriquer de l'ADN recombinant en laboratoire.

Les vecteurs

Différents types de molécules d'ADN peuvent servir de vecteurs à condition de posséder certaines propriétés. La plus importante est la réplication de manière autonome : une fois qu'il a pénétré une cellule, le vecteur doit être capable de se répliquer. Par la même occasion, tout ADN qui aura été inséré dans le vecteur sera aussi multiplié. En somme, les vecteurs tiennent lieu de véhicules permettant de répliquer les séquences d'ADN recherchées.

Les vecteurs doivent aussi avoir une taille adéquate qui autorise leur manipulation en dehors d'une cellule au cours des techniques de l'ADN recombinant. Les petits vecteurs sont plus faciles à manipuler comparativement aux grosses molécules d'ADN, qui ont tendance à être plus fragiles. Parmi les autres propriétés importantes des vecteurs, citons la capacité de conservation. L'ADN du vecteur doit être circulaire, car c'est cette forme qui lui évite d'être détruit par la cellule receveuse. À la **figure 25.3**, on peut noter que l'ADN des plasmides est circulaire. L'insertion rapide dans le chromosome de la cellule receveuse est également un mécanisme qui permet la conservation de l'ADN viral, un autre type de vecteur (chapitre 8).

Pour repérer aisément les cellules contenant un vecteur, il est utile d'incorporer un gène marqueur au vecteur. Les gènes marqueurs les plus courants sont ceux codant pour la résistance à un antibiotique ou pour une enzyme qui provoque une réaction facilement reconnaissable.

Les plasmides, particulièrement les différents facteurs R, sont les vecteurs les plus employés. L'ADN du plasmide et le gène qui sera cloné doivent être coupés avec la même enzyme de restriction afin de produire les mêmes extrémités cohésives. Lorsque les divers fragments sont combinés, le fragment d'ADN contenant le gène à cloner s'insère dans le plasmide grâce à l'appariement des bases complémentaires (figure 25.2) ; un ADN recombinant est ainsi formé. (On doit noter que d'autres combinaisons de fragments avec le plasmide sont également possibles, notamment que le plasmide reste intact, sans insertion de fragments.) Après avoir été incorporé dans une cellule bactérienne, le gène sera cloné grâce à la réplication du plasmide ; c'est pourquoi on appelle ce dernier **vecteur de clonage**.

Certains plasmides peuvent être intégrés à différentes espèces. Ces plasmides, appelés **vecteurs navette**, sont utilisés pour transporter des séquences d'ADN à cloner d'un organisme à l'autre, par exemple entre des cellules de bactéries, de levures et de mammifères, ou entre des cellules de bactéries, de mycètes et de plantes. Ces vecteurs navette sont d'une grande utilité pour modifier génétiquement les organismes multicellulaires, par exemple lorsqu'on désire insérer des gènes de résistance aux herbicides à l'intérieur de cellules de plantes.

Outre les plasmides, l'ADN viral peut servir de vecteur de clonage. L'ADN viral est habituellement capable de recevoir des fragments d'ADN étranger dont la taille est plus grande que celle des fragments que les plasmides acceptent. L'insertion d'un fragment d'ADN étranger dans le vecteur viral conduit à la formation d'un ADN recombinant (ADNr) qui peut ensuite être introduit dans la cellule hôte du virus. Une fois à l'intérieur de la cellule, l'ADNr viral se réplique, entraînant ainsi le clonage du gène étranger. Le choix du vecteur est fonction de nombreux facteurs, notamment le type d'organisme hôte utilisé et la taille de l'ADN à cloner. Les rétrovirus, les adénovirus et les herpèsvirus servent à introduire des gènes correcteurs dans des cellules humaines qui renferment un gène défectueux. Nous abordons la thérapie génique plus loin dans le chapitre.

▶ Vérifiez vos acquis

Comment utilise-t-on la sélection et la mutation en biotechnologie ? **25-3**

Quelle est l'importance des enzymes de restriction dans la technologie de l'ADN recombinant ? **25-4**

Quels critères doit remplir un vecteur ? **25-5**

Pourquoi utilise-t-on les vecteurs dans les techniques de l'ADN recombinant ? **25-6**

L'amplification en chaîne par polymérase

L'amplification en chaîne par polymérase (ACP*), aussi appelée *réaction en chaîne par polymérase*, est une technique très sensible au cours de laquelle un fragment d'ADN donné peut être rapidement amplifié, c'est-à-dire copié in vitro en quantité assez élevée pour permettre une analyse.

Grâce à cette technique, un seul fragment d'ADN de la taille d'un gène suffit pour générer littéralement des milliards de copies du fragment en quelques heures. La **figure 25.4** illustre cette méthode

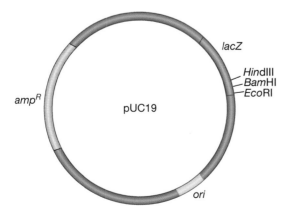

Figure 25.3 **Exemple d'un plasmide utilisé pour le clonage de gènes.** Le pUC19 est un vecteur de clonage, c'est-à-dire un vecteur plasmidique servant à effectuer un clonage de gènes dans la bactérie *E. coli*. L'origine de réplication (*ori*) permet au plasmide de se répliquer de manière autonome. Deux gènes, l'un (*amp^R*) codant pour la résistance à un antibiotique, l'ampicilline, et l'autre (*lacZ*) codant pour une enzyme, la β-galactosidase, tiennent lieu de marqueurs. L'ADN étranger peut être inséré dans les sites de l'enzyme de restriction.

_____

* Notez qu'on utilise aussi l'acronyme anglais PCR (pour *polymerase chain reaction*).

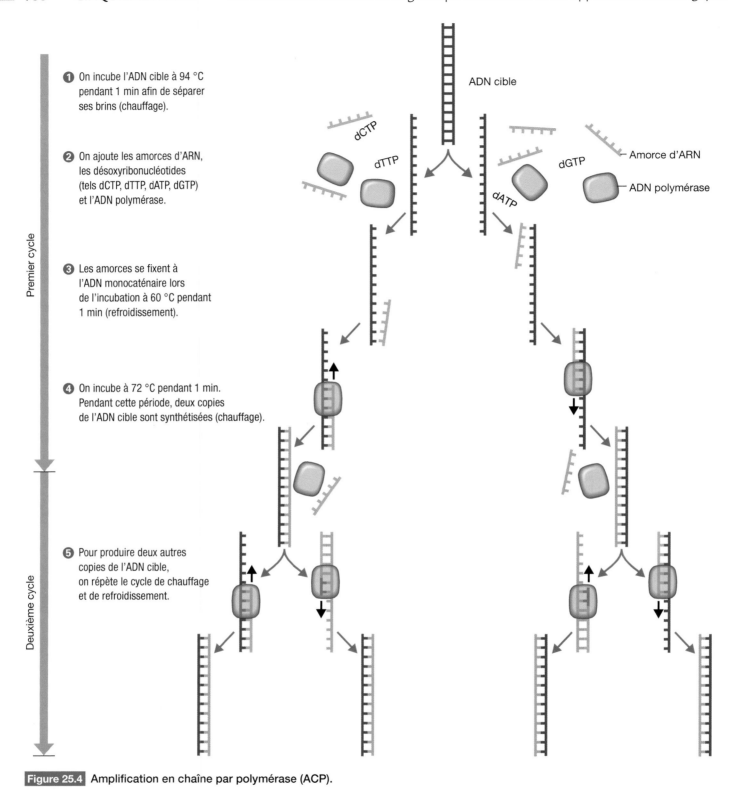

① On incube l'ADN cible à 94 °C pendant 1 min afin de séparer ses brins (chauffage).

② On ajoute les amorces d'ARN, les désoxyribonucléotides (tels dCTP, dTTP, dATP, dGTP) et l'ADN polymérase.

③ Les amorces se fixent à l'ADN monocaténaire lors de l'incubation à 60 °C pendant 1 min (refroidissement).

④ On incube à 72 °C pendant 1 min. Pendant cette période, deux copies de l'ADN cible sont synthétisées (chauffage).

⑤ Pour produire deux autres copies de l'ADN cible, on répète le cycle de chauffage et de refroidissement.

Premier cycle

Deuxième cycle

ADN cible

dCTP

dTTP

dGTP

dATP

Amorce d'ARN

ADN polymérase

Figure 25.4 Amplification en chaîne par polymérase (ACP).

d'amplification. ① Chaque brin de l'ADN cible servira de matrice pour la synthèse des copies d'ADN. ② À cet ADN sont ajoutées une certaine quantité de chacun des quatre nucléosides – qui seront assemblés pour former le nouvel ADN –, l'enzyme qui catalysera la synthèse – soit l'ADN polymérase – ainsi que de courts fragments d'ARN qui servent d'amorces pour commencer la synthèse (figure 24.5). Les amorces sont complémentaires aux extrémités de l'ADN cible et ③ s'hybrident avec ce dernier. ④ Partant de l'amorce, l'ADN polymérase ajoute des nucléosides et synthétise de nouveaux brins complémentaires. ⑤ Après chaque cycle de synthèse, on chauffe l'ADN pour séparer l'ADN nouvellement formé en simples brins, puis on refroidit pour permettre l'hybridation des amorces sur les nouveaux brins d'ADN, qui servent à leur tour de matrice.

Ce procédé donne une quantité croissante d'ADN, qui augmente de manière exponentielle. Tous les réactifs nécessaires sont ajoutés dans une éprouvette, laquelle est déposée dans un appareil dont la température monte et s'abaisse au cours d'un cycle. L'appareil est réglé aux températures désirées, et le temps d'incubation et le nombre de cycles sont programmés. L'emploi de cet appareil automatisé est rendu possible grâce à une ADN polymérase que l'on isole à partir d'une bactérie thermophile telle que *Thermus aquaticus*. L'enzyme de ces microorganismes demeure active à des températures élevées. Trente cycles accomplis en quelques heures suffisent pour augmenter la quantité d'ADN cible par un facteur de plus d'un milliard.

On observe de l'ADN amplifié au moyen de la technique d'électrophorèse sur gel. Lors d'une *ACP en temps réel*, le nouvel ADN est marqué à l'aide d'un colorant fluorescent. Ainsi, on peut mesurer les degrés de fluorescence après chaque cycle d'ACP (c'est ce qui représente l'aspect du *temps réel*). Une autre technique d'ACP, appelée *technique de transcription inverse suivie de l'amplification en chaîne par polymérase* (ou RT-PCR pour *reverse transcription polymerase chain reaction*), utilise l'ARN viral ou l'ARNm cellulaire comme matrice. L'enzyme, la transcriptase inverse, fabrique l'ADN à partir de la matrice d'ARN, et l'ADN est ainsi amplifié.

Notons que l'amplification en chaîne par polymérase n'est employée que pour multiplier de courts fragments d'ADN dont la séquence est déterminée par le choix des amorces. Elle ne peut servir à amplifier un génome en entier.

L'ACP peut s'appliquer à toute situation qui requiert une amplification de l'ADN d'un échantillon. Mentionnons en particulier les tests diagnostiques qui détectent la présence d'agents infectieux indécelables par une autre technique. Comme nous l'avons vu plus haut, les amorces utilisées pour commencer la réaction sont complémentaires aux extrémités de l'ADN cible ; elles sont donc spécifiques. Si on emploie des amorces connues et qu'elles s'hybrident avec les extrémités d'un fragment d'ADN d'un agent pathogène inconnu, on peut par ricochet identifier ce dernier. L'amplification permet de détecter les virus ainsi que de quantifier les charges virales lors d'un bilan de santé des sujets infectés par le VIH. Elle permet également le séquençage de gènes et le diagnostic de maladies génétiques, et constitue un outil très utile dans les manipulations génétiques.

▶ Vérifiez vos acquis

Quelle est l'utilité de l'amorce, de l'ADN polymérase et de la température de 94 °C au cours de l'ACP ? **25-7**

Les techniques de modification génétique

▶ Objectifs d'apprentissage

25-8 Décrire cinq façons d'introduire de l'ADN dans une cellule.

25-9 Décrire la fabrication d'une banque de gènes.

25-10 Distinguer l'ADNc de l'ADN synthétique.

25-11 Expliquer l'utilité des gènes de résistance aux antibiotiques, des sondes d'ADN et des produits géniques pour localiser un clone.

25-12 Indiquer un avantage de modifier génétiquement *E. coli*, *Saccharomyces cerevisiæ*, des cellules de mammifères et des cellules végétales.

Les techniques de modification génétique visent la fabrication de nouveaux produits, utiles et souvent très rentables. Leur fabrication passe par quatre grandes étapes : l'insertion d'ADN étranger dans les cellules, l'obtention d'ADN pour le clonage, la sélection d'un clone pourvu de gènes étrangers et, enfin, la fabrication d'un produit génique.

L'insertion d'ADN étranger dans une cellule

Dans les techniques de l'ADN recombinant, on doit manipuler des molécules d'ADN hors de la cellule (in vitro) pour les y réintroduire ensuite. Il existe plusieurs façons d'introduire de l'ADN dans les cellules. Le choix de la méthode est en général déterminé par le type de vecteur et la cellule receveuse employés.

Dans la nature, les plasmides sont habituellement transférés entre les bactéries d'espèces apparentées par contact direct de cellule à cellule, comme dans la conjugaison (figure 24.27). En technologie de l'ADN recombinant, en revanche, le plasmide doit être inséré dans une cellule par **transformation**, un mécanisme par lequel les cellules peuvent incorporer l'ADN «nu» situé dans leur environnement immédiat (figure 24.25).

De nombreux types de cellules, y compris *E. coli*, les levures et les cellules de mammifères, n'intègrent pas spontanément l'ADN étranger. Toutefois, ces cellules peuvent être rendues *compétentes*, c'est-à-dire aptes à incorporer de l'ADN étranger, par de simples traitements chimiques. Dans le cas d'*E. coli*, les cellules doivent être incubées dans une solution de chlorure de calcium pendant une brève période de temps. Puis, l'ADN cloné est ajouté aux cellules compétentes, et on leur fait subir un léger choc thermique. Certaines des cellules incorporent alors l'ADN par transformation.

Il existe d'autres modes d'insertion de l'ADN dans des cellules, notamment l'**électroporation**, ou **électroperméabilisation**. Ce procédé fait appel à un courant électrique qui forme des pores microscopiques dans la membrane cytoplasmique, par lesquels l'ADN peut pénétrer dans la cellule. Bien que l'on puisse appliquer cette technique à tous les types de cellules, il faut souvent, au préalable, transformer en protoplastes des cellules dotées d'une paroi cellulaire (chapitre 3). L'élimination de la paroi cellulaire à la suite d'une action enzymatique convertit une cellule en **protoplaste** et permet un accès direct à la membrane plasmique.

Le procédé de la **fusion de protoplastes** met à profit une propriété de ces cellules. En effet, les protoplastes en solution fusionnent à une vitesse lente, mais non négligeable. Or, l'addition de polyéthylène glycol augmente la fréquence des fusions (**figure 25.5a**). C'est dans la nouvelle cellule hybride que l'ADN provenant des deux cellules «parentales» peut se recombiner naturellement. Cette méthode est particulièrement précieuse lors de la manipulation génétique des cellules végétales et d'algues (**figure 25.5b**).

Il existe une autre manière assez remarquable d'introduire de l'ADN étranger dans une cellule végétale ; il s'agit littéralement de bombarder sa paroi cellulaire à l'aide d'un *canon à gènes* (**figure 25.6**).

Des particules microscopiques de tungstène ou d'or enrobées d'ADN sont expulsées du canon par un jet d'hélium en vue de cribler la paroi cellulaire. Par la suite, certaines cellules végétales expriment l'ADN introduit de cette façon, comme s'il leur appartenait.

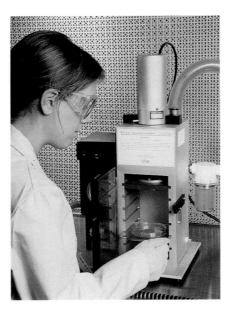

Figure 25.6 Un canon à gènes sert à introduire des billes enrobées d'ADN à l'intérieur d'une cellule.

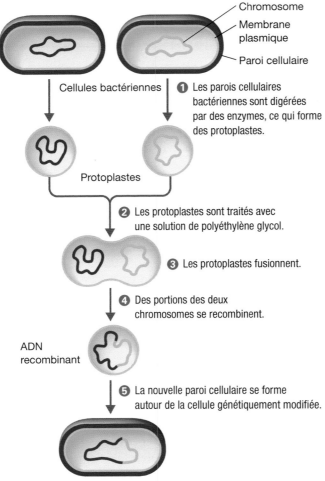

Chromosome

Membrane plasmique

Paroi cellulaire

Cellules bactériennes

❶ Les parois cellulaires bactériennes sont digérées par des enzymes, ce qui forme des protoplastes.

Protoplastes

❷ Les protoplastes sont traités avec une solution de polyéthylène glycol.

❸ Les protoplastes fusionnent.

❹ Des portions des deux chromosomes se recombinent.

ADN recombinant

❺ La nouvelle paroi cellulaire se forme autour de la cellule génétiquement modifiée.

a) Procédé de la fusion de protoplastes

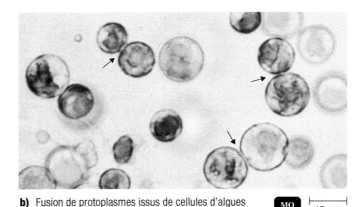

b) Fusion de protoplasmes issus de cellules d'algues   **MO** ├──┤ 10 μm

Figure 25.5 **Fusion de protoplastes. a)** Diagramme d'une fusion de protoplastes dérivés de cellules bactériennes. **b)** Des protoplastes de cellules d'algues fusionnent deux par deux (indiqué par des flèches). Une fois que la paroi cellulaire a été éliminée, les deux membranes plasmiques peuvent unir leur contenu cellulaire, permettant ainsi la recombinaison de l'ADN.

Enfin, dans le cas des cellules animales, l'ADN peut être inséré par **micro-injection**. Cette technique fait appel à une micropipette de verre dont le diamètre est bien plus petit que celui de la cellule. La micropipette transperce la membrane plasmique, et on injecte l'ADN dans la cellule (**figure 25.7**).

Il existe donc une panoplie d'enzymes de restriction, de vecteurs et de méthodes d'insertion de l'ADN dans les cellules. Cependant, il faut noter que l'ADN étranger ne survivra que s'il a été intégré à un vecteur se répliquant de manière autonome ou s'il a été incorporé dans un des chromosomes cellulaires par recombinaison.

L'obtention d'ADN pour le clonage

Nous avons vu comment les gènes peuvent être introduits dans les vecteurs à l'aide d'enzymes de restriction, et transformés ou transférés à l'intérieur de différents types de cellules. Mais comment les biologistes obtiennent-ils les gènes qui les intéressent? Il existe deux principales sources de gènes pour le clonage: 1) les banques formées de copies de gènes ou de copies d'ADNc dérivé de l'ARNm, provenant de gènes, et 2) l'ADN synthétique.

Les banques génomiques

Il n'est guère aisé d'isoler des gènes spécifiques sous la forme de fragments d'ADN individuels. C'est la raison pour laquelle les chercheurs intéressés par les gènes d'un organisme donné, qu'il s'agisse d'une plante, d'un animal ou d'un microorganisme, commencent par extraire son ADN en lysant les cellules et en faisant précipiter l'ADN. Ce procédé donne un agrégat d'ADN qui renferme tout le génome de l'organisme. Après que l'ADN a été digéré par des enzymes de restriction, les fragments qui en résultent sont insérés dans un vecteur de clonage, soit un plasmide ou l'ADN d'un phage. Puis, ces vecteurs sont transférés dans des cellules bactériennes receveuses. Le but recherché est de fabriquer suffisamment de clones pour s'assurer qu'il en existe au moins un pour chaque gène de l'organisme. Cet ensemble de clones contenant divers fragments d'ADN constitue une **banque génomique**, ou **banque de gènes**, ou encore **génothèque**, et chaque élément de l'ensemble est une

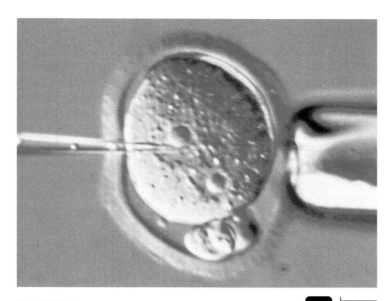

Figure 25.7 **Micro-injection d'ADN étranger à l'intérieur d'un ovule fertilisé de souris.** On immobilise d'abord l'ovule en appliquant une légère succion au moyen d'une pipette relativement grosse et épointée (à droite). Puis, à travers le minuscule embout d'une micropipette (à gauche), on injecte plusieurs centaines de copies du gène recherché dans le noyau de la cellule.

MO | 20 μm

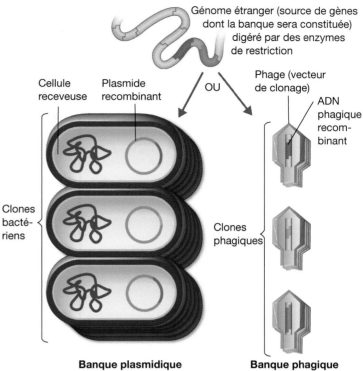

Banque plasmidique **Banque phagique**

Figure 25.8 **Banques génomiques.** Chaque fragment d'ADN, qui contient approximativement un gène, est transporté par un vecteur de clonage, soit le plasmide d'une bactérie, soit un phage. Chaque clone, qu'il soit bactérien ou phagique, contient un certain fragment du génome étranger.

bactérie ou un phage porteur d'un fragment du génome (**figure 25.8**). De telles banques sont essentielles pour conserver les clones d'ADN et pour en chercher un en particulier. On peut même se les procurer dans le commerce.

Le clonage de gènes extraits de cellules eucaryotes présente un problème particulier. En effet, ces gènes contiennent généralement et des **exons** – segments d'ADN qui codent pour une protéine – et des **introns** – segments intercalés d'ADN qui ne codent pas pour une protéine. Lors du clonage d'un gène de cellule eucaryote, il est préférable d'employer une version du gène sans introns, car un gène contenant des introns serait difficilement maniable en raison de sa taille. Par ailleurs, si un tel gène est introduit dans une cellule bactérienne, cette dernière n'est généralement pas apte à retirer les introns de l'ARN et, par conséquent, elle ne pourra pas fabriquer la protéine recherchée. On peut cependant synthétiser en laboratoire un gène qui ne renferme que des exons, et ce, au moyen d'une technique de production d'**ADN complémentaire (ADNc)**. L'ADNc est considéré comme une sorte de gène artificiel sans introns. On le synthétise, à l'aide d'une enzyme nommée **transcriptase inverse**, à partir d'un ARNm qui sert de matrice. Cette synthèse implique que la transcription s'effectue à l'inverse de la transcription normale, soit de l'ARN vers l'ADN.

La **figure 25.9** illustre les étapes de la synthèse de l'ADNc d'un gène d'une cellule eucaryote. ❶ Un gène composé d'exons et d'introns est transcrit en ARN prémessager. ❷ Lorsque l'ARN prémessager correspondant au gène est converti en ARNm, les introns sont éliminés par un processus portant le nom d'*épissage* (figure 24.11) et les exons sont assemblés. ❸ L'ARNm est isolé de la cellule et on le met en présence de la transcriptase inverse ; ❹ l'enzyme fabrique alors une copie d'ADN à partir de l'ARNm. Cette synthèse constitue en fait l'inverse du processus de la transcription, qui convertit l'ADN en ARNm. ❺ Au cours de l'étape

suivante, l'ARNm est digéré par des enzymes. ❻ Puis l'ADN polymérase synthétise le second brin d'ADN, ce qui aboutit à la formation d'un fragment d'ADN bicaténaire contenant l'information originale de l'ADN du gène eucaryote mais sans les introns. Les molécules d'ADNc dérivées des ARNm tissulaires ou cellulaires peuvent alors être clonées pour former une banque d'ADNc.

Pour obtenir des gènes eucaryotes sans introns, on a habituellement recours à la production d'ADNc. Cependant, cette technique présente une difficulté ; en effet, les longues molécules d'ARNm ne peuvent pas être complètement transcrites en ADN de façon inverse. La transcription inverse avorte souvent et ne fournit que des portions du gène recherché.

L'ADN synthétique

Dans certaines circonstances, il est possible de fabriquer des gènes in vitro à l'aide d'appareils qui synthétisent de l'ADN (**figure 25.10**). Le clavier de l'appareil sert à entrer la séquence de nucléotides recherchée, tout comme on tape des lettres avec un logiciel de traitement de texte pour former des phrases. Un microprocesseur régit la synthèse en puisant dans un stock de nucléotides et d'autres réactifs nécessaires. On peut synthétiser une chaîne de plus de 120 nucléotides à partir de cet appareil. À moins que le gène soit très court, on doit habituellement synthétiser plusieurs chaînes de nucléotides séparément, puis les joindre pour former le gène en entier.

Cette approche comporte toutefois une difficulté : il faut évidemment connaître la séquence du gène avant d'en effectuer la synthèse. Si le gène n'a pas encore été isolé, la seule manière de

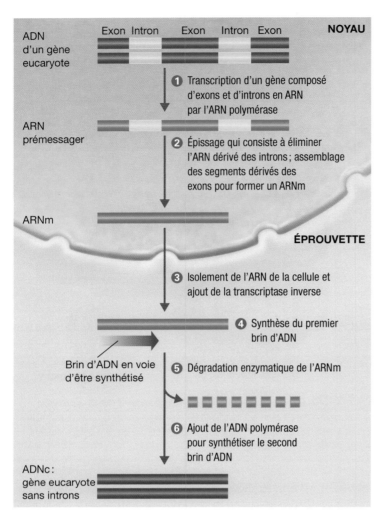

Figure 25.9 **Fabrication de l'ADN complémentaire (ADNc) d'un gène d'une cellule eucaryote.** La transcriptase inverse catalyse la synthèse d'ADN bicaténaire à partir d'une matrice d'ARNm.

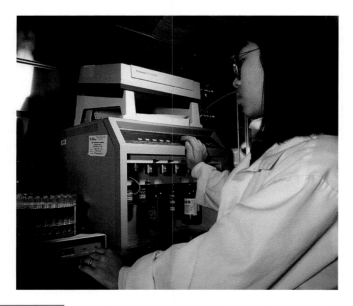

Figure 25.10 **Appareil synthétisant de l'ADN.** De courtes séquences d'ADN peuvent être synthétisées par un appareil semblable à celui qui est représenté ici.

prédire la séquence de son ADN est de connaître la séquence des acides aminés de la protéine qu'il produit. En principe, si cette séquence est connue, on peut remonter à la séquence de l'ADN.

Malheureusement, la dégénérescence du code génétique – phénomène qui fait qu'un acide aminé peut être codé par plus d'un codon – empêche que la séquence d'un gène soit déterminée de façon non équivoque. Par exemple, si la protéine contient une leucine, lequel des six codons de cet acide aminé se trouve dans le gène?

Pour toutes ces raisons, il est rare que l'on clone un gène en le synthétisant directement, bien que les gènes de certaines substances commerciales – telles que l'insuline, l'interféron et la somatostatine – dérivent d'une synthèse chimique. Des sites de restriction ont été ajoutés aux gènes synthétiques, de sorte que ces gènes puissent être insérés dans un vecteur plasmidique pour être clonés dans *E. coli*. L'ADN synthétique joue un rôle encore plus important dans les méthodes de sélection de clones, comme nous le verrons dans la section qui suit.

▸ **Vérifiez vos acquis**

Faites ressortir les différences entre les cinq façons d'introduire de l'ADN dans la cellule. **25-8**

Quel est le but de la fabrication d'une banque de gènes? **25-9**

Pourquoi l'ADNc n'est-il pas synthétique? **25-10**

La sélection d'un clone

Lors du clonage, il est nécessaire de sélectionner les cellules qui contiennent le gène recherché. Cette étape est difficile, car un très petit nombre de cellules seulement – quelques-unes sur des millions – sont susceptibles de renfermer ce gène. Nous étudierons ici une méthode de criblage typique, le *criblage bleu-blanc*, ainsi appelé en raison de la couleur des colonies bactériennes qui se forment à la fin de la méthode de sélection.

Le vecteur plasmidique utilisé dans cette technique comporte un gène (*amp^R*) conférant la résistance à l'ampicilline, un antibiotique. La bactérie receveuse ne pourra donc pas se multiplier dans un milieu contenant de l'ampicilline, à moins qu'elle n'ait reçu le gène de résistance à l'ampicilline transmis par le vecteur plasmidique. Ce dernier comporte également un deuxième gène (*lacZ*), celui de l'enzyme β-galactosidase. À la figure 25.3, on peut remarquer que le gène *lacZ* comprend plusieurs sites qui peuvent être coupés par des enzymes de restriction. On emploie aussi un fragment d'ADN étranger qui contient un gène que l'on veut cloner; pour ce faire, on procédera à la sélection des bactéries génétiquement modifiées qui l'auront incorporé.

Les étapes de la technique de criblage bleu-blanc sont illustrées à la **figure 25.11**. La présence des deux gènes (*amp^R* et *lacZ*), appelés *gènes marqueurs*, permet de vérifier que le vecteur plasmidique, a bel et bien été inséré dans la bactérie receveuse. Voyons maintenant les étapes de cette technique. ❶ On met en présence le plasmide d'origine et un fragment d'ADN étranger (jaune); les deux sont coupés par la même enzyme de restriction. ❷ L'ADN étranger est inséré dans le gène codant pour la β-galactosidase (orangé), produisant ainsi un plasmide recombinant dont le gène *lacZ* est inactivé; le plasmide reste intact si l'ADN étranger ne s'y insère pas. ❸ Des bactéries sensibles à l'ampicilline sont mises en présence du plasmide recombinant et certaines l'incorporent par transformation ; d'autres bactéries incorporent le plasmide original.

❹ Toutes les bactéries traitées sont mises en culture dans un milieu déterminé appelé *X-gal*. En plus de contenir tous les nutriments nécessaires à la croissance bactérienne, ce milieu renferme deux substances essentielles. L'une est l'ampicilline, laquelle empêche la croissance des bactéries qui n'ont pas intégré le plasmide conférant la résistance à cet antibiotique. L'autre est le X-gal, le substrat de l'enzyme β-galactosidase. ❺ Seules les bactéries receveuses qui ont incorporé un plasmide croissent et se multiplient

sur le milieu du fait de leur résistance à l'ampicilline. Cependant, celles qui ont incorporé un plasmide recombinant n'hydrolysent pas le X-gal parce que leur gène *lacZ* est inactivé par la présence de l'ADN étranger ; elles produisent alors des colonies blanches. Lors d'une telle expérience, des bactéries incorporent le plasmide d'origine, qui contient un gène *lacZ* intact ; elles hydrolysent alors le X-gal pour produire un composé indigo, responsable de l'apparition de colonies colorées en bleu. Par ailleurs, les bactéries n'incorporent pas toutes un plasmide, qu'il soit d'origine ou recombinant, et celles qui ne le font pas ne subissent donc pas de transformation. Lorsqu'elles sont mises en culture sur le milieu X-gal, elles ne croissent pas en raison de leur sensibilité à l'ampicilline.

La détection des bactéries génétiquement modifiées qui ont incorporé de l'ADN étranger a été rendue possible par l'isolement des colonies blanches. La sélection du clone n'est pas pour autant terminée, et les étapes suivantes présentent des difficultés. Les colonies blanches qui contiennent l'ADN étranger ont été isolées, mais on ne sait toujours pas si les bactéries renferment le gène recherché. Il faut donc procéder à une deuxième étape pour déterminer le contenu génétique de ces bactéries. Deux méthodes permettent de vérifier la présence du gène. Si l'ADN étranger du plasmide code pour un produit (une protéine) détectable, on isole la bactérie, on la met en culture et on la teste afin de mettre en évidence la fabrication du produit génique. Dans certains cas, toutefois, il est nécessaire de localiser le gène lui-même directement dans la bactérie receveuse.

L'hybridation sur colonie est la technique couramment employée pour déceler les cellules qui portent un gène cloné particulier. Cette technique fait appel à une **sonde d'ADN** ; il s'agit d'un court fragment d'ADN monocaténaire, complémentaire du gène recherché et synthétisé chimiquement à partir d'une portion connue de la séquence de nucléotides du gène recherché. Pour révéler sa présence, on marque la sonde à l'aide d'un isotope radioactif ou d'une substance fluorescente. En principe, si elle trouve son brin correspondant, la sonde d'ADN radioactive s'apparie au gène recherché (hybridation). Une fois que l'on a sélectionné un clone porteur du gène recherché et qu'on l'a isolé, on le cultive pour produire une grande quantité du gène lui-même ou pour fabriquer le produit génique dont le gène porte le code. La **figure 25.12** illustre une expérience typique d'hybridation de colonie.

La fabrication d'un produit génique

Q/R Nous venons de voir que l'un des moyens de reconnaître les cellules porteuses d'un gène particulier est de vérifier la présence du produit génique. Bien sûr, ces produits géniques sont souvent l'objet de recherches en technologie de l'ADN recombinant. Dans la plupart des premiers travaux effectués dans ce domaine, les chercheurs ont utilisé la bactérie *E. coli* pour synthétiser un produit génique. *E. coli* se cultive facilement, et les chercheurs connaissent bien cette bactérie et son génome. Par exemple, des gènes clonés peuvent être liés à certains promoteurs d'opérons inductibles, tel l'opéron *Lac* d'*E. coli*. La transcription du gène cloné est régulée par le promoteur, et l'addition d'un inducteur déclenche la synthèse de grandes quantités du produit génique recherché. On a ainsi utilisé *E. coli* pour produire de l'interféron gamma (**figure 25.13**). Notons cependant que l'utilisation d'*E. coli*

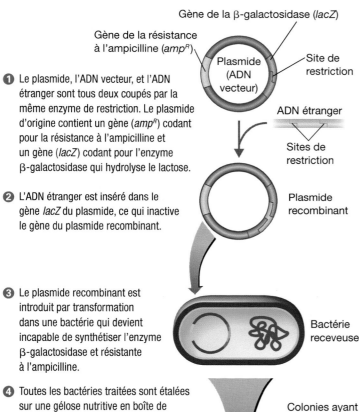

Gène de la β-galactosidase (*lacZ*)

Gène de la résistance à l'ampicilline (*amp^R*)

Plasmide (ADN vecteur)

Site de restriction

ADN étranger

Sites de restriction

❶ Le plasmide, l'ADN vecteur, et l'ADN étranger sont tous deux coupés par la même enzyme de restriction. Le plasmide d'origine contient un gène (*amp^R*) codant pour la résistance à l'ampicilline et un gène (*lacZ*) codant pour l'enzyme β-galactosidase qui hydrolyse le lactose.

❷ L'ADN étranger est inséré dans le gène *lacZ* du plasmide, ce qui inactive le gène du plasmide recombinant.

Plasmide recombinant

❸ Le plasmide recombinant est introduit par transformation dans une bactérie qui devient incapable de synthétiser l'enzyme β-galactosidase et résistante à l'ampicilline.

Bactérie receveuse

❹ Toutes les bactéries traitées sont étalées sur une gélose nutritive en boîte de Petri renfermant de l'ampicilline et le substrat (X-gal) de la β-galactosidase. Ensuite, on incube la boîte de Petri.

Colonies ayant incorporé le plasmide recombinant

❺ Seules les bactéries ayant incorporé un plasmide, qu'il soit d'origine ou recombinant, peuvent croître en présence d'un milieu contenant de l'ampicilline. Les bactéries qui ont incorporé le plasmide recombinant n'hydrolysent pas le X-gal et produisent des colonies blanches. Les bactéries qui ont incorporé le plasmide original sont capables d'hydrolyser le X-gal et produisent du galactose et un composé indigo qui colore les colonies en bleu.

Milieu X-gal contenant de l'ampicilline et le substrat (X-gal) de l'enzyme β-galactosidase.

Figure 25.11 Criblage bleu-blanc, méthode de sélection des bactéries génétiquement modifiées.

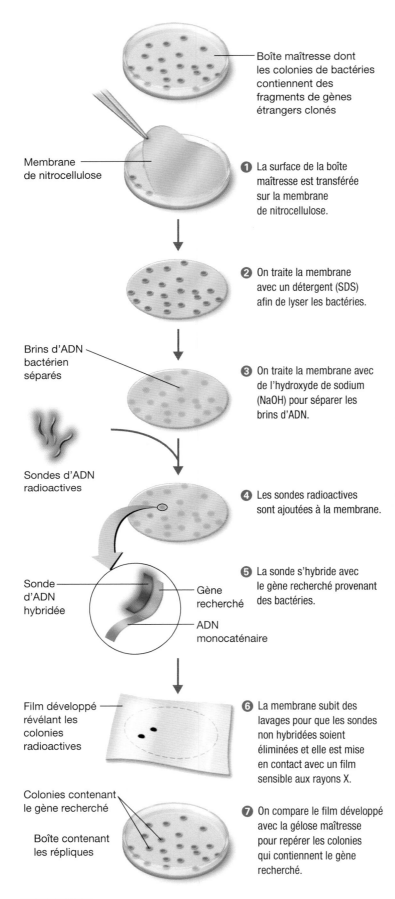

Boîte maîtresse dont les colonies de bactéries contiennent des fragments de gènes étrangers clonés

Membrane de nitrocellulose

❶ La surface de la boîte maîtresse est transférée sur la membrane de nitrocellulose.

❷ On traite la membrane avec un détergent (SDS) afin de lyser les bactéries.

Brins d'ADN bactérien séparés

❸ On traite la membrane avec de l'hydroxyde de sodium (NaOH) pour séparer les brins d'ADN.

Sondes d'ADN radioactives

❹ Les sondes radioactives sont ajoutées à la membrane.

Sonde d'ADN hybridée

Gène recherché

ADN monocaténaire

❺ La sonde s'hybride avec le gène recherché provenant des bactéries.

Film développé révélant les colonies radioactives

❻ La membrane subit des lavages pour que les sondes non hybridées soient éliminées et elle est mise en contact avec un film sensible aux rayons X.

Colonies contenant le gène recherché

Boîte contenant les répliques

❼ On compare le film développé avec la gélose maîtresse pour repérer les colonies qui contiennent le gène recherché.

Figure 25.12 Hybridation sur colonie : utilisation d'une sonde d'ADN pour détecter le gène cloné recherché.

comporte aussi plusieurs désavantages. Comme dans le cas d'autres bactéries à Gram négatif, la membrane externe d'*E. coli* contient des endotoxines (lipide A). Parce qu'elles causent la fièvre et un choc toxique chez les animaux, la présence accidentelle d'endotoxines dans des produits destinés aux humains constituerait un sérieux problème. **Q/R**

E. coli présente un autre inconvénient : cette bactérie ne sécrète que très peu de protéines. Par conséquent, pour obtenir un produit génique, habituellement une protéine non sécrétée, les bactéries doivent être lysées et le produit doit être purifié à partir du lysat, qui renferme également tous les composants cellulaires de la bactérie. L'isolement du produit génique d'un tel mélange s'avère coûteux à l'échelle industrielle. Il est plus rentable de faire sécréter le produit par un microorganisme et de le recueillir régulièrement dans le milieu de culture où il se multiplie. C'est pourquoi on a associé le produit génique recherché à une protéine naturelle d'*E. coli* que la bactérie sécrète déjà. Cependant, les bactéries à Gram positif, telles que *Bacillus subtilis*, sécrètent plus facilement leurs produits géniques, ce qui en fait des microorganismes de choix pour l'industrie.

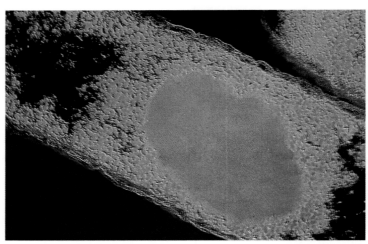

Figure 25.13 *E. coli* est génétiquement modifié pour produire de l'interféron gamma, protéine humaine importante dans la réponse immunitaire. Le produit, que l'on voit ici sous la forme d'un granule orange, est libéré après la lyse de la cellule.

MET   0,25 μm

Saccharomyces cerevisiæ, la levure de boulanger, sert également de véhicule d'expression de gènes étrangers. Son génome a une taille qui est environ quatre fois plus grande que celle du génome d'*E. coli*, et de tous les génomes eucaryotes, c'est celui que l'on connaît sans doute le mieux. La levure peut véhiculer des plasmides, et on peut facilement transférer ces derniers dans sa cellule après que sa paroi a été éliminée. En tant que cellule eucaryote, la levure exprime probablement avec plus de succès que la bactérie les gènes eucaryotes étrangers. En outre, elle a tendance à sécréter le produit de manière continue. Pour toutes ces raisons, elle est devenue le microorganisme eucaryote « à tout faire » de la biotechnologie.

Tout comme les bactéries, les cellules de mammifères en culture, y compris les cellules humaines, peuvent servir à fabriquer des produits dérivés de modifications génétiques. Les scientifiques ont mis au point des méthodes efficaces afin de cultiver certaines cellules de mammifères qui agissent en tant qu'hôtes pour multiplier les virus (chapitre 8). En génie génétique, ces cellules sont souvent le mieux adaptées à la fabrication de produits protéiques à usage médical en grande partie à cause d'un plus faible risque d'allergie et d'effet toxique. L'utilisation de ces cellules en vue de fabriquer des produits géniques étrangers à l'échelle industrielle requiert souvent une étape préliminaire au cours de laquelle il est nécessaire de cloner le gène dans des bactéries. Prenons le cas du facteur de stimulation des colonies (FSC), une protéine sécrétée naturellement en quantité infinitésimale par les leucocytes. Le FSC est une molécule précieuse parce qu'il stimule la croissance de certaines cellules qui nous protègent contre les infections. Pour fabriquer d'énormes quantités de FSC, le gène doit d'abord être inséré dans un plasmide et cloné par des bactéries, qui produisent de multiples copies du plasmide recombinant (figure 25.1). Après avoir été extraits des bactéries, les plasmides recombinants sont introduits dans des cellules de mammifères, qui sont ensuite mises en culture dans des flacons.

Il est également possible de cultiver des cellules végétales, de les manipuler par les techniques de l'ADN recombinant et de produire des plantes génétiquement modifiées. Ces plantes peuvent être extrêmement utiles en tant que sources de produits précieux, tels que les alcaloïdes (par exemple la codéine, un analgésique), les isoprénoïdes, qui servent de matière première à la fabrication du caoutchouc synthétique, et la mélanine (pigment de l'épiderme animal), qui entre dans la composition des écrans solaires. (Nous reviendrons sur les plantes issues de la technologie de l'ADN recombinant plus loin dans le présent chapitre.)

▶ Vérifiez vos acquis

Quelles méthodes peut-on utiliser pour déceler un clone de cellules génétiquement modifiées ? **25-11**

Quels types de cellules utilise-t-on pour produire des clones d'ADN recombinant ? **25-12**

Les applications de la technologie de l'ADN recombinant

▶ Objectifs d'apprentissage

25-13 Nommer cinq applications de la technologie de l'ADN recombinant.

25-14 Définir l'ARNi.

25-15 Discuter du projet Génome humain.

25-16 Définir les termes suivants : séquençage en aveugle, bio-informatique, protéomique.

25-17 Décrire les étapes de la technique de transfert de Southern et donner un exemple de son utilisation.

25-18 Décrire les étapes de la technique des empreintes génétiques et donner un exemple de son utilisation.

25-19 Esquisser les grandes lignes de la technologie de l'ADN recombinant faisant appel à la bactérie *Agrobacterium*.

Nous venons de décrire l'ensemble du processus qui mène au clonage d'un gène. Comme nous l'avons vu, les applications des

gènes clonés sont multiples. L'emploi de tels gènes peut rendre un procédé de production de substances plus efficace et diminuer les coûts qui lui sont associés (encadré 1.1). Ces gènes peuvent aussi contribuer à l'obtention de données en recherche fondamentale ou en médecine. Ils peuvent également modifier les caractéristiques des cellules ou des organismes. L'encadré 27.1 décrit comment des cellules génétiquement modifiées ont été créées pour détecter la présence de polluants.

Les applications thérapeutiques

L'insuline – une hormone – est un produit pharmaceutique de très grande valeur. Cette petite protéine est sécrétée par le pancréas et régularise l'assimilation du glucose par les cellules à partir du sang. Pendant de nombreuses années, les personnes souffrant de diabète insulinodépendant ont contrôlé leur maladie en s'injectant de l'insuline provenant du pancréas d'animaux d'abattoir. La purification de cette insuline était un procédé onéreux, sans compter que cette hormone n'était pas aussi efficace que celle d'origine humaine.

En raison de la valeur de l'insuline humaine et de la petite taille de cette protéine, l'industrie pharmaceutique a cherché très tôt à la produire par les techniques de l'ADN recombinant. Pour fabriquer l'hormone, les gènes de chacune des deux courtes chaînes polypeptidiques formant sa molécule sont d'abord synthétisés chimiquement. En raison de la petite taille de ces chaînes – l'une est constituée de 21 acides aminés et l'autre, de 30 –, il est possible d'employer des gènes synthétiques. Suivant la méthode décrite plus haut (figure 25.2), chacun des deux gènes synthétiques est inséré dans un plasmide et joint à l'extrémité du gène codant pour la β-galactosidase, si bien que le polypeptide est produit parallèlement à cette enzyme bactérienne. Deux cultures différentes d'*E. coli* – cellules receveuses –, dans lesquelles on a inséré un des plasmides recombinants, servent à produire l'insuline, et chacune sécrète une chaîne polypeptidique différente. Les polypeptides sont récoltés, séparés de la β-galactosidase et assemblés chimiquement pour fabriquer l'insuline humaine. Cette réalisation, qui illustre également les principes et les méthodes traités dans ce chapitre, a été l'un des premiers succès commerciaux de la technologie de l'ADN recombinant.

La somatostatine (ou hormone d'inhibition de l'hormone de croissance) est une autre hormone humaine que l'on produit maintenant commercialement en procédant à la modification génétique d'*E. coli*. Il fut un temps où la production de 5 mg de somatostatine animale à des fins expérimentales nécessitait 500 000 cerveaux de moutons. En comparaison, on n'a besoin maintenant que de 8 L de culture de bactéries génétiquement modifiées pour obtenir la même quantité d'hormone humaine.

Fabriqués par des levures génétiquement modifiées, les **vaccins sous-unitaires** sont composés de protéines qui ne représentent qu'une portion – ou sous-unité – du microbe pathogène, par exemple une protéine de la paroi d'une bactérie ou de la capside d'un virus. Ce type de vaccins a été élaboré pour un certain nombre de maladies, notamment l'hépatite B. Le fait qu'il est impossible d'être infecté par le vaccin constitue l'un des avantages des vaccins sous-unitaires sur les vaccins traditionnels. La protéine vaccinale est récoltée à partir des cellules modifiées mises en culture et purifiée pour être utilisée comme vaccin. Les virus animaux, tels que le virus de la vaccine à l'origine du vaccin contre la variole, peuvent aussi être modifiés pour porter, par exemple, le gène d'une protéine de surface d'un autre microbe. Une fois injecté, le virus recombinant agit comme un vaccin dirigé contre le microbe.

Les **vaccins à ADN**, ou *vaccins à ADN nu*, sont habituellement des plasmides circulaires clonés dans les bactéries. Ces plasmides contiennent un gène codant pour une protéine virale dont la transcription est régulée par une région du promoteur active dans les cellules humaines. On procède actuellement à l'évaluation de plusieurs vaccins expérimentaux contre le VIH, le syndrome respiratoire aigu sévère (SRAS), la grippe et la malaria. On traite du sujet des vaccins au chapitre 26. Le tableau 25.2 énumère quelques produits dérivés de la technologie de l'ADN recombinant dont on fait usage en médecine.

On ne pourra jamais assez insister sur l'importance de la technologie de l'ADN recombinant dans la recherche médicale. Les progrès rapides accomplis par la manipulation génétique de divers types d'organismes ont engendré la création d'une vaste panoplie de produits médicinaux et de méthodes. Le sang artificiel utilisé lors de transfusions est maintenant préparé avec de l'hémoglobine humaine fabriquée par des porcs dont les cellules ont été génétiquement modifiées. On a également recours à cette technique pour amener les brebis à sécréter des médicaments dans leur lait. Il semble que cette technique n'ait pas de répercussions sur l'animal, et elle fournit une source abondante de matière première qui ne nécessite pas l'abattage de l'animal.

La **thérapie génique** pourra un jour offrir des traitements pour certaines maladies génétiques. Il est tout à fait envisageable d'extraire certaines cellules d'un individu et de les transformer avec un gène qui remplace un gène non fonctionnel, ou défectueux. Une fois réintroduites dans l'organisme de l'individu, ces cellules devraient fonctionner normalement. Par exemple, la thérapie génique a été utilisée pour traiter l'hémophilie B et des cas d'immunodéficience combinée grave. On utilise le plus souvent les adénovirus et les rétrovirus pour produire les gènes ; cependant, certains chercheurs utilisent des vecteurs plasmidiques. C'est en 1999 qu'on a procédé à la première thérapie génique pour traiter l'hémophilie chez l'humain, dans laquelle on a utilisé un rétrovirus atténué comme vecteur. Plusieurs thérapies géniques expérimentales sont en cours ; elles font appel à des adénovirus portant le gène humain *p53* pour traiter divers types de cancer. Le gène *p53*, qui code pour une protéine supprimant les tumeurs, est le gène qui présente le plus grand nombre de mutations dans les cellules cancéreuses.

Le nombre de thérapies géniques expérimentales augmentera au fur et à mesure des progrès techniques et des succès des essais initiaux. Toutefois, on doit d'abord procéder à de nombreux travaux préliminaires, et il est probable qu'il n'y ait pas de cure pour certaines maladies génétiques. On étudie également la technologie de l'ADN antisens (voir plus loin dans le chapitre), qu'on insère dans les cellules, dans le but de traiter l'hépatite, les cancers et un type de maladie coronarienne.

Le **silençage génique**, ou *silençage de l'expression génique*, est un processus naturel qui survient dans un grand nombre d'organismes et semble être un mécanisme de défense contre les virus et les transposons. L'**interférence ARN (ARNi)** est une nouvelle technique prometteuse en ce qui concerne la thérapie génique ainsi que le traitement du cancer et des maladies virales (**figure 25.14**).

❶ Des molécules d'un ARN, appelé *petit ARN interférent* (petit ARNi), qui ciblent un gène anormal particulier peuvent être insérées dans une cellule. **❷** Les molécules du petit ARNi se lient à l'ARNm **❸** et entraînent sa dégradation enzymatique, ce qui empêche l'expression du gène (silençage). Chez les souris, on a démontré que les ARNi peuvent inhiber le virus de l'hépatite B. L'ADN qui code pour l'ARNi contre le gène recherché peut être cloné dans un vecteur. Lorsqu'il est transféré dans la cellule, celle-ci pourrait produire le petit ARNi recherché.

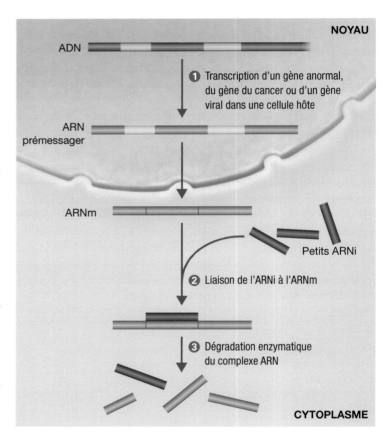

Figure 25.14 Le silençage génique pourrait fournir des traitements pour une grande variété de maladies.

▶ **Vérifiez vos acquis**

Expliquez comment la technologie de l'ADN recombinant est utilisée dans la prévention et le traitement des maladies. **25-13**

Qu'est-ce que le silençage génique ? **25-14**

Le projet Génome humain

Le projet Génome humain est un projet colossal qui fait appel à la technologie de l'ADN recombinant. Il représente un effort international qui a officiellement commencé en octobre 1990 et s'est achevé en 2003. Son objectif était de séquencer le génome humain en entier, soit environ 3 milliards de paires de nucléotides, comprenant entre 20 000 et 25 000 gènes. Des milliers de personnes de 18 pays ont participé à ce projet ; HUGO, pour Human Genome Organisation, a été créée en Suisse avec l'objectif de coordonner les

Tableau 25.2	**Quelques produits pharmaceutiques dérivés de la technologie de l'ADNr**
Produit	**Description**
Activateur tissulaire du plasminogène (Activase^MD)	Dissout la fibrine des caillots sanguins ; traitement des crises cardiaques ; produit par des cellules de mammifères mises en culture.
Anticorps monoclonaux	Traitement potentiel contre le cancer et le rejet du greffon ; utilisés dans les tests diagnostiques ; produits par des cellules de mammifères mises en culture (à partir de la fusion entre des cellules cancéreuses et des cellules sécrétant des anticorps).
Antitrypsine	Aide les patients atteints d'emphysème ; produite par des cellules de brebis génétiquement modifiées.
Érythropoïétine (EPO)	Traitement de l'anémie ; produite par des cellules de mammifères mises en culture.
Facteur de croissance épidermique (EGF)	Guérit les blessures, les brûlures et les ulcères ; produit par *E. coli* (bactérie).
Facteur nécrosant des tumeurs (TNF)	Cause la désintégration des cellules tumorales ; produit par *E. coli*.
Facteur de stimulation des colonies (FSC)	Neutralise les effets de la chimiothérapie ; améliore la résistance aux maladies infectieuses telles que le sida ; traitement de la leucémie ; produit par *E. coli* et *S. cerevisiæ* (levure).
Facteur VII	Traitement des états de choc hémorragique ; produit par des cellules de mammifères mises en culture.
Facteur VIII	Traitement de l'hémophilie ; améliore la coagulation ; produit par des cellules de mammifères mises en culture.
Insuline humaine	Traitement du diabète ; se tolère mieux que l'insuline animale ; produite par *E. coli*.
Interleukines	Régulent les cellules du système immunitaire ; traitement anticancéreux potentiel ; produites par *E. coli*.
Interféron alpha	Traitement anticancéreux pour la leucémie et le mélanome, et traitement antiviral potentiel des hépatites ; produit par *E. coli* et *S. cerevisiæ*.
Interféron bêta	Traitement de multiples scléroses ; produit par des cellules de mammifères mises en culture.
Interféron gamma	Traitement des maladies granulomateuses chroniques ; produit par *E. coli*.
Orthoclone OKT3 Muromonab-CD3	Anticorps monoclonaux administrés aux patients ayant subi une transplantation afin de supprimer la réponse immunitaire ; réduit les risques de rejet des tissus ; produit par des cellules de souris.
Protéines morphogénétiques osseuses	Déclenchent la formation de nouveau tissu osseux ; utilisées pour guérir les fractures et les séquelles des chirurgies de reconstruction ; produites par des cellules de mammifères mises en culture.
Prourokinase	Anticoagulant ; traitement des crises cardiaques ; produite par *E. coli* et des levures.
Pulmozyme^MD (désoxyribonucléase recombinante humaine)	Enzyme qui désagrège le mucus des patients atteints de fibrose kystique ; produite par des cellules de mammifères mises en culture.
Relaxine	Facilite l'accouchement ; produite par *E. coli*.
Somatotrophine (hormone de croissance humaine)	Corrige les défauts de croissance chez les enfants ; produite par *E. coli*.
Superoxyde dismutase (SOD)	Réduit au minimum les dommages causés par les radicaux libres de l'oxygène lorsque le sang est redistribué aux tissus privés d'oxygénation ; produite par *S. cerevisiæ* et *Komagataella pastoris* (levure).
Taxol^MD (paclitaxel)	Produit végétal servant à traiter le cancer des ovaires ; produit par *E. coli*.
Vaccin antigrippal	Vaccin expérimental produit par *E. coli* et *S. cerevisiæ* portant les gènes viraux.
Vaccin contre l'hépatite B	Produit par *S. cerevisiæ*, dans lequel a été introduit un plasmide portant le gène du virus de l'hépatite B.
Vaccin contre le virus du papillome humain (cause le cancer du col de l'utérus)	Composé de protéines virales produites par *S. cerevisiæ*.

efforts de tous les pays à l'échelle mondiale. Les chercheurs ont recueilli des échantillons de sang (pour les femmes) et de sperme (pour les hommes) d'un grand nombre de donneurs. Seulement quelques échantillons ont été traités en tant que sources d'ADN, et les noms de ces sources sont protégés, de sorte qu'aucun donneur ni aucun scientifique ne sache quels échantillons ont été utilisés. La mise au point de séquençage en aveugle (abordé ci-après) a contribué à accélérer le processus, et le génome est presque complet.

De façon surprenante, on a constaté que moins de 2 % du génome code pour un produit fonctionnel ; les autres 98 % sont appelés *ADN muet*, ou *ADN poubelle*. Cela comprend les introns, les extrémités des chromosomes (appelées *télomères*) et les transposons (les séquences répétitives qui composent plus de la moitié du génome humain (chapitre 24). Actuellement, les chercheurs poursuivent leurs travaux afin de localiser des gènes spécifiques et de déterminer leurs fonctions.

Le prochain objectif des chercheurs est le projet Protéome humain, qui vise à cartographier toutes les protéines exprimées dans les cellules humaines. Le siège social international de l'HUPO, pour Human Proteome Organisation, est installé à Montréal, au Québec, depuis octobre 2005. Même s'il n'est pas encore achevé, ce projet a déjà fourni des informations précieuses pour améliorer notre compréhension de la biologie. Il aura également des retombées formidables en médecine, notamment en ce qui concerne le diagnostic des maladies génétiques et leur traitement.

Les applications scientifiques

On peut utiliser la technologie de l'ADN recombinant pour fabriquer des produits géniques, mais ce n'est pas sa seule application importante. Du fait de sa capacité à produire de nombreuses copies d'ADN, on peut comparer cette technologie à une « presse à imprimer » l'ADN. Une fois qu'on l'a multiplié en quantité importante, on peut « lire » le fragment d'ADN au moyen de diverses techniques d'analyse, que nous abordons dans cette section.

Quels types de renseignements peut-on obtenir d'un ADN cloné ? Le **séquençage de l'ADN** en est un exemple ; il s'agit de la détermination de la séquence exacte des nucléotides dans une molécule d'ADN.

Le **séquençage en aveugle**, ou *séquençage aléatoire*, est une technique de séquençage du génome. De petits fragments d'un génome sont séquencés, et les séquences sont ensuite assemblées à l'aide d'un ordinateur. Tous les trous entre les fragments doivent alors être trouvés et séquencés (**figure 25.15**). Il est maintenant relativement facile d'obtenir les séquences de génomes viraux entiers. Les génomes de *Saccharomyces cerevisiæ*, d'*E. coli* et de plus de 70 autres microorganismes ont été séquencés puis cartographiés, et une centaine d'autres sont en cours.

Le projet Génome humain représente une réalisation considérable qui a abouti au séquençage du génome humain. Les cartes génomiques récemment publiées représentent 90% des nucléotides de l'ensemble du génome humain, et cette fraction a été séquencée à 99% ; le 1% qui reste correspond à quelques centaines de « trous » qui doivent être comblés. L'autre partie du génome (les 10% de nucléotides restants) n'a pas été incluse dans le projet parce qu'elle est formée de séquences d'ADN hautement répétées qui ne codent pas pour des gènes. De même, 93% du génome de *S. cerevisiæ* contient les régions codant pour des gènes, lesquelles sont séquencées à 100%. On peut également se servir des applications informatiques pour chercher les régions qui codent pour des gènes, qui peuvent ensuite être « traduites » par des logiciels.

Le séquençage de l'ADN a produit une très grande quantité d'information qui a donné naissance à une nouvelle discipline, la **bio-informatique**, ou *génématique*, qui allie la biologie moléculaire et la programmation informatique. Cette science étudie la fonction des gènes à l'aide d'analyses assistées par ordinateur. Les séquences d'ADN sont stockées dans une base de données sur le Web, qu'on appelle GenBank. On peut effectuer des recherches sur l'information génomique grâce à des programmes informatiques qui permettent de trouver des séquences précises, ou de chercher des séquences semblables dans les génomes de différents organismes. On effectue actuellement des recherches sur des gènes microbiens dans le but de déceler les molécules qui sont responsables de la virulence des pathogènes. En comparant les génomes, les chercheurs ont découvert que *Chlamydia trachomatis* produit une toxine semblable à celle de *Clostridium difficile*.

Le prochain objectif est de détecter les protéines qui sont codées par ces gènes. La **protéomique** est la discipline de recherche qui étudie toutes les protéines exprimées dans la cellule.

La **génétique inverse** constitue une méthode visant à découvrir la fonction d'un gène à partir d'une séquence génétique. Elle cherche à relier une séquence génétique donnée à des effets précis sur l'organisme. Par exemple, si on fait subir une mutation à un gène ou si on en inactive un (voir plus haut la section traitant du silençage génique), on peut alors chercher un caractère que l'organisme a perdu.

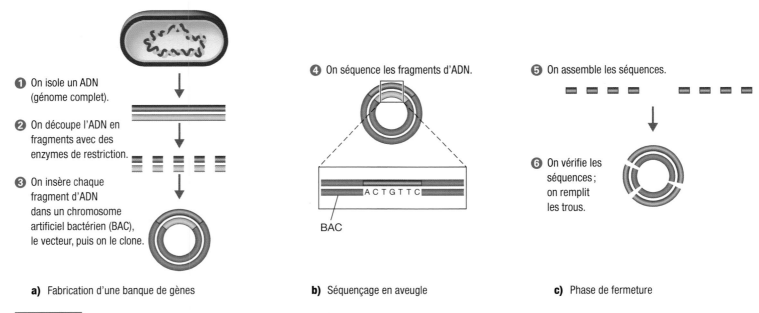

① On isole un ADN (génome complet).

② On découpe l'ADN en fragments avec des enzymes de restriction.

③ On insère chaque fragment d'ADN dans un chromosome artificiel bactérien (BAC), le vecteur, puis on le clone.

④ On séquence les fragments d'ADN.

A C T G T T C

BAC

⑤ On assemble les séquences.

⑥ On vérifie les séquences ; on remplit les trous.

a) Fabrication d'une banque de gènes **b)** Séquençage en aveugle **c)** Phase de fermeture

Figure 25.15 **Séquençage en aveugle.** Dans cette technique, un génome est coupé en fragments, et chaque fragment est séquencé. Ensuite, les fragments sont assemblés. Des « trous » peuvent être présents, si un fragment précis d'ADN n'a pas été séquencé.

Parmi les applications du séquençage des gènes humains, citons la détection et le clonage du gène défectueux – qui a subi une mutation – responsable de la fibrose kystique. Cette maladie est caractérisée par une sécrétion abondante de mucus qui entraîne le blocage des voies respiratoires. La séquence connue du gène défectueux sert d'outil diagnostique de la maladie chez une personne où la même séquence du gène est trouvée. On utilise une méthode d'hybridation appelée **technique de transfert de** Southern (figure 25.16), du nom de son inventeur Ed Southern, qui l'a mise au point en 1975.

Penchons-nous sur les étapes de cette technique. ❶ Une molécule d'ADN humain, extraite de leucocytes, est d'abord coupée par une enzyme de restriction pour donner des milliers de fragments de différentes tailles, dont l'un est porteur du gène recherché. Les fragments sont alors soumis à l'**électrophorèse sur gel**, ce qui permet de les séparer. ❷ Les fragments d'ADN sont

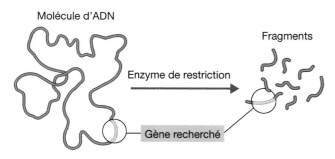

❶ L'ADN renfermant le gène recherché est extrait de cellules humaines et coupé en de multiples fragments par une enzyme de restriction.

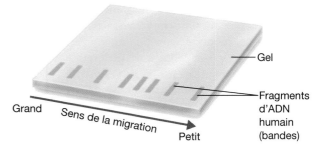

❷ Les fragments d'ADN sont séparés selon leur taille par électrophorèse sur gel. Chaque bande représente de nombreuses copies d'un fragment d'ADN particulier. Les bandes sont alors invisibles, mais elles peuvent être visualisées grâce à un colorant qui présente une fluorescence sous l'effet de la lumière ultraviolette.

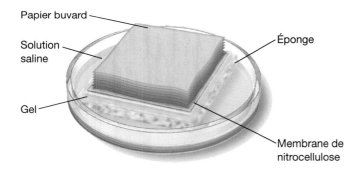

❸ Les bandes d'ADN sont transférées sur une membrane de nitrocellulose par buvardage. La solution traverse le gel, la membrane, puis le papier buvard.

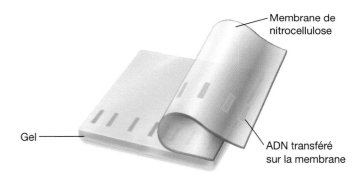

❹ Il en résulte une membrane de nitrocellulose où la position des fragments d'ADN est exactement la même que celle des fragments sur le gel.

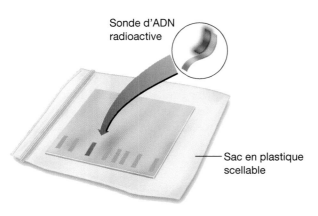

❺ La membrane est incubée avec une sonde radioactive qui s'apparie (s'hybride) avec une courte séquence d'un gène particulier.

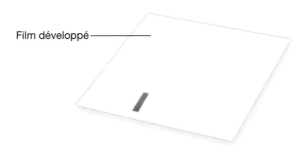

❻ La membrane est mise en contact avec un film sensible aux rayons X. Le fragment d'ADN, qui contient le gène recherché et qui a été apparié avec une sonde radioactive, laisse une bande visible sur le film développé.

Figure 25.16 Technique de transfert de Southern.

déposés dans un puits situé à une extrémité d'un gel d'agarose. Ensuite, on fait passer un courant électrique à travers le gel. Lorsque le courant est appliqué, les différents fragments d'ADN migrent à des vitesses variant en fonction de leur taille et forment des bandes caractéristiques sur le gel. Les petites différences de taille entre les fragments sont décelables parce qu'elles produisent ce qu'on appelle des **polymorphismes de taille des fragments de restriction (RFLP*).** ❸ et ❹ Les fragments d'ADN sont traités pour donner des brins simples, qui sont transférés sur une membrane de nitrocellulose par buvardage ; ils conservent ainsi la même position sur la membrane que sur le gel. ❺ Puis, la membrane est incubée dans une solution contenant une sonde radioactive ; cette sonde est une molécule d'ADN monocaténaire fabriquée à partir du gène recherché cloné, dans ce cas-ci, le gène de la fibrose kystique. La sonde se lie au gène mutant, mais pas au gène normal. ❻ On révèle les fragments d'ADN sur lesquels la sonde s'est hybridée en mettant la membrane en contact avec un film sensible aux rayons X.

L'analyse des RFLP par la technique de transfert de Southern permet de tester l'ADN de chaque personne pour vérifier la présence d'un gène défectueux. On utilise ce procédé, appelé **dépistage génétique**, pour déceler la présence de plusieurs centaines de maladies génétiques. On peut appliquer cette technique à de futurs parents porteurs d'un gène défectueux, mais aussi aux tissus fœtaux. Parmi les gènes couramment recherchés, on compte celui qui est associé à certaines formes héréditaires du cancer du sein et celui de la chorée de Huntington.

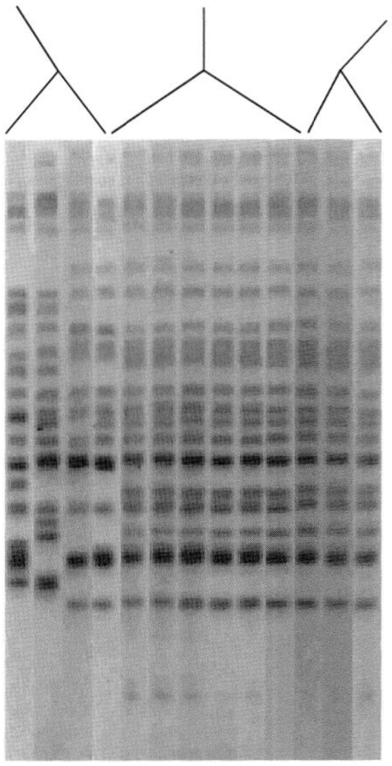

La microbiologie médicolégale

Grâce à l'essor de la technologie de l'ADN recombinant, on peut maintenant avoir recours à divers outils diagnostiques importants. Plusieurs de ces outils font appel à une méthode d'hybridation. Rappelons que l'hybridation permet de reconnaître une séquence particulière d'ADN parmi d'autres (figure 5.15). C'est exactement ce que vise la recherche d'un diagnostic – il s'agit de déceler un agent pathogène particulier parmi d'autres.

Les sondes à ADN sont des outils prometteurs pour effectuer l'identification rapide des microbes. Les sondes employées pour les diagnostics médicaux proviennent de l'ADN d'un microbe pathogène et sont marquées (par un marqueur radioactif, par exemple). La sonde sert alors d'outil diagnostique en se combinant avec l'ADN du pathogène afin de révéler son emplacement dans le tissu de l'organisme (ou peut-être sa présence dans les aliments). On utilise également les sondes pour localiser et identifier certains microorganismes dans le sol. Nous traitons des sondes à ADN au chapitre 5 (figure 5.16).

Depuis plusieurs années, les RFLP sont utilisés par les microbiologistes dans la **technique des empreintes génétiques**, qui permet d'identifier des agents pathogènes bactériens ou viraux (**figure 25.17**). En médecine légale, cette méthode sert à déterminer la paternité ou à confirmer ou infirmer la culpabilité d'un meurtrier présumé par une analyse du sang trouvé sur la victime. La technique de transfert de Southern nécessite une quantité importante d'ADN. Comme nous l'avons vu, de petites quantités d'ADN

Échantillons d'*E. coli* isolés de patients dont l'infection n'est pas reliée à l'ingestion de jus de fruits contaminé

Échantillons d'*E. coli* isolés de patients dont l'infection est reliée à l'ingestion de jus de fruits contaminé

Échantillons de jus de fruits contaminés

Figure 25.17 **Dépistage d'une maladie infectieuse par la technique des empreintes génétiques.** On peut voir ici la relation entre des tracés d'ADN d'isolats bactériens après une flambée d'infections par *Escherichia coli* O157:H7. Les isolats de jus de fruits (à droite) sont identiques aux tracés d'isolats prélevés chez les patients qui ont bu du jus de fruits contaminé (au centre), mais différents des tracés d'isolats prélevés chez les patients dont l'infection n'est pas reliée à l'ingestion de jus de fruits (à gauche).

peuvent être rapidement multipliées par l'amplification en chaîne par polymérase pour répondre aux besoins d'une analyse.

On est en voie de mettre au point des biopuces à ADN (figure 5.17) et des *biopuces à produits d'amplification en chaîne par polymérase* (ou *biopuces à produits PCR*) qui peuvent analyser un échantillon dans le but de détecter plusieurs pathogènes à la fois. Dans celles-ci, jusqu'à 22 amorces provenant de différents microbes peuvent être utilisées au cours d'une amplification en chaîne par polymérase. Le microbe est détecté si l'ADN est copié à partir d'une des amorces.

La génomique des pathogènes est devenue un incontournable dans la surveillance, la prévention et le contrôle des maladies infectieuses. On décrit l'utilisation de la génomique pour déterminer l'origine d'une épidémie dans l'**encadré 25.1**. La **microbiologie médicolégale** est un nouveau champ d'études qui s'est développé étant donné que les hôpitaux et les fabricants de produits alimentaires peuvent être poursuivis en justice et que les microbes peuvent être utilisés comme armes. L'exigence de pouvoir fournir au tribunal une preuve concernant la source du microbe est plus stricte que pour le reste de la collectivité médicale. Ainsi, afin de prouver l'intention de faire du mal, on doit recueillir des preuves correctement et établir la chaîne de possession de ces preuves. Les propriétés microbiennes qui ne sont pas importantes pour la santé publique peuvent s'avérer des indices importants pour les enquêtes médicolégales. L'American Academy of Microbiology a récemment proposé une certification professionnelle en microbiologie médicolégale.

_____
* RFLP : de l'anglais *restriction fragment length polymorphism*.

Les norovirus : qui est responsable de l'épidémie ?

Le présent texte présente une série de questions que les microbiologistes se posent lorsqu'ils cherchent à déterminer l'origine d'une épidémie. Lorsqu'une poursuite en justice est déposée, on appelle un microbiologiste à titre de témoin expert au tribunal. Tentez de répondre à chaque question avant de passer à la suivante.

❶ Le 7 mai, le département de la santé du comté de Kent (dans l'État du Michigan) a été avisé qu'une épidémie de gastroentérite a touché 115 personnes. Les personnes malades ont souffert de vomissements et de diarrhée, accompagnés de fièvre, de crampes ou de nausées.

Que devez-vous savoir ?

❷ Parmi les personnes malades, on compte 23 employés d'une école, 55 employés d'une maison d'édition, 9 employés d'un organisme de services sociaux et 28 autres personnes (**figure A**).

Quelle est la prochaine étape ?

❸ Le 2 mai, on a servi au personnel de l'école de petits sandwichs préparés par un restaurant franchisé sous une bannière nationale. Le 3 mai, les déjeuners du personnel de la maison d'édition et des services sociaux ont été servis par le même restaurant. Les 28 autres personnes ont mangé des sandwichs dans ce même restaurant.

Que devez-vous savoir ?

❹ Des échantillons de 16 mets ont été analysés. Les résultats ont indiqué que le fait d'avoir mangé de la laitue était associé de manière significative à la maladie.

Que devriez-vous faire ?

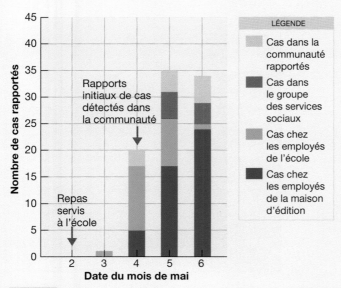

Figure A   Nombre de cas rapportés

❺ On a analysé des échantillons de matières fécales à l'aide de la technique de transcription inverse suivie de l'amplification en chaîne par polymérase utilisant une amorce de norovirus (**figure B**).

Que pouvez-vous en conclure ?

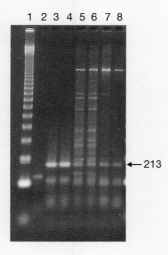

Figure B   Résultats de la technique de transcription inverse suivie de l'amplification en chaîne par polymérase des échantillons des patients. La colonne 1 montre des échelles de 123 pb (pb = paires de bases). La colonne 2 contient un témoin négatif ; les colonnes 3 à 8, des échantillons des patients. On a identifié le norovirus à la bande de 213 pb d'ADN.

❻ La technique de transcription inverse suivie de l'amplification en chaîne par polymérase a confirmé une infection aux norovirus. Le séquençage réalisé sur 21 échantillons de matières fécales a montré une homologie de séquence de 100 % pour les 21 échantillons.

Que feriez-vous ensuite ?

❼ Les enquêteurs ont appris qu'un manipulateur d'aliments, employé par le restaurant, a souffert de vomissements et de diarrhée le 1er mai. Celui-ci a dit qu'il pensait avoir attrapé la maladie de son enfant. La maladie de l'enfant a été retrouvée chez un cousin malade qui avait été exposé au norovirus dans une garderie. Le manipulateur d'aliments a vomi jusqu'en début de matinée le 2 mai, et il est ensuite retourné au travail au restaurant plus tard le même matin.

Que devriez-vous chercher maintenant ?

❽ Le séquençage du virus chez le manipulateur d'aliments et chez 8 clients malades a révélé des séquences identiques à celles des souches identifiées à l'étape 7.

Où cherchez-vous ensuite ?

❾ La laitue a été tranchée chaque matin par le manipulateur d'aliments qui a été malade. L'inspection a révélé que l'évier de préparation des aliments a servi à se laver les mains. L'évier n'a pas été désinfecté avant ni après le lavage de la laitue. Les directives de l'État du Michigan précisent les méthodes de nettoyage et les concentrations d'eau de Javel à utiliser. Le restaurant n'a pas été nettoyé de façon adéquate ; il a été fermé pour près d'une semaine par le département de la santé.

Source : Adaptation de *MMWR*, 55(14) : 395-397 (14 avril 2006).

L'ADN peut normalement être extrait à partir de matières conservées et fossilisées, y compris les momies ainsi que les plantes et les animaux disparus. Quoique de telles matières soient très rares, et habituellement partiellement dégradées, l'amplification en chaîne par polymérase permet aux chercheurs d'étudier ce matériel génétique qui n'existe plus dans sa forme naturelle. L'étude des organismes peu communs a également mené à des avancées dans le domaine de la taxinomie. Ce sujet est abordé au chapitre 5.

La nanotechnologie

La nanotechnologie est la science qui a pour objet la conception et la fabrication de circuits électroniques et de dispositifs mécaniques extrêmement petits à partir de constituants de dimension nanométrique* (atomes, molécules). On peut utiliser des robots ou des ordinateurs de la taille d'une molécule afin de détecter la contamination microbiologique des aliments, des maladies chez les plantes ou des armes biologiques. Toutefois, on a besoin de petits fils et composants pour faire fonctionner les petites machines. Les bactéries pourraient fournir de tels petits composants métalliques. Des chercheurs du U.S. Geological Survey ont cultivé plusieurs bactéries anaérobies qui réduisent le sélénium toxique, Se^{4+}, en Se^0 élémentaire non toxique, qui forme des nanosphères, c'est-à-dire des sphères de dimension nanométrique (**figure 25.18**).

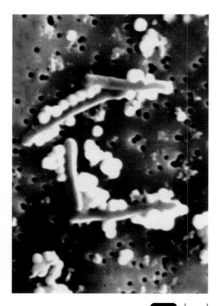

Figure 25.18 Les cellules de *Bacillus* en croissance sur un milieu contenant du sélénium forment des chaînes de sélénium élémentaire.

MEB ⊢—⊣ 1 μm

▶ **Vérifiez vos acquis**

Comment le séquençage en aveugle, la bio-informatique et la protéomique sont-ils reliés au projet Génome humain ? **25-15** et **25-16**

Qu'est-ce que la technique de transfert de Southern ? **25-17**

Pourquoi obtient-on une empreinte génétique à partir des RFLP ? **25-18**

* Un nanomètre = 10^{-9} mètre ; 1 μm = 1 000 nm.

Les applications agricoles

Il a toujours été fastidieux de sélectionner génétiquement les plantes. Le croisement traditionnel de plants est laborieux et exige un temps d'attente alloué à la germination des graines et à la maturation de la plante. Or, la multiplication des plantes a été révolutionnée par la mise au point de techniques de culture des cellules végétales. Des clones de cellules végétales, y compris les cellules manipulées par les techniques de l'ADN recombinant, peuvent être mis en culture en grande quantité. Ensuite, on les utilise pour générer des plants entiers, à partir desquels on récolte des graines.

L'ADN recombinant peut être introduit dans les cellules végétales de diverses façons. Nous avons traité plus haut de la fusion de protoplastes et des billes enrobées d'ADN. La méthode la plus sophistiquée consiste toutefois à faire usage de plasmides appelés **plasmides Ti** (Ti, pour *tumor-inducing*) que l'on trouve communément chez *Agrobacterium tumefaciens*. Cette bactérie infecte certaines plantes chez lesquelles le plasmide Ti cause la formation d'une excroissance tumorale nommée *galle du collet* (**figure 25.19**). Une portion du plasmide Ti, appelée *ADN-T*, s'intègre au génome des cellules de la plante infectée. Elle stimule une croissance cellulaire localisée (la galle du collet) et entraîne simultanément la production de certains produits utilisés par la bactérie comme sources de carbone et d'azote.

Pour les spécialistes des plantes, l'intérêt du plasmide Ti réside dans sa capacité à transporter un ADN recombinant (ADNr) et à l'introduire dans la plante (**figure 25.20**). Ainsi, on peut insérer des gènes étrangers dans l'ADN-T, incorporer le plasmide recombinant dans la cellule d'*Agrobacterium* et se servir de la bactérie pour introduire le plasmide Ti recombinant dans une cellule végétale. La cellule munie du gène étranger peut alors générer un nouveau plant. Avec de la chance, le nouveau plant exprimera le gène étranger. L'ensemble du procédé vise à améliorer la plante originale. Malheureusement, *Agrobacterium* n'infecte pas naturellement les graminées, ce qui empêche l'amélioration de céréales comme le blé, le riz ou le maïs.

Parmi les réalisations remarquables qui résultent de cette approche, on compte l'introduction dans les cellules de plantes d'un

Galle du collet

Figure 25.19 Galle du collet sur un plant de rosier.

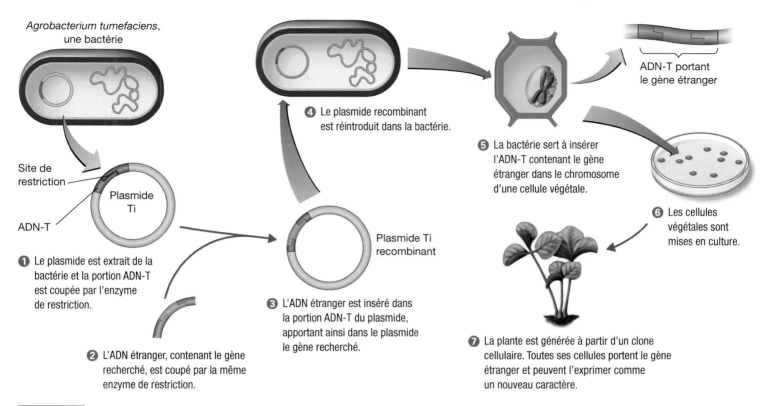

Agrobacterium tumefaciens,
une bactérie

Site de
restriction

ADN-T

Plasmide
Ti

1 Le plasmide est extrait de la
bactérie et la portion ADN-T
est coupée par l'enzyme
de restriction.

2 L'ADN étranger, contenant le gène
recherché, est coupé par la même
enzyme de restriction.

4 Le plasmide recombinant
est réintroduit dans la bactérie.

Plasmide Ti
recombinant

3 L'ADN étranger est inséré dans
la portion ADN-T du plasmide,
apportant ainsi dans le plasmide
le gène recherché.

ADN-T portant
le gène étranger

5 La bactérie sert à insérer
l'ADN-T contenant le gène
étranger dans le chromosome
d'une cellule végétale.

6 Les cellules
végétales sont
mises en culture.

7 La plante est générée à partir d'un clone
cellulaire. Toutes ses cellules portent le gène
étranger et peuvent l'exprimer comme
un nouveau caractère.

Figure 25.20 Plasmide Ti, vecteur utilisé dans la modification génétique des végétaux.

gène codant pour la résistance au glyphosate, un herbicide, et l'introduction d'un gène bactérien (*Bacillus thuringiensis*) qui porte le code d'une toxine insecticide. Normalement, un herbicide élimine à la fois les mauvaises herbes et les bonnes plantes en inhibant une enzyme nécessaire à la production de certains acides aminés essentiels. On a découvert que *Salmonella* possède cette enzyme et que certaines de ces bactéries contiennent une enzyme modifiée qui résiste à l'herbicide. Lorsque le gène de cette enzyme d'origine bactérienne est introduit dans une plante, toute la récolte devient résistante à l'herbicide, qui ne tue alors que les mauvaises herbes. Il existe maintenant une variété de plantes résistant à divers herbicides et pesticides, qui ont été produites par modification génétique. D'autres caractères ont été transférés à des plantes agricoles, par exemple la résistance à la sécheresse, aux infections virales et à divers stress environnementaux. *Bacillus thuringiensis* est une bactérie pathogène pour certains insectes, car elle sécrète une protéine, la toxine Bt, qui endommage le tube digestif de l'insecte. Le gène Bt a donc été inséré dans une panoplie de plantes agricoles, y compris le coton et les pommes de terre, afin que les insectes qui s'en nourrissent soient tués.

La tomate MacGregor offre un autre exemple du génie génétique appliqué aux plantes. Cette tomate reste ferme longtemps après sa récolte, car le gène de la polygalacturonase (PG), l'enzyme qui dégrade la pectine, a été inactivé. L'inactivation du gène a été rendue possible grâce à la **technologie de l'ADN antisens**. D'abord, un segment d'ADN complémentaire à l'ARNm de l'enzyme PG est synthétisé chimiquement. Cet ADN antisens, ou non codant, est incorporé dans la cellule. Lorsque le gène de maturation s'exprime, il transcrit un ARNm ; l'ADN antisens complémentaire s'hybride à l'ARNm pour inhiber la traduction et bloquer la synthèse de

l'enzyme. L'hybride ADN antisens-ARNm est ensuite dégradé par des enzymes cellulaires, libérant ainsi l'ADN antisens, qui peut alors inactiver un autre ARNm. Comme l'enzyme PG n'est plus présente, la pectine n'est plus dégradée et la maturation de la tomate est retardée. C'est ainsi que la tomate MacGregor conserve sa fermeté plus longtemps.

Les modifications génétiques les plus prometteuses chez les plantes touchent la fixation de l'azote, grâce à laquelle les cellules vivantes convertissent l'azote de l'air en nutriments (chapitre 27). La présence de tels nutriments riches en azote est le principal facteur qui limite habituellement la croissance des plantes agricoles. Dans la nature, seules quelques bactéries possèdent les gènes qui confèrent cette capacité. Certaines plantes, telles que la luzerne, bénéficient d'une association symbiotique avec ces bactéries. Certaines espèces de *Rhizobium*, une bactérie symbiotique, ont été génétiquement modifiées pour que leur capacité de fixation de l'azote soit accrue. On espère pouvoir modifier très bientôt des souches de *Rhizobium* dans le but de coloniser des plantes comme le maïs ou le blé, ce qui conduira peut-être à éliminer leurs besoins en engrais azoté. Le but ultime de ce champ d'études est d'introduire des gènes de fixation de l'azote fonctionnels directement dans les plantes. Même si les connaissances actuelles ne permettent pas d'atteindre ce but, les scientifiques y travaillent jour après jour en raison de son potentiel à augmenter considérablement les réserves alimentaires mondiales.

Pseudomonas fluorescens constitue un autre exemple de bactérie génétiquement modifiée qui est utilisée à l'heure actuelle en agriculture en tant que bactérie productrice d'insecticide. La bactérie modifiée produit la toxine que *Bacillus thuringiensis* sécrète normalement et qui tue certains agents pathogènes de plantes, tels que la pyrale du maïs. La variété génétiquement modifiée de *Pseudomonas*, qui fabrique une bien plus grande quantité de toxine que *B. thuringiensis*, peut être ajoutée aux graines et, avec le temps, pénétrer le système vasculaire de la plante au fur et à mesure que celle-ci croît. Si une larve de la pyrale du maïs ingère cette toxine, elle sera tuée. La toxine ne représente cependant aucun danger pour les humains et les autres animaux à sang chaud.

L'élevage a aussi bénéficié de l'essor de la technologie de l'ADN recombinant. Nous avons vu que l'une des premières réalisations commerciales a été la production de l'hormone de croissance humaine. Par des techniques de production similaires, il est possible de fabriquer l'hormone de croissance bovine (HCB), ou somatotrophine bovine (STb). Lorsqu'on l'injecte à un bœuf de boucherie, l'hormone provoque une augmentation du poids. Lorsqu'on l'injecte à une vache laitière, l'hormone augmente de 10% la production de lait. L'utilisation de tels procédés se heurte à la résistance des consommateurs, notamment en Europe; on craint en effet que la présence potentielle de HCB dans la viande et le lait s'avère nocive à long terme pour la santé. À l'heure actuelle en Amérique du Nord, le débat est présent, mais de nombreux spécialistes pensent que ces craintes sont sans fondement.

Le tableau 25.3 dresse la liste de certains produits génétiquement modifiés utilisés dans l'élevage et l'agriculture.

▶ Vérifiez vos acquis

À quelle fin bénéfique utilise-t-on la bactérie *Agrobacterium tumefaciens*, un pathogène des plantes? **25-19**

La technologie de l'ADN recombinant : problèmes de sécurité et d'éthique

▶ Objectif d'apprentissage

25-20 Énumérer les avantages et les problèmes associés à l'utilisation des techniques de modification génétique.

Les questions de sécurité entourant une nouvelle technologie sont toujours préoccupantes, et la modification génétique et la biotechnologie ne font pas exception. Une des inquiétudes suscitées par ces techniques repose sur le fait qu'il est presque impossible de prouver qu'un produit peut être totalement sûr dans toutes les conditions possibles. On se demande si les techniques modifiant un microorganisme ou une plante pour les rendre utiles aux humains peuvent aussi les rendre accidentellement pathogènes, dangereuses, voire créer un désastre écologique. C'est pourquoi les laboratoires spécialisés dans la recherche sur l'ADN recombinant doivent satisfaire à des normes très strictes de sécurité afin d'éviter la fuite accidentelle d'organismes génétiquement modifiés (OGM) dans l'environnement ou l'exposition à des risques d'infection. Pour réduire encore les risques de dissémination, les microbiologistes éliminent souvent certains gènes du génome essentiels à la croissance des microorganismes dans un milieu autre que le laboratoire. Enfin, les microorganismes porteurs d'un ADN recombinant et destinés à vivre dans l'environnement (ceux qui sont

Tableau 25.3	Quelques produits agricoles importants issus du génie génétique
Produits	**Description**
Produits agricoles	
Coton Bt et maïs Bt	Plantes ayant intégré un gène de *Bacillus thuringiensis*, qui produit une toxine; la toxine tue les insectes qui se nourrissent de ces plants.
Plantes cultivées résistantes au Round-Up^MD (glyphosate), un herbicide	Plantes renfermant ce gène bactérien; permet l'utilisation d'herbicides contre les mauvaises herbes sans endommager les plants.
Pseudomonas fluorescens, bactérie	Contient un gène extrait de *B. thuringiensis*, bactérie pathogène naturelle des insectes; le produit du gène est une toxine qui tue les insectes mangeurs de racines.
Pseudomonas syringæ, bactérie antiglaçogène	Protège la plante contre les dégâts du gel parce qu'elle ne produit pas la protéine qui déclencherait la formation non désirée de cristaux de glace dans les plantes.
Rhizobium meliloti, bactérie	Modifiée pour augmenter sa capacité à fixer l'azote.
Tomate MacGregor	Le gène antisens responsable de la dégradation de la pectine est inactivé pour permettre aux fruits d'avoir une plus longue durée de conservation.
Produits animaux	
Hormone de croissance bovine	Augmente le poids des bovins et la production de lait des vaches laitières; produite par *E. coli*.
Hormone de croissance porcine	Augmente le poids des porcs; produite par *E. coli*.
Animaux transgéniques	Animaux génétiquement modifiés de sorte qu'ils sécrètent des produits pharmaceutiques dans leur lait.
Produits alimentaires	
Cellulase	Enzyme qui dégrade la cellulose pour produire de la nourriture pour les animaux; produite par *E. coli*.
Rennine	Coagule le lait lors de la fabrication de produits laitiers; produite par *Aspergillus niger*.

utilisés en agriculture, par exemple) peuvent être modifiés de façon à contenir un gène «suicide» qui peut s'activer au besoin pour produire une toxine qui les tue. De cette manière, ils ne survivent pas très longtemps après avoir accompli leur tâche.

Les questions relatives à la sécurité des produits agricoles dérivés de la biotechnologie sont similaires à celles soulevées par les pesticides chimiques : sont-ils dangereux pour les humains et les espèces non nuisibles ? Même si leur nocivité n'a pas été démontrée, les aliments génétiquement modifiés ne connaissent pas un grand succès auprès des consommateurs. En 1999, des chercheurs en Ohio ont observé que certaines personnes présentaient des allergies à la toxine de *Bacillus thuringiensis* (toxine Bt) après avoir travaillé dans des champs traités avec l'insecticide. Une autre étude, effectuée en Iowa, a montré que la chenille du monarque, un papillon, pouvait mourir des suites de l'ingestion de pollen contaminé par la toxine Bt et déposé par le vent sur l'asclépiade, son aliment de base. Les plantes cultivées peuvent aussi être modifiées génétiquement pour être résistantes aux herbicides. Ainsi, on peut faire des pulvérisations sur les champs, sans que la récolte soit touchée. Cependant, si les plantes modifiées pollinisent des mauvaises herbes qui leur sont apparentées, ces dernières peuvent acquérir la résistance aux herbicides, ce qui rend la lutte contre les mauvaises herbes beaucoup plus difficile. À l'heure actuelle, on ne sait toujours pas si la dissémination d'organismes génétiquement modifiés dans l'environnement aura des répercussions sur l'évolution au fur et à mesure que les gènes seront intégrés dans les espèces sauvages.

Ces technologies en évolution constante soulèvent des questions d'ordre éthique et moral. Si les tests de dépistage des maladies génétiques deviennent courants, qui devrait avoir accès à l'information ainsi obtenue ? Les employeurs et les compagnies d'assurances devraient-ils avoir le droit de connaître les résultats ? Il sera très difficile de protéger l'accès à cette information, d'où les problèmes de confidentialité que certains soulignent. Comment s'assurer qu'un tel type de renseignement ne pourrait pas être à l'origine d'une discrimination contre des personnes, voire certains groupes de personnes ?

Les applications du dépistage des maladies génétiques ne se limitent pas aux adultes. Or, la capacité de diagnostiquer une maladie génétique chez un fœtus complique davantage le débat sur l'avortement. Le conseil génétique, qui offre des services de consultation et de soutien aux futurs parents ayant des antécédents familiaux de maladie génétique, tend désormais à s'étendre à la décision de procréation. Et cette décision va devenir plus difficile pour certaines familles, à mesure que s'approfondiront les connaissances des causes de diverses maladies génétiques, telles que le cancer ou la chorée de Huntington.

Quels coûts additionnels la technologie de l'ADN recombinant ajoute-t-elle à notre système de santé déjà surchargé ? Le dépistage génétique et la thérapie génique sont des techniques onéreuses et nous devons réfléchir à la manière de fournir ces services à la population à mesure que la technologie progresse. Y aura-t-il suffisamment de conseillers en génétique pour répondre à la demande du public ? Les traitements coûteux ne seront-ils accessibles qu'aux personnes nanties ?

Toute nouvelle technologie comporte probablement autant d'applications nuisibles que d'applications bénéfiques. On imagine facilement que la technologie de l'ADN recombinant puisse être employée à la mise au point de nouvelles armes biologiques plus dangereuses encore. De plus, étant donné que ce type de recherches sont effectuées dans le secret le plus absolu, il est impossible pour le commun des mortels d'en connaître les détails.

De toutes les nouvelles technologies, c'est probablement la technologie de l'ADN recombinant qui va bouleverser la vie des humains d'une manière qui nous est encore inconcevable. Il importe que la société et les individus soient à tout moment en mesure d'évaluer les conséquences possibles de ces percées scientifiques.

Tout comme l'invention du microscope, le perfectionnement des techniques de l'ADN recombinant a entraîné des changements majeurs en science, en agriculture et en médecine. Née il y a une trentaine d'années seulement, cette technologie toute neuve ne permet guère de prévoir avec certitude les changements à venir. Mais, en regard de la précision déjà prodigieuse que permettent les techniques de modification de l'ADN, il est probable que, d'ici 30 ans, bon nombre de traitements et de méthodes diagnostiques abordés dans ce livre seront obsolètes.

▶ **Vérifiez vos acquis**

Nommez deux avantages et deux problèmes associés aux organismes génétiquement modifiés (OGM). **25-20**

RÉSUMÉ

INTRODUCTION À LA BIOTECHNOLOGIE (p. 733)

1. La biotechnologie est l'ensemble des techniques qui utilisent des microorganismes, des cellules ou des composants cellulaires, sous leur forme naturelle ou modifiée, pour fabriquer un produit (antibiotiques, vitamines, hormones, etc.).

La technologie de l'ADN recombinant (p. 733)

2. Les organismes étroitement apparentés peuvent naturellement échanger des gènes par recombinaison.

3. Les gènes peuvent être transférés entre individus d'espèces différentes par un ensemble de modifications en laboratoire appelé *technologie de l'ADN recombinant*.

4. L'ADN recombinant résulte de la manipulation artificielle de gènes provenant de deux sources d'ADN différentes.

Les techniques de recombinaison de l'ADN : une vue d'ensemble (p. 733)

5. Le gène recherché est inséré dans un ADN vecteur, tels un plasmide ou le génome d'un virus.

6. Le vecteur insère l'ADN dans une nouvelle cellule, qui est mise en culture pour former des clones.

7. Des quantités importantes du produit génique peuvent être récoltées à partir des clones.

LES OUTILS DE LA BIOTECHNOLOGIE (p. 735)

La sélection (p. 735)

1. Les microorganismes qui présentent le caractère recherché sont sélectionnés artificiellement pour être mis en culture dans des conditions précises.

La mutation (p. 735)

2. Les mutagènes causent des mutations (changements au niveau d'un gène) qui peuvent engendrer le caractère recherché chez un microorganisme.

3. La mutagenèse dirigée permet de modifier une région précise dans un gène.

Les enzymes de restriction (p. 735)

4. Il existe des trousses commerciales pour de nombreuses techniques de l'ADN recombinant.

5. Une enzyme de restriction est une enzyme qui reconnaît une séquence de nucléotides particulière de l'ADN et la coupe (digestion de l'ADN). L'utilisation des enzymes de restriction permet d'obtenir des fragments d'ADN susceptibles d'être utiles pour des techniques de clonage.

6. Certaines enzymes de restriction produisent des extrémités cohésives, c'est-à-dire de courts segments d'ADN monocaténaire situés à l'extrémité des fragments d'ADN bicaténaire.

7. Les fragments d'ADN produits par la même enzyme de restriction s'unissent spontanément par leurs extrémités cohésives grâce à la complémentarité des bases azotées. L'ADN ligase les lie de façon covalente pour former un ADN recombinant.

Les vecteurs (p. 737)

8. Un vecteur est une molécule d'ADN à laquelle on peut intégrer un fragment étranger d'ADN dans le but de cloner cet ADN en grande quantité.

9. Un vecteur doit pouvoir se répliquer de façon autonome, être d'une taille adéquate et pouvoir se conserver, c'est-à-dire ne pas être détruit par la cellule receveuse.

10. Les plasmides et certains virus (ADN viral) peuvent servir de vecteurs.

11. Les vecteurs navette sont des plasmides qui peuvent exister dans les cellules de plusieurs espèces différentes.

12. Un plasmide contenant un nouveau gène peut être inséré dans une cellule bactérienne par transformation.

13. Un virus contenant un nouveau gène peut insérer ce dernier dans une cellule hôte par transduction.

L'amplification en chaîne par polymérase (p. 737)

14. L'amplification en chaîne par polymérase (ACP) est utilisée pour multiplier les fragments d'ADN à l'aide de l'ADN polymérase, une enzyme.

15. L'ACP peut servir à augmenter les quantités d'ADN d'un échantillon afin qu'il devienne détectable. Cette amplification permet le séquençage de gènes, le diagnostic de maladies génétiques ou la détection de virus.

LES TECHNIQUES DE MODIFICATION GÉNÉTIQUE (p. 739)

L'insertion d'ADN étranger dans une cellule (p. 739)

1. On introduit de l'ADN dans les cellules au moyen du procédé de la transformation. On fait subir des traitements chimiques aux cellules qui ne sont pas naturellement *compétentes* afin de les rendre aptes à incorporer l'ADN contenu dans leur milieu.

2. Un des moyens de faire pénétrer de l'ADN dans les protoplastes et les cellules animales consiste à les soumettre à une technique d'électroporation, qui forme des pores dans leur membrane.

3. La fusion de protoplastes est la réunion de deux cellules dont la paroi a été éliminée ; l'ADN des cellules fusionnées peut se recombiner.

4. On peut introduire de l'ADN étranger dans les cellules végétales en bombardant ces dernières avec des billes enrobées d'ADN, à l'aide d'un canon à gènes.

5. On peut injecter de l'ADN étranger dans les cellules animales au moyen d'une fine micropipette de verre (technique de micro-injection).

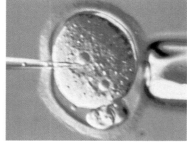

L'obtention d'ADN pour le clonage (p. 740)

6. Il existe deux principales sources de gènes pour le clonage : les banques formées de copies de gènes ou de copies d'ADNc, et l'ADN synthétique.

7. On fabrique les banques génomiques en faisant couper un génome entier par des enzymes de restriction et en insérant les fragments obtenus dans des vecteurs plasmidiques bactériens ou dans des phages ; les vecteurs sont ensuite intégrés dans des cellules, des bactéries, des levures, etc., pour former des clones.

8. L'ADNc (ADN complémentaire) obtenu par transcription inverse de l'ARNm peut être cloné dans une banque génomique.

9. L'ADN synthétique peut être fabriqué in vitro par un appareil qui synthétise chimiquement l'ADN.

La sélection d'un clone (p. 742)

10. On fait appel à des gènes marqueurs de résistance aux antibiotiques présents dans des vecteurs plasmidiques pour déceler par sélection directe les cellules qui contiennent le vecteur.

11. Dans la technique du criblage bleu-blanc, le vecteur plasmidique utilisé contient les gènes pour la résistance à l'ampicilline (*amp^R*) et pour la β-galactosidase.

12. Le gène recherché est inséré dans le gène de la β-galactosidase du vecteur plasmidique, ce qui inactive le gène de la β-galactosidase.

13. Les plasmides recombinants ou ceux qui ne le sont pas sont incorporés dans les bactéries par transformation.

14. Les clones de bactéries qui renferment le plasmide recombinant sont résistants à l'ampicilline et sont incapables d'hydrolyser le X-gal (d'où la couleur blanche des colonies). Les clones qui contiennent le vecteur plasmidique sans le gène recherché sont bleus, à cause de leur capacité à hydrolyser le X-gal. Les clones sans vecteur ne se multiplient pas parce qu'ils sont sensibles à l'ampicilline.

15. Il est possible de vérifier la fabrication du produit génique recherché chez les clones contenant l'ADN étranger.

16. Un court fragment d'ADN marqué, appelé *sonde d'ADN*, est utilisé pour détecter les clones qui portent le gène recherché.

La fabrication d'un produit génique (p. 743)

17. On utilise *E. coli* pour produire des protéines par la technologie de l'ADN recombinant parce qu'on peut le cultiver facilement et que l'on connaît bien son génome.

18. S'il est destiné à l'humain, le produit d'un gène ne doit pas être contaminé par l'endotoxine d'*E. coli*.

19. Pour récolter le produit génique, on doit lyser *E. coli* ou on doit associer le gène étranger à un gène qui code pour une substance naturellement sécrétée par la bactérie.

20. Les levures peuvent être génétiquement modifiées et sécrètent habituellement de manière continue le produit génique.

21. Il est possible de modifier génétiquement les cellules de mammifères pour fabriquer des protéines, telles que les hormones, destinées à l'usage médical.

22. Les cellules végétales peuvent être mises en culture et modifiées génétiquement pour donner des plantes présentant de nouvelles caractéristiques.

LES APPLICATIONS DE LA TECHNOLOGIE DE L'ADN RECOMBINANT (p. 745)

1. L'ADN cloné sert à fabriquer des produits, à étudier l'ADN cloné et à modifier le phénotype d'un organisme.

Les applications thérapeutiques (p. 745)

2. Lorsqu'on insère dans *E. coli* un vecteur plasmidique contenant des gènes synthétiques associés au gène de la β-galactosidase (*lacZ*), on modifie cette bactérie pour qu'elle produise les deux polypeptides servant à produire l'insuline humaine et qu'elle les sécrète.

3. On peut modifier génétiquement des cellules pour qu'elles fabriquent des protéines de surface spécifiques à un pathogène, qui pourront servir de vaccins sous-unitaires.

4. L'ADN viral peut être modifié de façon qu'il porte le gène d'une protéine de surface exprimée par un pathogène. Lorsque ces virus sont utilisés comme vaccins, l'organisme acquiert une immunité contre l'agent pathogène.

5. Les vaccins à ADN sont composés d'ADN recombinant cloné dans une bactérie.

6. La thérapie génique sert à traiter les maladies génétiques en remplaçant le gène défectueux ou manquant.

Le projet Génome humain (p. 746)

7. Les techniques de l'ADN recombinant ont été utilisées afin de cartographier le génome humain au cours du projet Génome humain.

8. Ce projet fournira des outils de diagnostic et peut-être des moyens pour traiter les maladies génétiques.

Les applications scientifiques (p. 748)

9. Les techniques de l'ADN recombinant sont utilisées pour améliorer nos connaissances de l'ADN, pour appliquer la technique des empreintes génétiques et pour la recherche en thérapie génique.

10. Les appareils de séquençage d'ADN servent à déterminer la séquence des bases de nucléotides des fragments de restriction lors d'un séquençage en aveugle.

11. La bio-informatique est l'utilisation d'applications informatiques pour étudier les données génétiques. La protéomique est l'étude des protéines de la cellule.

12. La technique de transfert de Southern sert à localiser un gène recherché dans une cellule. Le dépistage génétique fait appel à cette technique pour rechercher les mutations (gènes défectueux) responsables de maladies héréditaires humaines.

13. Les sondes d'ADN permettent de déceler rapidement la présence d'un agent pathogène dans un tissu ou dans la nourriture.

14. Les microbiologistes médicolégaux utilisent la technique des empreintes génétiques pour déterminer la source des bactéries ou des virus pathogènes présents dans des infections ou dans des produits contaminés.

Les applications agricoles (p. 752)

15. On peut cloner des cellules de plantes portant les caractéristiques recherchées afin de produire de nombreuses cellules identiques. On peut alors utiliser ces cellules pour produire des plants entiers à partir desquels on récolte des graines.

16. On peut modifier génétiquement les cellules végétales au moyen du vecteur plasmidique Ti responsable de l'apparition d'une tumeur dans *Agrobacterium*. On insère le gène recherché dans la portion ADN-T du plasmide Ti, puis on incorpore le plasmide Ti recombinant. On se sert de cette bactérie pour introduire le plasmide Ti recombinant dans les cellules de la plante receveuse, qui acquiert ainsi le nouveau caractère.

17. On a introduit dans des plantes cultivées le gène conférant la résistance au glyphosate, un herbicide, le gène codant pour la toxine Bt, un insecticide, et le gène supprimant l'effet de la pectinase (chez les tomates).

18. *Rhizobium* a été génétiquement modifié pour que sa capacité à fixer l'azote soit accrue.

19. *Pseudomonas* a été génétiquement modifié pour sécréter la toxine de *Bacillus thuringiensis* permettant de lutter contre les insectes.

20. *E. coli* produit l'hormone de croissance bovine.

LA TECHNOLOGIE DE L'ADN RECOMBINANT : PROBLÈMES DE SÉCURITÉ ET D'ÉTHIQUE (p. 754)

1. Des normes de sécurité très strictes visent à éviter la dissémination accidentelle de microorganismes génétiquement modifiés.

2. Certains microbes issus de la technologie de l'ADN recombinant ont été modifiés de façon qu'ils ne puissent pas survivre en dehors du laboratoire.

3. Les microorganismes destinés à être utilisés dans l'environnement peuvent être modifiés de façon à contenir des gènes suicide qui les empêchent de survivre longtemps.

4. Les techniques génétiques soulèvent des questions d'ordre éthique, par exemple : les employeurs et les compagnies d'assurances devraient-ils avoir accès aux données génétiques des individus ? Certains individus seront-ils sélectionnés en vue de la reproduction ou de la stérilisation ? Tous les individus pourront-ils bénéficier de ces techniques du génie génétique ?

5. Les plantes cultivées génétiquement modifiées doivent être sans danger pour la consommation et pour l'environnement.

AUTOÉVALUATION

QUESTIONS À COURT DÉVELOPPEMENT

1. On applique la technique de transformation à des bactéries dans le but de leur insérer un vecteur contenant un nouveau gène. Pour vérifier si la transformation a bien eu lieu, on fait digérer diverses molécules d'ADN de ces bactéries par l'enzyme de restriction *Eco*RI, puis on soumet les ADN des bactéries à l'épreuve de l'électrophorèse sur gel. On obtient le tracé de bandes ci-dessous. Pouvez-vous conclure de ces résultats que la transformation a bel et bien eu lieu ? Justifiez votre réponse.

2. Lorsqu'ils procèdent à une ACP, pourquoi les chercheurs peuvent-ils ajouter l'ADN polymérase de la bactérie *Thermus aquaticus* aux réactifs du tube qui sera chauffé à des températures programmées ?

3. La photographie suivante illustre des colonies bactériennes qui poussent sur un milieu contenant du X-gal et de l'ampicilline, produits couramment utilisés dans la technique de criblage bleu-blanc. Quelles colonies contiennent le plasmide recombinant ? Quelle est l'utilité de cette technique ?

Vecteur
Vecteur + nouveau gène
Nouveau gène
ADN des cellules d'origine
ADN des cellules transformées

— Origine

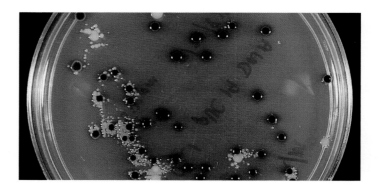

APPLICATIONS CLINIQUES

N. B. Certaines de ces questions nécessitent que vous cherchiez des réponses dans les différents chapitres du livre.

1. On se sert de l'ACP pour détecter la présence de *Vibrio choleræ* dans des huîtres. Des huîtres prélevées dans diverses régions sont homogénéisées, et leur ADN est extrait des

homogénats. L'ADN est digéré par l'enzyme de restriction *Hinc*II. On utilise des amorces dérivées du gène de l'hémolysine, présent chez *V. choleræ*, pour commencer l'ACP. Ensuite, on soumet chaque échantillon à une électrophorèse, et on procède à l'incubation du gel avec une sonde d'ADN reconnaissant le gène de l'hémolysine. On soumet trois échantillons d'huître à des tests afin de déceler une contamination potentielle.

Lequel (lesquels) des échantillons d'huître est (sont) positif(s)? Comment en êtes-vous arrivé à cette conclusion? Pourquoi veut-on détecter *V. choleræ* dans les huîtres? Quel est l'avantage de l'ACP par rapport aux méthodes biochimiques traditionnelles en matière d'identification des bactéries? (*Indice:* Voir le chapitre 20.)

Échantillon

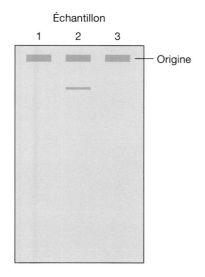

2. Natacha a deux enfants âgés respectivement de 8 et de 9 ans. Le Comité consultatif national de l'immunisation (CCNI) recommande la mise en œuvre d'un programme de vaccination contre l'hépatite B, qui vise tous les enfants de cet âge. De nombreux parents s'interrogent quant aux dangers potentiels liés à la vaccination, et le fait notamment que le vaccin choisi appartient à la génération des vaccins sous-unitaires issus de la technologie de l'ADN recombinant suscite leur inquiétude.

À quel argument auriez-vous recours s'il vous fallait présenter à un groupe de parents les avantages des nouveaux vaccins, tel le vaccin contre l'hépatite B? (*Indice:* Voir les chapitres 26 et 20.)

3. La technologie de l'ADN recombinant fait l'objet de débats houleux entre ses adeptes et ses opposants. L'utilisation d'organismes génétiquement modifiés (OGM) constitue un sujet de controverse mondial. Des médecins ont déjà fait des tentatives de thérapie génique.

Choisissez l'un des deux exemples ci-dessous et expliquez votre position sur le sujet en appuyant votre argumentation sur des faits précis.

Exemples:

– production de la somatotrophine, ou hormone de croissance humaine;

– production de l'insuline (une hormone également).

(Vous pouvez choisir d'autres exemples.)

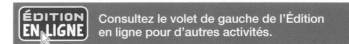

ÉDITION EN LIGNE Consultez le volet de gauche de l'Édition en ligne pour d'autres activités.

Les applications pratiques de l'immunologie

Au chapitre 12, nous avons présenté une vue d'ensemble du système immunitaire par lequel le corps reconnaît les microbes, les toxines ou les tissus étrangers. En réponse à ces intrus, il forme des anticorps et active des cellules qui sont programmées pour les reconnaître et les détruire s'ils se présentent de nouveau. Cette immunité adaptative constitue bien sûr un des moyens de défense essentiels que le corps humain utilise pour résister aux agents pathogènes.

Dans le présent chapitre, nous examinons certains outils qui ont été créés grâce aux connaissances acquises sur le système immunitaire. Nous avons mentionné les vaccins au chapitre 12 ; nous approfondissons ici notre étude de cet important domaine de l'immunologie. Le diagnostic des maladies dépend souvent de tests tirant profit de la spécificité du système immunitaire. Les anticorps, en particulier les anticorps monoclonaux, sont d'une grande utilité dans un grand nombre de ces tests diagnostiques.

Q/R

Les bactéries observées ici sous le microscope seraient visibles même si elles n'étaient pas liées à des anticorps fluorescents. Pourquoi cette technique serait-elle encore plus utile pour vérifier la présence d'organismes tel le virus de la rage ?

La réponse est dans le chapitre.

AU MICROSCOPE

Immunofluorescence. Ces streptocoques exposés à la lumière ultraviolette sont visibles par fluorescence parce qu'ils sont combinés à des anticorps marqués par des fluorochromes.

Les vaccins

> ▶ **Objectifs d'apprentissage**
>
> **26-1** Définir le vaccin.
>
> **26-2** Expliquer pourquoi la vaccination est efficace.
>
> **26-3** Différencier les types de vaccins suivants et donner un exemple de chacun d'eux : atténué à agents entiers, inactivé à agents entiers, anatoxine, sous-unitaire et conjugué.
>
> **26-4** Comparer les vaccins sous-unitaires et les vaccins à ADN.
>
> **26-5** Comparer la production des vaccins à agents entiers à celle des vaccins recombinants et à ADN.
>
> **26-6** Définir l'adjuvant.
>
> **26-7** Décrire la sécurité des vaccins.

Bien avant l'invention des vaccins, on savait que les personnes qui se rétablissaient de certaines maladies, telle la variole, étaient immunisées contre elles pour la vie. Les médecins chinois ont peut-être été les premiers à exploiter ce phénomène pour prévenir la maladie. Leur traitement, destiné aux enfants, consistait à faire aspirer par le nez des squames de pustules varioliques séchées.

En 1717, Mary Montagu raconte, au retour de ses voyages en Turquie, que là-bas «une vieille femme arrive avec une coquille de noix remplie de matière provenant d'un bon cas de variole et vous demande quelle veine (vaisseau sanguin) vous voulez qu'on ouvre. Elle met alors dans la veine autant de substance qu'elle peut en faire tenir sur la tête de son aiguille». À la suite de cette intervention, les personnes étaient habituellement légèrement malades pendant une semaine, mais une fois remises, elles étaient protégées contre la variole. La méthode, appelée **variolisation**, devint courante en Angleterre. Malheureusement, il lui arrivait d'échouer, et le receveur en mourait. Au XVIIIe siècle, en Angleterre, le taux de mortalité associé à la variolisation était d'environ 1%, ce qui était une amélioration considérable par rapport au taux de 50% auquel on pouvait s'attendre dans les cas infectieux de variole.

À l'âge de 8 ans, Edward Jenner est un de ceux qui reçoivent ce traitement antivariolique. Plus tard, après être devenu médecin, il s'interroge sur les propos d'une fermière qui affirme ne pas craindre la variole parce qu'elle a déjà contracté la vaccine. La vaccine est une maladie sans gravité qui cause des lésions sur les pis de vaches ; les fermières s'infectent souvent les mains en tirant le lait. Inspiré par ses souvenirs de la variolisation, Jenner entreprend une série d'expériences en 1798, au cours desquelles il inocule la vaccine à des personnes dans l'espoir de prévenir la variole. On sait maintenant que les inoculations de Jenner ont fonctionné parce que le virus de la vaccine, qui n'est pas un agent très pathogène, est étroitement apparenté au virus de la variole. Le virus qui a servi aux premiers vaccins a été remplacé peu après par une autre forme du virus de la vaccine, qui confère aussi l'immunité à la variole. Curieusement, on connaît peu de choses de l'origine de cet important virus, mais il s'agit probablement d'un hybride formé, il y a longtemps, des virus de la vaccine et de la variole qu'on aurait accidentellement mélangés. En l'honneur des travaux de Jenner, on a inventé le mot «vaccination» (du latin *vacca*, «vache»). La création de vaccins basés sur le modèle du vaccin antivariolique est, à elle seule, la plus importante application de l'immunologie.

Deux siècles plus tard, la variole a été éliminée partout dans le monde en grande partie grâce à la vaccination, et deux autres maladies virales, la rougeole et la poliomyélite, sont en passe de l'être aussi.

La vaccination : principe et effets

Un **vaccin** est une préparation antigénique qui a pour objectif de provoquer chez la personne une réponse immunitaire dirigée contre un agent pathogène spécifique et capable de la protéger contre l'infection naturelle ou d'en atténuer les conséquences. Une telle préparation antigénique est obtenue à partir de microbes atténués (affaiblis), ou inactivés (tués), ou de fragments purifiés de microbes, ou d'anatoxines. L'administration d'un vaccin provoque chez le receveur une réaction immunitaire primaire qui se traduit généralement par la formation d'anticorps et de lymphocytes mémoires ayant une longue durée de vie. Plus tard, quand le receveur est exposé à l'agent pathogène spécifique ou à sa toxine, les lymphocytes mémoires sont stimulés et produisent une réaction secondaire rapide et intense (figure 12.16). Cette réaction imite celle de l'immunité active acquise naturellement lorsqu'une personne se rétablit de la maladie.

La mesure de la réponse immunitaire aux vaccins est obtenue à partir de deux données : l'immunogénicité du vaccin et celle de son efficacité. L'*immunogénicité* se mesure en pourcentage d'individus en bonne santé ayant reçu 1 dose de vaccin et qui atteignent un titre d'anticorps protecteurs pendant une certaine période donnée ; par exemple, plus de 95% des enfants obtiennent un titre d'anticorps protecteurs après la primovaccination contre *Hæmophilus influenzæ* de type b (Hib). L'*efficacité* du vaccin est la mesure du pourcentage de la population vaccinée qui devient protégée contre toute forme de la maladie ; par exemple, le vaccin contre les infections invasives à Hib confère une protection supérieure à 95%. Toutefois, l'expérience nous enseigne que la vaccination contre les bactéries entériques pathogènes, comme celles qui sont à l'origine du choléra et de la fièvre typhoïde, sont loin d'être aussi efficaces ou de protéger aussi longtemps que ceux administrés contre les maladies virales telles que la rougeole et la variole.

On peut vaincre beaucoup de maladies transmissibles en modifiant les habitudes de vie ou l'environnement. Par exemple, une bonne hygiène peut empêcher la propagation du choléra et l'utilisation de préservatifs (condoms), ralentir celle des infections transmissibles sexuellement. Si la prévention échoue, on peut souvent guérir les infections bactériennes par des antibiotiques. Par contre, il est plus difficile de traiter les maladies virales une fois qu'elles sont établies. En conséquence, la vaccination est souvent la seule méthode efficace pour lutter contre leur propagation. On peut toutefois circonscrire une maladie infectieuse sans qu'il soit nécessaire que toute la population soit immunisée contre elle. Si la majorité des gens sont immunisés – situation appelée *immunité collective* (chapitre 9) –, les éclosions de la maladie sont limitées à des cas sporadiques parce qu'il n'y a pas assez d'individus sensibles pour propager une épidémie.

Les **tableaux 26.1** et **26.2** dressent la liste des principaux vaccins distribués au Canada pour prévenir les maladies bactériennes et virales chez les humains. Le **tableau 26.3** présente la liste des vaccins combinés distribués au Canada. Ces différentes listes de vaccins sont similaires, à quelques exceptions près, à celles des vaccins distribués aux États-Unis. Notez qu'en France, certains vaccins, par exemple le vaccin contre le tétanos, la diphtérie, la coqueluche et la poliomyélite (vaccin Tétracoq), est obligatoire. Le tableau 26.4 présente le *Protocole d'immunisation du Québec* (PIC). Notez que le calendrier régulier et les recommandations faites au Québec suivent de près ceux élaborés par l'Agence de la santé publique du Canada et par les Centers for Disease Control and Prevention (CDC) des États-Unis.

En plus de la vaccination de base, d'autres vaccins peuvent être recommandés pour différentes raisons (travail, conditions médicales, habitudes de vie, voyages). Ainsi, les travailleurs de la santé – plus à risque – sont fortement encouragés à recevoir certains vaccins, notamment le vaccin contre l'hépatite B et le vaccin annuel contre la grippe (ou influenza). La vaccination protège le personnel et

réduit en même temps les risques de transmission à leurs patients. Le vaccin contre la rage (ou antirabique) est aussi conseillé aux biologistes et aux vétérinaires exposés au virus de la rage par suite de morsures d'animaux. Selon leur état de santé, le Québec recommande, par exemple, pour les adultes atteints de maladies chroniques, les vaccins contre la grippe, le pneumocoque, le méningocoque, les hépatites A et B et contre l'infection invasive à *Hæmophilus influenzæ* de type b. Il est aussi conseillé de vacciner contre la tuberculose les individus dont les modes de vie sont plus à risque, tels les sans-abris, et contre l'hépatite B les usagers de drogues par voie intraveineuse, les personnes qui ont de nombreux partenaires sexuels et ceux qui côtoient quotidiennement des porteurs du virus de l'hépatite B. On propose aux voyageurs susceptibles d'être exposés à des affections non endémiques dans leur pays d'origine les vaccins contre le choléra, la fièvre jaune, la fièvre

Tableau 26.1	Principaux vaccins utilisés au Canada pour prévenir les maladies bactériennes chez les humains		
Type de vaccin	**Maladies bactériennes évitées**	**Préparation des vaccins**	**Noms commerciaux des vaccins non combinés**
Atténué entier (vivant)	Tuberculose	Préparé à partir d'une souche vivante atténuée et lyophilisée de *Mycobacterium bovis*	BCG[1]
	Fièvre typhoïde (vaccin oral)[A]	Préparé à partir d'une souche vivante atténuée, purifiée et lyophilisée de *Salmonella typhi*	Vivotif[10]
Inactivé entier	Diarrhée à ECET et choléra (vaccin oral)[B]	Préparé à partir d'une souche inactivée de *Vibrio choleræ* et d'une sous-unité B recombinante de la toxine cholérique	Dukoral[1] (ECET et choléra)
Inactivé: anatoxine	Diphtérie	Préparé à partir de protéines purifiées produites par *Corynebacterium diphteriæ*	
	Tétanos	Préparé à partir de protéines purifiées produites par *Clostridium tetani*	
Inactivé sous-unitaire: protéines purifiées	Coqueluche	Préparé à partir de protéines purifiées produites par *Bordetella pertussis*	
Inactivé sous-unitaire: polysaccharides purifiés	Infection invasive à pneumocoque	Préparé à partir de polysaccharides capsulaires purifiés de 23 sérotypes de *Streptococcus pneumoniæ* (23-valent)	Pneumo 23[1] Pneumovax 23[2]
	Typhoïde (vaccin injectable)	Préparé à partir de polysaccharides capsulaires purifiés de *Salmonella typhi*	Typhim Vi[1] Typherix[2]
Inactivé conjugué: (polysaccharides purifiés conjugués à une protéine «porteuse»)	Infection invasive à *Hæmophilus influenzæ* de type b	Préparé à partir d'un polysaccharide capsulaire purifié d'*Hæmophilus influenzæ* de type b conjugué à une protéine tétanique (anatoxine)	Act-Hib[1]
	Infection invasive à méningocoque de sérogroupe C	Préparé à partir d'oligosaccharides de *Neisseriæ meningitidis* conjugués à une protéine diphtérique (anatoxine) Préparé à partir d'un polysaccharide de *N. meningitidis* conjugué à une protéine tétanique	Menjugate[3] Meningitec[4] NeisVac-C[2]
	Infection invasive à méningocoques de sérogroupes A, C, Y, W135	Préparé à partir des polysaccharides de 4 sérogroupes (A, C, Y et W135) conjugués à une protéine diphtérique (4-valent)	Menactra[1] Menveo[5]
	Infection invasive à pneumocoque	Préparé à partir des polysaccharides capsulaires de 13 sérotypes de *S. pneumoniæ* conjugués à une protéine diphtérique (13-valent) Préparé à partir des polysaccharides capsulaires de 10 sérotypes de *S. pneumoniæ* conjugués à des protéines porteuses (10-valent)	Prevnar 13-valent[6] Synflorix 10-valent[2]

A. L'enrobage spécial des gélules contenant le vaccin oral le protège de la digestion jusque dans l'intestin, où il est absorbé.

B. L'entérotoxine produite par la plupart des souches ECET s'apparente à la toxine du choléra, de sorte qu'il y a une réaction immunitaire croisée entre cette entérotoxine et la sous-unité B recombinante de la toxine cholérique contenue dans le vaccin.

1. Sanofi Pasteur   5. Novartis
2. GSK   6. Pfizer Canada
3. Merck Frosst   10. Berna Biotech
4. Wyeth

Tableau 26.2	Principaux vaccins utilisés au Canada pour prévenir les maladies virales chez les humains		
Type de vaccin	**Maladies virales évitées**	**Préparation des vaccins**	**Noms commerciaux des vaccins non combinés**
Atténué entier (vivant)	Fièvre jaune	Atténué sur culture cellulaire	YF-VAX[1](FJ)
	Influenza (vaccin intranasal)[A]	Atténué sur culture cellulaire	Flumist[8]
	Oreillons	Atténué sur culture cellulaire	
	Poliomyélite (vaccin oral)	Atténué sur culture cellulaire	
	Rotavirus[B] (vaccin oral)	Atténué sur culture cellulaire	Rotarix[2] (monovalent)
			RotaTeq[3] (pentavalent)
	Rougeole	Atténué sur culture cellulaire	
	Rubéole	Atténué sur culture cellulaire	
	Varicelle	Atténué sur culture cellulaire	Varilrix[2]
			Varivax III[3]
	Zona	Atténué sur culture cellulaire	Zostavax[3]
Inactivé entier (antigènes viraux)	Encéphalite européenne à tiques	Préparé sur culture cellulaire, inactivé et purifié	FSME-IMMUN (EET)[9]
	Encéphalite japonaise	Préparé sur culture cellulaire, inactivé et purifié	IXIARO[5]
	Hépatite A	Préparé sur culture cellulaire, inactivé et purifié	Avaxim[1]
			Havrix[2]
			Vaqta[3]
	Poliomyélite (vaccin injectable)	Préparé sur culture cellulaire à partir de 3 souches de virus de la poliomyélite inactivés et purifiés	Imovax Polio[1](trivalent)
	Rage	Préparé sur culture cellulaire, inactivé et purifié	Imovax Rage[1]
			RabAvert[11]
Inactivé sous-unitaire: à protéines purifiées	Hépatite B	Produit par *Saccharomyces cerevesiæ*, une levure qui, après la recombinaison génétique, contient le gène codant pour l'antigène de surface du virus de l'hépatite B, soit l'AgHBs	Engerix-B[2] Recombivax HB[3]
	Influenza (vaccin injectable)[A]	Préparé à partir de culture cellulaire: contient des virus fragmentés ou sous-unitaires	Fluviral[2] Intanza[1] Vaxigrip[1] Agriflu[5] Influvac[7]
	Infection au virus du papillome humain (VPH)[C]	Préparé à partir de pseudoparticules virales purifiées (autoassemblage des protéines [L1] de la capside des VPH); les protéines sont produites par la technique de l'ADN recombinant (Cervarix) ou par fermentation en culture recombinante de *Saccharomyces cerevesiæ* (Gardasil)	Cervarix[2] (bivalent) Gardasil[3] (quadrivalent)

A. Le vaccin contre l'influenza contient des antigènes représentant 2 virus de type A et 1 virus de type B; la composition est ajustée annuellement en fonction des souches de virus de la grippe qui circuleront probablement au Canada au cours de l'automne et de l'hiver.

B. Depuis le 1er novembre 2011, le Comité consultatif national de l'immunisation (CCNI) recommande d'ajouter au calendrier régulier le vaccin contre le rotavirus aux nourrissons âgés de 2 à 7 mois.

C. Pour toutes les filles et femmes âgées de 9 à 26 ans.

1. Sanofi Pasteur 7. Abbott
2. GSK 8. Astrazeneca
3. Merck Frosst 9. Baxter
5. Novartis 11. RabAlert

typhoïde, l'encéphalite japonaise, la diarrhée à ECET (*Escherichia coli* entérotoxinogène), les hépatites A et B. Ces personnes peuvent se renseigner sur les inoculations recommandées à l'heure actuelle auprès des services de santé publique. Les voyageurs canadiens sont tenus de garder à jour leur carnet de vaccination appelé « Certificat international de vaccination ou certificat attestant l'administration d'une prophylaxie ».

La consultation du *Protocole d'immunisation du Québec* (PIC), comprenant les mises à jour d'octobre 2011, de même que celle du *Guide canadien d'immunisation** vous donneront la possibilité d'obtenir de l'information pertinente sur les calendriers d'immunisation, les types de vaccins, leur composition, leur immunogénicité et leur efficacité, les contre-indications et les manifestations cliniques possibles, leurs noms commerciaux, et plus encore; vous pourrez aussi constater les similitudes et les différences entre les protocoles québécois et canadien d'immunisation.

▶ Vérifiez vos acquis

Qu'est-ce qu'un vaccin? **26-1**

Comment la vaccination procède-t-elle pour protéger l'humain contre une maladie infectieuse? **26-2**

Les types de vaccins et leurs caractéristiques

Il y a aujourd'hui plusieurs grands types de vaccins. On a su exploiter au maximum les connaissances acquises et les techniques inventées au cours des dernières années pour mettre au point certains des types de vaccins les plus récents. Tout comme l'infection naturelle, la vaccination provoque une réponse immunitaire à la fois humorale et à médiation cellulaire. Cette réponse variera en fonction de deux

* *Guide canadien d'immunisation*, 7e édition, 2006. Agence de la santé publique du Canada. http://www.phac-aspc.gc.ca/publicat/cig-gci/index-fra.php.

Tableau 26.3	Principaux vaccins combinés utilisés au Canada pour prévenir les maladies bactériennes et virales chez les humains	
Vaccin	**Maladies évitées**	**Noms commerciaux des vaccins combinés**
dcaT **dcaT-Polio**	Diphtérie-coqueluche-tétanos Diphtérie-coqueluche-tétanos-poliomyélite	Adacel[1] Boostrix[2] Adacel-Polio[1] Boostrix-Polio[2]
d$_2$T$_5$	Diphtérie-tétanos	Td Adsorbées[1]
d$_2$T$_5$-Polio	Diphtérie-tétanos-poliomyélite	Td-Polio Adsorbées[1]
DCaT-Polio	Diphtérie-coqueluche-tétanos-poliomyélite	Quadracel[1] Infanrix-IPV[2]
DCaT-Polio-Hib	Diphtérie-coqueluche-tétanos-poliomyélite-*Hæmophilus influenzæ* de type b	Pediacel[1] Infanrix-IPV/Hib[2]
DCaT-Polio-Hib-Hépatite B	Diphtérie-coqueluche-tétanos-poliomyélite-*Hæmophilus influenzæ* de type b-hépatite B	Infanrix-hexa[2]
RRO	Rougeole-rubéole-oreillons	Priorix[2] M-M-R II [1]
RRO-Var	Rougeole-rubéole-oreillons-varicelle	Priorix-Tetra[2]
Hépatite A et hépatite B	Hépatite A et hépatite B	Twinrix[2]
Hépatite A et typhoïde	Hépatite A et fièvre typhoïde	Vivaxim[1]

1. Sanofi Pasteur
2. GSK
3. Merck Frosst

paramètres : le type de vaccin administré (atténué ou inactivé) et les facteurs liés à l'hôte, par exemple l'âge et l'état de santé.

Les **vaccins atténués à agents entiers**, ou **vaccins atténués à agents complets**, sont composés de microbes vivants mais atténués (affaiblis) par passages successifs sur des milieux de culture ou sur culture cellulaire. La réponse immunitaire et la protection conférée par ces vaccins atténués sont similaires en nature et en intensité à celles qui découlent de l'infection naturelle. On obtient rapidement une immunité à vie, surtout contre les virus, sans inoculation de rappel, et on atteint souvent un taux d'efficacité de 95 %. Cette action de longue durée s'établit probablement parce que les microbes atténués se multiplient dans le corps, amplifiant ainsi la dose de départ et procurant une suite d'immunisations secondaires (rappels). Le vaccin de Sabin contre la poliomyélite et celui qui est utilisé contre la rougeole, la rubéole et les oreillons (RRO) sont des exemples de vaccins préparés avec des virus atténués entiers. Le vaccin contre le bacille de la tuberculose et certains vaccins récents contre la fièvre typhoïde, administrés par voie orale, contiennent des bactéries vivantes atténuées. Les microbes atténués sont habituellement dérivés d'organismes qui ont été cultivés longtemps et ont ainsi accumulé des mutations qui leur ont fait perdre leur virulence. Ces vaccins présentent toutefois certains dangers ; par exemple, les microbes vivants peuvent redevenir virulents par mutation réverse et causer une maladie infectieuse vaccinale (nous y reviendrons plus loin dans le présent chapitre). Les vaccins atténués sont contre-indiqués chez les personnes dont le système immunitaire est affaibli. On leur préfère alors des vaccins inactivés, s'ils existent.

Les **vaccins inactivés à agents entiers**, ou **vaccins inactivés à agents complets**, sont constitués de microbes qui ont été tués, habituellement par des procédés physiques (chauffage) ou par des procédés chimiques (au formol ou au phénol). Parmi ceux dont on se sert chez les humains, on compte les vaccins contre la rage (on donne parfois aux animaux un vaccin atténué, mais on le considère comme trop dangereux pour les humains), contre la grippe et contre la poliomyélite (vaccin Salk). Les vaccins à bactéries inactivées comprennent ceux contre la diarrhée à ECET et le choléra. Soulignons que les vaccins inactivés entiers posent un problème : comme les microbes qu'ils contiennent sont tués, ils ne se multiplient pas dans l'organisme ; il faut donc inoculer un plus grand nombre de microbes dans les vaccins inactivés que dans les vaccins atténués et administrer des doses de rappel. Ils sont aussi moins immunogènes, d'où le besoin d'ajouter un adjuvant (voir plus loin). L'utilisation de vaccins inactivés entiers comporte également un danger ; en effet, si les procédés d'inactivation ne sont pas efficaces à 100 %, il peut rester des microbes actifs capables d'engendrer la maladie. Plusieurs vaccins inactivés, longtemps utilisés, sont en passe d'être remplacés dans la plupart des situations par de nouvelles formes plus efficaces ; c'est le cas des vaccins contre la coqueluche et la fièvre typhoïde.

Les **anatoxines**, qui sont des toxines inactivées, sont utilisées comme vaccins pour protéger le corps contre les toxines produites par les agents pathogènes. Les anatoxines tétaniques et diphtériques font partie depuis longtemps de la série d'inoculations effectuées couramment chez les enfants. L'immunité complète nécessite une série d'injections, suivie d'un rappel tous les 10 ans. Beaucoup

Tableau 26.4	Calendrier régulier de vaccination selon le *Protocole d'immunisation du Québec* (PIQ)				
Âge	**Vaccins**				
2 mois[1]	DCaT	Polio inactivé	Hib	Pneumocoque conjugué	Rotavirus[2]
4 mois[1]	DCaT	Polio inactivé	Hib	Pneumocoque conjugué[3]	Rotavirus[2]
6 mois[1]	DCaT	Polio inactivé	Hib	Influenza[4]	
1 an[5]	RRO[6]	Varicelle[6]	Méningocoque conjugué de séro-groupe C[6]	Pneumocoque conjugué[6]	
18 mois[1]	DCaT	Polio inactivé	Hib	RRO	
De 4 à 6 ans[7]	dcaT[8]	Polio inactivé			
4e année du primaire[9]	Hépatite B[10]	VPH (filles)			
De 14 à 16 ans[11]	dcaT[12]				
50 ans[13]	d_2T_5 ou dcaT				
60 ans	Influenza[14]				
65 ans	Pneumocoque polysaccharidique				

1. Un vaccin combiné DCaT-Polio-Hib est utilisé pour la vaccination contre la diphtérie, la coqueluche, le tétanos, la poliomyélite et Hib chez les enfants âgés de 2, 4, 6 et 18 mois.

2. La vaccination contre le rotavirus prévoit un calendrier à 2 ou 3 doses, à 2 mois d'intervalle, selon le vaccin utilisé.

3. Administrer à l'âge de 6 mois une dose additionnelle de vaccin conjugué contre le pneumocoque aux enfants à risque accru.

4. Le vaccin est recommandé durant la saison de l'influenza chez les enfants âgés de 6 à 23 mois. Administrer 2 doses à 4 semaines d'intervalle à la première saison.

5. Un vaccin combiné RRO-Var est utilisé pour la vaccination contre la rougeole, la rubéole, les oreillons et la varicelle à l'âge de 1 an.

6. Il faut administrer ce vaccin le jour du 1er anniversaire ou le plus tôt possible après ce jour.

7. Un vaccin combiné dcaT-Polio est utilisé pour la vaccination contre la diphtérie, la coqueluche, le tétanos et la poliomyélite à l'âge de 4 à 6 ans.

8. À noter qu'il existe une différence de concentration des composants diphtérique et coquelucheux dans les versions DCaT et dcaT (la formulation adulte des vaccins contre la coqueluche s'écrit dcaT, parce que la quantité d'antigènes contre la coqueluche y est moindre que dans la formulation pédiatrique, DCaT).

9. Un programme de vaccination contre l'hépatite B et contre le VPH (chez les filles) est appliqué en milieu scolaire pendant la 4e année du primaire par le réseau des centres de santé et de services sociaux (CSSS).

10. Le programme de vaccination contre l'hépatite B est appliqué avec un vaccin combiné contre l'hépatite A et l'hépatite B.

11. Un programme pour la mise à jour de la vaccination et l'administration du dcaT est appliqué en milieu scolaire pendant la 3e année du secondaire par le réseau des CSSS. Un programme de vaccination de rattrapage contre le VPH (chez les filles) est également appliqué jusqu'en 2013.

12. Par la suite, on recommande un rappel de d_2T_5 tous les 10 ans.

13. Comme la majorité des adultes ne reçoivent pas leur injection de rappel tous les 10 ans, il est recommandé, à cet âge, de mettre à jour le calendrier vaccinal. Les adultes qui n'ont jamais reçu de dose du vaccin acellulaire contre la coqueluche devraient recevoir une seule dose de dcaT.

14. Il faut administrer ce vaccin annuellement.

Source : *Protocole d'immunisation du Québec*, édition avril 2009, mises à jour d'octobre 2011. http://publications.msss.gouv.qc.ca/acrobat/f/documentation/piq/09-283-02.pdf.

d'adultes âgés n'ont pas eu de rappels ; ils ont probablement un faible niveau de protection contre ces maladies.

Les **vaccins sous-unitaires** ne contiennent que les fragments (ou fractions) antigéniques – des protéines purifiées – d'un agent pathogène, bactérie ou virus. Ces vaccins stimulent une réponse immunitaire mieux ciblée et suscitent une meilleure tolérance. Quand ils sont produits par les techniques de l'ADN recombinant, c'est-à-dire que les fragments antigéniques sont synthétisés par des microbes d'une espèce différente qu'on a programmés à cet effet, on les appelle **vaccins recombinants**. Par exemple, le vaccin contre l'hépatite B est constitué d'une partie de la capside protéique du virus et est produit par une levure génétiquement modifiée. Les vaccins sous-unitaires sont plus sûrs par nature parce qu'il n'y a aucun microbe pouvant se reproduire dans le receveur. De plus, ils ne contiennent pas de matières étrangères ou en ont peu et, de ce fait, provoquent généralement moins d'effets secondaires

fâcheux. De la même façon, il est possible de séparer les fragments de cellules bactériennes lysées et d'en retenir les fractions antigéniques désirées. C'est ainsi qu'on prépare les nouveaux **vaccins acellulaires** contre la coqueluche.

Les sous-unités de certains vaccins peuvent aussi être constituées de polysaccharides capsulaires purifiés, comme c'est le cas du vaccin fabriqué contre plusieurs sérotypes de *Streptococcus pneumoniæ*. Ces polysaccharides sont en fait des antigènes T-indépendants capables de se lier directement aux lymphocytes B (figure 12.6) ; toutefois, le système immunitaire des bébés de moins de 15 mois réagit mal à ces antigènes, et ces derniers ne développent pas de mémoire immunitaire, de telle sorte que la vaccination primaire doit être suivie de doses de rappel régulières. Des **vaccins conjugués** ont été mis au point au cours des dernières années pour suppléer à la faible réponse immunitaire des enfants aux vaccins sous-unitaires constitués de polysaccharides capsulaires. C'est pourquoi on les combine à des protéines «porteuses» telles que les anatoxines diphtérique et tétanique. Cette méthode a permis de créer un vaccin très efficace contre *Hæmophilus influenzæ* de type b qui offre une protection appréciable, même à 2 mois.

Les **vaccins à ADN**, ou *vaccins à base d'acides nucléiques*, sont une réalisation récente sur laquelle on fonde de grands espoirs. Des expériences chez les animaux révèlent que, en injectant des plasmides d'ADN «nu» dans les muscles, on obtient la production de la protéine antigénique encodée dans cet ADN. On peut effectuer l'injection à l'aide d'une aiguille conventionnelle mais aussi, d'une façon plus efficace, en utilisant un «pistolet à gènes» qui permet d'introduire le vaccin dans un grand nombre de noyaux de cellules de la peau. Une fois produites, les protéines antigéniques sont acheminées jusqu'à la moelle osseuse rouge et stimulent à la fois l'immunité humorale et l'immunité à médiation cellulaire. Ces antigènes sont habituellement exprimés pour de longues périodes et stimulent une bonne mémoire immunologique. Notez que les vaccins constitués de capsules polysaccharidiques de bactéries ne peuvent être fabriqués de cette façon.

À ce jour, deux types de vaccins à ADN destinés aux animaux ont été approuvés : un qui protège les chevaux contre le virus du Nil occidental, et un autre qui protège les saumons d'élevage contre une maladie virale grave. Des essais cliniques sur les humains sont en cours afin de tester les vaccins à ADN pour un certain nombre de maladies. On peut s'attendre à procéder à l'immunisation humaine avec certains de ces vaccins d'ici quelques années. De tels vaccins offriraient des avantages considérables pour les pays en voie de développement. Les «pistolets à gènes» élimineraient le besoin de devoir disposer d'une grande quantité de seringues et d'aiguilles, et ces vaccins ne nécessiteraient pas de réfrigération. Les procédés de fabrication pour de tels vaccins sont très semblables pour diverses maladies, ce qui devrait permettre de diminuer les coûts.

▶ Vérifiez vos acquis

L'expérience démontre que les vaccins atténués entiers sont habituellement plus efficaces que les vaccins inactivés. Expliquez pourquoi. **26-3**

Entre le vaccin sous-unitaire et le vaccin à ADN, lequel est le plus susceptible de prévenir une maladie causée par une bactérie capsulée tel un pneumocoque ? **26-4**

La création de nouveaux vaccins

L'administration d'un vaccin efficace constitue la méthode la plus souhaitable d'empêcher la propagation de la maladie. Le vaccin fait en sorte que l'individu ne soit même pas atteint par l'affection ciblée et il est généralement plus économique, car il évite les coûts engendrés par la maladie. Cet aspect est particulièrement important dans les pays en voie de développement.

Par le passé, la mise au point de vaccins n'était possible que si on parvenait à cultiver le microorganisme pathogène en quantités assez grandes pour être utiles. On a obtenu les premiers vaccins viraux en les cultivant sur des animaux. Par exemple, on faisait proliférer le virus de la vaccine, qu'on utilisait contre la variole, sur le ventre rasé de veaux. Il y a plus de 100 ans, Pasteur préparait son vaccin contre la rage en faisant se multiplier le virus rabique dans le système nerveux central de lapins.

Il a fallu attendre la création des techniques de culture cellulaire pour voir l'introduction de vaccins contre la poliomyélite, la rougeole, les oreillons et plusieurs autres maladies dont les virus ne se multiplient que chez un être humain vivant. Les cultures cellulaires d'origine humaine, ou plus souvent d'animaux étroitement apparentés tels que le singe, ont permis de produire ces virus sur une grande échelle. L'œuf embryonné est un moyen pratique pour cultiver de nombreux virus (figure 8.7), et on l'utilise pour préparer plusieurs vaccins (par exemple contre la grippe). Le premier vaccin contre l'hépatite B contenait des antigènes viraux que l'on avait tirés du sang d'humains infectés de façon chronique par le virus de cette maladie parce qu'on ne disposait d'aucune autre source. On a toutefois renoncé à cette source lorsqu'on s'est aperçu que le sang humain prélevé pouvait aussi contenir le virus du sida.

Pour les vaccins recombinants ou à ADN, il n'est pas nécessaire de cultiver le microbe de la maladie dans une cellule ou dans un animal hôte. Cela permet de contourner un obstacle majeur, celui de certains virus qu'il n'a pas été possible jusqu'à maintenant de faire croître par culture cellulaire, par exemple celui de l'hépatite B.

Les plantes pourraient également servir pour la fabrication de vaccins. Des gènes extraits de bactéries et de virus pathogènes ont déjà été transférés dans des cellules de pomme de terre afin que ces cellules végétales génétiquement modifiées produisent des protéines antigéniques (vaccinales). Par la suite, ces protéines «vaccinales» seraient testées sur des humains, probablement sous forme de pilules à prendre par voie orale. Les vaccins oraux seraient souhaitables pour plusieurs raisons, en plus du fait de ne pas devoir recourir aux injections. En effet, ils seraient particulièrement efficaces pour protéger contre les maladies causées par les agents pathogènes qui envahissent le corps par les muqueuses. Cela comprend évidemment les maladies intestinales comme le choléra, mais également les pathogènes causant le sida, la grippe et d'autres maladies qui envahissent l'organisme par les muqueuses du nez, des parties génitales et des poumons. Les plants de tabac représentent des candidats de choix à cette fin, parce qu'ils ont peu de risques de contaminer la chaîne alimentaire.

Entre les années 1870 et 1910, on a assisté à ce qui a été appelé l'âge d'or de l'immunologie. C'est l'époque où on a découvert les éléments clés de l'immunologie et où on a créé plusieurs vaccins essentiels. À l'heure actuelle, on est peut-être sur le point de vivre un second âge d'or au cours duquel la nouvelle technologie sera mise à contribution pour lutter contre les maladies infectieuses émergentes et les problèmes posés par la diminution de l'efficacité des antibiotiques. Il est remarquable qu'il n'existe pas de vaccin utile contre les chlamydias, les mycètes, les protozoaires ou les helminthes parasites des humains. Par ailleurs, la protection offerte par les vaccins contre certaines maladies, telles que le choléra et la tuberculose, n'est pas parfaite. On s'emploie actuellement à trouver des vaccins contre au moins 75 maladies, allant d'affections mortelles importantes, telles que le sida et le paludisme, à des troubles communs tels que l'otalgie (maux d'oreille). Mais on constatera probablement que les découvertes faciles en matière de vaccin ont déjà eu lieu.

Les maladies infectieuses ne sont pas les seules cibles possibles de la vaccination. Des chercheurs étudient actuellement la possibilité que des vaccins puissent traiter et prévenir la cocaïnomanie, la maladie d'Alzheimer et le cancer, et servir de moyen de contraception.

Un problème de santé à l'échelle mondiale

Le présent texte présente une suite de questions que les spécialistes en santé publique se posent lorsqu'ils cherchent à réduire l'apparition des maladies. Essayez de répondre à chaque question avant de passer au point suivant.

❶ Le 14 mai, une jeune fille de 17 ans souffre de fièvre (38,3 °C) et présente de petites taches rouges à centre blanc bleuté dans la bouche (figure 16.14b). Elle a présenté une éruption cutanée sur la figure deux jours plus tard ; l'éruption s'est ensuite étendue sur son tronc et ses membres. Par la suite, un enfant de 2 ans souffrait d'une fièvre et d'une pneumonie. Au total, 34 personnes de son église ont présenté une éruption maculopapuleuse survenant à la suite de symptômes semblables à ceux du rhume : fièvre, toux et conjonctivite.

De quelle maladie s'agit-il? (*Indice*: Voir le tableau de l'encadré 16.2.)

❷ On a confirmé que ces personnes souffraient de la rougeole en effectuant des tests pour déceler les immunoglobulines M (IgM) de la rougeole. La rougeole est une maladie virale très contagieuse qui peut causer la pneumonie, la diarrhée, l'encéphalite, et même la mort.

Quels autres renseignements devez-vous obtenir ?

❸ La patiente de référence a voyagé en Roumanie pendant deux semaines. Elle et d'autres personnes infectées n'ont pas été vaccinées contre la rougeole.

Le risque actuel de contracter la rougeole est-il le même partout dans le monde ?

❹ Depuis 2000, le nombre de cas de rougeole déclarés à l'échelle mondiale a considérablement chuté ; toutefois, un certain nombre d'éclosions sont récemment survenues, particulièrement en Afrique, mais également en Europe. Les Amériques, y compris le Canada, ont signalé des éclosions de rougeole liées à l'introduction du virus de la rougeole d'autres régions. La rougeole est donc encore endémique dans de nombreux pays où la vaccination n'est pas systématique (**figure A**). Les voyageurs doivent donc tenir leur carnet de vaccination à jour.

Quels sont les efforts investis ces dernières années pour éradiquer la rougeole ?

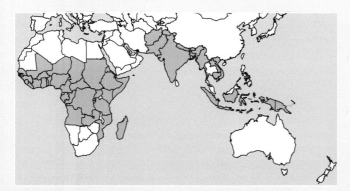

Figure A   Pays présentant le plus de décès causés par la rougeole

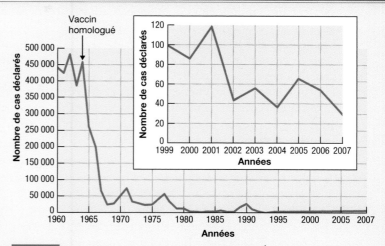

Figure B   Nombre de cas de rougeole déclarés aux États-Unis, de 1960 à 2007 (Source : CDC, 2008.)

❺ La Measles Initiative (Initiative contre la rougeole), un groupe dirigé par l'American Red Cross, de concert avec la United Nations Foundation, l'UNICEF, les CDC et l'OMS, s'est engagée à réduire le nombre de décès dus à la rougeole à l'échelle mondiale. Ce groupe a permis la vaccination de plus de 400 millions d'enfants dans plus de 50 pays. En 2000, la rougeole avait causé plus de 757 000 décès, principalement des enfants de moins de 5 ans. En 2006, les décès causés par la rougeole ont été réduits à 242 000 personnes dans le monde entier.

Depuis 1994, l'Organisation panaméricaine de la santé et ses partenaires ont résolu d'éradiquer la rougeole sur le territoire des Amériques. Dès 2007, aux États-Unis, on ne rapportait plus que 30 cas, alors qu'avant la mise au point du vaccin contre la rougeole, près de 500 000 cas étaient recensés par année (**figure B**). Durant la même période, le Canada s'est aussi fixé comme objectif l'éradication de la rougeole, et en 1998, il a mis en place un système national de surveillance de la maladie. De 2002 à 2010, 327 cas de rougeole confirmés ont été signalés au Canada. La moyenne est de 11 cas par année, sauf en 2007 (102 cas), en 2008 (62 cas) et en 2010 (99 cas). Le nombre élevé de cas lors de ces années est surtout dû à des éclosions au Québec, en Ontario et en Colombie-Britannique, respectivement*. Depuis avril 2011, une épidémie de rougeole frappe surtout le Québec et, en date du mois de novembre 2011, on a rapporté plus de 750 cas.

Qu'arriverait-il si nous cessions de vacciner contre la rougeole ?

❻ S'il n'y avait pas de vaccin, il y aurait davantage de cas de la maladie, des séquelles graves, et plus de décès. Certaines maladies pouvant être prévenues par la vaccination sont toujours assez répandues ailleurs dans le monde. Comme il s'est passé pour le présent cas, les voyageurs peuvent rapporter à leur insu ces maladies dans leur pays d'origine, et s'ils ne sont pas protégés par la vaccination, les maladies en question peuvent rapidement se répandre dans la population et causer des épidémies.

Source : Adaptation de *MMWR*, 54(42) : 1073–1075 (28 octobre 2005).

* Agence de la santé publique du Canada (mise à jour de juin 2011). http://www.phac-aspc.gc.ca/im/vpd-mev/measles-fra.php.

Des travaux sont en cours pour améliorer certains antigènes qui manquent parfois d'efficacité quand on les injecte seuls. Par exemple, certains produits chimiques, appelés **adjuvants** (du latin *adjuvare*, «aider»), sont ajoutés aux antigènes pour renforcer le pouvoir immunisant du vaccin et, par conséquent, son efficacité. Nous discutons de ce point plus loin. L'alun est l'adjuvant le plus utilisé à ce jour. D'autres adjuvants ont récemment été enregistrés, notamment une substance à base d'huile, le MF59, et des virosomes. Ces derniers imitent certains composants bactériens et facilitent le transport vers les nodules lymphatiques et l'absorption par les cellules présentatrices d'antigène.

À l'heure actuelle, près de 20 injections distinctes sont recommandées pour les bébés et les enfants, ce qui nécessite parfois de faire 3 injections ou plus au cours d'un seul rendez-vous. Il est donc utile de mettre au point des combinaisons de vaccins, comme c'est le cas pour le vaccin DCaT-Polio-Hib, qui combine la vaccination contre 5 maladies infantiles. Il serait également souhaitable de mettre au point des méthodes de vaccination qui remplaceraient la seringue. Plusieurs personnes ont déjà reçu une injection par «pistolet» à haute pression, qui est couramment employée pour les vaccinations de masse, et des aérosols nasaux sont maintenant disponibles pour contrer la grippe. La majorité des vaccins actuels induisent principalement l'immunité humorale, fondée sur les anticorps. Cependant, il faudra également produire des vaccins qui induisent une immunité à médiation cellulaire efficace contre des maladies telles que l'infection par le VIH, la tuberculose et le paludisme. Ces exigences ne sont pas nécessairement incompatibles.

▶ **Vérifiez vos acquis**

Quel type de vaccin parmi les suivants Louis Pasteur a-t-il mis au point: à agents entiers, recombinant ou à ADN? **26-5**

Quelle est l'origine du terme «adjuvant»? **26-6**

La sécurité des vaccins

Les vaccins comptent parmi les outils les plus sécuritaires de la médecine moderne. Puisque les vaccins sont administrés en général à des personnes en bonne santé, pour prévenir et non pour traiter une maladie, ils doivent satisfaire aux normes de sécurité les plus élevées. Ils ne sont pas exempts de tout effet indésirable pour autant, car aucune mesure n'est sûre ni efficace à 100%. Les risques associés à un vaccin doivent être comparés avec ses avantages, soit les maladies évitées. Si un vaccin n'offre aucun avantage, un seul cas d'effet secondaire est inacceptable. C'est pourquoi la vaccination contre la variole a été abandonnée à la suite de la disparition de la maladie. Cela étant dit, les vaccins ont fréquemment des effets secondaires mineurs, comme une fièvre légère ou une sensibilité au point d'injection. Ces manifestations sont temporaires et constituent une réaction normale au vaccin. En revanche, les effets secondaires graves sont possibles quoique plus rares. Par exemple, pour tous les vaccins, la contre-indication majeure est celle de l'allergie à la suite de l'administration d'une dose antérieure du même vaccin ou d'un autre produit ayant un composant identique. Des réactions allergiques (anaphylaxie) graves représentent moins de 1 cas par million de doses. Les personnes en état d'immunosuppression et les femmes enceintes ne doivent pas recevoir de vaccins atténués. Ainsi, s'il existe une contre-indication – état ou affection qui accroissent considérablement le risque d'apparition d'effets secondaires graves si le vaccin est administré –, la vaccination ne doit pas se faire.

La sécurité des vaccins est une préoccupation partout dans le monde, pour la population générale comme pour les professionnels de la santé. De nos jours, les vaccins qu'on administre sont beaucoup plus purifiés que ceux auxquels on avait recours il y a 30 ans, et même si les enfants reçoivent plus de vaccins qu'auparavant, la quantité totale d'antigènes présents dans les vaccins est beaucoup plus faible maintenant. En plus des études réalisées pendant la mise au point des vaccins, une fois qu'un vaccin est utilisé à grande échelle, la surveillance des effets secondaires permet d'assurer un suivi et d'intervenir au besoin. Au Québec, les programmes de vaccination sont instaurés après l'évaluation des risques et des bénéfices pour la population et à la suite d'avis du Comité sur l'immunisation du Québec de l'Institut national de santé publique du Québec.

Malgré toute la sécurité mise en place en ce qui concerne les vaccins, il y a constamment des risques pour lesquels il est important de se questionner[*]. Aujourd'hui encore, le vaccin oral contre la poliomyélite peut causer une maladie vaccinale dans de rares cas. En 1999, un vaccin pour prévenir la diarrhée infantile causée par un rotavirus a été retiré du marché parce qu'il occasionnait chez plusieurs receveurs une occlusion intestinale qui mettait leur vie en danger. À diverses occasions, d'autres problématiques liées aux vaccins ont alerté la population. Par exemple, le syndrome de Guillain-Barré (SGB) a déjà été associé au vaccin tétanique; le vaccin contre la coqueluche inactivé, à des lésions au cerveau; le vaccin contre l'influenza, à des troubles neurologiques démyélinisants chez les enfants âgés de 6 à 23 mois (groupe d'âge étudié); le vaccin contre l'hépatite B, à la sclérose en plaques et à la fatigue chronique; certains vaccins administrés aux enfants ont été associés à l'augmentation des risques d'asthme ou d'allergies et d'autres au syndrome de mort subite du nourrisson; et enfin, d'autres vaccins, au cancer et au diabète de type 1.

L'opinion publique est constamment alertée par les groupes de pression qui sensibilisent la population à la gravité de certains effets postvaccinaux. Une telle situation s'est présentée il y a quelques années, lorsqu'un lien possible entre le vaccin RRO, dont l'administration est presque universelle, et l'autisme a fait l'objet d'une campagne de sensibilisation mondiale. Sur le plan médical, les experts reconnaissent que l'autisme, un trouble envahissant du développement, a une composante génétique majeure et apparaît chez l'enfant avant sa naissance. Ce trouble neurologique est généralement diagnostiqué entre 18 et 30 mois. Cette période correspond au calendrier d'immunisation des enfants, et certains ont été tentés d'établir une relation de cause à effet entre les deux. Les cas d'autisme observés sont souvent des cas isolés, de telle sorte que les observations ne sont pas suffisantes pour prouver qu'il existe un lien réel irréfutable; théoriquement, si la presque totalité de la population infantile reçoit un vaccin, on observera à coup sûr des cas d'autisme, de troubles neurologiques ou d'autres affections dans cette dernière. Dans de telles controverses, le lien doit être établi

---

[*] Agence de la santé publique du Canada, *La sécurité des vaccins – Foire aux questions.* http://www.phac-aspc.gc.ca/im/vs-sv/vs-faq-fra.php (date de modification : 2011-02-04).

par une analyse rigoureuse de la littérature scientifique (recherches fondées sur les méthodes scientifiques validées, comptes rendus d'études réalisées partout dans le monde).

Lors de la dernière campagne de vaccination nationale contre la grippe H1N1, deux aspects de la vaccination ont soulevé bien des débats dans la population québécoise et canadienne : le thimérosal et les adjuvants à base d'alun. Le thimérosal est un dérivé du mercure utilisé comme agent de conservation dans des fioles à doses multiples – un format très utile pour les programmes de vaccination de masse. À cause de la présence du dérivé de mercure, le thimérosal a été associé à l'apparition de l'autisme et à d'autres troubles du développement. En fait, le thimérosal, en quantité infime dans les vaccins, est métabolisé en éthylmercure et est éliminé rapidement de l'organisme*. Les propriétés biochimiques du thimérosal le distinguent nettement du méthylmercure, la forme de mercure trouvée dans l'environnement qui peut provoquer des lésions cérébrales et nerveuses graves si elle est ingérée en grande quantité. Selon les experts, le thimérosal ne devrait donc pas être mis en cause dans l'apparition de troubles neurologiques.

Les adjuvants agissent en prolongeant la présence des antigènes au point d'injection, ce qui permet de diminuer la quantité d'antigènes nécessaires pour obtenir une meilleure réponse immunitaire aux vaccins qui en contiennent. Depuis plusieurs années, l'alun, ou sulfate d'aluminium et de potassium dodécahydrate, est utilisé comme adjuvant dans les vaccins (par exemple le DCaT, les vaccins contre les hépatites, la méningite, la pneumonie). Un vaccin qui en contient doit être administré par voie intramusculaire. Il déclenche généralement une réaction inflammatoire locale, comme une rougeur, un œdème, une sensibilité et, dans certains cas, un nodule au point d'injection, soit des manifestations cliniques qui disparaissent habituellement quelques jours après la vaccination. Il faut éviter une infiltration de l'adjuvant dans les tissus sous-cutanés parce qu'il est susceptible d'y causer une réaction inflammatoire importante, accompagnée de nodules sous-cutanés et même parfois d'abcès stériles qui peuvent persister plus longtemps. Les effets nocifs des adjuvants à base d'aluminium sont souvent en lien avec des injections dont le contenu s'est écoulé ailleurs que dans le muscle.

Bien qu'il soit impossible de rendre toute intervention médicale, y compris la vaccination, exempte de risques, les efforts continuent pour produire des vaccins qui ont moins d'effets secondaires et sont plus économiques, efficaces et faciles à administrer. L'opinion publique exige des compagnies pharmaceutiques qu'elles créent des types de vaccins présentant le minimum de risques. Une grande vigilance reste essentielle. Dans un sens, la vaccination a pour défaut d'avoir réussi. De nos jours, dans les pays industrialisés, peu de parents connaissent la terreur causée par les épidémies de poliomyélite paralysante, lors desquelles ils sont réduits à l'impuissance devant la menace qui pèse sur leurs enfants. Peu nombreux sont ceux qui ont vu un cas de tétanos ou de diphtérie. Malgré les risques inévitables, c'est le bien-être du plus grand nombre de personnes que vise la vaccination, qui demeure le moyen le plus sûr et le plus efficace de combattre les maladies infectieuses. Idéalement, la mise au point de méthodes de prévention – dont la vaccination fait partie – devrait être associée à la lutte contre la pauvreté.

▶ **Vérifiez vos acquis**

Que peut-on répondre à ceux qui considèrent que le mercure contenu dans certains vaccins est dangereux ? **26-7**

L'immunologie diagnostique

▶ **Objectifs d'apprentissage**

26-8 Comparer la sensibilité et la spécificité dans un test diagnostique.

26-9 Définir l'anticorps monoclonal et indiquer l'avantage de ce type de molécules sur les anticorps produits par les moyens habituels.

26-10 Décrire le principe sur lequel reposent les réactions de précipitation et les tests d'immunodiffusion.

26-11 Distinguer entre les réactions d'agglutination directes et les réactions d'agglutination indirectes.

26-12 Distinguer entre les réactions d'agglutination et les réactions de précipitation.

26-13 Définir l'hémagglutination.

26-14 Décrire le principe sur lequel reposent les tests de neutralisation.

26-15 Distinguer entre les réactions de précipitation et les réactions de neutralisation.

26-16 Décrire le principe sur lequel repose la réaction de fixation du complément.

26-17 Décrire le principe sur lequel reposent les techniques d'immunofluorescence et comparer les techniques d'immunofluorescence directe et indirecte.

26-18 Décrire le principe sur lequel reposent les méthodes ELISA directe et indirecte.

26-19 Décrire le principe sur lequel repose la technique de transfert de Western.

26-20 Expliquer l'importance des anticorps monoclonaux.

En général, par le passé, l'établissement d'un diagnostic reposait principalement sur l'observation des signes et des symptômes du patient. Les écrits des médecins de l'Antiquité et du Moyen Âge contiennent de nombreuses descriptions de maladies qu'on reconnaît facilement aujourd'hui encore. Les éléments essentiels des tests diagnostiques sont la sensibilité et la spécificité. La **sensibilité** d'un test diagnostique est déterminée par la proportion d'échantillons positifs détectés correctement parmi les individus malades ; la sensibilité reflète la probabilité que le test donne un résultat négatif lorsque l'échantillon est un vrai positif. La **spécificité** est déterminée par la proportion d'échantillons négatifs détectés correctement parmi les individus sains ; la spécificité reflète la probabilité d'obtenir de faux positifs lorsque l'échantillon est un vrai négatif.

Les tests diagnostiques basés sur l'immunologie

La découverte de la grande spécificité du système immunitaire a très tôt fait naître l'idée que cette propriété pourrait servir à diagnostiquer les maladies. En fait, une observation fortuite, faite pendant qu'on poursuivait des recherches sur un vaccin contre la tuberculose, est à l'origine d'un des premiers tests diagnostiques de maladies infectieuses. Il y a plus de 100 ans, Robert Koch travaillait

---

* Agence de la santé publique du Canada. http://www.phac-aspc.gc.ca/im/q_a_thimerosal-fra.php#4 (date de modification : 2011-03-03).

à l'élaboration d'un vaccin contre la tuberculose. Il remarqua que si on injectait à des cobayes atteints de la maladie une suspension de *Mycobacterium tuberculosis*, le point d'injection devenait rouge et légèrement enflé 1 ou 2 jours plus tard. Certains reconnaîtront ces signes : ce sont ceux de la réaction positive au test par lequel on détermine si une personne a été infectée par l'agent pathogène de la tuberculose. Ce test est très répandu aujourd'hui ; nombreux sont ceux qui ont été soumis à la cutiréaction (ou test cutané) à la tuberculine (figure 19.10). Bien sûr, Koch n'avait aucune idée du mécanisme de l'immunité à médiation cellulaire qui était à l'origine de ce phénomène ; il ignorait aussi l'existence des anticorps.

Depuis l'époque de Robert Koch, l'immunologie nous a donné de nombreux outils diagnostiques inestimables, qui exploitent pour la plupart les interactions entre les anticorps humoraux et les antigènes. Dans la présente section, nous examinons quelques-unes des techniques de premier plan qui servent à détecter les antigènes et les anticorps. Un anticorps connu peut détecter la présence d'un pathogène (antigène) *inconnu* en réagissant avec lui, et à l'inverse, un agent pathogène *connu* peut être utilisé pour mettre en évidence la présence d'anticorps dans le sang d'une personne. La présence d'anticorps dirigés contre un agent pathogène particulier dans le sang d'un patient peut révéler l'une des situations suivantes : le patient peut avoir la maladie, l'avoir eue dans le passé, avoir été vacciné ou avoir reçu une injection d'immunoglobulines spécifiques. La détection des anticorps est donc d'un intérêt diagnostique considérable. Toutefois, les outils diagnostiques doivent surmonter certains problèmes, notamment le fait qu'on ne peut pas observer les anticorps directement. Même à des grossissements bien au-dessus de 100 000 ×, ils apparaissent au mieux comme des particules informes, aux contours imprécis. En conséquence, il faut déterminer leur présence indirectement au moyen de diverses réactions (nous en décrivons quelques-unes plus loin dans le chapitre).

Parmi les autres problèmes qui ont dû être surmontés, mentionnons le fait que les anticorps produits dans un animal étaient mélangés avec plusieurs autres anticorps produits dans ce dernier, et que les quantités d'un anticorps particulier étaient très limitées.

Les anticorps monoclonaux

Les anticorps sont produits par des cellules spécialisées, les lymphocytes B. À partir de cette connaissance, les scientifiques ont compris que chaque type de lymphocytes B représentait une source potentielle de production d'un type particulier d'anticorps. L'hypothèse était que si un tel lymphocyte B capable de produire un type particulier d'anticorps pouvait être isolé et cultivé par les méthodes de culture cellulaire habituelles, il serait probablement capable d'élaborer l'anticorps désiré en quantité presque illimitée, et ce, sans contamination par d'autres anticorps. Malheureusement, les lymphocytes B ne se divisent que quelques fois dans ces conditions. Le problème a été résolu par la découverte d'une méthode permettant de prolonger la vie en culture des lymphocytes B différenciés en

plasmocytes producteurs d'anticorps particuliers. La découverte, qui remonte à 1975, a été faite par Niels Jerne, Georges Köhler et César Milstein.

Les scientifiques ont observé il y a longtemps que les plasmocytes producteurs d'anticorps peuvent se transformer en cellules cancéreuses. Ils forment alors des *myélomes* qui prolifèrent sans arrêt. On peut isoler ces plasmocytes cancéreux et les propager indéfiniment en culture. En ce sens, ces cellules sont « immortelles ». La percée scientifique s'est produite quand on est parvenu à combiner un plasmocyte cancéreux et « immortel » à un plasmocyte normal producteur d'anticorps. Les cellules issues de cette fusion sont appelées **hybridomes**.

Étant composé de cellules génétiquement identiques, un hybridome élabore le type d'anticorps caractéristique du lymphocyte B dont il est issu. L'importance de la technique réside dans le fait qu'on peut garder indéfiniment en culture des clones de cellules productrices d'anticorps qui sécrètent d'énormes quantités d'anticorps identiques. Puisque ces anticorps proviennent d'un même clone de cellules, on les appelle **anticorps monoclonaux** (figure 26.1).

Les anticorps monoclonaux sont utiles pour trois raisons : ils sont homogènes, ils sont hautement spécifiques, et on peut en produire facilement de grandes quantités. C'est pourquoi ils sont devenus des outils diagnostiques d'une grande importance. Par exemple, il existe sur le marché des préparations d'anticorps monoclonaux qui permettent de détecter plusieurs bactéries pathogènes, dont les chlamydias et les streptocoques. Les tests de grossesse qu'on peut se procurer sans ordonnance sont à base d'anticorps monoclonaux qui révèlent la présence d'une hormone excrétée uniquement dans l'urine des femmes enceintes (figure 26.12).

On utilise aussi les anticorps monoclonaux pour bloquer certains effets indésirables du système immunitaire, tels que le rejet d'organes greffés (chapitre 13). Dans ce cas, on prépare des anticorps monoclonaux – par exemple les anticorps *muromonab-CD3* contre le rejet d'une greffe de rein – qui se lient aux récepteurs des lymphocytes T à l'origine du rejet du greffon ; cette liaison neutralise l'activité des lymphocytes T. Les anticorps monoclonaux jouent alors le rôle d'un médicament immunosuppresseur.

L'utilisation des anticorps monoclonaux révolutionne le traitement d'un grand nombre de maladies. Ainsi, l'inflammation de la polyarthrite rhumatoïde et l'inflammation de l'intestin associée à la maladie de Crohn peuvent être traitées avec l'*infliximab* (*Remicade*) ou l'*entanercept* (*Enbrel*), qui ciblent et bloquent l'action du facteur nécrosant des tumeurs alpha (chapitre 12), la cause de l'inflammation. Un cancer du système lymphatique, un lymphome non hodgkinien, peut être traité au moyen d'une combinaison d'anticorps monoclonaux, d'*ibritumonad* (*Zevalin*) et de *rituximab* (*Rituxan*). Ces médicaments ciblent et détruisent les cellules cancéreuses, mais ne sont employés que lorsque les autres traitements se sont révélés inefficaces. On peut traiter avec un certain succès le cancer du sein avec le *trastuzumab* (*Herceptin*). Cet anticorps monoclonal se lie à un endroit précis appelé *récepteur HER-2*, qui est présent chez environ 30 % des femmes ; cela permet de limiter la propagation du cancer.

Les applications thérapeutiques des anticorps monoclonaux sont encore limitées et leurs succès quelque peu mitigés, parce que

Figure 26.1

Schéma guide

Production d'anticorps monoclonaux

Afin de bien comprendre les fonctions et les applications de nombreux outils diagnostiques et thérapeutiques dont il sera question dans le présent chapitre, il importe de savoir comment sont produits les anticorps monoclonaux.

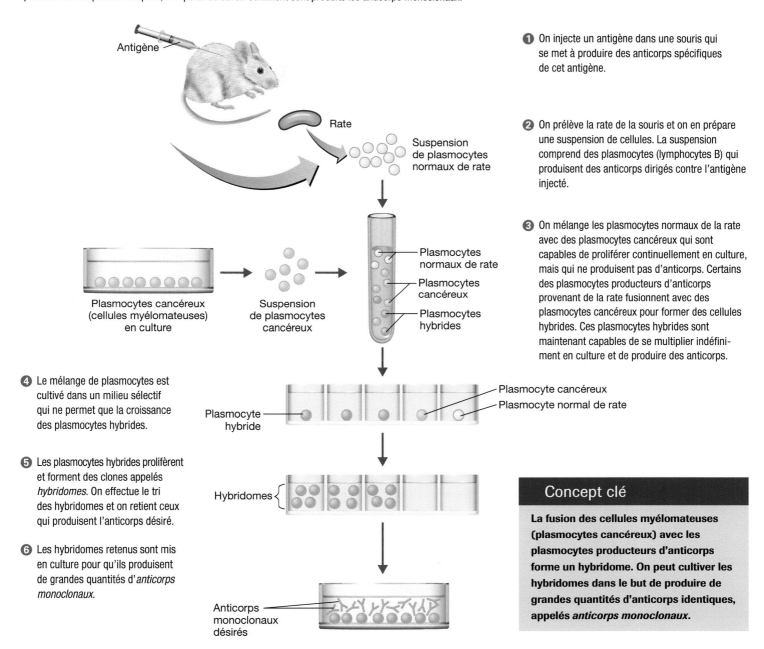

❶ On injecte un antigène dans une souris qui se met à produire des anticorps spécifiques de cet antigène.

❷ On prélève la rate de la souris et on en prépare une suspension de cellules. La suspension comprend des plasmocytes (lymphocytes B) qui produisent des anticorps dirigés contre l'antigène injecté.

❸ On mélange les plasmocytes normaux de la rate avec des plasmocytes cancéreux qui sont capables de proliférer continuellement en culture, mais qui ne produisent pas d'anticorps. Certains des plasmocytes producteurs d'anticorps provenant de la rate fusionnent avec des plasmocytes cancéreux pour former des cellules hybrides. Ces plasmocytes hybrides sont maintenant capables de se multiplier indéfiniment en culture et de produire des anticorps.

❹ Le mélange de plasmocytes est cultivé dans un milieu sélectif qui ne permet que la croissance des plasmocytes hybrides.

❺ Les plasmocytes hybrides prolifèrent et forment des clones appelés *hybridomes*. On effectue le tri des hybridomes et on retient ceux qui produisent l'anticorps désiré.

❻ Les hybridomes retenus sont mis en culture pour qu'ils produisent de grandes quantités d'*anticorps monoclonaux*.

Concept clé

La fusion des cellules myélomateuses (plasmocytes cancéreux) avec les plasmocytes producteurs d'anticorps forme un hybridome. On peut cultiver les hybridomes dans le but de produire de grandes quantités d'anticorps identiques, appelés *anticorps monoclonaux*.

---

ces molécules proviennent à l'heure actuelle de cellules de souris. Le système immunitaire de certaines personnes réagit contre ces protéines étrangères, entraînant l'apparition d'effets secondaires comme une éruption cutanée, de l'enflure et, à l'occasion, une déficience rénale, en plus de provoquer la destruction des anticorps monoclonaux. Des anticorps monoclonaux provenant de cellules humaines

ne provoqueraient probablement pas autant de réactions. Ainsi, on poursuit plusieurs pistes dans le but de résoudre ce problème.

Dans la technique des **anticorps monoclonaux chimériques**, on utilise des cellules de souris génétiquement modifiées pour produire un hybride humain-souris. La région variable de la molécule d'anticorps est celle provenant de la souris ; cela comprend les sites de fixation à l'antigène (figure 12.3a). Le reste de la molécule, la région constante, est d'origine humaine. Ces anticorps monoclonaux, par exemple le rituximab, sont d'origine humaine à 66%.

Les **anticorps humanisés** sont fabriqués de façon que la partie souris soit limitée aux sites de fixation à l'antigène. Le reste de la partie variable et toute la région constante proviennent de sources humaines. De tels antigènes monoclonaux, tels l'alemtuzumab et le trastuzumab, sont d'origine humaine à 90%.

L'objectif ultime est de mettre au point des **anticorps entièrement humains**. Une des approches envisagées est de modifier génétiquement des cellules de souris afin qu'elles contiennent des gènes d'anticorps humains. Les souris produiraient des anticorps qui seraient d'origine humaine à 100%. Dans certains cas, il serait possible de produire un anticorps qui correspondrait parfaitement à ceux du patient.

Il est également possible que les thérapies à base d'anticorps monoclonaux réussissent si bien qu'il serait difficile de les produire en quantité suffisante. On étudie actuellement plusieurs solutions possibles pour régler ce problème. Par exemple, on pourrait complètement éviter l'utilisation de souris grâce à l'emploi de bactériophages servant à insérer les gènes recherchés dans la bactérie, qui serait capable de produire les anticorps monoclonaux recherchés à l'échelle industrielle. Une autre approche envisagée est de modifier génétiquement des animaux qui peuvent sécréter les anticorps monoclonaux dans leur lait. La production à grande échelle pourrait aussi être obtenue par la modification génétique de plantes en vue de produire des anticorps monoclonaux.

▶ **Vérifiez vos acquis**

Supposons que le sang d'une vache infectée contienne une quantité importante d'anticorps dirigés contre l'agent pathogène. De quelle façon une quantité équivalente d'anticorps monoclonaux serait-elle plus utile? **26-9**

Les réactions de précipitation

Les **réactions de précipitation** font intervenir des antigènes solubles et des anticorps (nommés *précipitines*) de la classe des immunoglobulines G (IgG) ou de celle des immunoglobulines M (IgM), dont les interactions produisent de grands agrégats moléculaires appelés *réseaux*.

Les réactions de précipitation se déroulent en deux phases distinctes. Tout d'abord, les antigènes (Ag) et les anticorps (Ac) forment rapidement de petits complexes Ag-Ac. Cette interaction a lieu en quelques secondes et est suivie d'une réaction plus lente, qui peut durer quelques minutes ou des heures, au cours de laquelle les complexes Ag-Ac s'assemblent en réseaux et précipitent. Normalement, ces réactions de précipitation n'ont lieu que si la proportion Ag-Ac est optimale. La **figure 26.2** montre qu'il n'y a pas de précipité visible là où un des deux réactifs est en excès. La proportion optimale est obtenue quand des solutions pures d'antigènes et d'anticorps sont mises en contact et peuvent se mélanger par diffusion. Dans le **test de l'anneau de précipitation** (figure 26.3), une zone de précipitation floconneuse en forme d'anneau apparaît dans la région où la proportion est optimale (*zone d'équivalence*).

Les **tests d'immunodiffusion** sont des réactions de précipitation qui se déroulent sur gélose, soit dans une boîte de Petri, soit sur une lame de microscope. Un précipité apparaît sous la forme d'une ligne blanchâtre à l'endroit où la proportion Ag-Ac est optimale.

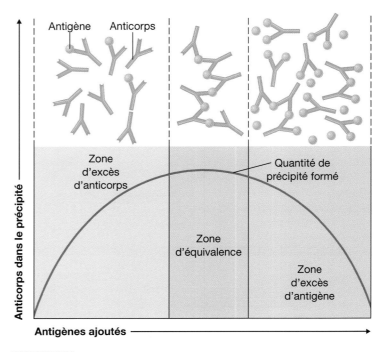

Figure 26.2 Courbe de précipitation. La courbe reflète la proportion des antigènes par rapport aux anticorps. La quantité de précipité est maximale dans la zone d'équivalence, où les Ag et les Ac sont présents en quantité à peu près égale.

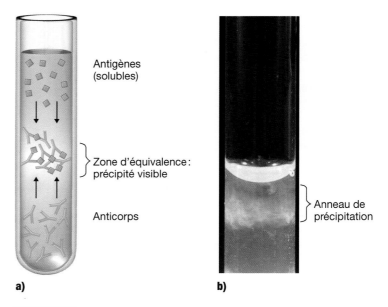

Figure 26.3 Test de l'anneau de précipitation. a) Représentation de la diffusion des antigènes et des anticorps les uns vers les autres dans une éprouvette de faible diamètre. Dans la zone d'équivalence, où les réactifs sont dans une proportion optimale, un précipité apparaît sous forme d'anneau. **b)** Photographie d'un anneau de précipitation.

D'autres tests font appel à l'électrophorèse pour accélérer le déplacement des antigènes et des anticorps dans le gel. La réaction se déroule parfois en moins d'une heure par ce moyen. Les techniques de l'immunodiffusion et de l'électrophorèse peuvent être combinées en une méthode appelée **immunoélectrophorèse**. Cette dernière est utilisée en recherche pour séparer les protéines dans le sérum humain et est à la base de certains tests diagnostiques.

Dans les laboratoires médicaux, cette méthode constitue une partie essentielle de la technique de transfert de Western dont on se sert pour diagnostiquer le sida (figure 5.12).

> ▸ Vérifiez vos acquis
>
> Dans quelle zone de réaction l'anneau de précipitation peut-il devenir visible? **26-10**

Les réactions d'agglutination

Alors que les réactions de précipitation nécessitent des antigènes *solubles*, les réactions d'agglutination font intervenir des *antigènes particulaires*, c'est-à-dire des antigènes de la taille de particules (telles que des cellules portant des molécules antigéniques) ou des antigènes solubles fixés à des particules. Ces antigènes particulaires peuvent être reliés les uns aux autres par des anticorps spécifiques pour former des agrégats visibles. La réaction observée s'appelle **agglutination** (figure 26.4). Cette dernière est très sensible, relativement facile à interpréter (figure 5.10), et se prête à de nombreuses applications. L'agglutination peut être directe ou indirecte.

Les réactions d'agglutination directe

Les **réactions d'agglutination directe** servent à détecter les anticorps dirigés contre des antigènes cellulaires dont la taille est

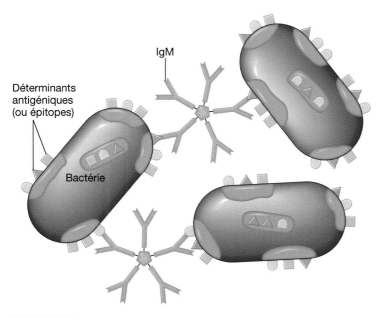

Figure 26.4 Réaction d'agglutination. Quand les anticorps réagissent avec les déterminants antigéniques de cellules voisines, tels ceux de ces bactéries (ou ceux d'érythrocytes), les antigènes particulaires (cellules) s'agglutinent. Nous voyons ici des IgM, qui sont les immunoglobulines agglutinantes les plus efficaces, mais les IgG peuvent aussi produire des réactions d'agglutination.

relativement grande, tels que ceux à la surface des érythrocytes, des bactéries et des mycètes. À une époque, la réaction se faisait dans une série d'éprouvettes; aujourd'hui, on utilise habituellement une *microplaque* en plastique, formée de nombreux puits peu profonds qui remplacent les éprouvettes séparées. Chaque puits contient la même quantité d'antigènes particulaires, mais la quantité du sérum qui contient les anticorps est diluée sur une suite de puits, de telle manière que chacun de ces puits reçoive la moitié de la quantité d'anticorps du puits précédent.

Dans les laboratoires médicaux, on utilise ces réactions entre autres pour diagnostiquer la brucellose ou séparer les isolats de *Salmonella* en sérotypes, c'est-à-dire en sous-groupes qu'on définit par des moyens sérologiques.

Il est évident que plus la quantité d'anticorps est élevée au départ, plus il faut de dilutions afin de la réduire au point où elle est trop faible pour produire une réaction. C'est ainsi qu'on mesure le **titre des anticorps**, soit la concentration des anticorps dans le sérum (figure 26.5). Pour la plupart des maladies infectieuses, plus le titre des anticorps sériques est élevé, plus l'immunité à la maladie est grande. Mais à lui seul, le titre est d'une utilité limitée pour établir le diagnostic d'une maladie existante. En effet, il est impossible de dire si la quantité d'anticorps mesurée est la conséquence de l'infection en cours ou d'un épisode antérieur. Aux fins du diagnostic, c'est une *élévation du titre* qui importe; c'est-à-dire que le titre est plus élevé vers la fin qu'au début de la maladie. Par ailleurs, si on peut montrer que le titre des anticorps dans le sang de l'individu était nul avant la maladie, mais qu'il devient appréciable au fur et à mesure qu'elle progresse, ce changement, appelé **séroconversion**, est aussi déterminant pour le diagnostic. On observe souvent cette situation dans le cas des infections par le VIH.

Certains tests diagnostiques permettent de reconnaître les IgM de façon spécifique. Nous avons indiqué au chapitre 12 que les IgM, du fait qu'elles disparaissent rapidement, sont plus susceptibles de refléter une réponse à une maladie en cours.

Les réactions d'agglutination indirecte (passive)

Les anticorps dirigés contre les antigènes solubles peuvent être détectés au moyen de la réaction d'agglutination si ces derniers sont fixés à des particules d'une substance telle que la bentonite ou, plus fréquemment, sur de minuscules billes de latex mesurant chacune environ un dixième du diamètre d'une bactérie. Les *tests d'agglutination au latex* sont utilisés couramment pour révéler rapidement la présence d'anticorps sériques contre les virus et les bactéries qui causent un grand nombre de maladies. Au cours de ces **réactions d'agglutination indirecte (passive)**, les anticorps réagissent avec les antigènes solubles qui adhèrent aux particules (figure 26.6a). Ensuite, les particules s'agglutinent, comme celles des réactions d'agglutination directe. On peut appliquer le même principe dans l'autre sens et utiliser des particules enrobées d'anticorps pour détecter les antigènes contre lesquels ils sont spécifiques (figure 26.6b).

Dans les laboratoires médicaux, cette méthode est souvent employée pour reconnaître les streptocoques qui causent les maux de gorge. On peut obtenir un diagnostic en une dizaine de minutes.

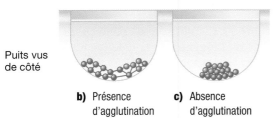

a) Dans cette microplaque, le sérum est dilué de gauche à droite, de sorte que chaque puits contient la moitié de la concentration du puits qui le précède. La concentration des antigènes particulaires, ici des érythrocytes, est la même dans tous les puits.

b) Dans le cas d'une réaction positive (agglutination), il y a assez d'anticorps dans le sérum pour relier les antigènes les uns aux autres et former des agrégats de complexes Ag-Ac au fond du puits.

c) Dans le cas d'une réaction négative (aucune agglutination), il n'y a pas assez d'anticorps pour relier les antigènes. Les antigènes particulaires glissent le long des parois du puits et s'empilent au fond, où elles forment un agrégat. Dans l'exemple présenté ici, le titre des anticorps est de 160 parce que la dilution de 1:160 est la dernière, dans la suite, qui permet d'observer une réaction positive.

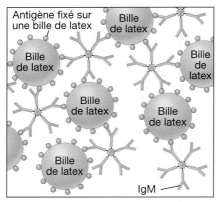

a) Réaction positive d'agglutination indirecte révélant la présence d'anticorps dans le sérum d'un patient

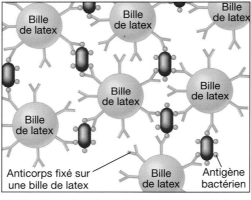

b) Réaction positive d'agglutination indirecte révélant la présence d'antigènes dans un prélèvement pris chez un patient

Figure 26.6 **Réactions d'agglutination indirecte.** On utilise pour ces réactions des antigènes ou des anticorps fixés sur des particules. **a)** Quand les particules (illustrées ici par des billes de latex) sont enrobées d'antigènes, l'agglutination indique la présence d'anticorps, tels que les IgM représentées ici. **b)** Quand les particules sont enrobées d'anticorps monoclonaux, l'agglutination indique la présence des antigènes correspondants.

L'hémagglutination

Quand on provoque l'agglutination des érythrocytes, qui forment des agrégats visibles, la réaction porte le nom d'**hémagglutination**. Elle fait intervenir les antigènes de surface des érythrocytes et leurs anticorps complémentaires.

Dans les laboratoires médicaux, on se sert couramment de la réaction d'hémagglutination pour déterminer les groupes sanguins et poser des diagnostics de mononucléose infectieuse.

Certains virus, tels que ceux qui causent les oreillons, la rougeole et la grippe, sont capables d'agglutiner les érythrocytes sans passer par une réaction Ag-Ac ; ce phénomène s'appelle **hémagglutination virale** (figure 26.7). La réaction peut être inhibée par des anticorps qui neutralisent les virus agglutinants. Nous décrivons ci-après les tests diagnostiques qui font appel à ces réactions de neutralisation. Le diagnostic de maladie virale est fondé sur la détection, dans le sérum d'un patient, d'anticorps qui empêchent un type particulier de virus d'agglutiner les érythrocytes.

▶ Vérifiez vos acquis

Pourquoi la réaction d'agglutination directe ne fonctionnerait-elle pas bien pour détecter les virus ? **26-11**

Quelle réaction permet de détecter la présence d'antigènes solubles : la réaction d'agglutination ou la réaction de précipitation ? **26-12**

Certains tests diagnostiques provoquent l'agglutination visible des érythrocytes. Comment les appelle-t-on ? **26-13**

Les réactions de neutralisation

La **neutralisation** est une réaction Ag-Ac par laquelle les effets nocifs d'une exotoxine bactérienne ou d'un virus sont bloqués par des anticorps spécifiques. Ce type de réactions a été décrit pour la

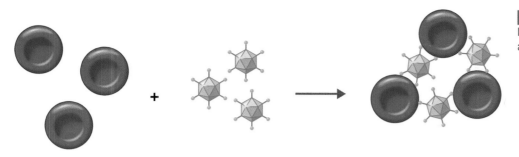

Figure 26.7 **Hémagglutination virale.**
L'hémagglutination virale n'est pas une réaction antigène-anticorps.

Érythrocytes   Virus (agglutinants)   Hémagglutination

première fois en 1890 lorsque des chercheurs ont observé qu'un antisérum pouvait neutraliser les substances toxiques produites par *Corynebacterium diphteriæ*, l'agent causal de la diphtérie. L'agent neutralisant, appelé *antitoxine*, est en fait un anticorps spécifique élaboré par un hôte qui réagit à un antigène particulier – soit une exotoxine bactérienne ou l'anatoxine (toxine inactivée servant de vaccin) correspondante. L'antitoxine se combine à l'exotoxine pour la neutraliser (**figure 26.8a**). On peut donner par injection à un humain des antitoxines produites par un animal pour lui conférer l'immunité passive à une toxine. On utilisait couramment des antitoxines de cheval pour prévenir ou traiter la diphtérie et le botulisme ; notez que le sérum antitétanique est habituellement d'origine humaine.

L'utilisation thérapeutique de ces réactions de neutralisation a inspiré la création de certains tests diagnostiques. Par exemple, dans la réaction de Schick, l'injection intradermique d'une petite dose de toxine diphtérique vise à déterminer la présence d'anticorps antidiphtériques chez un individu. Si c'est le cas, les anticorps neutralisent la toxine et aucune réaction cutanée n'apparaît ; dans le cas contraire, la toxine endommage localement le tissu sous-cutané et une plaque rouge apparaît au point d'injection. Lorsqu'on soupçonne une épidémie, la réaction de Schick permet de dépister les cas de personnes non immunisées et de limiter à ces personnes l'application de mesures prophylactiques. Par ailleurs, on peut exploiter les virus qui exercent leur effet cytopathogène (endommageant les cellules) en culture cellulaire ou sur des œufs embryonnés pour révéler chez un patient la présence d'anticorps neutralisants. Si le sérum à vérifier contient des anticorps dirigés contre le virus à l'étude, ceux-ci empêchent le virus d'infecter les cellules en culture ou celles des œufs ; dans ce cas, il n'y a pas d'effet cytopathogène. C'est ainsi qu'on peut utiliser ces épreuves, appelées *tests de neutralisation in vitro*, à la fois pour

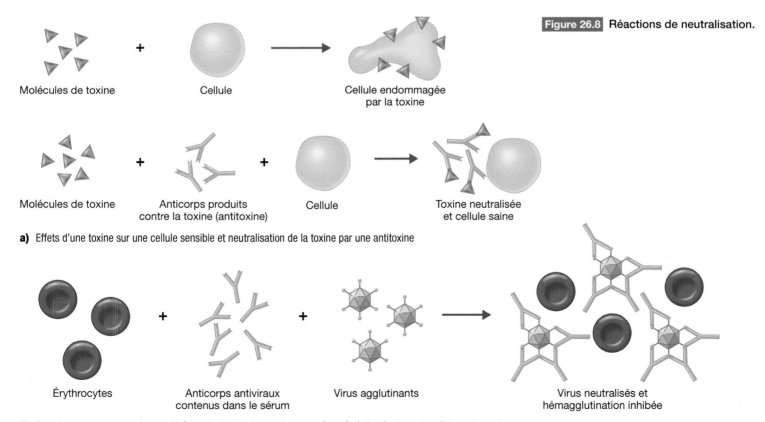

Figure 26.8 **Réactions de neutralisation.**

Molécules de toxine   Cellule   Cellule endommagée par la toxine

Molécules de toxine   Anticorps produits contre la toxine (antitoxine)   Cellule   Toxine neutralisée et cellule saine

a) Effets d'une toxine sur une cellule sensible et neutralisation de la toxine par une antitoxine

Érythrocytes   Anticorps antiviraux contenus dans le sérum   Virus agglutinants   Virus neutralisés et hémagglutination inhibée

b) Des virus causent normalement l'hémagglutination lorsqu'ils sont mélangés à des érythrocytes. S'il y a des anticorps contre le virus, comme c'est le cas ici, ils neutralisent le virus et inhibent l'hémagglutination virale.

identifier un virus et pour déterminer le titre des anticorps dirigés contre lui. Les tests de neutralisation in vitro sont assez compliqués à effectuer et sont de moins en moins répandus dans les laboratoires d'analyses médicales.

Il existe un test de neutralisation plus répandu, fondé sur la **réaction d'inhibition de l'hémagglutination virale**.

Dans les laboratoires médicaux, on utilise ce test pour diagnostiquer la grippe, la rougeole, les oreillons et un certain nombre d'infections causées par des virus qui présentent des protéines de surface qui causent l'agglutination des érythrocytes. Si le sérum d'une personne contient des anticorps spécifiques d'un virus, les anticorps réagissent avec le virus en question et le neutralisent. Par exemple, s'il y a hémagglutination dans un mélange de virus de la rougeole et d'érythrocytes, mais non quand on y ajoute le sérum du patient, on peut conclure que le sérum contient des anticorps qui se sont liés au virus de la rougeole et l'ont neutralisé de telle sorte que les virus ne peuvent plus agglutiner les érythrocytes (**figure 26.8b**). La détection des anticorps chez le patient détermine par conséquent le diagnostic de maladie virale.

▶ Vérifiez vos acquis

Quel lien peut-on faire entre l'hémagglutination et certains virus? **26-14**

Laquelle des réactions suivantes constitue une réaction Ag-Ac: la réaction de précipitation ou la réaction d'inhibition de l'hémagglutination virale? **26-15**

La réaction de fixation du complément

Au chapitre 11, nous avons décrit un groupe de protéines sériques appelé *complément*. Dans la plupart des réactions Ag-Ac, le complément se lie aux complexes Ag-Ac et réagit; on dit qu'il se fixe. Ce processus de **fixation du complément** peut être utilisé pour déceler de très petites quantités d'anticorps. C'est ainsi qu'il peut révéler la présence d'anticorps qui ne produisent pas de réaction visible, telle que la précipitation ou l'agglutination.

On se servait autrefois de la fixation du complément pour obtenir un diagnostic de syphilis (réaction de Bordet-Wassermann). Aujourd'hui, dans les laboratoires médicaux, on l'emploie pour diagnostiquer certaines mycoses, rickettsioses et maladies virales.

Pour mener à bien une réaction de fixation du complément, il faut travailler avec soin et bien contrôler les témoins. C'est pourquoi on cherche à la remplacer par de nouveaux tests plus simples. La réaction se déroule en deux phases: fixation du complément et addition du révélateur (**figure 26.9**).

▶ Vérifiez vos acquis

En quoi consiste le complément? **26-16**

Les techniques d'immunofluorescence

Les techniques de **détection par les anticorps fluorescents (AF)**, ou **immunofluorescence**, permettent d'identifier les microbes dans les échantillons cliniques et de révéler la présence d'anticorps spécifiques dans le sérum (**figure 26.10**). Elles sont fondées sur la combinaison de fluorochromes (ou colorants fluorescents), tels que

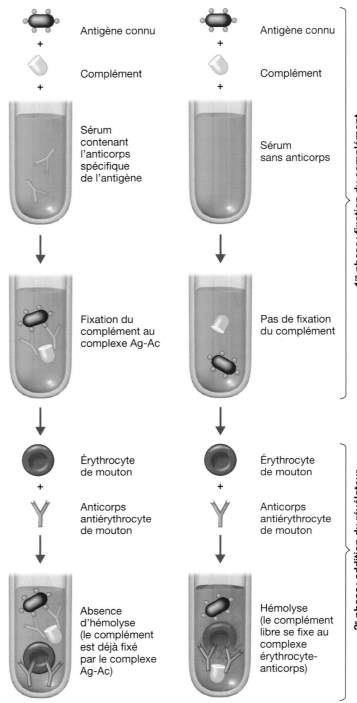

1ʳᵉ phase: fixation du complément

Antigène connu
+
Complément
+
Sérum contenant l'anticorps spécifique de l'antigène

Antigène connu
+
Complément
+
Sérum sans anticorps

Fixation du complément au complexe Ag-Ac

Pas de fixation du complément

2ᵉ phase: addition du révélateur

Érythrocyte de mouton
+
Anticorps antiérythrocyte de mouton

Érythrocyte de mouton
+
Anticorps antiérythrocyte de mouton

Absence d'hémolyse (le complément est déjà fixé par le complexe Ag-Ac)

Hémolyse (le complément libre se fixe au complexe érythrocyte-anticorps)

a) Test positif. Tout le complément disponible est fixé lors de la première réaction Ag-Ac, de telle sorte qu'il n'y en a plus pour se fixer au complexe érythrocyte-anticorps. Il n'y a pas d'hémolyse; en conséquence, la réaction révèle la présence d'anticorps spécifiques de l'antigène microbien connu.

b) Test négatif. Il n'y a pas de réaction Ag-Ac dans la première phase. Ainsi, le complément reste libre et les érythrocytes sont lysés à la deuxième phase de la réaction. L'hémolyse des érythrocytes sert de révélateur lors de la deuxième phase. En conséquence, le test est négatif.

Figure 26.9 **Réaction de fixation du complément.** On utilise cette réaction pour révéler la présence d'anticorps dirigés contre un antigène connu.

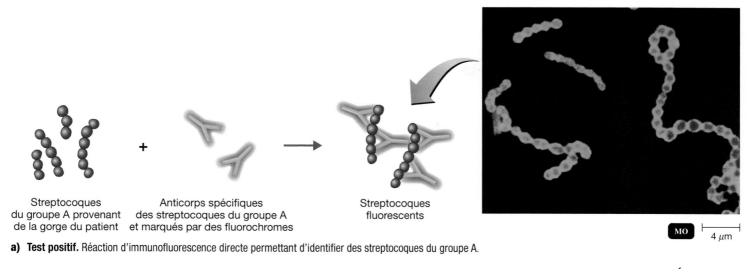

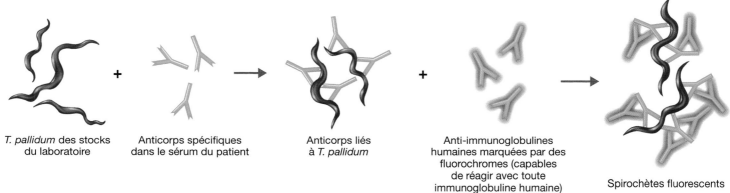

a) Test positif. Réaction d'immunofluorescence directe permettant d'identifier des streptocoques du groupe A.

b) Test positif. Réaction d'immunofluorescence indirecte permettant de poser un diagnostic de syphilis. Les anti-immunoglobulines humaines marquées par des fluorochromes se lient aux anticorps spécifiques de *Treponema pallidum* qu'on a fait réagir au préalable avec l'antigène. La réaction est rendue visible au microscope à fluorescence sous la lumière ultraviolette.

Figure 26.10 Techniques d'immunofluorescence.

l'isothiocyanate de fluorescéine (FITC), et d'anticorps qu'on peut alors visualiser en les exposant à la lumière ultraviolette (figure 2.5). Ce sont des méthodes rapides, sensibles et très spécifiques ; on peut accomplir le test d'immunofluorescence pour la rage en quelques heures avec un taux d'exactitude de presque 100%.

Q/R Les techniques d'immunofluorescence sont de deux types : directes et indirectes. L'**immunofluorescence directe** sert habituellement à identifier les microbes dans les échantillons cliniques (figure 26.10a). La méthode consiste à fixer sur une lame le prélèvement contenant les antigènes du microbe inconnu qu'on veut identifier. On ajoute alors des anticorps connus marqués à la fluorescéine et la lame est soumise à une courte période d'incubation. Ensuite, on lave la lame pour éliminer les anticorps qui ne sont pas liés aux antigènes et on examine l'échantillon au microscope à fluorescence. Si des complexes Ag-Ac se forment, ils apparaissent en vert-jaune fluorescent ; puisque les anticorps sont déjà connus, on peut identifier l'antigène. Cette réaction est visible même si l'antigène, par exemple un virus, est d'une taille inférieure à celle des bactéries. **Q/R**

Cette technique d'immunofluorescence directe est particulièrement utile pour diagnostiquer les maladies associées aux streptocoques β-hémolytique du groupe A, ainsi qu'à *Escherichia coli*, à *Salmonella typhi*, à *Listeria monocytogenes* et à *Hæmophilus influenzæ* de type b.

L'**immunofluorescence indirecte** permet de révéler la présence d'anticorps spécifiques dans le sérum d'une personne qui a été exposée à un microbe (figure 26.10b). Cette méthode est souvent plus sensible que l'immunofluorescence directe. Elle consiste à fixer des microbes connus à une lame. On ajoute ensuite le sérum-test d'un patient. S'il contient des anticorps spécifiques du microbe, ils réagissent avec les antigènes pour former des complexes Ag-Ac. Pour visualiser ces complexes, on dépose sur la lame une préparation d'**anti-immunoglobulines humaines** marquées à la fluorescéine, c'est-à-dire des anticorps qui réagissent spécifiquement avec *tout* anticorps humain − ce sont en fait des anticorps anti-anticorps. Les anti-immunoglobulines humaines ne sont retenues sur la lame que si les antigènes ont réagi avec les anticorps spécifiques et sont ainsi présents eux aussi. Après avoir incubé et lavé la lame (pour éliminer les anticorps libres), on l'examine au microscope à fluorescence. Si l'antigène connu qui est fixé à la lame est fluorescent, cela signifie que son anticorps spécifique est présent.

L'immunofluorescence rend possible une application particulièrement intéressante grâce à un appareil appelé **trieur de cellules activé par fluorescence**. Au chapitre 12, nous avons vu que les lymphocytes T portent des récepteurs de surface, tels que CD4 et CD8, qui possèdent eux-mêmes une spécificité antigénique et qui permettent de classer ces cellules en groupes distincts. Le sida est caractérisé par un faible taux de lymphocytes T CD4$^+$ dont on peut suivre l'évolution du nombre à l'aide d'un trieur de cellules activé par fluorescence.

Le trieur de cellules est une forme modifiée du *cytomètre en flux*, dans lequel les cellules, chacune en suspension dans sa propre gouttelette, passent par un ajutage qui règle leur débit (chapitre 5). Un faisceau laser frappe chaque gouttelette avec sa cellule, puis est capté par un détecteur qui reconnaît certaines caractéristiques telles que la taille (**figure 26.11**). Si les cellules ont été marquées par des anticorps fluorescents qui permettent de distinguer entre les lymphocytes T CD4 et les T CD8, un détecteur peut mesurer cette fluorescence. L'appareil peut alors communiquer une charge électrique positive ou négative aux cellules qui ont la taille voulue ou qui sont fluorescentes. Les gouttelettes chargées passent entre des électrodes qui les font dévier vers l'un de deux tubes collecteurs, triant ainsi les cellules selon leurs propriétés. Grâce à cette méthode, on peut séparer des millions de cellules en une heure, dans des conditions stériles, et on peut les utiliser par la suite pour faire des expériences.

▶ **Vérifiez vos acquis**

À quelle technique fait-on appel pour détecter les anticorps spécifiques d'un agent pathogène : l'immunofluorescence directe ou indirecte ? **26-17**

Les méthodes immunoenzymatiques (ELISA)

La **méthode ELISA** (pour *enzyme-linked immunosorbent assay*) est la *méthode immunoenzymatique* à double détermination d'anticorps la plus utilisée. On se sert de la *méthode ELISA directe* pour détecter les antigènes et de la *méthode ELISA indirecte* pour détecter les anticorps. Dans les deux cas, on utilise une microplaque possédant un grand nombre de puits peu profonds (figure 5.11). Par ailleurs, il existe des variations de la technique ; par exemple, les réactifs peuvent être liés à de petites particules de latex plutôt qu'à la surface des puits. L'emploi des méthodes ELISA s'est répandu principalement parce que les résultats sont faciles à interpréter ; en effet, ils sont en général soit nettement positifs, soit nettement négatifs.

Il existe un grand nombre de tests ELISA sous forme de préparations commerciales destinées à être utilisées en clinique. Les analyses sont souvent très automatisées, les résultats captés par lecteur optique et imprimés par ordinateur. Certains tests basés sur ce principe sont aussi offerts au grand public. C'est le cas de nombreux tests de grossesse courants qui permettent la détection de l'hormone appelée *gonadotrophine chorionique humaine* (hCG, pour *human chorionic gonadotrophin*) présente dans l'urine des femmes enceintes seulement (**figure 26.12**).

La méthode ELISA directe

La méthode ELISA directe est illustrée à la **figure 26.13a**. ❶ L'anticorps spécifique de l'antigène qu'on veut détecter est

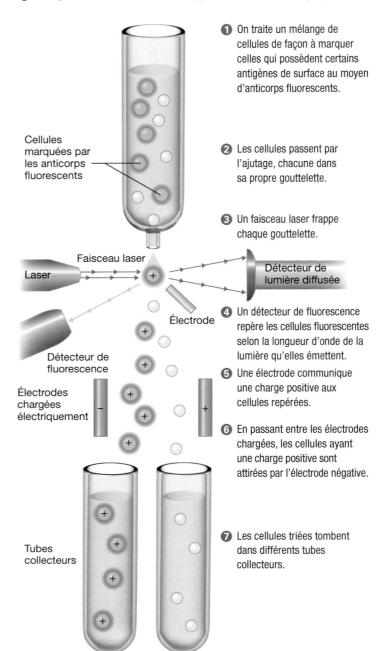

❶ On traite un mélange de cellules de façon à marquer celles qui possèdent certains antigènes de surface au moyen d'anticorps fluorescents.

❷ Les cellules passent par l'ajutage, chacune dans sa propre gouttelette.

❸ Un faisceau laser frappe chaque gouttelette.

❹ Un détecteur de fluorescence repère les cellules fluorescentes selon la longueur d'onde de la lumière qu'elles émettent.

❺ Une électrode communique une charge positive aux cellules repérées.

❻ En passant entre les électrodes chargées, les cellules ayant une charge positive sont attirées par l'électrode négative.

❼ Les cellules triées tombent dans différents tubes collecteurs.

Figure 26.11 Trieur de cellules activé par fluorescence. On peut utiliser cet appareil pour trier les lymphocytes T par classes. Par exemple, on emploie des anticorps marqués par des fluorochromes qui réagissent avec les récepteurs CD4$^+$ sur les lymphocytes T.

adsorbé sur la paroi des puits de la microplaque, afin de l'immobiliser dans le fond du puits. ❷ On ajoute à chaque puits un échantillon prélevé du patient. Si l'antigène recherché est présent (par exemple une drogue dans l'urine), il réagit spécifiquement avec l'anticorps adsorbé sur la paroi du puits et est retenu, alors que les autres antigènes sont emportés lorsqu'on lave le puits. ❸ On ajoute ensuite un second anticorps spécifique de l'antigène, ce dernier étant lié à une enzyme. Si les deux anticorps réagissent avec l'antigène, ce dernier se trouve pris « en sandwich ». On lave les puits pour éliminer les anticorps liés à l'enzyme qui n'ont pas réagi avec l'antigène. ❹ Pour révéler la réaction, on ajoute le substrat de

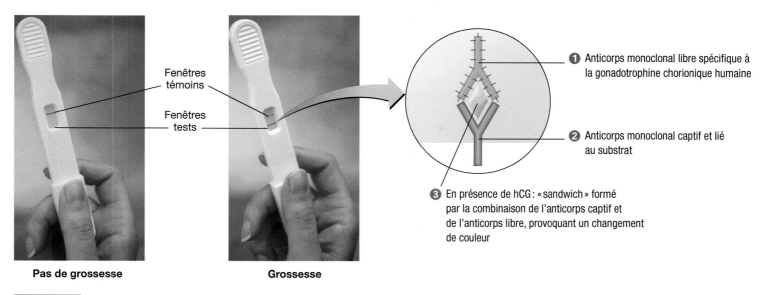

Pas de grossesse   **Grossesse**

❶ Anticorps monoclonal libre spécifique à la gonadotrophine chorionique humaine

❷ Anticorps monoclonal captif et lié au substrat

❸ En présence de hCG : « sandwich » formé par la combinaison de l'anticorps captif et de l'anticorps libre, provoquant un changement de couleur

Fenêtres témoins

Fenêtres tests

Figure 26.12 **Utilisation des anticorps monoclonaux dans un test de grossesse.** Les tests de grossesse à domicile détectent une hormone appelée *gonadotrophine chorionique humaine* (hCG) qui n'est excrétée que dans l'urine des femmes enceintes.

l'enzyme ; la réaction enzyme-substrat produit un composé qui cause un changement de couleur observable. Ainsi, on obtient un résultat positif si l'antigène a réagi avec l'anticorps adsorbé au cours de la première étape. Par contre, si l'antigène recherché n'est pas présent ou s'il n'est pas spécifique de l'anticorps adsorbé, les réactifs sont emportés lors du lavage de la microplaque. On obtient alors un résultat négatif.

Dans les laboratoires médicaux, la méthode ELISA directe est souvent employée pour révéler la présence de drogues ou de produits dopants dans l'urine. Sans les anticorps monoclonaux, il n'aurait pas été possible de répandre l'utilisation de ce genre de test.

La méthode ELISA indirecte

Au cours de la première étape ❶ de la méthode ELISA indirecte, plutôt qu'un anticorps, c'est un antigène connu qui est adsorbé sur la paroi des puits de la microplaque, par exemple un virus – provenant du laboratoire – pour lequel on veut faire le diagnostic de la maladie (**figure 26.13b**). Pour vérifier si un échantillon de sérum contient des anticorps dirigés contre cet antigène, ❷ on ajoute le sérum du patient aux puits. Si l'anticorps recherché est présent, il réagit avec l'antigène adsorbé, et le complexe Ag-Ac reste fixé à la paroi du puits. On lave les puits pour éliminer les anticorps qui n'ont pas réagi. ❸ Pour révéler la réaction Ag-Ac, on ajoute une préparation d'anti-IgHS, ou anti-immunoglobulines humaines spécifiques, liées à une enzyme. L'anti-IgHS est capable de réagir avec tous les types d'anticorps humains, y compris les anticorps recherchés du patient. ❹ Puis, on élimine par un lavage les anti-IgHS qui n'ont pas réagi et on ajoute le substrat de l'enzyme. La réaction enzyme-substrat produit un composé qui cause un changement de couleur observable. Ce changement de couleur a lieu dans les puits où l'antigène adsorbé s'est combiné avec l'anticorps présent dans l'échantillon de sérum, ce qui confirme un test positif. Ce processus ressemble à celui de la réaction d'immunofluorescence indirecte, sauf que l'anti-immunoglobuline humaine est liée à une enzyme plutôt qu'à un fluorochrome.

En microbiologie clinique, on se sert aussi de la méthode ELISA pour déceler la présence d'anticorps contre le VIH dans le sang.

La technique de transfert de Western

La **technique de transfert de Western**, souvent appelée *immunobuvardage*, permet l'identification de protéines spécifiques associées à un agent pathogène particulier grâce à leur détection par des anticorps présents dans le sérum d'un patient. Lorsqu'une réaction Ag-Ac est révélée par un test positif, la technique peut servir à diagnostiquer une maladie, par exemple la maladie de Lyme, dont la détection est illustrée à la figure 5.12. On emploie aussi la technique de transfert de Western pour mettre en évidence la présence d'anticorps anti-HIV dans un échantillon de sérum. Pour ce faire, on utilise une préparation purifiée de protéines virales spécifiques au VIH. Les protéines sont séparées selon leur masse moléculaire par électrophorèse sur gel de polyacrylamide ; elles sont ensuite transférées par buvardage sur une membrane de nitrocellulose. Le sérum à tester, qu'on soupçonne de contenir des anticorps anti-VIH, est ensuite appliqué. Il s'agit là de l'étape d'incubation dans l'anticorps dit primaire, ou principal. Après rinçage de la membrane afin d'enlever les anticorps primaires non liés, celle-ci est exposée à un autre anticorps, dirigé contre une portion spécifique de l'anticorps primaire ; cet anticorps est dit secondaire. Ainsi, l'anticorps primaire se fixe à la protéine (antigène) présente sur la membrane et l'anticorps secondaire se fixe à l'anticorps principal. L'anticorps secondaire est généralement lié à une enzyme qui permet l'identification visuelle de la protéine sur la membrane, comme pour la méthode ELISA (figure 26.13). Les bandes colorées indiquent les protéines contre lesquelles le sérum du patient contient des anticorps spécifiques, en l'occurrence des anticorps anti-VIH contre des protéines virales du VIH. Parallèlement au test du sérum du patient, des échantillons connus de sérum de patients séropositifs et d'individus séronégatifs sont aussi testés à titre d'échantillons témoins. La technique de transfert de Western, d'une plus grande

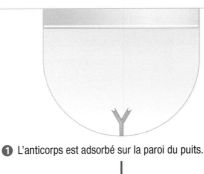

❶ L'anticorps est adsorbé sur la paroi du puits.

❷ L'échantillon du patient est ajouté ; l'antigène spécifique, si présent, se fixe à l'anticorps.

❸ L'anticorps lié à une enzyme et spécifique de l'antigène recherché est ajouté et, en se fixant à ce dernier, le prend « en sandwich ».

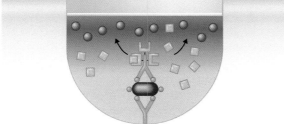

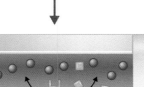

❹ Le substrat (▪) de l'enzyme est ajouté et la réaction enzyme-substrat produit un composé qui cause un changement de couleur observable (●).

a) Méthode ELISA directe utilisée pour la détection d'antigènes dans un échantillon prélevé chez un patient. Le résultat obtenu est positif.

❶ L'antigène est adsorbé sur la paroi du puits.

❷ Le sérum du patient est ajouté ; l'anticorps spécifique, si présent, réagit avec l'antigène.

❸ L'anti-immunoglobuline humaine liée à une enzyme est ajoutée et réagit avec l'anticorps déjà fixé à l'antigène.

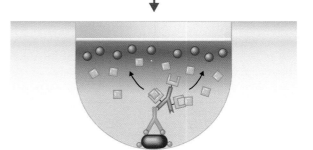

❹ Le substrat (▪) de l'enzyme est ajouté, et la réaction enzyme-substrat produit un composé qui cause un changement de couleur observable (●).

b) Méthode ELISA indirecte utilisée pour la détection d'anticorps dans le sérum d'un patient. Le résultat obtenu est positif.

Figure 26.13 **Méthode ELISA.** Les réactifs sont habituellement mélangés dans les petits puits d'une microplaque.

spécificité que la méthode ELISA indirecte, permet de confirmer une réelle exposition au virus du VIH et de discerner les faux positifs.

▶ Vérifiez vos acquis

Quelle méthode ELISA est utilisée pour détecter des anticorps dirigés contre des pathogènes : la méthode directe ou la méthode indirecte ? **26-18**

Comment les anticorps sont-ils détectés dans la technique de transfert de Western ? **26-19**

L'avenir de l'immunologie diagnostique et thérapeutique

La technique qui a donné naissance aux anticorps monoclonaux a été à l'origine d'une révolution en immunologie diagnostique. Elle a rendu possible la production d'anticorps spécifiques en grande quantité et à prix abordable. Cela a permis la création de nombreux nouveaux tests diagnostiques plus sensibles, spécifiques, rapides et faciles à utiliser. Par exemple, on a de plus en plus recours à ces tests pour diagnostiquer des chlamydioses transmissibles sexuellement et certaines parasitoses intestinales causées par des protozoaires. Par le passé, ces diagnostics exigeaient des méthodes de culture et de microscopie relativement compliquées. En même temps, on assiste à une baisse de l'utilisation de nombreux tests sérologiques classiques, tels que celui de la fixation du complément. Pour la plupart des nouveaux tests, l'interprétation est moins sujette à l'erreur humaine et, souvent, il faut moins de techniciens hautement qualifiés pour les mener à bien.

On utilise aussi de plus en plus certains tests *non immunologiques*, tels que l'amplification en chaîne par polymérase (ACP) et les sondes d'ADN que nous avons décrites au chapitre 5. Certains de ces tests commencent à être grandement automatisés. Par exemple, on peut analyser un échantillon au moyen d'une puce à ADN contenant plus de 50 000 sondes capables de repérer l'information génétique d'agents pathogènes possibles. La lecture de la puce et l'interprétation des données se font automatiquement.

À l'autre extrémité de l'éventail technique, on s'emploie à procurer des méthodes diagnostiques peu coûteuses aux pays en voie de développement, où les dépenses annuelles en services médicaux sont limitées à quelques dollars par personne. On se montre aussi plus intéressé à mettre au point des méthodes de prélèvement moins invasives, telles que les analyses d'urine et de muqueuse orale.

Les maladies ciblées par la majorité de ces méthodes de diagnostic sont également celles qu'on trouve habituellement le plus dans les pays en voie de développement. Dans plusieurs régions du monde, particulièrement en Afrique et dans les zones tropicales de l'Asie, on a un besoin urgent de tests diagnostiques pour des maladies endémiques à ces régions, telles que le paludisme, la leishmaniose, le sida, la maladie de Chagas et la tuberculose. Ces tests devront être abordables et assez simples pour pouvoir être effectués par du personnel ayant reçu très peu de formation.

Les méthodes décrites dans le présent chapitre sont surtout utilisées pour détecter les maladies existantes. Dans l'avenir, les tests diagnostiques serviront probablement aussi à *prévenir* leur éclosion. Aux États-Unis et au Canada, on voit souvent des rapports sur des éclosions de maladies d'origine alimentaire.

Des méthodes d'échantillonnage qui permettraient l'identification complète, notamment des sérotypes d'agents pathogènes particuliers, en quelques heures, permettraient de gagner beaucoup de temps. Des tests aussi rapides seraient tout particulièrement utiles pour suivre la trace d'éclosions de maladies infectieuses transmises par les fruits et les légumes, tels que l'épidémie de salmonellose au cours de l'été 2008. Ce type de produits n'a pas de marques commerciales d'identification, qui en facilitent le suivi. L'économie de temps réalisée deviendrait de grandes économies pour les producteurs et les détaillants. Cela entraînerait aussi moins de maladies chez les humains et contribuerait peut-être à sauver des vies.

Certains des sujets traités dans le présent chapitre ne visent pas seulement la détection et la prévention des maladies. En effet, comme il a été mentionné plus haut, les anticorps monoclonaux ont également des applications dans le traitement des maladies. On en utilise déjà dans le traitement de certains cancers, tels que le cancer du sein et le lymphome non hodgkinien, ainsi que des maladies inflammatoires comme la polyarthrite rhumatoïde. À l'heure actuelle, on procède à l'essai des anticorps monoclonaux pour un grand nombre de maladies, dont l'asthme, les sepsies, la coronaropathie (ou maladie coronarienne) et plusieurs infections virales. On les étudie aussi en tant que moyen de traiter la sclérose en plaques, une maladie neurologique chronique causée par le système immunitaire.

▶ Vérifiez vos acquis

Comment les avancées sur les anticorps monoclonaux ont-elles révolutionné l'immunologie diagnostique ? **26-20**

RÉSUMÉ

LES VACCINS (p. 761)

1. Edward Jenner a jeté les bases de la pratique moderne de la vaccination en inoculant le virus de la vaccine à des personnes qu'il voulait protéger contre la variole.

2. Un vaccin est une préparation antigénique de fragments de microorganismes ou de microorganismes entiers, morts ou vivants ; il provoque une réaction immunitaire primaire qui se traduit par la formation d'anticorps et de lymphocytes mémoires ayant une longue durée de vie.

La vaccination : principe et effets (p. 761)

3. Principe : la vaccination entraîne une immunisation provoquée de façon à produire une réaction secondaire rapide et intense lors de contacts ultérieurs avec l'agent pathogène spécifique.

4. Effets : la vaccination peut conduire à une immunité collective, c'est-à-dire que les éclosions de la maladie sont limitées à des cas sporadiques parce qu'il n'y a pas assez d'individus sensibles pour propager une épidémie.

Les types de vaccins et leurs caractéristiques (p. 763)

5. Les vaccins atténués à agents entiers sont constitués de microorganismes vivants et atténués (affaiblis) ; en règle générale, les vaccins à virus entiers atténués confèrent une immunité qui dure toute la vie.

6. Les vaccins inactivés à agents entiers sont constitués de bactéries ou de virus tués.

7. Les anatoxines sont des toxines inactivées.

8. Les vaccins sous-unitaires sont constitués des fragments antigéniques d'un microorganisme. Ils comprennent les vaccins recombinants et les vaccins acellulaires.

9. Les vaccins conjugués sont formés de l'antigène désiré, combiné à une protéine qui stimule la réponse immunitaire.

10. Les vaccins à ADN, ou vaccins à base d'acides nucléiques, provoquent chez le receveur la production de la protéine antigénique encodée dans l'ADN.

La création de nouveaux vaccins (p. 766)

11. On peut utiliser des animaux, des cultures cellulaires ou des œufs embryonnés pour faire croître les virus qui servent à préparer les vaccins.

12. Pour les vaccins recombinants ou les vaccins à ADN, il n'est pas nécessaire de cultiver le microbe de la maladie dans une cellule ou dans un animal hôte.

13. On prévoit qu'un jour des plantes génétiquement modifiées serviront à fabriquer des vaccins comestibles.

14. Les adjuvants améliorent l'efficacité de certains antigènes.

La sécurité des vaccins (p. 768)

15. La vaccination étant un moyen sûr et efficace de combattre spécifiquement les maladies infectieuses, on met en place des mesures de sécurité qui assurent leur inocuité.

L'IMMUNOLOGIE DIAGNOSTIQUE (p. 769)

Les tests diagnostiques basés sur l'immunologie (p. 769)

1. Il existe de nombreux tests basés sur les interactions entre les anticorps et les antigènes. Ils servent à révéler la présence d'anticorps ou d'antigènes chez les patients.

2. La sensibilité d'un test diagnostique est déterminée par la proportion d'échantillons positifs détectés correctement parmi les individus malades ; la sensibilité reflète la probabilité que le test donne un résultat négatif lorsque l'échantillon est un vrai positif. La spécificité est déterminée par la proportion d'échantillons négatifs détectés correctement parmi les individus sains ; la spécificité reflète la probabilité d'obtenir de faux positifs lorsque l'échantillon est un vrai négatif.

Les anticorps monoclonaux (p. 770)

3. On produit les hybridomes en laboratoire en provoquant la fusion d'un plasmocyte cancéreux (ou cellule cancéreuse) et d'un plasmocyte normal producteur d'anticorps.

4. Une culture cellulaire d'hybridomes produit de grandes quantités d'anticorps de plasmocyte, appelées *anticorps monoclonaux.*

5. On utilise les anticorps monoclonaux dans les tests d'identification sérologiques afin de prévenir le rejet d'organes greffés ainsi que pour fabriquer les médicaments immunosuppresseurs servant à traiter les maladies auto-immunes.

Les réactions de précipitation (p. 772)

6. L'interaction entre les antigènes solubles et les anticorps de la classe des IgG ou de celle des IgM est à l'origine des réactions de précipitation.

7. Les réactions de précipitation sont déterminées par la formation de réseaux et réussissent le mieux quand la proportion des antigènes et des anticorps est optimale. S'il y a excès de l'un ou l'autre constituant, la formation des réseaux et la précipitation sont moins efficaces.

8. Le test de l'anneau de précipitation s'effectue dans une éprouvette de faible diamètre.

9. Les tests d'immunodiffusion sont des réactions de précipitation qui se déroulent sur gélose, soit dans une boîte de Petri ou sur une lame de microscope.

10. L'immunoélectrophorèse est une combinaison d'électrophorèse et d'immunodiffusion qui permet d'analyser les protéines du sérum.

Les réactions d'agglutination (p. 773)

11. L'interaction entre des antigènes particulaires (cellules qui portent des antigènes) et des anticorps est à l'origine des réactions d'agglutination.

12. On peut diagnostiquer des maladies en combinant le sérum de patients à des antigènes connus.

13. On pose un diagnostic de maladie quand le titre des anticorps augmente ou qu'il y a séroconversion (apparition d'anticorps chez un individu qui n'en avait pas jusque-là).

14. On peut utiliser les réactions d'agglutination directe pour établir le titre des anticorps.

15. La présence d'antigènes dans un prélèvement clinique est révélée par une réaction d'agglutination observable avec des anticorps fixés à des billes de latex.

16. Les réactions d'hémagglutination sont des réactions d'agglutination dans lesquelles on utilise des érythrocytes. Elles servent à déterminer les groupes sanguins, à diagnostiquer certaines maladies et à identifier des virus.

Les réactions de neutralisation (p. 774)

17. Dans les réactions de neutralisation, les effets nocifs d'une exotoxine bactérienne ou d'un virus sont éliminés par l'administration d'un antisérum contenant des anticorps spécifiques.

18. Une antitoxine est une préparation d'anticorps qui sont produits en réaction à une exotoxine bactérienne ou à une anatoxine et qui neutralisent cette exotoxine.

19. Au moyen d'un test de neutralisation in vitro, on peut détecter la présence d'anticorps dirigés contre un virus grâce à la capacité des anticorps de prévenir les effets cytopathogènes du virus sur des cellules en culture.

20. On peut détecter les anticorps dirigés contre certains virus grâce à leur capacité d'inhiber l'hémagglutination virale.

La réaction de fixation du complément (p. 776)

21. La réaction de fixation du complément est à l'origine d'un test sérologique qui mesure la fixation d'une quantité connue de complément causée par une réaction antigène-anticorps (Ag-Ac).

Les techniques d'immunofluorescence (p. 776)

22. Les techniques d'immunofluorescence sont fondées sur l'utilisation d'anticorps marqués par des fluorochromes.

23. La réaction d'immunofluorescence directe sert à détecter les antigènes de microbes spécifiques présents dans un prélèvement clinique.

24. La réaction d'immunofluorescence indirecte sert à révéler la présence d'anticorps dans le sérum d'un patient.

25. On peut utiliser un trieur de cellules activé par fluorescence pour détecter et compter des cellules marquées au moyen d'anticorps fluorescents.

Les méthodes immunoenzymatiques (ELISA) (p. 778)

26. La méthode ELISA est fondée sur l'utilisation d'anticorps liés à une enzyme.

27. Le principe de la méthode repose sur la révélation des réactions Ag-Ac par l'activité enzymatique. Si l'indicateur enzymatique apparaît dans un puits test, c'est qu'il y a eu une réaction Ag-Ac.

28. La méthode ELISA directe permet de détecter un antigène lié à un anticorps spécifique adsorbé sur la paroi d'un puits d'une microplaque.

29. La méthode ELISA indirecte permet de détecter des anticorps spécifiques d'un antigène adsorbé sur la paroi d'un puits d'une microplaque.

La technique de transfert de Western (p. 779)

30. Les anticorps sériques dits primaires, fixés à des protéines spécifiques séparées par électrophorèse, sont détectés par un anticorps secondaire lié à une enzyme.

L'avenir de l'immunologie diagnostique et thérapeutique (p. 781)

31. L'utilisation de la technique des anticorps monoclonaux continuera de donner naissance à de nouveaux tests diagnostiques.

AUTOÉVALUATION

QUESTIONS À COURT DÉVELOPPEMENT

1. Quels sont les inconvénients associés à l'utilisation de vaccins atténués à agents entiers? Et à celle de vaccins inactivés à agents entiers?

2. L'OMS a annoncé l'éradication de la variole et s'emploie à éradiquer la rougeole et la poliomyélite. Pourquoi la vaccination a-t-elle plus de chances d'éradiquer une maladie virale qu'une maladie bactérienne?

3. Qu'est-ce qui freine la vaccination dans les pays en voie de développement?

4. Pour beaucoup de tests sérologiques, il faut disposer d'une provision d'anticorps spécifiques des agents pathogènes. Par exemple, pour reconnaître des bactéries du genre *Salmonella*, on mélange des anticorps anti-*Salmonella* avec des bactéries inconnues. D'où viennent ces anticorps? Décrivez leur importance dans le diagnostic des maladies infectieuses.

APPLICATIONS CLINIQUES

N. B. Certaines de ces questions nécessitent que vous cherchiez des réponses dans les différents chapitres du livre.

1. Christophe, un jeune homme de 22 ans, a fait une demande d'emploi dans un centre hospitalier. Tout nouvel employé doit se soumettre à des tests de dépistage du virus de l'hépatite B (VHB). Lequel des résultats suivants constitue une preuve de maladie? Pourquoi l'autre résultat n'est-il pas une confirmation de maladie? Justifiez vos réponses.

   a) On identifie le VHB chez un employé.

   b) On découvre chez Christophe des anticorps anti-VHB.

2. Jacinthe travaille dans un centre de la petite enfance. Plusieurs enfants sont malades, et on craint une épidémie de scarlatine. On met en place une procédure de dépistage qui vise à connaître les personnes non immunisées et sensibles à la maladie. On soumet les enfants et le personnel à la réaction de Dick, épreuve qui consiste en l'injection intradermique de toxine érythrogène streptococcique. Quel sera le résultat du test cutané si Jacinthe a les anticorps spécifiques de cette toxine ? De quel type de réaction immunitaire s'agit-il ? Laurent, un enfant atteint de fibrose kystique du pancréas, a été en contact avec des enfants malades ; toutefois, son test est négatif. Quelle est sa réaction au test cutané, et que pourrait-on lui administrer pour qu'il soit immunisé rapidement ? Justifiez vos réponses.

3. Des tests d'immunofluorescence pour établir la présence d'anticorps anti-*Legionella* ont été effectués chez quatre personnes. Les résultats figurent ci-dessous. Quelles conclusions pouvez-vous tirer de ces données pour chaque patient ? Quel est le principe de cette technique ? Quelles pourraient être les sources des agents pathogènes si les personnes atteintes de cette maladie ont fréquenté le même établissement hôtelier durant la même période ? Quelle pourrait être l'évolution des signes de la maladie si l'une de ces personnes est immunodéprimée ? (*Indice :* Voir les chapitres 13 et 19.)

| | Titre des anticorps | | | |
	Jour 1	Jour 7	Jour 14	Jour 21
Patient A	128	256	512	1 024
Patient B	0	0	0	0
Patient C	256	256	256	256
Patient D	0	0	128	512

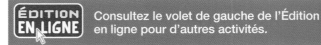

ÉDITION EN LIGNE Consultez le volet de gauche de l'Édition en ligne pour d'autres activités.

SIXIÈME PARTIE

L'écomicrobiologie et la microbiologie appliquée

Bien qu'ils soient invisibles, les microorganismes exercent une grande influence sur nos vies. Leur importance écologique est phénoménale, notamment quand on considère leur contribution à l'équilibre de l'environnement. En favorisant la circulation des éléments chimiques tels que le carbone, l'azote, le soufre et le phosphore entre le sol, les êtres vivants et l'atmosphère, les microorganismes sont les assises à partir desquelles la vie se construit sur la Terre. De même, sans l'utilisation de ceux-ci par les humains dans le commerce et l'industrie, la vie quotidienne serait très différente. Pensons à la préparation d'aliments (tels les produits laitiers et les boissons alcoolisées), de produits chimiques (comme l'édulcorant aspartame et les vitamines) et de médicaments (comme la pénicilline) ainsi qu'au traitement des eaux usées et au nettoyage des sites pollués. De nos jours, le développement durable est un allié considérable dans la protection de l'environnement. L'utilisation de procédés biologiques naturels offre des solutions de remplacement, sécuritaires et respectueuses de l'environnement, à l'emploi de pesticides en tirant parti des maladies microbiennes des insectes ravageurs, par exemple. Ainsi, après avoir tué tous les ravageurs, les microorganismes pathogènes meurent et se décomposent, alors que les pesticides sont peu dégradables. Sans l'activité naturelle des microorganismes, peut-être la vie en viendrait-elle même à disparaître!

Sommaire

Chapitre 27
L'écomicrobiologie

Chapitre 28
La microbiologie appliquée et industrielle

L'écomicrobiologie

Jusqu'ici, nous nous sommes intéressés surtout à la pathogénicité des microorganismes. Dans le présent chapitre, nous allons examiner plusieurs fonctions bénéfiques des microbes dans l'environnement. Bon nombre de bactéries et d'autres microorganismes sont en fait essentiels au maintien de la vie sur la Terre.

Les microorganismes, particulièrement les bactéries et les archéobactéries, vivent dans des habitats extrêmement variés. On les trouve dans les sources thermales les plus chaudes, et on a isolé jusqu'à 5 000 bactéries par millilitre de neige dans l'Antarctique. On a extrait des microbes de roches situées à plus d'un kilomètre sous la croûte terrestre, de même que de l'atmosphère raréfiée qui existe à des milliers de mètres d'altitude. L'exploration des profondeurs océaniques a permis de découvrir un grand nombre de microorganismes, qui vivent dans une obscurité constante et sont soumis à des pressions considérables. On en trouve aussi dans les eaux limpides des ruisseaux de montagne alimentés par des glaciers et dans les eaux salines presque saturées, comme celles de la mer Morte. C'est grâce à leur *diversité métabolique*, c'est-à-dire à leur capacité à utiliser une large gamme de sources de carbone et d'énergie, et à croître dans des conditions très variées, que les microorganismes peuvent vivre dans des habitats aussi différents.

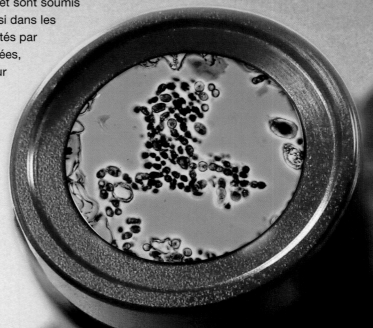

Q/R

Quel est le lien entre ces microorganismes et la culture du riz en Asie?

La réponse est dans le chapitre.

AU MICROSCOPE

Amabæna azollæ. Ces organismes (sous forme de chaînes de cellules) sont des cyanobactéries fixatrices d'azote qui vivent en symbiose dans la cavité d'une feuille de plante d'eau douce, l'*Azolla*.

La diversité des microorganismes et de leurs habitats

> ▶ Objectifs d'apprentissage
>
> **27-1** Définir le terme « extrémophile » et décrire deux habitats où les conditions sont extrêmes.
>
> **27-2** Définir la symbiose.
>
> **27-3** Définir la mycorhize, distinguer les endomycorhizes des ectomycorhizes et donner un exemple de chaque type.

La grande diversité des populations microbiennes témoigne de la capacité des microorganismes à tirer parti de toutes les niches écologiques. Dans le sol, la teneur en O_2 (dioxygène) et en éléments nutritifs et l'intensité de la lumière varient en fonction de la profondeur, même sur quelques millimètres. Au fur et à mesure qu'une population d'organismes aérobies consomme l'O_2 disponible, des microorganismes anaérobies se mettent à croître. Si le sol est perturbé par des activités de labour, des vers ou tout autre agent, les organismes aérobies sont de nouveau capables de croître, et le cycle se répète.

On appelle **extrémophiles** les microorganismes qui vivent dans des conditions extrêmes de température, d'acidité, d'alcalinité ou de salinité. La plupart d'entre eux appartiennent au domaine des *Archéobactéries*. L'industrie s'intéresse beaucoup aux enzymes – appelées **extrémozymes** – permettant la croissance de microorganismes dans de telles conditions, parce que celles-ci tolèrent des conditions de salinité, des températures et des pH extrêmes, qui inhibent bien d'autres enzymes. Par exemple, la bactérie *Thermus aquaticus* est thermorésistante et vit dans les sources thermales du parc national de Yellowstone ; elle produit l'enzyme *Taq polymérase* utilisée dans la technique d'amplification en chaîne par polymérase (ACP, dont il a été question au chapitre 25). Cette enzyme est active à des températures pouvant atteindre 35 °C, ce qui correspond au point d'ébullition de l'eau dans l'habitat de l'organisme. À l'autre extrême, on a trouvé ces mêmes bactéries profondément enfouies dans les calottes glaciaires de l'Antarctique et du Groenland ; ces dernières pouvaient survivre jusqu'à −40 °C dans une pellicule d'eau d'une épaisseur équivalant à trois molécules. Aussi, dans le désert aride d'Atacama, au Chili, une espèce de cyanobactérie vit dans des cristaux de sel. L'eau qu'elle absorbe provient uniquement de l'atmosphère, durant la nuit, et elle obtient son énergie de la lumière solaire.

Les microorganismes, qui vivent dans un milieu extrêmement concurrentiel, doivent profiter de tout ce qui les avantage. Certains métabolisent les éléments nutritifs communs plus rapidement que les espèces concurrentes, ou bien ils sont les seuls capables de métaboliser des éléments nutritifs donnés. D'autres, comme les bactéries lactiques, qui jouent un rôle essentiel dans la fabrication de produits laitiers, sont capables de rendre une niche écologique inhospitalière pour les organismes concurrents. Ainsi, les bactéries lactiques sont incapables d'utiliser l'O_2 comme accepteur d'électrons et elles ne produisent que de l'acide lactique en fermentant les glucides, de sorte qu'elles ne consomment qu'une fraction de l'énergie disponible. Cependant, elles rendent le milieu acide, ce qui inhibe la croissance de microbes concurrents plus efficaces.

La symbiose

Au chapitre 9, nous avons vu qu'on appelle **symbiose** l'interaction biologique étroite entre des organismes ou des populations qui coexistent. La relation symbiotique permet généralement aux organismes de s'adapter à des conditions environnementales où ils ne pourraient pas vivre en étant seuls : la relation devient obligatoire. Le **mutualisme**, une forme de symbiose, consiste en une association entre deux organismes ou populations, dont chaque partenaire tire des bénéfices. Le lichen est un exemple d'association, mutuellement bénéfique, entre un mycète et une algue, ou une cyanobactérie (voir la figure 27.6 plus loin dans le chapitre).

Sur le plan économique, la symbiose la plus importante entre un animal et des microorganismes s'observe chez les ruminants, qui sont des animaux dont l'organe digestif, appelé *rumen*, fait penser à un réservoir. Les ruminants, tels les bœufs et les moutons, se nourrissent de plantes riches en cellulose. Des bactéries présentes dans le rumen transforment la cellulose en composés qui passent dans le sang de l'animal et constituent des sources de carbone et d'énergie. Des mycètes du rumen hydrolysent probablement d'autres éléments d'origine végétale, dont le bois. Les protozoaires du rumen exercent un contrôle sur les populations de bactéries en dévorant celles-ci. Par ailleurs, l'animal digère beaucoup de microorganismes du rumen, dont il tire des protéines.

Les **mycorhizes** (*myco* = mycète ; *rhiza* = racine) sont un autre exemple d'association symbiotique ; elles jouent un rôle très important dans la croissance des plantes. Il existe deux principaux types de mycorhizes : les *endomycorhizes*, aussi appelées *mycorhizes à vésicules et arbuscules*, et les *ectomycorhizes*. Ces deux types de mycètes remplissent la même fonction que les poils absorbants des plantes, en ce sens qu'ils accroissent la surface par laquelle un végétal absorbe les éléments nutritifs, en particulier le phosphore, qui est peu mobile dans le sol.

Les mycorhizes à vésicules et arbuscules forment de grosses spores facilement isolables du sol par tamisage. Au moment de la germination des spores, les hyphes pénètrent dans les racines de la plante et produisent deux types de structures : des vésicules et des arbuscules. Les **vésicules** sont de petits corps ovales et lisses qui servent probablement de structures de stockage. Quant aux **arbuscules**, ce sont de minuscules structures arborescentes, produites à l'intérieur de cellules de la plante (**figure 27.1a**). Les éléments nutritifs contenus dans le sol passent par les hyphes pour se rendre dans les arbuscules, qui les dégradent petit à petit et libèrent ensuite les nutriments obtenus dans la plante. Curieusement, la plupart des végétaux, dont les graminées, ne peuvent croître normalement en l'absence de mycorhizes, que l'on trouve d'ailleurs presque partout dans le règne végétal.

Les ectomycorhizes infectent principalement des arbres, dont le pin et le chêne. Elles forment un *manchon* mycélien sur les petites racines (**figure 27.1b**). Cependant, elles ne produisent ni vésicules, ni arbuscules. Les exploitants de pinèdes commerciales s'assurent que les arbres de semis ont été inoculés avec un sol contenant les mycorhizes appropriées (**figure 27.2a**).

Les truffes, considérées comme un aliment fin, sont en fait des ectomycorhizes (**figure 27.2b**). En Europe, on fait souvent déterrer ces mycètes par des porcs ou des chiens, entraînés à les localiser à l'odeur. Pour le porc mâle ou femelle, le sulfure de diméthyle est

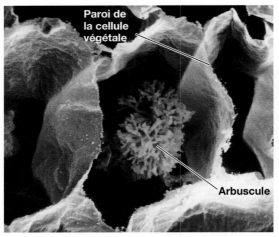

Paroi de la cellule végétale

Arbuscule

a) Endomycorhize (mycorhize à vésicules et arbuscules)   MEB ├─────┤ 12 μm

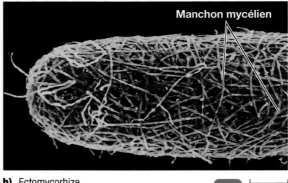

Manchon mycélien

b) Ectomycorhize   MEB ├─────┤ 100 μm

Figure 27.1 Mycorhizes. **a)** Un arbuscule mature d'une endomycorhize, dans une cellule végétale. **b)** Manchon mycélien d'une ectomycorhize typique, formé autour d'une racine d'eucalyptus.

a) L'infection par des mycorhizes influe grandement sur la croissance des plantes. Comparez la croissance relative des deux semis de pins : le semis de gauche a été inoculé avec un sol contenant des mycorhizes, alors que le semis de droite ne l'a pas été.

Coupe d'une truffe

b) Truffes. Une des trois truffes a été coupée pour montrer l'intérieur.

Figure 27.2 Mycorhizes : une importante valeur commerciale.

▶ **Vérifiez vos acquis**

Identifiez deux habitats extrêmes pouvant héberger des organismes extrémophiles. **27-1**

Définissez la symbiose. **27-2**

Est-ce qu'une truffe est l'exemple d'une endomycorhize ou d'une ectomycorhize ? **27-3**

La microbiologie du sol et les cycles biogéochimiques

▶ **Objectifs d'apprentissage**

27-4 Définir le cycle biogéochimique.

27-5 Décrire le cycle du carbone dans ses grandes lignes et expliquer le rôle des microorganismes dans ce processus.

27-6 Décrire le cycle de l'azote dans ses grandes lignes et expliquer le rôle des microorganismes dans ce processus.

27-7 Définir l'ammonification, la nitrification, la dénitrification et la fixation de l'azote.

27-8 Décrire le rôle des lichens.

27-9 Décrire le cycle du soufre dans ses grandes lignes et expliquer le rôle qu'y jouent les microorganismes.

27-10 Décrire comment des communautés biologiques peuvent exister en l'absence d'énergie lumineuse.

27-11 Décrire les similitudes et les différences entre les cycles du carbone et du phosphore.

27-12 Donner deux exemples d'utilisation de bactéries pour l'élimination de polluants.

27-13 Définir la biorestauration.

le composé le plus important donnant l'odeur particulière à la truffe. Il est également à l'origine de l'odeur du chou. Dans la nature, la prolifération des truffes dépend de leur ingestion par un animal, qui dissémine ensuite les spores non digérées. De plus en plus, la culture des truffes devient une activité agricole. Les chênes sont plantés en bosquets et inoculés artificiellement avec des spores fongiques cultivées en laboratoire ou extraites de truffes mûres.

Des milliards d'organismes, dont certains sont microscopiques et d'autres relativement gros, comme les insectes de grande taille et les vers de terre, vivent dans le sol, où ils forment une communauté très animée. Chaque gramme de sol contient habituellement des millions de bactéries. Un gramme de sol semble être un tout petit échantillon, mais il peut révéler des données surprenantes. On estime que cela représente 20 000 m² de surface de contact. Cet échantillon comprend environ 1 milliard de bactéries (dont seulement 1% peut être cultivé), et peut contenir plus d'un kilomètre d'hyphes fongiques. Malgré cela, seulement une très petite partie de la surface exposée de ce gramme de sol est colonisée par les microorganismes. Le nombre d'organismes est maximal dans les premiers centimètres sous la surface et il décroît rapidement avec la profondeur. Ce sont les bactéries qui sont les plus nombreuses. On regroupe généralement les actinomycètes dans une catégorie distincte même s'ils sont en fait des bactéries. Plusieurs antibiotiques importants, tels que la streptomycine et la tétracycline, ont été découverts par des microbiologistes qui étudiaient les actinomycètes du sol.

On évalue habituellement les populations de bactéries du sol par la méthode du dénombrement de colonies sur gélose. Celle-ci donne probablement un résultat bien inférieur au nombre réel de bactéries, car aucun milieu nutritif ni aucune condition de culture ne permettent de satisfaire tous les besoins nutritifs et autres besoins des microorganismes du sol.

On peut se représenter le sol comme une «fournaise biologique». Une feuille tombant d'un arbre se consume dans la «fournaise»: des microorganismes du sol métabolisent sa matière organique. Les éléments contenus dans la feuille entrent dans les **cycles biogéochimiques** du carbone, de l'azote, du soufre et du phosphore (dont il sera question plus loin dans le présent chapitre). Des microorganismes oxydent et réduisent alors les éléments pour satisfaire leurs besoins métaboliques. Les cycles biogéochimiques sont en fait essentiels à la vie sur la Terre.

Le cycle du carbone

Le cycle biogéochimique le plus important est le **cycle du carbone**. Tous les organismes, microorganismes, plantes ou animaux, renferment de grandes quantités de carbone sous la forme de composés organiques comme la cellulose, l'amidon, les lipides et les protéines. Examinons plus en détail la formation de ces composés.

Au chapitre 23, nous avons vu que les organismes autotrophes, qui sont essentiels à la vie sur la Terre, réduisent le dioxyde de carbone (CO_2) en matière organique. On pense souvent que la grande quantité de matière contenue dans un arbre s'est formée uniquement à partir d'éléments fournis par le sol où il pousse. Mais en fait, la cellulose qu'il renferme provient du CO_2 atmosphérique – 0,03% de l'air – fixé par le processus de photosynthèse. La **figure 27.3** représente les différentes étapes du cycle du carbone.

La **photosynthèse** **1A** est la première étape du cycle du carbone. Des photoautotrophes, tels que les cyanobactéries, les plantes, les algues, les bactéries vertes et pourpres sulfureuses, *fixent* le CO_2 atmosphérique (réservoir de CO_2), c'est-à-dire l'intègrent à la matière organique, en utilisant l'énergie solaire.

Dans la seconde étape du cycle, des chimiohétérotrophes, tels que des animaux et des protozoaires, se nourrissent d'autotrophes et

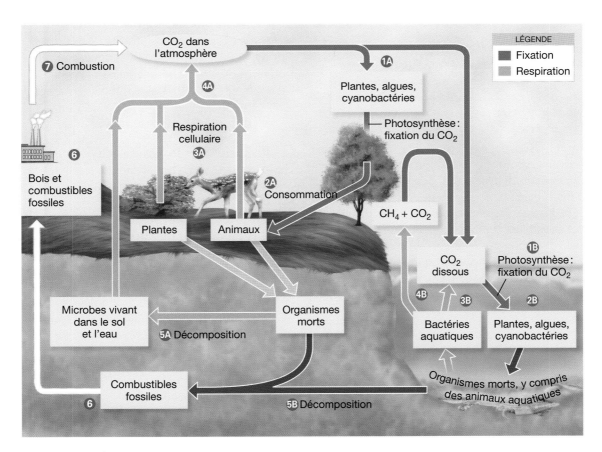

Figure 27.3 Cycle du carbone. À l'échelle de la planète, la quantité de CO_2 libérée dans l'atmosphère par la respiration est approximativement égale aux pertes dues à la fixation. Toutefois, la combustion de bois et de combustibles fossiles libère également du CO_2 dans l'atmosphère, de sorte que la teneur de ce gaz augmente constamment.

sont à leur tour dévorés par d'autres animaux (**2A** consommation). Ainsi, lors de la digestion et de la nouvelle synthèse des composés organiques chez les autotrophes, les atomes de carbone du CO_2 sont transférés d'organisme en organisme dans la chaîne alimentaire.

Les chimiohétérotrophes, y compris les animaux, oxydent des molécules organiques pour satisfaire leurs besoins énergétiques. Lorsque cette énergie est libérée par le processus de respiration cellulaire **3A**, du CO_2 est émis dans l'atmosphère **4A** et le cycle peut recommencer. La plus grande partie du carbone demeure dans les organismes jusqu'à ce que ces derniers l'excrètent ou meurent. Après la mort des plantes et des animaux, des bactéries et des mycètes en dégradent les composés organiques (**5A** décomposition), ces derniers sont oxydés, et le CO_2 libéré réintègre le cycle **4A**.

Du carbone est aussi emmagasiné dans des roches comme le calcaire ($CaCO_3$), dont on trouve des dépôts (réservoirs de CO_2) à la surface de la Terre et au fond des océans. Les cycles de la photosynthèse et de la respiration ont lieu aussi dans des milieux aquatiques, où les organismes responsables de la photosynthèse **1B** fixent le CO_2 dissous et l'intègrent à des molécules organiques **2B** ; inversement, lors de la respiration **3B**, d'autres organismes libèrent du CO_2 qui, en se dissolvant dans l'eau, produit de l'acide carbonique, H_2CO_3. Celui-ci réagit avec le $CaCO_3$ des sédiments ; cette réaction chimique produit des ions carbonate dissous (CO_3^{2-}, ou ions trioxocarbonate) que les autotrophes océaniques utilisent comme source de carbone. Tout comme les organismes terrestres, les organismes aquatiques, dont plusieurs possèdent une coquille, meurent et sont dégradés **5B** par les bactéries ; le CO_2 réintègre alors le cycle.

Les combustibles fossiles, tels que le pétrole et le charbon, constituent d'énormes réserves de matière organique **6**. La *combustion* **7** de ce type de combustible libère du CO_2, d'où l'accroissement de la quantité de ce gaz dans l'atmosphère. Bon nombre de scientifiques pensent que cette augmentation est à l'origine du réchauffement de la planète.

Le méthane (CH_4), sous forme gazeuse, constitue un aspect intéressant du cycle du carbone **4B**. Les sédiments du fond océanique contiennent autour de 10 billions (10^{12}) de tonnes de méthane, soit environ deux fois la quantité des dépôts de combustibles fossiles tels le charbon et le pétrole. De plus, les bactéries méthanogènes présentes dans les profondeurs océaniques en produisent constamment davantage (voir la section sur le microbiote d'eau de mer plus loin dans le présent chapitre). Le méthane est beaucoup plus puissant comme gaz à effet de serre que le CO_2, et le milieu terrestre serait changé drastiquement si ce gaz s'échappait dans l'atmosphère.

▶ Vérifiez vos acquis

Quel cycle biogéochimique est le plus reconnu pour sa contribution au réchauffement de la planète ? **27-4**

Quelle est la principale source du carbone présent dans la cellulose, qui constitue la biomasse des arbres d'une forêt ? **27-5**

Le cycle de l'azote

Le **cycle de l'azote** est illustré à la **figure 27.4**. Tous les organismes vivants ont besoin de cet élément pour synthétiser les acides aminés, les protéines et d'autres composés azotés. L'atmosphère terrestre contient près de 80 % d'azote, principalement sous forme de diazote (N_2). Les plantes doivent d'abord fixer l'azote atmosphérique, c'est-à-dire l'absorber et le combiner aux composés organiques, afin de l'assimiler et de l'utiliser (processus étudié plus loin). L'activité de certains microorganismes spécifiques joue un rôle important dans la conversion de l'azote en ses formes assimilables.

L'ammonification

Presque tout l'azote du sol est intégré à des molécules organiques, principalement des protéines. Lors de la *décomposition* microbienne **2** d'un organisme mort, les protéines sont dégradées en acides aminés (figure 27.4). Ces derniers perdent leurs groupements amines ($-NH_2$), qui sont convertis en ammoniac (NH_3) au cours d'un processus appelé **désamination**.

De nombreuses bactéries et de nombreux mycètes participent à la libération d'ammoniac. On représente ce processus, appelé **ammonification** **3**, comme suit :

$$\text{Protéines provenant de cellules mortes et de déchets} \xrightarrow{\substack{\text{Décomposition} \\ \text{microbienne}}} \text{Acides aminés}$$

$$\text{Acides aminés} \xrightarrow{\substack{\text{Ammonification} \\ \text{microbienne}}} \text{Ammoniac (NH}_3)$$

La croissance microbienne s'accompagne de la libération d'exoenzymes protéolytiques, qui dégradent les protéines. Les acides aminés produits sont transportés dans les cellules microbiennes, où l'ammonification a lieu. Le sort de l'ammoniac résultant de ce processus dépend des conditions présentes dans le sol. L'ammoniac, qui est un gaz, s'échappe rapidement d'un sol sec, mais, si le sol est humide, il se dissout dans l'eau et il y a formation d'ions ammonium (NH_4^+).

$$NH_3 + H_2O \longrightarrow NH_4OH \longrightarrow NH_4^+ + OH^-$$

Les bactéries et les plantes utilisent les ions ammonium provenant de cette série de réactions pour la synthèse d'acides aminés.

La nitrification

La série de réactions du cycle de l'azote présentées ci-dessous comprend la production de nitrites (NO_2^-, ou dioxonitrate) et de nitrates (NO_3^-, ou trioxonitrate) par oxydation des ions ammonium (NH_4^+). Ce processus est appelé **nitrification** **4**. Des bactéries autotrophes nitrifiantes, appartenant notamment aux genres *Nitrosomonas* et *Nitrobacter* et vivant dans le sol, tirent de l'énergie de l'oxydation des ions ammonium (NH_4^+). Au cours de la première étape de cette réaction, les *Nitrosomonas* oxydent les ions ammonium en nitrites.

$$\underset{\text{Ion ammonium}}{NH_4^+} \xrightarrow{Nitrosomonas} \underset{\text{Ion nitrite}}{NO_2^-}$$

Dans la deuxième étape, des organismes tels les *Nitrobacter* oxydent les nitrites en nitrates :

$$\underset{\text{Ion nitrite}}{NO_2^-} \xrightarrow{Nitrobacter} \underset{\text{Ion nitrate}}{NO_3^-}$$

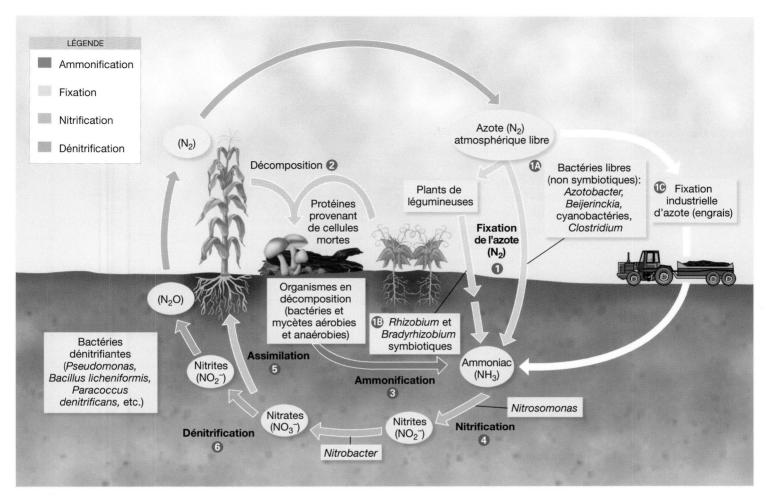

Figure 27.4 **Cycle de l'azote.** En général, l'azote de l'atmosphère passe successivement par les étapes de fixation, de nitrification et de dénitrification. Les nitrates assimilés par les plantes et les animaux après la nitrification passent par les étapes de décomposition et d'ammonification, puis ils sont de nouveau soumis à une nitrification.

Les plantes utilisent généralement les nitrates comme source d'azote pour la synthèse de protéines, un processus appelé *assimilation* **⑤**. Étant très mobiles dans le sol, les ions nitrate ont plus de chances que les ions ammonium d'entrer en contact avec les racines des plantes. Les ions ammonium constitueraient en fait une meilleure source d'azote, car leur intégration dans les protéines nécessite moins d'énergie, mais, comme ils portent une charge positive, ils sont habituellement liés dans le sol à de l'argile chargée négativement, ce qui limite leur mobilité. Par contre, les ions nitrate, chargés négativement, ne sont pas liés.

La dénitrification

L'azote résultant de la nitrification est complètement oxydé et ne constitue plus une source d'énergie biologique. Toutefois, en l'absence d'O_2, il sert d'accepteur d'électrons aux microorganismes qui métabolisent d'autres sources organiques d'énergie. (Voir la description de la *respiration anaérobie* au chapitre 23.)

Ce processus, appelé **dénitrification** **⑥**, entraîne une libération d'azote dans l'atmosphère, particulièrement sous forme gazeuse (N_2). On représente la dénitrification comme suit :

$$NO_3^- \longrightarrow NO_2^- \longrightarrow N_2O \longrightarrow N_2$$

Ion nitrate   Ion nitrite   Oxyde   Azote
                              nitreux   gazeux

La dénitrification a lieu dans les sols gorgés d'eau, où peu d'O_2 est disponible. Lorsque ce dernier ne peut servir d'accepteur d'électrons, les bactéries dénitrifiantes convertissent les précieux nitrates des engrais en azote gazeux qui s'échappe dans l'atmosphère, ce qui représente une perte considérable sur le plan économique.

La fixation de l'azote

Nous vivons en dessous d'un océan d'azote gazeux. La colonne d'air qui surplombe un lopin de terre de 1 hectare (100 m × 100 m) contient quelque 72 000 tonnes métriques d'azote. Les rares créatures terrestres capables d'absorber directement cet élément sont des bactéries, parmi lesquelles on trouve les cyanobactéries. On appelle **fixation de l'azote** **①** le processus par lequel ces bactéries transforment l'azote atmosphérique en ammoniac.

L'enzyme qui fixe l'azote (N_2), soit la *nitrogénase*, est inhibée en présence d'O_2. C'est pourquoi on pense que cette enzyme existe depuis les débuts de l'histoire de la Terre ; elle serait même apparue avant la période où l'atmosphère contenait beaucoup d'O₂ et avant que des composés à base d'azote provenant de la matière organique en décomposition soient disponibles. Deux types de microorganismes fixent l'azote : les bactéries vivant à l'état libre et celles qui vivent en association symbiotique. (L'azote des *engrais* **1C** est fixé par des procédés physicochimiques industriels.)

Bactéries fixatrices d'azote vivant à l'état libre On trouve des bactéries libres **1A** en forte concentration dans la *rhizosphère*, soit la portion d'approximativement 2 mm du sol qui est directement en contact avec les racines. La rhizosphère représente en quelque sorte une oasis nutritionnelle, particulièrement dans les prairies. Les bactéries fixatrices d'azote comprennent des espèces aérobies, comme *Azotobacter*. Elles ont développé plusieurs mécanismes pour protéger leur nitrogénase contre l'O₂. Ainsi, elles métabolisent celui-ci très rapidement, ce qui réduit au minimum la diffusion intracellulaire du gaz.

Un organisme aérobie strict, *Beijerinckia*, est une autre bactérie libre fixatrice d'azote. Des bactéries anaérobies, dont quelques espèces de *Clostridium*, possèdent la même aptitude. *C. pasteurianum*, une bactérie anaérobie stricte, en est un exemple.

Il existe de nombreuses cyanobactéries aérobies photosynthétiques qui fixent l'azote. Étant donné qu'elles peuvent compter sur une source d'énergie autre que les glucides du sol ou de l'eau, ces

bactéries sont particulièrement bénéfiques, car elles fournissent de l'azote au milieu. Leur nitrogénase est enfermée dans un **hétérocyste**, c'est-à-dire une structure cellulaire spécialisée qui fournit les conditions anaérobies nécessaires à la fixation de l'azote (figure 6.13a).

La majorité des bactéries libres fixatrices d'azote sont capables de fixer de grandes quantités de cet élément en laboratoire. Toutefois, dans le sol, la réduction de l'azote en ammoniac est limitée par la quantité de glucides disponible. Quand ces composés font défaut, l'azote est intégré aux protéines. Le rôle de ces bactéries dans la fixation biologique de l'azote dans les prairies, les forêts et la toundra arctique est néanmoins considérable.

Bactéries fixatrices d'azote vivant en association symbiotique Les bactéries de ce type **1B** jouent un rôle prépondérant dans la croissance des cultures agricoles. Les membres des genres *Rhizobium* et *Bradyrhizobium*, notamment, ont la capacité d'infecter les racines des légumineuses. On connaît plusieurs milliers de légumineuses, dont quelques-unes sont très importantes sur le plan agricole, comme le soja, le haricot, le pois, l'arachide, la luzerne et le trèfle. Bon nombre ont la forme de buissons ou de petits arbustes et poussent dans les sols pauvres de diverses régions du monde. Ces bactéries fixatrices d'azote se sont particulièrement bien adaptées à des espèces de légumineuses sur lesquelles elles produisent des **nodules (figure 27.5)**. L'association symbiotique entre la plante et

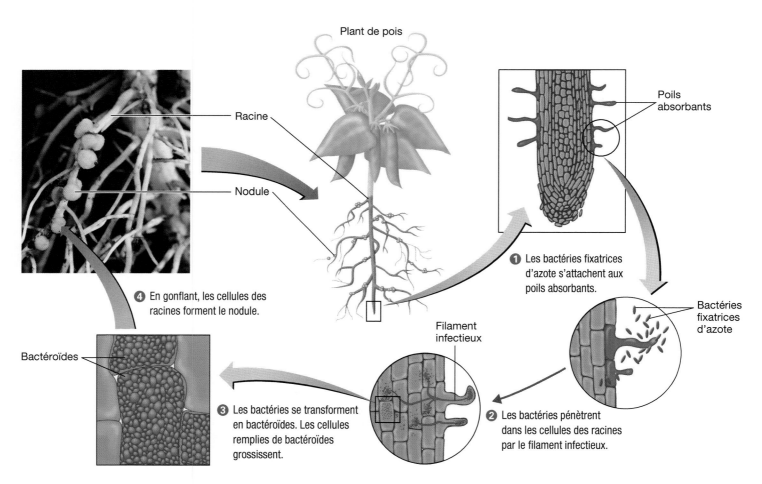

Plant de pois

Racine

Nodule

Poils absorbants

❶ Les bactéries fixatrices d'azote s'attachent aux poils absorbants.

Bactéries fixatrices d'azote

❷ Les bactéries pénètrent dans les cellules des racines par le filament infectieux.

Filament infectieux

❸ Les bactéries se transforment en bactéroïdes. Les cellules remplies de bactéroïdes grossissent.

Bactéroïdes

❹ En gonflant, les cellules des racines forment le nodule.

Figure 27.5 **Formation d'un nodule.** Les membres des genres *Rhizobium* et *Bradyrhizobium*, des bactéries fixatrices d'azote, forment des nodules sur les plants de légumineuses. Cette association symbiotique est bénéfique à la fois pour la plante et la bactérie (mutualisme).

la bactérie donne lieu à la fixation d'azote. La plante fournit les conditions anaérobies et les éléments nutritifs nécessaires à la bactérie qui, en retour, fixe l'azote qu'intègreront les protéines végétales.

Des végétaux non apparentés aux légumineuses, comme les aulnes, bénéficient également d'une association symbiotique qui permet la fixation de l'azote. Ces arbres figurent parmi les premiers à croître après un incendie de forêt, et ce sont les premiers qui sont apparus après la glaciation. Ils vivent en symbiose avec l'actinomycète *Frankia* et leurs racines portent des nodules fixateurs d'azote. Un hectare d'aulnes en croissance fixe environ 120 kg d'azote annuellement. L'apport de ces arbres à une forêt est donc essentiel.

Les **lichens** représentent également une symbiose réussie. Ils résultent de l'association d'un mycète et d'une algue verte ou d'une cyanobactérie ; ils contribuent de façon importante au processus de fixation de l'azote. Les deux organismes entretiennent une relation *mutualiste*, bénéfique à chacun d'eux. Le lichen diffère considérablement de l'algue ou du mycète seuls et, si les partenaires sont séparés, le lichen n'existe plus. Il y a environ 13 500 espèces de lichens qui occupent des habitats assez diversifiés. Pouvant vivre dans des régions où ni le mycète ni l'algue ne survivraient seuls, les lichens sont souvent les premiers êtres vivants à coloniser un sol ou un rocher qui vient d'être exposé. Les lichens sécrètent des acides carboxyliques qui érodent chimiquement la roche, et ils accumulent des nutriments nécessaires à la croissance des plantes. On les trouve aussi sur les arbres, les structures en béton et les toits. Ils sont parmi les organismes dont la croissance est la plus lente sur la Terre.

Le thalle, ou corps, du lichen se compose du cortex et d'une médulle, ou medulla. La *médulle* se compose d'hyphes du mycète qui pénètrent la couche de cellules de l'algue et l'enveloppent (**figure 27.6**). Le **cortex**, sorte d'enveloppe protectrice, est une couche d'hyphes du mycète qui recouvre le dessus et parfois le dessous du lichen ; l'enchevêtrement des hyphes de cette enveloppe permet de retenir l'eau et les minéraux. Les hyphes fongiques se prolongent sous le corps du lichen pour créer des **rhizines**, ou crampons, qui ancrent le lichen à son support et l'y fixent solidement. Après son incorporation dans le thalle du lichen, l'algue continue de proliférer et les hyphes en croissance peuvent s'associer aux nouvelles cellules d'algue. Dans la relation symbiotique, l'algue nourrit le mycète et ce dernier profite clairement de cette association. Bien qu'elle cède des nutriments précieux, l'algue y gagne aussi ; elle obtient du mycète à la fois une protection contre le dessèchement (cortex) et une fixation (crampon). Lorsque la relation symbiotique du lichen comprend des cyanobactéries fixatrices d'azote, l'apport en azote ainsi obtenu enrichit de façon importante le sol des forêts.

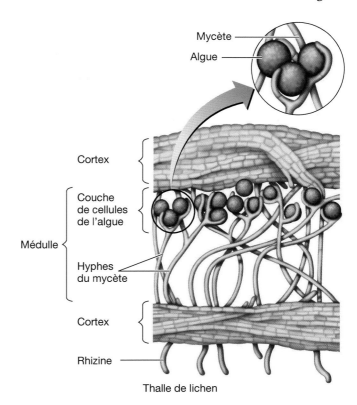

Figure 27.6 **Lichens.** La médulle se compose d'hyphes du mycète qui pénètrent la couche de cellules de l'algue et l'enveloppent. Le cortex protecteur est une couche d'hyphes du mycète qui recouvre le dessus et parfois le dessous du lichen. Les rhizines ancrent le lichen à son support et l'y fixent.

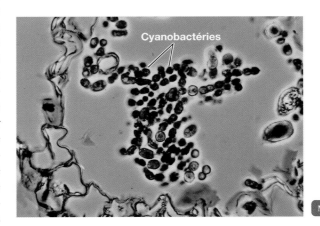

Figure 27.7 **Symbiose entre une fougère et une cyanobactérie.** Une coupe dans une feuille de fougère flottante *Azolla* montre, à l'intérieur d'une cavité, les chaînes de cyanobactéries *Anabæna azollæ*.

Q/R Les cyanobactéries libres peuvent fixer de grosses quantités d'azote dans les sols désertiques, après les pluies, et dans la couche superficielle du sol de la toundra arctique. Les rizières abritent également d'énormes populations de cyanobactéries fixatrices d'azote. Par exemple, *Anabæna azollæ* est une cyanobactérie qui entretient une relation symbiotique avec une petite fougère flottante, *Azolla*, qui forme une couche épaisse à la surface des rizières (**figure 27.7**). En fait, la présence de ces cyanobactéries rend superflu le recours aux engrais azotés pour la culture du riz. **Q/R**

▶ **Vérifiez vos acquis**

Quel est le nom commun du groupe de microorganismes qui oxyde l'azote du sol et le transforme en composés mobiles pouvant être absorbés par les plantes et leur servir de nutriments ? **27-6**

Les bactéries du genre *Pseudomonas*, en l'absence d'O$_2$, utilisent de l'azote complètement oxydé (ions nitrate) comme accepteur d'électrons. Comment appelle-t-on ce processus du cycle de l'azote ? **27-7**

Quel est le rôle des lichens dans la nature ? **27-8**

Le cycle du soufre

Le **cycle du soufre** et le cycle de l'azote se ressemblent en ce sens qu'ils comportent chacun plusieurs états d'oxydation de l'élément en question. Les sulfures, tels que le sulfure d'hydrogène gazeux (H_2S) à l'odeur caractéristique, constituent la forme la plus réduite du soufre. Tout comme les ions ammonium dans le cycle de l'azote, ces composés réduits se forment généralement dans des conditions anaérobies. En retour, ils représentent une source d'énergie pour les bactéries autotrophes. Ces dernières transforment le soufre du H_2S en granules de soufre élémentaire (figure 6.14) puis en sulfates complètement oxydés (SO_4^{2-}, ou tétraoxosulfate).

Le soufre élémentaire (S^0), fréquemment libéré par des microorganismes en décomposition, est essentiellement insoluble dans les eaux tempérées, de sorte que les microorganismes vivants ont du mal à l'absorber. Cela explique probablement l'existence d'énormes réservoirs de soufre dans le sol, datant de la préhistoire.

Le cycle du soufre est illustré à la **figure 27.8**. **1A** Certaines espèces de *Beggiatoa*, des bactéries chémoautotrophes vivant dans des milieux aérobies riches en H_2S, tirent leur énergie de la réaction oxydative qui transforme le H_2S en granules de soufre élémentaire (S^0). Les bactéries du genre *Thiobacillus* tirent aussi de l'énergie de l'oxydation du H_2S pour produire des ions sulfate et de l'acide sulfurique. Ce type de bacille croît bien, même à un pH de seulement 2, et a des applications dans l'exploitation minière (figure 28.13). **1B** Dans des conditions anaérobies, le H_2S peut être utilisé comme substitut à l'eau (H_2O) au cours de la photosynthèse de bactéries photoautrophes, telles les bactéries sulfureuses vertes et pourpres. Celles-ci effectuent l'oxydation microbienne du H_2S et forment des granules intracellulaires de soufre ; elles peuvent aussi poursuivre l'oxydation du souffre élémentaire (S^0) en ions sulfate (SO_4^{2-}). Il est important de noter que ces organismes utilisent la lumière comme source d'énergie ; le H_2S sert à réduire le CO_2 (figure 23.28).

Dans le cycle du soufre, les sulfates sont réutilisés **2** lors du processus de réduction. Les sédiments de la zone benthique contiennent des bactéries anaérobies, telles que *Desulfovibrio*, qui emploient les ions sulfate (forme oxydée de soufre) comme accepteurs d'électrons – à la place de l'O_2 – et le réduisent en H_2S. **3** L'*assimilation* de sulfates par les plantes et les bactéries entraîne la formation d'acides aminés, telle la cystéine, chez les humains et d'autres animaux. Les acides aminés contenant du soufre sous forme de groupement sulfhydryle (-SH) forment des ponts disulfure qui donnent leur structure aux protéines (figure 22.15c). Lors de la décomposition de ces dernières par les microbes, il y a **4 désassimilation** du soufre, qui est libéré sous forme de H_2S. Le soufre réintègre le cycle.

Les dépôts acides Le soufre joue un rôle important dans l'un des principaux problèmes de l'environnement, qui touche surtout les pays industrialisés. **5** La *combustion* de combustibles fossiles, qui contiennent du soufre provenant des restes d'organismes morts, libère cet élément sous la forme de dioxyde de soufre (SO_2). Des phénomènes naturels, comme les éruptions volcaniques, libèrent également d'énormes quantités de ce composé. Le SO_2 produit de l'acide sulfureux (H_2SO_3) en réagissant avec l'eau de pluie, un phénomène communément appelé *pluies acides*. L'expression **dépôts acides 6** convient probablement mieux, car plusieurs des substances acidifiantes qui tombent sur la Terre ne sont pas dissoutes dans l'eau de pluie : elles forment des dépôts secs de particules de sulfate ou de sels de nitrate. Les dépôts acides entravent fréquemment la croissance des arbres ; ils réagissent avec le marbre et le calcaire et les dissolvent ; ils corrodent les structures métalliques. L'acidification des lacs et des cours d'eau est probablement la conséquence la plus connue. Les dépôts de sulfate présents dans les lacs peuvent modifier le pH au point où l'eau devient trop acide pour permettre la croissance de poissons ou d'éléments essentiels de leur chaîne alimentaire. Les oxydes d'azote émis par les véhicules automobiles, qui constituent une part importante de la brume urbaine (smog), pénètrent dans les eaux sous forme de composés azotés acides et contribuent ainsi à leur acidification.

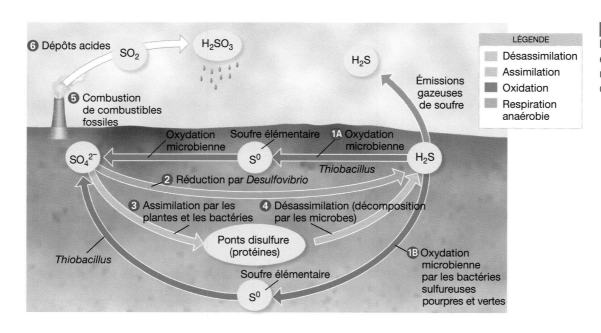

Figure 27.8 **Cycle du soufre.** Les formes réduites du soufre, le H_2S et le S^0, sont utilisées par certains microorganismes autotrophes sous des conditions aérobies ou anaérobies.

La vie en l'absence de lumière solaire

Il est intéressant de noter que des communautés biologiques entières vivent sans avoir recours à la photosynthèse, en tirant de l'énergie du sulfure d'hydrogène (H_2S). Les équations de la page 148 (chapitre 6) indiquent qu'il existe des similarités entre la photosynthèse et l'utilisation de H_2S par les chimioautotrophes. De telles communautés vivent par exemple à proximité des cheminées sous-marines des sources hydrothermales. On a découvert dans des cavernes profondes, où la lumière solaire ne pénètre jamais, une communauté biologique entière, qui subvient à ses besoins de façon semblable. Les **producteurs primaires** de ces systèmes sont des bactéries chimioautotrophes, plutôt que des plantes ou des micro-organismes photoautotrophes.

On a découvert récemment un autre écosystème microbien qui fonctionne en l'absence de lumière solaire, à plus d'un kilomètre sous la surface de la Terre, dans des roches, tels le schiste, le granit et le basalte. Ces bactéries, appelées *endolithes* (vivant dans les rochers), vivent dans un milieu presque dépourvu d'O_2 et très pauvre en éléments nutritifs. Les schistes sédimentaires emprisonnent souvent des éléments nutritifs organiques, ou des sulfates, qui suffisent aux besoins de formes de vie rudimentaires. Les roches comme le granit et le basalte sont légèrement poreuses ou comportent des fractures qui contiennent de l'eau. Des réactions chimiques ayant lieu dans les roches de ce type produisent de l'hydrogène à partir de l'eau, que les bactéries endolithes autotrophes peuvent aussi utiliser comme source d'énergie. Le CO_2 dissous dans l'eau représente une source de carbone, et il y a production de matière organique cellulaire. Une partie du CO_2 est excrétée ou libérée lors de la mort ou de la lyse d'un microbe et peut ainsi servir à la croissance d'autres microorganismes. Seule une faible quantité d'éléments nutritifs, en particulier d'azote, entre dans les milieux de ce type, et la durée de génération est d'un grand nombre d'années. Diverses méthodes de survie se sont développées pour l'adaptation à un environnement très pauvre en éléments nutritifs. Par exemple, la taille des organismes se maintenant dans un état qui se situe entre la vie et la mort s'est considérablement réduite. Les écologistes qui formulent des hypothèses sur les formes de vie possibles sur Mars, un milieu extrêmement hostile, s'intéressent beaucoup aux endolithes.

Le cycle du phosphore

Le phosphore est également un élément nutritif important qui participe à un cycle biogéochimique. Il est essentiel à tous les organismes, et sa disponibilité est l'un des facteurs qui déterminent si une plante ou un autre organisme peut vivre dans une zone donnée. On décrit plus loin, dans le présent chapitre, les problèmes associés (eutrophisation) à un excès de phosphore.

Le phosphore existe principalement sous forme d'ions phosphate (PO_4^{3-}) et subit peu de modifications à l'état oxydé. Le **cycle du phosphore** comprend la conversion de formes insolubles en formes solubles et de phosphate organique en phosphate inorganique, et ces transformations sont souvent reliées au pH. Par exemple, l'acide produit par des bactéries, dont *Thiobacillus*, est susceptible de dissoudre le phosphate contenu dans les roches. Dans le cycle du phosphore, il n'y a pas formation de composé phosphoreux volatil, donc pas de retour de phosphore dans l'atmosphère comme c'est le cas pour les gaz CO_2, N_2 et H_2S dans les autres cycles biogéochimiques. Par conséquent, le phosphore a tendance à s'accumuler dans les océans. On l'extrait grâce à l'exploitation de sédiments de surface laissés par le retrait de mers anciennes, principalement sous forme de dépôts de phosphate de calcium. Les oiseaux de mer extraient aussi du phosphore des océans en mangeant des poissons qui en contiennent, puis ils rejettent celui-ci sous la forme de guano (déjections). On exploite depuis longtemps de petites îles habitées par des oiseaux de ce type, où l'on utilise le guano comme source de phosphore pour la fabrication d'engrais.

▶ **Vérifiez vos acquis**

Certaines bactéries non photosynthétiques accumulent des granules de soufre à l'intérieur de leurs cellules ; ces bactéries utilisent-elles le sulfure d'hydrogène ou les sulfates comme source d'énergie ? **27-9**

Quel composé chimique sert de source d'énergie pour les organismes qui vivent dans l'obscurité, notamment à proximité des cheminées sous-marines des sources hydrothermales ? **27-10**

Pourquoi le phosphore a-t-il tendance à s'accumuler dans les océans ? **27-11**

La dégradation des substances synthétiques dans le sol et l'eau

On présume souvent que les matières qui pénètrent dans le sol seront dégradées par des microorganismes. Il est vrai que la matière organique naturelle, notamment les feuilles mortes et les résidus animaux, y est facilement dégradée. Cependant, à l'âge industriel, de nombreuses substances chimiques n'existant pas à l'état naturel (**xénobiotiques**), comme les matières plastiques, pénètrent en grande quantité dans le sol. En fait, les matières plastiques comptent pour le quart des déchets urbains. Une solution au problème serait de mettre au point des matières plastiques biodégradables à partir de polyactide polymère (PLA), produit par la fermentation de l'acide lactique. Ainsi, lorsqu'une tasse de plastique faite de PLA est compostée, elle se dégrade en quelques semaines. De nombreuses substances synthétiques, telles que les pesticides, offrent une grande résistance à la dégradation microbienne. On connaît bien l'exemple du DDT (dichlorodiphényltrichloroéthane) : cet insecticide est tellement résistant qu'il s'accumule au point d'atteindre des concentrations dangereuses.

Certaines substances synthétiques comprennent des liaisons et des sous-unités susceptibles d'être attaquées par des enzymes bactériennes. De légères modifications de la structure d'un composé peuvent en faire varier grandement la biodégradabilité. Deux herbicides constituent des exemples bien connus : ce sont le 2,4-D, un produit chimique fréquemment employé pour détruire les mauvaises herbes qui envahissent les pelouses, et le 2,4,5-T (mieux connu sous le nom d'*agent orange*), dont on s'est servi pour défolier les jungles durant la guerre du Vietnam. L'ajout d'un seul atome de chlore à la structure du 2,4-D en prolonge la vie dans le sol de quelques jours à une durée indéfinie (**figure 27.9**).

Le lessivage dans les eaux souterraines de substances toxiques non biodégradables, ou qui ne se dégradent que très lentement, constitue un problème de plus en plus important. Ces matières proviennent notamment de sites d'enfouissement, de dépotoirs industriels illégaux et de l'épandage de pesticides sur des cultures. La contamination des eaux souterraines risque de causer des dommages considérables à l'environnement et à l'économie. C'est

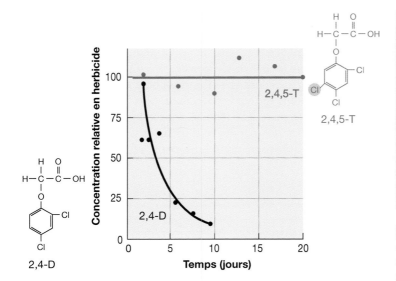

Figure 27.9 Herbicides 2,4-D et 2,4,5-T. Le graphique représente la structure et la vitesse de décomposition des herbicides 2,4-D (en noir) et 2,4,5-T (en rouge).

Figure 27.10 Biorestauration dans un site de déversement de pétrole en Alaska. À gauche, la partie de plage n'est pas encore nettoyée ; à droite, la plage a été traitée avec des engrais contenant de l'azote et du phosphore.

pourquoi les chercheurs tentent de mettre au point des processus et d'isoler des bactéries qui favorisent la dégradation et pourraient servir à la détoxification.

La biorestauration

On appelle **biorestauration*** la dégradation de polluants ou la détoxification de sols ou de l'eau contaminés à la suite d'activités humaines, au moyen de microorganismes décomposeurs, dans le but de rendre les sols et les milieux aquatiques aptes à remplir de nouveau leurs fonctions écologiques essentielles. Le déversement d'hydrocarbures par un pétrolier naufragé est l'un des exemples les plus dramatiques de pollution chimique. Les pertes économiques liées à la contamination des plages et des poissons sont souvent considérables. Dans une certaine mesure, la nature procède elle-même à une biorestauration : des microorganismes dégradent le pétrole dans des conditions aérobies. Cependant, ces microorganismes tirent habituellement leurs éléments nutritifs de solutions aqueuses, alors que les produits à base de pétrole sont relativement insolubles. En outre, les hydrocarbures pétroliers sont dépourvus de certains éléments essentiels, dont l'azote et le phosphore. C'est pourquoi, dans le cas d'un déversement d'hydrocarbures, on peut accélérer grandement la biorestauration en fournissant aux bactéries commensales un « engrais » contenant ces deux éléments (**figure 27.10**). On peut aussi avoir recours à des microorganismes choisis en fonction de leur aptitude à se nourrir d'un polluant donné, ou encore à des bactéries génétiquement modifiées de manière à accroître leur capacité à métaboliser des produits pétroliers. L'ajout de microorganismes ayant des fonctions particulières est appelé **bioaugmentation** (encadré 22.1). Généralement, lors d'un déversement de pétrole en mer, les couches superficielles de pétrole sont relativement bien nettoyées. Toutefois, les couches plus profondes, souvent dans des conditions anaérobies, perdurent souvent sur de plus longues périodes.

---

* On emploie également le terme « bioréhabilitation ». Ce dernier est recommandé en France.

Les déchets urbains

La plupart du temps, on déverse les déchets urbains solides (les ordures) dans des sites d'enfouissement compactés. Les conditions y étant en grande partie anaérobies, même les matières qui sont en principe biodégradables, comme le papier, ne sont pas efficacement détruites par les microorganismes. En fait, il est courant de trouver dans un tel site un journal vieux de 20 ans encore lisible. Par ailleurs, ces conditions anaérobies favorisent l'activité des bactéries méthanogènes, dont il sera question dans la section portant sur la digestion anaérobie des boues dans le cadre du traitement des eaux usées. On peut forer des trous pour récupérer le méthane libéré par les bactéries, puis brûler le gaz pour produire de l'électricité, ou le purifier et l'acheminer vers un réseau de canalisation de gaz. De tels systèmes peuvent alimenter en énergie des milliers d'habitations. À plus petite échelle, on a constaté lors d'études réalisées en Inde que le méthane produit par les excréments de trois vaches était suffisant pour alimenter un petit poêle à combustion familial.

Il est possible de réduire considérablement la quantité de matière organique déversée dans les sites d'enfouissement en séparant celle-ci des matières non biodégradables et en la compostant. Les jardiniers utilisent le **compostage** pour convertir les résidus de plantes en une substance apparentée à l'humus naturel (**figure 27.11**). Un tas de feuilles ou de gazon coupé se dégrade sous l'action de microorganismes. Si les conditions sont favorables, l'activité des bactéries thermophiles élève la température du compost jusqu'à 55 ou même 60 °C en quelques jours. Par la suite, la température décline et on remue le compost pour l'oxygéner, ce qui provoque une nouvelle hausse de la température. Avec le temps, les populations de microorganismes thermophiles sont remplacées par des microorganismes mésophiles, qui continuent à transformer progressivement les déchets en une matière stable ressemblant à l'humus. Lorsque l'espace le permet, on composte les déchets urbains en cordons (des tas longs et peu élevés), que des machines spécialement conçues à cette fin disséminent et retournent régulièrement. Les méthodes de compostage sont de plus en plus utilisées par les municipalités pour éliminer les déchets.

a) b)

Figure 27.11 Compostage de déchets urbains. **a)** Une machine spécialement conçue à cette fin retourne les déchets urbains solides. **b)** Le compost produit à partir de déchets urbains sera transporté par camion, puis épandu sur des terres agricoles.

▶ Vérifiez vos acquis

Pourquoi la plupart des bactéries sont-elles naturellement résistantes aux produits du pétrole ? **27-12**

Quelle est la définition du terme « biorestauration » ? **27-13**

La microbiologie aquatique et le traitement des eaux usées

▶ Objectifs d'apprentissage

27-14 Décrire les habitats des microorganismes en eau douce et en eau de mer.

27-15 Expliquer en quoi la pollution par les eaux usées constitue un problème de santé publique et un problème écologique.

27-16 Discuter des causes et des effets de l'eutrophisation.

27-17 Décrire les méthodes d'analyse bactériologique de l'eau.

27-18 Décrire comment on élimine les agents pathogènes de l'eau potable.

27-19 Comparer les traitements primaire, secondaire et tertiaire des eaux usées.

27-20 Énumérer des activités biochimiques ayant lieu dans un digesteur de boues anaérobie.

27-21 Définir la demande biochimique en oxygène, le système à boues activées, le filtre bactérien, la fosse septique et l'étang d'oxydation.

La **microbiologie aquatique** est l'étude des microorganismes vivant dans les eaux naturelles (les lacs, les étangs, les cours d'eau, les estuaires et les océans) et de leur activité. Des eaux usées domestiques et industrielles pénètrent dans les lacs et les cours d'eau ; leur dégradation et leurs effets sur la vie microbienne constituent un élément important de la microbiologie aquatique. Nous allons voir également que les méthodes de traitement des eaux usées utilisées par les municipalités s'apparentent au processus naturel de filtration.

Le milieu aquatique, qu'il s'agisse d'eau douce ou de mer, représente un habitat pour une grande diversité d'organismes microscopiques – tels les bactéries, les algues unicellulaires et les protozoaires. Il en est de même pour des organismes pluricellulaires telles les algues brunes, vertes et rouges.

Les microorganismes aquatiques

La présence d'un grand nombre de microorganismes dans une masse d'eau indique généralement une forte concentration en éléments nutritifs. Les eaux contaminées par des matières provenant de systèmes d'égouts ou des déchets industriels organiques biodégradables renferment un nombre relativement grand de bactéries. De même, les estuaires, alimentés par des fleuves, ont une forte concentration en éléments nutritifs et, par conséquent, on y trouve une flore microscopique plus nombreuse que dans la zone littorale.

Dans l'eau, les microorganismes ont tendance à croître sur des surfaces immobiles et sur des particules de matière, surtout si la concentration en éléments nutritifs est faible. Ainsi, chaque microorganisme est en contact avec une plus grande quantité d'éléments nutritifs que s'il était en suspension et flottait au gré du courant. Bon nombre des bactéries qui vivent principalement dans l'eau possèdent des appendices et des crampons qui leur permettent de s'accrocher à différentes surfaces. La bactérie *Caulobacter* en est un exemple (figure 6.2).

Le microbiote d'eau douce

Un lac ou un étang typique représentent des exemples illustrant la répartition en zones et les différents types d'organismes qu'on trouve généralement dans une masse d'eau douce (**figure 27.12**). La **zone littorale**, qui borde la rive, abrite un grand nombre de plantes enracinées, et la lumière y pénètre. La **zone limnétique** est constituée de la surface des eaux libres, loin de la rive. La **zone profonde** se compose des eaux situées sous la zone limnétique. Enfin, la **zone benthique** est formée des sédiments qui gisent au fond.

La concentration des molécules d'O_2 et l'intensité de la lumière sont généralement les deux facteurs qui influent le plus sur le microbiote des masses d'eau douce. À plusieurs égards, c'est la lumière qui est la ressource la plus importante d'un lac, car les algues photosynthétiques y constituent la principale source de matière organique et, par conséquent, d'énergie. Ces algues sont les producteurs primaires d'un lac qui abrite une population de bactéries, de protozoaires, de poissons et d'autres formes de vie aquatique. Les algues photosynthétiques vivent dans la zone limnétique.

Les régions de la zone limnétique ayant un degré d'oxygénation suffisant abritent des bactéries de l'ordre des *Pseudomonadales*, de même que des espèces de *Cytophaga*, de *Caulobacter* et d'*Hyphomicrobium*. Les microorganismes se nourrissant d'éléments nutritifs contenus dans les eaux stagnantes consomment rapidement l'O_2 dissous dans l'eau. Lorsque l'oxygénation est nulle ou très faible, les poissons meurent et l'activité anaérobie libère des odeurs (provenant par exemple du sulfure d'hydrogène et des acides

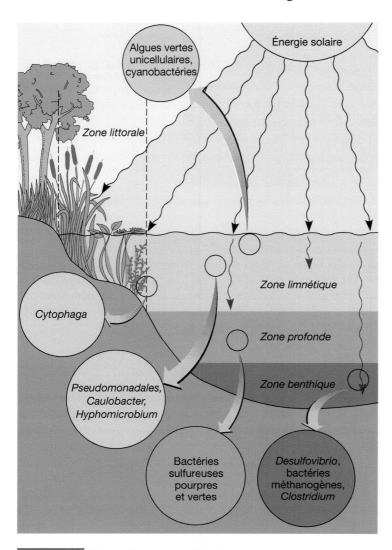

Figure 27.12 **Zones d'un lac ou d'un étang typique et organismes représentatifs de chaque zone.** Les organismes vivent dans des niches qui varient par l'intensité de la lumière et la teneur en éléments nutritifs et en O_2.

carboxyliques). Par contre, l'action des vagues dans les eaux peu profondes, ou le courant d'une rivière ou d'un fleuve favorise l'augmentation de l'oxygénation de toute la masse d'eau, ce qui stimule la croissance des populations de bactéries aérobies. Le mouvement améliore donc la qualité de l'eau et favorise la dégradation des éléments nutritifs polluants.

Dans les zones profonde et benthique, la concentration des molécules d'O_2 est faible et la lumière est moins intense. Les algues qui croissent souvent à la surface filtrent la lumière, et il n'est pas rare que les microorganismes photosynthétiques des eaux profondes et ceux de la couche de surface utilisent de la lumière ayant des longueurs d'onde différentes. Les bactéries sulfureuses pourpres et vertes vivent dans la zone profonde : ce sont des organismes photosynthétiques anaérobies qui métabolisent le H_2S des sédiments de la zone benthique en soufre et en sulfates.

Les sédiments de la zone benthique abritent aussi des bactéries, telles que *Desulfovibrio*, qui utilisent le sulfate (SO_4^{2-}) comme accepteur d'électrons et réduisent ce composé en H_2S. Des bactéries méthanogènes font aussi partie de la population benthique anaérobie.

Elles libèrent du méthane gazeux dans les marécages, les marais et les sédiments. On trouve aussi souvent dans ces derniers des espèces de *Clostridium*, dont certaines sont responsables du botulisme, et en particulier d'épidémies chez la sauvagine (canards).

Au chapitre 7, nous avons vu que les algues sont des eucaryotes photoautotrophes qui occupent fréquemment des milieux aquatiques, où elles forment le *plancton*. Certaines espèces sont des unicellulaires microscopiques — telles les diatomées et certaines espèces d'algues vertes. Toutefois, on trouve aussi des algues pluricellulaires dont la structure peut être filamenteuse. Certains types filamenteux d'algues dites « vertes » forment à la surface des étangs une mousse d'un vert qui rappelle l'*herbe*.

On trouve des algues unicellulaires et filamenteuses à tous les niveaux de la zone euphotique, soit la zone aquatique comprise entre la surface et la profondeur maximale d'une masse d'eau, exposée à une lumière suffisante pour que se produise la photosynthèse.

Le microbiote d'eau de mer

Au fur et à mesure que les connaissances sur les organismes microbiens des océans progressent — ces organismes sont identifiés principalement par les méthodes employant l'ARN ribosomal (voir la section traitant de l'hybridation *in situ* en fluorescence au chapitre 5) —, les biologistes réalisent l'importance des microorganismes océaniques. À ce jour, on peut conclure que près du tiers des formes de vie sur la planète sont des microorganismes qui vivent non pas dans les eaux océaniques, mais sous le fond océanique. Ces microorganismes produisent une quantité phénoménale de méthane gazeux, ce qui pourrait être dangereux pour l'environnement s'il était libéré dans l'atmosphère.

Dans les eaux des couches supérieures, où la lumière solaire pénètre, on trouve un grand nombre de bactéries photosynthétiques des genres *Synechococcus* et *Prochlorococcus*. Les populations de différentes souches varient selon la profondeur, en fonction de leur besoin en lumière. Une seule goutte d'eau de mer peut contenir 20 000 cellules de *Prochlorococcus*, une minuscule sphère d'un diamètre de moins de 7 μm. Cette population invisible d'organismes microscopiques occupe les 100 mètres supérieurs de l'océan et influence fortement la vie sur la Terre. La vie océanique repose grandement sur de tels organismes microscopiques photosynthétiques, le **phytoplancton** marin (un terme dérivant du grec et signifiant « plante errante »).

Ce type de bactéries photosynthétiques constitue la base de la chaîne alimentaire des océans. Dans chaque litre d'eau de mer, des milliards de bactéries doublent en quelques jours et sont consommées au même rythme par des prédateurs microscopiques. Elles fixent le CO_2 et le transforment en matière organique, qui est ensuite libérée sous forme de matière organique dissoute, puis utilisée par les bactéries hétérotrophes présentes dans l'océan. Une cyanobactérie, *Trichodesmium*, fixe l'azote et contribue à reconstituer l'azote perdu dans les profondeurs océaniques par les organismes marins. De très grandes populations d'une autre bactérie, *Pelagibacter ubique*, métabolise les déchets des populations photosynthétiques (voir la section traitant de la diversité des microorganismes au chapitre 6). De nombreux types de bactéries servent alors de source de nourriture pour une série de consommateurs marins de plus en

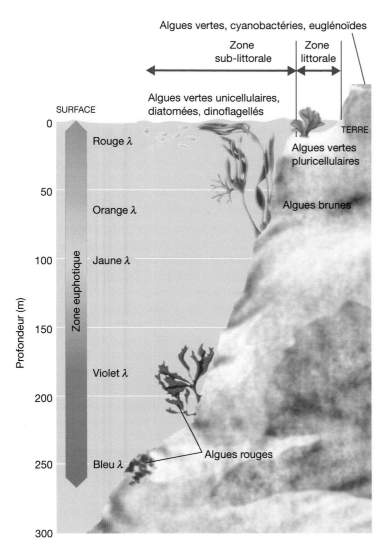

Algues vertes, cyanobactéries, euglénoïdes

Zone sub-littorale

Zone littorale

Algues vertes unicellulaires, diatomées, dinoflagellés

SURFACE

TERRE

Rouge λ

Algues vertes pluricellulaires

Orange λ

Algues brunes

Jaune λ

Zone euphotique

Profondeur (m)

Violet λ

Algues rouges

Bleu λ

Figure 27.13 **Les algues et leurs habitats.** Bien que l'on trouve des algues unicellulaires et filamenteuses dans le sol, elles occupent pour la plupart des milieux aquatiques d'eau douce et le plus souvent des milieux marins, où elles forment le plancton. Les algues pluricellulaires vertes, brunes et rouges doivent trouver un endroit adéquat pour se fixer, assez d'eau pour assurer leur soutien et de la lumière de longueurs d'onde appropriées.

plus gros. Viennent en premier les protozoaires, qui à leur tour consomment le zooplancton (organismes animaux planctoniques, tel le krill, ou zooplancton formé de petits crustacés marins ressemblant à des crevettes). Ce zooplancton est lui-même une source de nourriture pour les poissons. Une grande partie du CO_2 et des nutriments minéraux libérés par l'activité métabolique des bactéries, des protozoaires et du zooplancton est recyclée par le phytoplancton photosynthétique.

Dans les eaux à des profondeurs de plus de 100 mètres, les archéobactéries commencent à dominer les organismes microbiens. Les espèces planctoniques de ce groupe du genre *Crenarchæota* constituent une importante partie de la biomasse microbienne des océans. Ces organismes sont bien adaptés aux basses températures et à la faible teneur en O_2 des profondeurs océaniques. Ils tirent principalement leur carbone du CO_2 dissous.

Des algues vertes unicellulaires, des diatomées et des dinoflagellés (chapitre 7) font aussi partie du microbiote marin. En plus de ces organismes microscopiques, on trouve aussi des algues pluricellulaires*, rouges et brunes (**figure 27.13**)

> ▶ **Vérifiez vos acquis**
>
> Les bactéries sulfureuses pourpres et vertes sont des organismes photosynthétiques, mais on les trouve généralement dans la zone profonde des masses d'eau douce, plutôt qu'en surface. Pourquoi? **27-14**

Les microorganismes et la qualité de l'eau

Dans la nature, l'eau est rarement pure. Même l'eau des pluies est contaminée lorsqu'elle tombe sur la Terre.

La pollution de l'eau

Nous nous intéressons particulièrement à la pollution microbienne, en particulier celle qui est causée par des organismes pathogènes.

La transmission des maladies infectieuses L'eau qui circule sous la surface du sol est soumise à un processus de filtration qui en élimine la plupart des microbes. C'est pourquoi l'eau provenant de sources ou de puits profonds est généralement de bonne qualité. La contamination par des fèces est la forme la plus dangereuse de pollution de l'eau. De nombreuses maladies se transmettent par la voie orofécale, c'est-à-dire qu'un agent pathogène rejeté dans des fèces humaines ou animales contamine de l'eau et est ensuite ingéré avec celle-ci (chapitre 20). Les Centers for Disease Control and Prevention (CDC) estiment que, à l'échelle mondiale, les maladies transmises par l'eau contaminée sont responsables de plus de 2 millions de décès chaque année, la majorité touchant des enfants de 5 ans et moins. En fait, c'est l'équivalent du nombre de décès que causeraient 20 avions gros porteurs qui s'écrasent chaque jour, et cette donnée représente environ 15 % des tous les décès d'enfants de ce groupe d'âge.

La fièvre typhoïde et le choléra, par exemple, se transmettent de cette façon; ces maladies sont causées par des bactéries rejetées uniquement dans les fèces humaines. Il y a environ 100 ans, le *Journal of the American Association* rapportait qu'à Chicago, le taux des décès causés par la typhoïde avait diminué de 159,7 cas par 100 000 habitants, en 1891, et à 31,4 cas par 100 000 habitants, en 1894. On a réalisé ce progrès de la santé publique en prolongeant, dans le lac Michigan, les canalisations d'amenée d'eau jusqu'à un peu plus de 6 km de la rive. La revue médicale indique que cette mesure avait permis de diluer les eaux usées à l'origine de la contamination de la réserve d'eau, qui n'était pas traitée à l'époque. Dans le même article, on s'interroge sur la nécessité d'éliminer les microbes responsables de maladies données et on suggère l'utilisation de filtres de sable, déjà couramment employés en Europe. La filtration sur sable est analogue à l'épuration naturelle des eaux de source. La **figure 27.14** illustre les effets de l'application de cette

---

* La structure des algues pluricellulaires est généralement constituée d'un corps appelé *thalle*, qui peut prendre de grandes dimensions comme c'est le cas pour les algues rouges et brunes. Les algues brunes, ou varech, dont le thalle peut atteindre 50 m de long, se trouvent pour la plupart dans les eaux côtières des zones littorale et limnétique. Les algues rouges, dont le thalle présente plutôt des ramifications délicates, peuvent vivre en zone limnétique, à de plus grandes profondeurs océaniques que les autres algues.

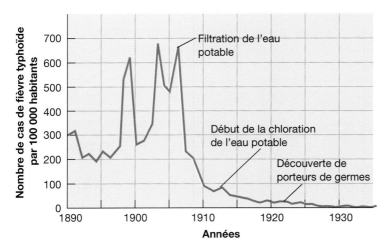

Figure 27.14 Incidence de la fièvre typhoïde à Philadelphie, **1890-1935.** Le graphique indique clairement l'effet du traitement des eaux sur l'incidence de la typhoïde. (Source : E. Steel, *Water Supply and Sewerage*, New York, McGraw-Hill, 1953.)

méthode de filtration de la source d'approvisionnement en eau sur l'incidence de la fièvre typhoïde à Philadelphie.

L'application de mesures sanitaires adéquates a permis d'éliminer presque complètement des maladies comme la fièvre typhoïde et le choléra dans les pays industrialisés. On s'intéresse aujourd'hui à d'autres maladies causées par des agents pathogènes d'origine hydrique.

La pollution chimique Il est difficile de lutter contre la contamination chimique de l'eau. De grandes quantités de produits chimiques minéraux et agricoles pénètrent dans l'eau, par lessivage du sol, sous des formes résistantes à la biodégradation. Les eaux des zones rurales contiennent souvent un excès de nitrites, dû à l'utilisation d'engrais. Une fois ingérés, les nitrates sont convertis en nitrites par des bactéries présentes dans le tractus gastro-intestinal. Les nitrites cherchent à capter l'oxygène du sang, ce qui est particulièrement dangereux pour les jeunes enfants. Les pesticides contaminent fréquemment l'eau, et il arrive même qu'on ajoute accidentellement des quantités excessives de fluorure, que l'on emploie normalement pour lutter contre la carie dentaire.

Un exemple frappant de pollution industrielle a trait à la présence de mercure dans les eaux usées provenant des papetières, qui rejetaient du mercure métallique dans les cours d'eau. On supposait que cet élément était inerte et qu'il allait rester isolé dans les sédiments. Or, des bactéries présentes dans ces derniers transforment le mercure en un composé soluble, le méthylmercure, qui est ingéré par des poissons et des invertébrés. Si ces poissons et invertébrés constituent une partie importante de la nourriture des humains, la concentration de mercure risque d'atteindre un niveau susceptible d'avoir des effets dévastateurs sur le système nerveux. C'est pourquoi les gouvernements mettent la population en garde contre la consommation de poisson provenant d'eaux contaminées par le mercure. On décrit dans l'encadré 22.1 les efforts de biorestauration déployés dans un refuge faunique pour réaliser la détoxification du mercure par des bactéries.

Les détergents synthétiques mis au point immédiatement après la Deuxième Guerre mondiale fournissent un autre exemple de

pollution chimique. Ces produits ont vite remplacé plusieurs des savons alors en usage. Comme ils ne sont pas biodégradables, ils se sont rapidement accumulés dans les cours d'eau. En certains endroits, on voyait de grandes nappes de mousse se déplacer au fil du courant. En 1964, on a remplacé les détergents de ce type par des produits synthétiques biodégradables.

Toutefois, les détergents biodégradables constituent aussi une source de graves problèmes environnementaux, car plusieurs contiennent des phosphates. Malheureusement, ceux-ci ne sont pratiquement pas transformés lors de leur passage dans les systèmes d'égouts, d'où le risque d'**eutrophisation** des lacs et des cours d'eau, un phénomène attribuable à la surabondance d'éléments nutritifs.

On comprend mieux le concept d'eutrophisation si on se rappelle que les algues et les cyanobactéries tirent leur énergie de la lumière solaire, et leur carbone du CO_2 dissous dans l'eau. Dans la plupart des milieux aquatiques, les réserves d'azote et de phosphore sont insuffisantes pour permettre la croissance d'algues. Or, les ordures ménagères, les déchets de la ferme et les déchets industriels contiennent ces deux éléments s'ils ne sont pas traités ou s'ils le sont insuffisamment. Si ces résidus pénètrent dans l'eau, il y a accroissement de la concentration en azote et en phosphore, ce qui risque d'entraîner des poussées denses de microorganismes aquatiques, appelées **fleurs d'eau** (en anglais, *algal blooms*). Comme plusieurs cyanobactéries sont capables de fixer l'azote atmosphérique, ces organismes photosynthétiques peuvent entraîner la formation de fleurs d'eau à partir de traces de phosphore. Une fois que l'eutrophisation s'est traduite par la prolifération d'algues ou de cyanobactéries, les conséquences sont les mêmes que celles qui sont reliées à l'ajout de matière organique biodégradable. Les algues et les cyanobactéries produisent d'abord de l'O_2, mais elles finissent par mourir et sont dégradées par des bactéries. Au cours du processus de décomposition, l'O_2 dissous dans l'eau est consommé, de sorte que les poissons risquent de mourir. Les résidus de matière organique non dégradés se déposent au fond et accélèrent le remplissage du lac, menant à sa disparition.

Les marées rouges de phytoplancton produisant des toxines (**figure 27.15**), dont il a été question au chapitre 7, sont probablement attribuables à un apport excessif d'éléments nutritifs, dû à une

Figure 27.15 **Marée rouge.** La prolifération de microorganismes aquatiques est attribuable à la présence d'un excès d'éléments nutritifs. La couleur de l'eau provient de la pigmentation des dinoflagellés (phytoplancton).

Les biocapteurs : des bactéries détectent les polluants et les agents pathogènes

Aux États-Unis, les installations industrielles produisent chaque année 265 millions de tonnes de déchets dangereux, dont 80 % sont acheminés vers des sites d'enfouissement. Toutefois, l'enfouissement de ces substances chimiques ne les élimine pas de l'écosystème ; il les déplace simplement d'un endroit à un autre, et ne les empêche pas de rejoindre des masses d'eau. Les analyses chimiques utilisées traditionnellement pour la localisation de telles substances sont coûteuses et elles ne permettent pas de distinguer les substances qui nuisent aux écosystèmes de celles qui restent dans le milieu à l'état inerte.

Pour résoudre ce problème, des scientifiques œuvrent à la mise au point de biocapteurs, c'est-à-dire de bactéries capables de localiser les polluants bioactifs. Les biocapteurs ne nécessitent pas l'emploi de substances chimiques ou d'équipement dispendieux, et ils effectuent le travail rapidement, soit en quelques minutes.

Pour fonctionner, les biocapteurs bactériens ont besoin à la fois d'un récepteur qui s'active en présence de polluants et d'un rapporteur qui permette de voir ce changement. Les biocapteurs utilisent comme rapporteur l'opéron *lux* de *Vibrio* ou de *Photobacterium*. L'opéron contient un inducteur et des gènes de structure de l'enzyme luciférase. En présence de la coenzyme appelée $FMNH_2$, la luciférase réagit avec la molécule polluante de telle manière que le complexe enzyme-substrat émet de la lumière bleu-vert, qui produit alors de la FMN (flavine mononucléotide) en oxydant le $FMNH_2$. Une bactérie contenant le gène *lux* émet donc de la lumière visible lorsque le récepteur est activé (voir les photos ci-contre).

L'opéron *lux* se transfère facilement à de nombreuses bactéries. Des scientifiques de plusieurs pays se proposent d'utiliser *Escherichia coli*, contenant l'opéron *lux*, comme dispositif d'alerte rapide pour la détection de produits chimiques toxiques dans l'eau et le sol. On introduit des échantillons d'eau ou de sol dans un bioréacteur qui contient la bactérie *E. coli*. Celle-ci émet de la lumière aussi longtemps qu'elle se porte bien, mais elle cesse d'en émettre si elle est détruite par des polluants toxiques.

Une autre application consiste à utiliser des bactéries *Lactococcus* contenant l'opéron *lux* pour la détection d'antibiotiques dans le lait destiné à la fabrication de fromage. (Si le lait contient des antibiotiques, il est impossible de faire croître le ferment à fromage.) Étant donné que seules les bactéries vivantes émettent de la

lumière, la décroissance du rendement lumineux des bactéries recombinées, telles que *Lactococcus*, fournit une mesure de la quantité d'antibiotique présente dans le lait.

D'autres biocapteurs utilisent des microorganismes recombinés qui possèdent un gène de méduse codant pour la protéine verte fluorescente (GFP, *green fluorescent protein*), et des gènes qui sont induits par les polluants ou les antibiotiques. Par exemple, les levures contenant des gènes codant pour des récepteurs d'odeur de mammifères et les protéines GFP fluorescent en présence de TNT (trinitrotoluène). Une fois que les polluants sont détectés, on doit procéder à la biorestauration pour les éliminer.

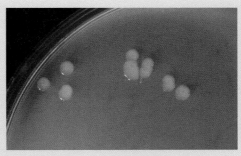

a) Colonies de *V. fischeri* photographiées à la lumière du jour

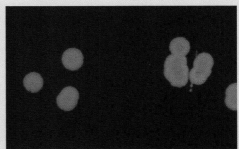

b) Colonies de *V. fischeri* photographiées dans l'obscurité et illuminées par la lumière qu'elles émettent elles-mêmes

Vibrio fischeri émet de la lumière lorsque de l'énergie est libérée par le transport d'électrons vers la luciférase.

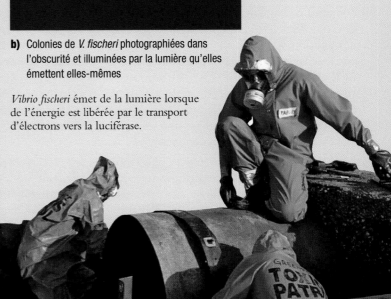

remontée océanique ou au rejet de résidus terrestres. Ce type de prolifération est non seulement une cause d'eutrophisation, mais représente aussi un danger pour la santé humaine. En ingérant ce plancton, les fruits de mer, et surtout les palourdes et les mollusques apparentés, deviennent toxiques pour les humains.

Les phosphates présents dans les lacs et les cours d'eau proviennent probablement en grande partie de déchets urbains contenant des détergents. C'est pourquoi l'utilisation de détergents renfermant des phosphates est interdite à plusieurs endroits.

Les résidus résultant de l'exploitation de mines de charbon, surtout celles de l'est des États-Unis, ont une forte teneur en soufre, principalement sous la forme de sulfure de fer (FeS_2), ou pyrite. Des bactéries, telles que *Thiobacillus ferrooxidans*, qui tirent de l'énergie de l'oxydation de l'ion ferreux (Fe^{2+}), transforment le sulfure en sulfate au cours de ce processus. Le sulfate pénètre dans les cours d'eau sous forme d'acide sulfurique, ce qui provoque une diminution du pH de l'eau, nuisible aux organismes aquatiques. Un faible pH favorise de plus la formation d'hydroxydes de fer insolubles, qui constituent les précipités jaunes qui brouillent souvent les eaux ainsi polluées.

La vérification de la qualité de l'eau

Dans le passé, les préoccupations relatives à la pureté de l'eau étaient reliées principalement à la transmission de maladies. On a donc mis au point des analyses destinées à déterminer la qualité de l'eau. Plusieurs de ces analyses peuvent par ailleurs servir à vérifier la qualité des aliments.

Il n'est cependant pas souhaitable de s'en tenir à la recherche d'agents pathogènes dans les sources d'approvisionnement en eau. Premièrement, si on trouve l'agent pathogène responsable de la fièvre typhoïde ou du choléra dans un réseau d'aqueduc, la découverte surviendrait probablement trop tard pour éviter une éclosion de la maladie. De plus, comme les agents pathogènes de ce type sont généralement présents seulement en petit nombre, les échantillons analysés n'en contiennent pas nécessairement.

Les analyses utilisées actuellement pour vérifier la qualité de l'eau reposent plutôt sur la détection d'**organismes indicateurs** donnés. Le choix de ces derniers se fait en fonction de plusieurs critères, dont le plus important est la présence constante d'un nombre important du microbe dans les fèces humaines, de sorte que la détection de celui-ci constitue une forte indication que des eaux usées sanitaires pénètrent dans la source d'approvisionnement en eau potable. De plus, les organismes indicateurs doivent survivre dans l'eau aussi bien que les agents pathogènes. On doit pouvoir les détecter au moyen d'analyses simples réalisées par des personnes ayant une formation sommaire en microbiologie.

Les organismes indicateurs les plus employés sont les *bactéries coliformes**. Par définition, un **coliforme** est un bacille, non sporulant, à Gram négatif, aérobie ou anaérobie facultatif, qui produit du gaz par fermentation en moins de 48 heures si on le dépose dans un bouillon lactosé maintenu à 35 °C. Puisque certains coliformes

ne sont pas exclusivement des entérobactéries, mais qu'on les trouve fréquemment dans des plantes et des échantillons de sol, plusieurs normes concernant les aliments et l'eau exigent la détection de *coliformes fécaux*, dont l'espèce principale est *E. coli*, qui constitue une large proportion de la flore intestinale humaine. Des analyses spécialisées permettent de distinguer les coliformes fécaux des autres coliformes. Il est à noter que ces bactéries ne sont pas elles-mêmes pathogènes dans des conditions normales, bien que certaines souches soient susceptibles de provoquer la diarrhée et des infections opportunistes des voies urinaires (chapitres 20 et 21).

Les méthodes de détection de coliformes dans l'eau reposent en grande partie sur l'aptitude de ces bactéries à fermenter le lactose. La technique des tubes multiples permet d'évaluer le nombre de coliformes à l'aide de la méthode du nombre le plus probable (NPP) (figure 4.19). La méthode de filtration sur membrane est une technique plus directe pour déterminer la présence de coliformes et de leur nombre (figure 4.18). C'est probablement la méthode la plus courante en Amérique du Nord et en Europe. Elle exige l'emploi d'un dispositif de filtration semblable à celui qui est illustré à la figure 14.6. Toutefois, dans ce cas, les bactéries recueillies sur la surface d'une membrane filtrante détachable sont déposées sur un milieu de culture approprié, puis incubées. À la fin de la période d'incubation, on dénombre les colonies de coliformes, qui présentent des caractéristiques distinctives. Cette méthode est appropriée pour les eaux ayant une faible turbidité, qui n'obstruent donc pas le filtre et qui contiennent relativement peu de bactéries non coliformes, de sorte que ces dernières ne risquent pas de masquer les résultats.

On a récemment mis au point une méthode plus pratique de détection des coliformes, plus particulièrement du coliforme fécal *E. coli*, qui repose sur l'utilisation d'un milieu de culture contenant deux substrats : *o*-nitrophényle-β-D-galactopyranoside (ONPG) et 4-méthylumbelliféryle-β-D-glucuronide (MUG). Les coliformes produisent l'enzyme β-galactosidase, qui colore le milieu en jaune en agissant sur l'ONPG, ce qui indique la présence de coliformes dans l'échantillon. *E. coli* est le seul coliforme qui produit presque toujours l'enzyme β-glucuronidase ; en agissant sur le MUG, cette dernière produit un composé fluorescent qui émet une lueur bleue en présence de lumière ultraviolette de grande longueur d'onde, ou rayons UVA (**figure 27.16**). Ces analyses simples, ou des variantes, permettent de déterminer la présence ou l'absence de coliformes, en particulier d'*E. coli*, et on peut les utiliser conjointement avec la méthode des tubes multiples pour dénombrer les microorganismes. Elles s'effectuent également sur un milieu de culture solide, comme dans la méthode de filtration sur membrane. Les colonies émettent une fluorescence en présence de lumière ultraviolette.

Bien que les coliformes soient d'excellents organismes indicateurs dans les processus d'assainissement des eaux, leur utilisation pose tout de même certains problèmes. Par exemple, des coliformes croissent en formant des biofilms qui s'ancrent dans la paroi intérieure des canalisations d'eau. Ainsi, ils ne constituent pas une contamination fécale de l'eau à l'extérieur des conduites et on ne considère pas qu'ils représentent une menace pour la santé publique. Or, les normes relatives à la présence de coliformes dans l'eau potable exigent qu'on rapporte tout résultat positif de l'analyse d'échantillons d'eau. Il arrive qu'on détecte en fait des coliformes

---

* L'Environmental Protection Agency (EPA) des États-Unis recommande l'utilisation de la bactérie *Enterococcus* comme indicateur de salubrité dans le cas des eaux des océans et des baies. Les populations de cette bactérie diminuent de façon plus uniforme que les coliformes dans l'eau douce et l'eau de mer.

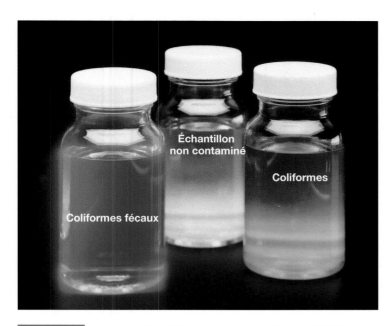

Figure 27.16 **Analyses de coliformes avec les substrats ONPG et MUG.** La couleur jaune (positif pour ONPG) indique la présence de coliformes. Une fluorescence bleue (positif pour MUG) indique la présence du coliforme fécal *E. coli*. Un milieu de culture clair indique que l'échantillon n'est pas contaminé.

latents de ce type et qu'on émette inutilement un avis recommandant à la population de faire bouillir l'eau.

On note toutefois un problème plus grave : certains agents pathogènes, en particulier des virus et des protozoaires qui forment des kystes et des oocystes, sont plus résistants que les coliformes à la désinfection chimique. L'application de méthodes complexes de détection des virus a révélé que des échantillons d'eau traités avec des désinfectants chimiques et exempts de coliformes étaient néanmoins souvent contaminés par des entérovirus. Les kystes de *Giardia*

lamblia et les oocystes de *Cryptosporidium* sont tellement résistants à la chloration – 100 fois plus résistants que les virus – qu'il est pratiquement impossible de les éliminer tout à fait au moyen de ce processus : il faut avoir recours à des méthodes mécaniques, comme la filtration.

▶ **Vérifiez vos acquis**

Laquelle de ces maladies est la plus susceptible d'être transmise par l'eau polluée : le choléra ou la grippe ? **27-15**

Nommez un microorganisme qui proliférera dans l'eau, même en l'absence de matière organique comme source d'énergie ou d'azote, mais qui a besoin de petites quantités de phosphore. **27-16**

Aux États-Unis et au Canada, les bactéries coliformes sont les indicateurs les plus communément employés pour déterminer le degré de pollution de l'eau constituant une menace pour la santé. Pourquoi est-il habituellement nécessaire de préciser qu'il s'agit de détecter les coliformes *fécaux* ? **27-17**

Le traitement de l'eau potable

Si elle provient de réservoirs non contaminés, alimentés par des sources de montagne aux eaux limpides ou des puits profonds, l'eau ne nécessite qu'un traitement minimal pour être consommée sans danger. Par contre, les sources d'approvisionnement en eau de plusieurs villes sont fortement polluées. C'est le cas notamment des rivières qui reçoivent en amont des déchets urbains et industriels. Les procédés de traitement de l'eau potable n'ont pas pour objectif de la rendre stérile ; le but est d'en éliminer les agents pathogènes. Les étapes du processus d'assainissement des eaux de ce type sont illustrées à la **figure 27.17**.

La floculation et la filtration

❶ On laisse les eaux très turbides (ou troubles) décanter pendant un certain temps dans un bassin de rétention pour permettre à la plus grande quantité possible de particules de se déposer au fond par sédimentation.

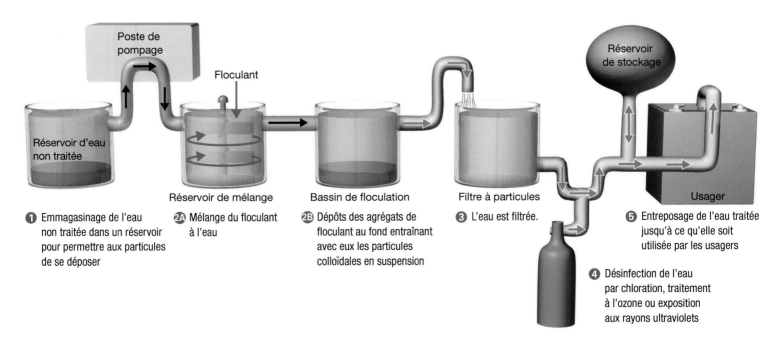

❶ Emmagasinage de l'eau non traitée dans un réservoir pour permettre aux particules de se déposer

❷Ⓐ Mélange du floculant à l'eau

❷Ⓑ Dépôts des agrégats de floculant au fond entraînant avec eux les particules colloïdales en suspension

❸ L'eau est filtrée.

❹ Désinfection de l'eau par chloration, traitement à l'ozone ou exposition aux rayons ultraviolets

❺ Entreposage de l'eau traitée jusqu'à ce qu'elle soit utilisée par les usagers

Figure 27.17 **Étapes du traitement de l'eau dans une station municipale typique.**

2 L'eau subit ensuite une **floculation**, qui consiste à éliminer la matière colloïdale, telle l'argile, qui resterait autrement indéfiniment en suspension en raison de la petite taille des particules (moins de 10 μm). **2A** Un floculant chimique, comme le sulfate double d'aluminium et de potassium (alun), provoque l'agrégation des fines particules en suspension sous forme de *flocons*, ou *flocs*. **2B** En formant lentement un dépôt, les flocons emprisonnent la matière colloïdale et l'entraînent vers le fond. Un grand nombre de virus et de bactéries est éliminé de cette façon.

3 Après la floculation, l'eau est traitée par **filtration**, c'est-à-dire qu'on la fait passer à travers un lit de sable fin ou de terre à diatomées de 0,6 à 1,2 m d'épaisseur. Nous avons déjà souligné que seul un traitement de ce type permet d'éliminer certains protozoaires sous forme de kystes et d'oocystes. Ces microorganismes sont emprisonnés dans les particules de sable par adsorption en surface. Ils n'effectuent pas de parcours sinueux entre les particules, même si les dimensions des interstices le permettent. On fait régulièrement passer un courant d'eau en sens inverse dans les filtres pour éliminer la matière qui s'y est accumulée. Les municipalités qui ont des raisons particulières de craindre la présence de produits chimiques toxiques procèdent, après la filtration sur sable, à une filtration sur charbon activé (carbone). Le charbon élimine non seulement les particules de matière, mais aussi la plus grande partie des polluants chimiques organiques en solution. Un traitement adéquat et efficace de l'eau doit réduire de 99,5 % la présence des virus, un objectif plus difficile à atteindre puisque ceux-ci sont beaucoup plus petits que les bactéries et les protozoaires. On utilise aussi depuis peu des *systèmes de filtration sur membrane à basse pression*. Ces derniers comportent des filtres dont les pores ne mesurent pas plus de 0,2 μm, et ils constituent une méthode très fiable pour éliminer les protozoaires *Giardia* et *Cryptosporidium*.

La désinfection

4 Avant d'être acheminée vers le réseau de distribution municipal, l'eau filtrée est chlorée. Comme la matière organique neutralise le chlore, les opérateurs de la station d'épuration doivent constamment veiller à ce que le taux de chlore soit approprié. On s'est demandé si le chlore lui-même ne représente pas un danger pour la santé en raison de sa capacité à réagir avec des polluants organiques contenus dans l'eau et à former ainsi des composés cancérogènes. Pour le moment, on considère cette possibilité comme un risque acceptable compte tenu de l'efficacité démontrée de la chloration de l'eau.

Le traitement à l'ozone est une autre méthode de désinfection de l'eau, comme nous l'avons souligné au chapitre 14. L'ozone est une forme d'oxygène hautement réactive, produite par l'émission d'étincelles électriques et de lumière ultraviolette. (Ce gaz est responsable de l'odeur caractéristique de l'air après un orage électrique ou à proximité d'une lampe UV.) On le produit directement à la station d'épuration à l'aide de dispositifs électriques. Le traitement à l'ozone est apprécié, car il ne modifie pas du tout le goût ni l'odeur de l'eau. Comme il a peu d'effet résiduel, on l'emploie généralement comme traitement de décontamination primaire, que l'on fait suivre d'une chloration. L'emploi de lumière ultraviolette constitue également une solution de rechange à la désinfection chimique, ou les deux méthodes sont utilisées conjointement. Les lampes ultraviolettes sont disposées de manière que l'eau circule à proximité, car les rayons UV ont un faible pouvoir de pénétration.

▶ **Vérifiez vos acquis**

Comment les floculants comme l'alun éliminent-ils les impuretés colloïdales, y compris les microorganismes, de l'eau? **27-18**

Le traitement des eaux usées

Les eaux usées, ou eaux d'égout, comprennent toutes les eaux d'origine domestique et les eaux sanitaires. Dans certaines municipalités, les eaux pluviales et des déchets industriels sont aussi rejetés dans le réseau d'égout. Les eaux usées contiennent principalement de l'eau et une faible quantité de particules, soit probablement pas plus de 0,03 %. Malgré cela, dans les grandes villes, ce pourcentage représente plus de 1 000 tonnes — 1 tonne = 1 000 kg — de déchets solides par jour.

Tant que la sensibilisation à l'environnement était restreinte, un nombre étonnant de grandes villes ne possédaient qu'un système rudimentaire de traitement des eaux usées, si elles en possédaient un. Les eaux d'égout brutes ou à peine traitées étaient simplement rejetées dans les cours d'eau ou les océans. Les eaux vives bien aérées ont un bon pouvoir d'autoépuration. Jusqu'à ce que cette capacité soit dépassée en raison de l'accroissement de la population et de la quantité de déchets produite, le traitement sommaire des rejets municipaux ne causait donc pas de problème. Au Canada, de même qu'aux États-Unis, on a amélioré la situation dans la majorité des cas de rejet sans traitement. Mais il n'en est pas de même partout dans le monde. Plusieurs communautés qui vivent en bordure de la Méditerranée déversent encore aujourd'hui leurs eaux usées non traitées dans la mer. En Asie, un hôtel d'un centre touristique a affiché des instructions indiquant que le papier hygiénique ne devait pas être jeté dans les toilettes, vraisemblablement parce que le papier qui flotte montrerait que les sorties d'eaux usées se trouvent près de la plage. Dans des régions d'Europe et d'Afrique du Sud où le tourisme est essentiel à l'économie, les administrations locales tentent de rassurer les visiteurs au sujet de la qualité des eaux de baignade en utilisant un drapeau bleu (**figure 27.18**), dont la présence indique que les eaux côtières satisfont à certaines normes minimales de salubrité.

Le traitement primaire

La première étape du traitement d'eaux usées est généralement un **traitement primaire** (**figure 27.19a**). Durant ce procédé, **1** on élimine par criblage les grosses particules flottantes des eaux usées entrantes; des écrémeurs éliminent les huiles et les graisses flottantes; enfin, les débris flottants sont broyés et pulvérisés. **2** Par la suite, les eaux usées passent dans des bassins de décantation où encore d'autres matières solides décantent. Les déchets solides qui se déposent au fond sont appelés **boues**. À cette étape, ce sont plus précisément des *boues résiduaires primaires*. Ce procédé de décantation élimine environ 40 à 60 % des matières solides en suspension; on ajoute parfois, à cette étape, des floculants qui favorisent l'élimination des solides. L'activité biologique ne joue pas un rôle important dans le traitement primaire,

Figure 27.18
Drapeau bleu
sur une plage
qui satisfait aux
normes minimales
de salubrité.

même si une certaine digestion des boues et des matières organiques dissoutes peut avoir lieu durant les longues périodes d'attente. L'évacuation des boues se fait de façon continue ou intermittente, et l'effluent (le liquide à la sortie) est soumis à un traitement secondaire.

La demande biochimique en oxygène

La **demande biochimique en oxygène (DBO)** est un concept important dans le domaine du traitement des eaux usées et, de façon plus générale, de l'écologie de la gestion des déchets. Il s'agit d'une mesure de la quantité de matière organique biodégradable dans l'eau. Le traitement primaire élimine de 25 à 35 % de la DBO des eaux usées.

La DBO est déterminée par la quantité d'O_2 dont les bactéries ont besoin pour métaboliser la matière organique (biooxydation). La méthode de mesure courante requiert l'utilisation de bouteilles

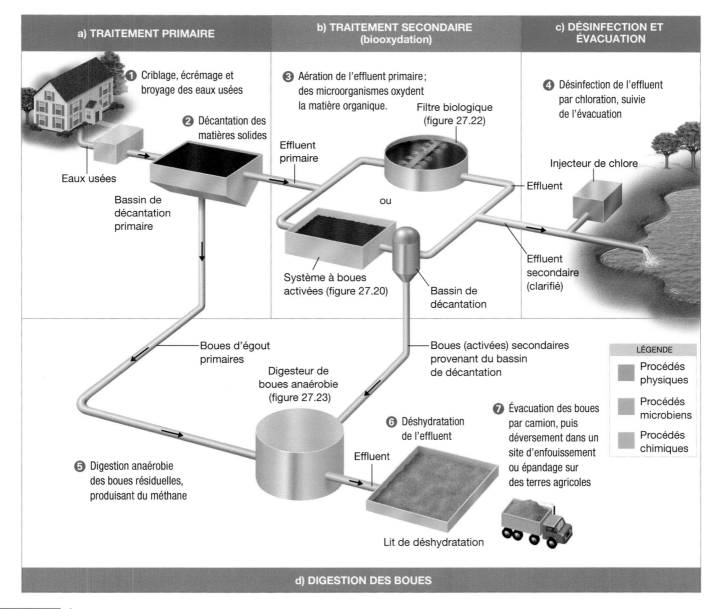

Figure 27.19 **Étapes habituelles du traitement des eaux usées.** On observe une activité microbienne aérobie dans les filtres biologiques ou les réservoirs d'aération des boues activées, et une activité anaérobie dans le digesteur anaérobie de boues. Un système donné comprend soit des réservoirs d'aération des boues activées, soit des filtres biologiques, mais non les deux, comme l'indique le schéma.

spéciales munies de bouchons étanches. On remplit chaque bouteille avec l'eau à analyser ou une dilution. On aère d'abord l'eau pour que la concentration en O_2 dissous soit relativement élevée, puis on l'ensemence au besoin avec des bactéries. Les bouteilles sont incubées pendant 5 jours dans l'obscurité, à 20 °C, et on évalue la diminution de la concentration en O_2 dissous par une méthode chimique ou par un essai électronique. La DBO, habituellement exprimée en milligrammes d'O_2 par litre d'eau, est d'autant plus élevée que la quantité d'O_2 utilisée par les bactéries pour dégrader la matière organique de l'échantillon est grande. Normalement, la quantité maximale d'O_2 dissous dans l'eau est seulement d'environ 10 mg/L ; la valeur de la DBO est fréquemment 20 fois plus grande. Si, à cette étape, des eaux usées pénètrent dans un lac, par exemple, les bactéries du lac digèrent la matière organique responsable de la forte DBO, de sorte que la concentration en O_2 dissous de l'eau du lac diminue rapidement. (Voir la section sur l'eutrophisation présentée plus haut dans le présent chapitre.)

Le traitement secondaire

À la fin du traitement primaire, la majeure partie de la DBO des eaux usées est sous forme de matière organique dissoute. Le **traitement secondaire**, qui est principalement de nature biologique, vise à éliminer le plus possible cette matière et à réduire la DBO (**figure 27.19b**). À cette étape, ❸ les eaux usées sont fortement aérées pour favoriser la croissance de bactéries et d'autres microorganismes aérobies, qui transforment par oxydation la matière organique dissoute en CO_2 et en eau. Les systèmes à boues activées et les filtres biologiques sont couramment utilisés pour le traitement secondaire.

Dans les réservoirs d'aération d'un **système à boues activées**, on fait passer de l'air ou de l'O_2 pur à travers l'effluent du traitement primaire (**figure 27.20**). Le système tire son nom du fait qu'on ajoute généralement à l'effluent primaire des boues de la cuvée précédente. Cet inoculum est appelé *boues activées*, parce qu'il contient un grand nombre de microorganismes capables de métaboliser les boues. L'activité de ces microorganismes aérobies transforme par oxydation une grande partie de la matière organique des boues en CO_2 et en eau.

Des bactéries des espèces *Zooglœa* sont particulièrement importantes à cet égard, car elles forment des masses appelées *flocs*, ou *granules de boues* dans les réservoirs d'aération (**figure 27.21**). La matière organique soluble des boues est mélangée aux flocs et aux microorganismes qu'ils contiennent. Au bout de 4 à 8 heures, on met fin au processus d'aération et on transfère le contenu du réservoir dans un bassin de décantation, où les flocs se déposent, éliminant ainsi une bonne partie de la matière organique. Les solides sont par la suite traités dans un digesteur de boues anaérobie, que nous décrirons sous peu. Ce processus de décantation élimine probablement plus de matière organique que l'oxydation aérobie par des microorganismes, qui est relativement courte. L'effluent clarifié résultant de ce traitement est désinfecté par chloration, puis évacué.

Les systèmes à boues activées sont très efficaces : ils permettent d'éliminer de 75 à 95 % de la DBO des eaux usées. Toutefois, il arrive que les boues flottent au lieu de se déposer ; on parle alors du phénomène de **gonflement des boues**. Lorsque cela se produit, la matière organique contenue dans le floc est évacuée en même temps que l'effluent, ce qui représente une source de pollution locale. Le gonflement des boues résulte de la prolifération de divers types de bactéries filamenteuses, au nombre desquelles on trouve souvent *Sphærotilus natans* et *Nocardia*.

L'autre méthode courante de traitement secondaire repose sur l'utilisation de **filtres biologiques** et consiste à vaporiser les eaux usées sur un lit de roches ou de matière plastique moulée (**figure 27.22a**). Les éléments constituant le lit doivent être assez volumineux pour laisser l'air pénétrer jusqu'au fond, mais assez petits pour maximiser la superficie où a lieu l'activité microbienne. Un biofilm constitué de microbes aérobies se développe à la surface des roches ou du plastique (**figure 27.22b**). Grâce à la circulation d'air dans le lit de roches, les microorganismes du biofilm transforment par oxydation une grande partie de la matière organique

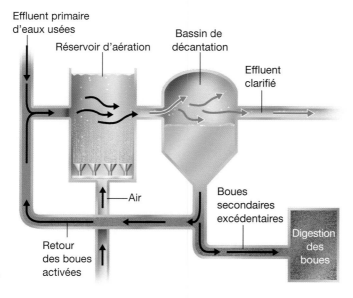

a) Schéma d'un système à boues activées

b) Un réservoir d'aération. On note que l'aération produit de l'écume à la surface du liquide.

Figure 27.20 Système à boues activées pour le traitement secondaire des eaux usées.

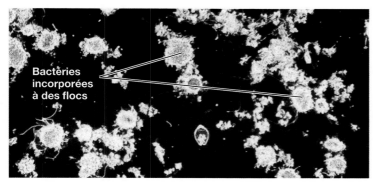

Figure 27.21 Flocs produits par un système **MO** | 10 µm
à boues activées. Une espèce de *Zooglœa* provoque la formation de masses mucilagineuses de flocs décantables. On note la présence de bactéries incorporées dans des flocs.

a) Gicleur rotatif d'un filtre biologique

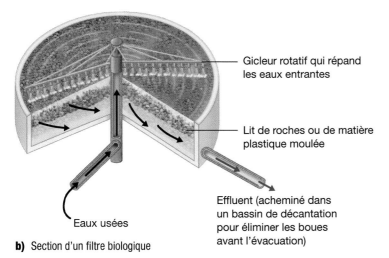

Gicleur rotatif qui répand les eaux entrantes

Lit de roches ou de matière plastique moulée

Effluent (acheminé dans un bassin de décantation pour éliminer les boues avant l'évacuation)

Eaux usées

b) Section d'un filtre biologique

Figure 27.22 Filtre biologique utilisé pour le traitement secondaire des eaux usées. Un système de conduites en rotation vaporise les eaux usées sur un lit de roches ou de matière plastique, conçu de manière que la superficie soit maximale et que l'O_2 pénètre jusqu'au fond.

des eaux usées en dioxyde de carbone et en eau. Les filtres biologiques éliminent de 80 à 85 % de la DBO, de sorte qu'ils sont généralement moins efficaces que les systèmes à boues activées. Toutefois, ils sont d'ordinaire plus faciles à utiliser et posent moins de problèmes

reliés à une surcharge ou à des eaux usées toxiques. Il est à noter que les filtres biologiques produisent également des boues.

Les **disques biologiques** constituent un autre système reposant sur l'utilisation de biofilms et utilisé pour le traitement secondaire des eaux usées. Un ensemble de disques de plusieurs mètres de diamètre est monté sur un axe. Les disques tournent lentement et leur partie inférieure, soit 40 % de la superficie, baigne dans les eaux usées. La rotation produit une aération et met le biofilm en contact avec les eaux usées. Elle favorise aussi le détachement du biofilm accumulé lorsqu'il en vient à former une couche trop épaisse. Cette accumulation est analogue à celle du floc dans un système à boues activées.

La désinfection et l'évacuation

4 Avant d'être évacuées, les eaux usées traitées sont désinfectées, habituellement par chloration (**figure 27.19c**). En général, l'évacuation se fait dans la mer ou un cours d'eau, mais on a parfois recours à la vaporisation sur des terres pour prévenir la contamination des cours d'eau par le phosphore et les métaux lourds. Après la désinfection, on peut enlever le chlore de l'eau pour éviter qu'il ne détruise, au moment de l'évacuation, les organismes aquatiques que l'on souhaite conserver. L'élimination du chlore se fait au moyen d'une réaction d'échange, par ajout de dioxyde de soufre.

On peut traiter les eaux usées jusqu'à l'obtention d'eau potable. Cette méthode est maintenant appliquée dans certaines villes des régions arides des États-Unis et tend à se répandre. Dans un système de traitement type, on filtre les eaux usées traitées pour éliminer les particules microscopiques en suspension, puis on les fait passer dans un système de purification par osmose inversée afin d'éliminer les microbes. On expose ensuite les eaux à la lumière ultraviolette ou on les traite avec des désinfectants afin d'éliminer tous les microbes qui pourraient rester.

La digestion des boues

Les boues primaires s'accumulent dans des bassins de décantation primaire ; des boues s'accumulent également lors du traitement secondaire par boues activées ou des filtres biologiques. On pompe souvent ces boues dans un **digesteur anaérobie** (**figure 27.19d** et **figure 27.23**) pour en poursuivre le traitement. Le processus de digestion se fait dans d'énormes réservoirs où la concentration en O_2 est extrêmement faible, et qui sont le plus souvent complètement enfouis dans la terre, ou presque, surtout dans les régions froides.

L'un des éléments les plus importants du traitement secondaire est le maintien de conditions aérobies, essentielles à la transformation de la matière organique en CO_2, en HO_2 et en matières solides qui décantent. Par contre, **5** un digesteur anaérobie est conçu de manière à favoriser la croissance des bactéries anaérobies, en particulier des bactéries méthanogènes, qui réduisent la quantité de solides organiques en les dégradant en substances solubles et en gaz, soit principalement du CH_4 (de 60 à 70 %) et du CO_2 (de 20 à 30 %). Ces gaz sont des produits finaux relativement inoffensifs, comparables au CO_2 et à l'H_2O résultant du traitement aérobie. On emploie couramment le méthane comme combustible pour chauffer le digesteur et faire fonctionner le matériel motorisé de la station ; le gaz en excès est brûlé.

a) Digesteur de boues dans une station de traitement des eaux usées. Le méthane produit en excès est brûlé.

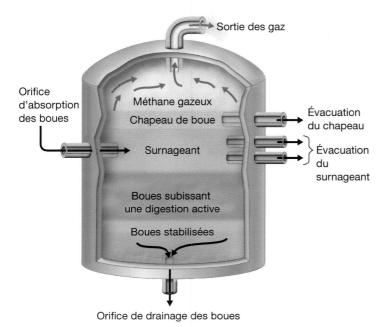

b) Section d'un digesteur. Le chapeau de boue et le surnageant, dont la teneur en matières solides est faible, sont retournés dans le système de traitement secondaire.

Figure 27.23 Digestion des boues.

L'activité dans un digesteur anaérobie comporte essentiellement trois étapes. La première est la production de CO_2 et d'acides carboxyliques (organiques) par fermentation anaérobie des boues, la fermentation étant effectuée par différents microorganismes anaérobies et anaérobies facultatifs. Lors de la deuxième étape, les acides carboxyliques sont métabolisés en H_2 et en CO_2, de même qu'en acides carboxyliques, et notamment en acide acétique. Ces produits constituent la matière première durant la troisième étape, où les bactéries méthanogènes libèrent du méthane. La majeure partie du CH_4 provient d'une réaction qui libère de l'énergie, soit la réduction du CO_2 par l'H_2 gazeux :

$$CO_2 + 4\,H_2 \longrightarrow CH_4 + 2\,H_2O$$

D'autres bactéries méthanogènes produisent du CH_4 et du CO_2 en décomposant l'acide acétique (acide éthanoïque) :

$$CH_3COOH \longrightarrow CH_4 + CO_2$$

À la fin de la digestion anaérobie, il reste encore de grandes quantités de boues non digérées, mais celles-ci sont relativement stables et inertes. Pour en réduire le volume, ❻ on pompe les boues non digérées dans des lits de déshydratation peu profonds ou on les filtre pour en extraire l'eau. ❼ Elles peuvent ensuite être déversées dans un site d'enfouissement, ou servir de matériau de remblai ou d'amendement de sol : sous cette forme, on parle de *biosolides*. Ces derniers appartiennent à deux classes : A et B. La classe A ne contient aucun pathogène détectable, et la classe B est une boue traitée où le nombre de pathogènes est maintenu sous un certain seuil. L'utilisation publique des boues de classe B est donc limitée. Même si les boues favorisent la croissance environ cinq fois moins que les engrais à gazon d'emploi courant, elles possèdent des propriétés intéressantes pour l'amendement des sols, par lesquelles elles ressemblent à l'humus et au paillis. La présence de métaux lourds, toxiques pour les plantes, peut poser un problème lors de l'épandage des boues sur le sol.

Les fosses septiques

Dans les zones où la densité de population est faible, les habitations et les édifices commerciaux n'étant pas raccordés à un réseau d'égout municipal sont fréquemment munis d'une *fosse septique*, soit un dispositif dont le principe de fonctionnement ressemble au traitement primaire (**figure 27.24**). Les eaux usées sont acheminées vers un réservoir, où les solides en suspension décantent. Il faut pomper régulièrement les boues emmagasinées dans le réservoir et les éliminer. L'effluent passe par un système de tuyaux perforés et entre dans un champ d'épuration, où il est décomposé par les microorganismes du sol. L'efficacité d'une fosse septique peut être réduite par l'introduction excessive de savons antibactériens, de médicaments, d'agents de blanchiment et de tout produit de nettoyage tels les nettoyants pour cuvette de salles de bain.

Ce système fonctionne bien s'il n'est pas surchargé et si les dimensions du réseau d'évacuation et de drainage sont appropriées à la charge et au type de sol. Les sols argileux lourds requièrent l'installation d'un réseau de grandes dimensions, car ils sont peu perméables. Par contre, dans le cas de sols sablonneux, à forte porosité, il y a un risque de pollution chimique ou bactérienne des réserves d'eau environnantes.

Les étangs d'oxydation

De nombreuses petites collectivités et industries utilisent des **étangs d'oxydation**, aussi appelés *étangs d'épuration* ou *étangs de stabilisation*, pour traiter les eaux usées. Les installations de ce type, dont la construction et l'entretien sont peu coûteux, occupent néanmoins une grande surface. Quelle qu'en soit la conception, le traitement comporte généralement deux étapes. La première est analogue au traitement primaire : l'étang est suffisamment profond pour que les conditions y soient presque tout à fait anaérobies. C'est durant cette étape que les boues décantent. Lors de la deuxième étape, qui correspond approximativement au traitement secondaire, l'effluent est

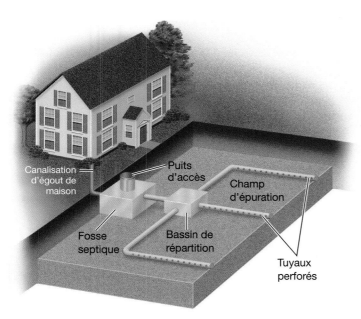

Canalisation d'égout de maison

Puits d'accès

Champ d'épuration

Fosse septique

Bassin de répartition

Tuyaux perforés

a) Plan d'ensemble. La plus grande partie de la matière organique soluble s'évacue dans le sol par percolation.

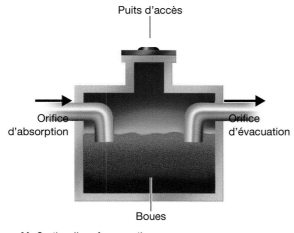

Puits d'accès

Orifice d'absorption

Orifice d'évacuation

Boues

b) Section d'une fosse septique

Figure 27.24 **Fosse septique.**

pompé dans un étang adjacent ou un système d'étangs dont la faible profondeur permet l'aération par l'action des vagues. Puisqu'il est difficile de maintenir dans ces étangs des conditions aérobies propices à la croissance bactérienne, en raison de la forte concentration en matière organique, on favorise le développement d'algues qui produisent de l'O_2. La décomposition bactérienne de la matière organique des déchets s'accompagne de la libération de CO_2. Les algues, qui consomment du CO_2 lors du métabolisme photosynthétique, croissent et produisent de l'O_2, qui stimule à son tour l'action des microorganismes aérobies présents dans les boues. Il y a accumulation de grandes quantités de matière organique, sous forme d'algues, mais cela ne pose pas de problème puisque, contrairement aux lacs, les étangs d'oxydation renferment déjà une quantité importante d'éléments nutritifs.

Le traitement tertiaire

On a vu que les traitements primaire et secondaire des eaux usées n'éliminent pas toute la matière organique biodégradable. On peut rejeter une quantité relativement faible de matière organique dans un cours d'eau sans que cela ne cause de problème. Cependant, si l'accroissement de la population entraîne une augmentation des rejets au point que la capacité de charge d'une masse d'eau est dépassée, il faut alors appliquer un traitement supplémentaire. Actuellement, les traitements primaire et secondaire sont déjà insuffisants dans certaines situations, par exemple lorsque l'effluent est rejeté dans des petits cours d'eau ou des lacs utilisés à des fins récréatives. C'est pourquoi certaines communautés se sont dotées d'une station de **traitement tertiaire** des eaux usées.

L'effluent provenant d'une station de traitement secondaire contient encore une certaine DBO. Il renferme aussi environ 50 % de l'azote et 70 % du phosphore présents initialement, ce qui risque d'affecter l'écosystème d'un lac. Le traitement tertiaire vise essentiellement à éliminer la totalité de la DBO, de l'azote et du phosphore au moyen de procédés physiques et chimiques, plutôt que biologiques. Le phosphore précipite en se combinant à des substances chimiques telles que la chaux, l'alun et le chlorure de fer (III) (ou chlorure ferrique). Des filtres composés de sable fin et de charbon activé éliminent les petites particules et les substances chimiques dissoutes. Le N_2 est converti en ammoniac, qui est libéré dans l'air par des tours de stripping. Certains systèmes favorisent la formation d'azote gazeux volatile par des bactéries dénitrifiantes. Enfin, l'eau épurée est chlorée.

Le traitement tertiaire fournit une eau potable, mais c'est un processus extrêmement coûteux. Le traitement secondaire est moins coûteux, mais il donne une eau contenant encore plusieurs polluants. On déploie actuellement beaucoup d'efforts pour mettre au point des stations de traitement secondaire dont l'effluent pourrait être utilisé pour l'irrigation. Une telle usine éliminerait une source de pollution de l'eau ; elle fournirait de plus des éléments nutritifs pour la croissance des plantes et réduirait la demande de réserves d'eau, qui sont déjà insuffisantes en plusieurs endroits. Le sol qui recevrait l'effluent en éliminerait les substances chimiques et les microorganismes, à la manière d'un filtre biologique, avant que l'effluent ne rejoigne les eaux souterraines et les réserves d'eau de surface.

▶ **Vérifiez vos acquis**

Quel type de traitement des eaux usées est conçu pour en éliminer presque tout le phosphore ? **27-19**

Parmi les bactéries anaérobies, quel groupe métabolique est tout particulièrement favorisé par l'utilisation d'un système de digestion des boues ? **27-20**

Quel lien peut-on faire entre la DBO et le bien-être des poissons ? **27-21**

★ ★ ★

Nous espérons que la lecture du présent chapitre, consacré à l'écomicrobiologie, et des chapitres précédents vous a permis de mieux comprendre le rôle des microbes dans notre milieu de vie.

RÉSUMÉ

LA DIVERSITÉ DES MICROORGANISMES ET DE LEURS HABITATS (p. 787)

1. Les microorganismes vivent dans une large gamme d'habitats grâce à leur diversité métabolique, à leur habileté à utiliser des sources de carbone et d'énergie variées et à leur capacité de croître dans différentes conditions physiques.

2. Les extrémophiles vivent dans des conditions extrêmes de température, d'acidité, d'alcalinité ou de salinité.

La symbiose (p. 787)

3. La symbiose est une association durable entre deux populations ou organismes différents.

4. Le mutualisme est une forme de symbiose bénéfique aux deux partenaires.

5. Les mycorhizes sont des mycètes symbiotiques qui vivent sur les racines des plantes et à l'intérieur des racines. Elles accroissent la surface par laquelle les plantes absorbent des éléments nutritifs.

LA MICROBIOLOGIE DU SOL ET LES CYCLES BIOGÉOCHIMIQUES (p. 788)

1. Dans les cycles biogéochimiques, des éléments chimiques sont recyclés.

2. Des microorganismes du sol décomposent la matière organique et transforment les composés renfermant du carbone, de l'azote, du soufre ou du phosphore en des formes utilisables.

3. Les microorganismes sont essentiels à la continuation des cycles biogéochimiques.

4. Durant ces cycles, des éléments sont oxydés et réduits par des microorganismes.

Le cycle du carbone (p. 789)

5. Le CO_2 atmosphérique et les ions carbonate sont fixés, ou intégrés dans des composés organiques, par les photoautotrophes et les chimioautotrophes.

6. Ces composés organiques fournissent des éléments nutritifs aux chimiohétérotrophes.

7. Les chimiohétérotrophes libèrent du CO_2 qui est alors utilisé par les photoautotrophes.

8. Le carbone est éliminé du cycle lorsqu'il se trouve sous forme de $CaCO_3$ ou de combustibles fossiles (qui servent de réservoirs).

Le cycle de l'azote (p. 790)

9. Des microorganismes décomposent les protéines des cellules mortes et libèrent des acides aminés.

10. L'ammonification microbienne des acides aminés libère de l'ammoniac.

11. Les bactéries nitrifiantes produisent, en oxydant l'azote de l'ammoniac, des nitrites et des nitrates utilisés comme source d'énergie.

12. Les bactéries dénitrifiantes réduisent l'azote des nitrates en diazote (N_2).

13. Le N_2 est converti en ammoniac par des bactéries symbiotiques fixatrices d'azote.

14. Les bactéries fixatrices d'azote comprennent des espèces libres non symbiotiques, comme celles du genre *Azobacter*, les cyanobactéries et les bactéries symbiotiques *Rhizobium* et *Frankia*.

15. Les bactéries et les plantes utilisent les ions ammonium et les ions nitrate pour la synthèse des acides aminés qui seront intégrés à des protéines.

16. Les lichens représentent une symbiose réussie. Ils résultent de l'association d'un mycète et d'une algue verte ou d'une cyanobactérie ; ils contribuent de façon importante au processus de fixation de l'azote.

Le cycle du soufre (p. 794)

17. Les bactéries autotrophes utilisent le sulfure d'hydrogène (H_2S), qui est converti en S^0 ou en SO_4^{2-} par oxydation.

18. Des plantes et des microorganismes produisent des acides aminés en réduisant les ions sulfate SO_4^{2-}. Ces acides aminés sont à leur tour utilisés par des animaux pour la synthèse des protéines.

19. La dégradation et la désassimilation des acides aminés libèrent du H_2S.

20. Le dioxyde de soufre (SO_2) résultant de la combustion de combustibles fossiles se combine à l'eau pour former de l'acide sulfureux, ou H_2SO_3.

La vie en l'absence de lumière solaire (p. 795)

21. Les chimioautotrophes sont les producteurs primaires dans les cheminées sous-marines et à l'intérieur des roches enfouies en profondeur.

Le cycle du phosphore (p. 795)

22. On trouve du phosphore (sous forme de PO_4^{3-}) dans des roches et le guano.

23. La solubilisation du PO_4^{3-} par des acides microbiens le rend disponible pour les plantes et les microorganismes.

24. Les bactéries endolithes vivent dans la roche ; ce sont des autotrophes qui utilisent le dihydrogène (H_2) comme source d'énergie.

La dégradation des substances synthétiques dans le sol et l'eau (p. 795)

25. De nombreuses substances synthétiques, dont les pesticides, résistent à la dégradation par des microbes.

26. Les écologistes tentent d'utiliser des bactéries pour la dégradation des produits toxiques.

27. On appelle *biorestauration* la dégradation de polluants ou la détoxification de sols ou de l'eau au moyen de microorganismes dans le but de rendre les sols et les milieux aquatiques aptes à remplir de nouveau leurs fonctions écologiques essentielles.

28. L'addition d'engrais azoté et phosphoré favorise la croissance des bactéries responsables de la dégradation des hydrocarbures.

29. La décomposition des déchets solides n'est pas possible dans les sites d'enfouissement municipaux en raison de la sécheresse et des conditions anaérobies.

30. Dans certains sites d'enfouissement, on récupère le méthane produit par les bactéries méthanogènes et on l'utilise comme source d'énergie.

31. Le compostage est un procédé qui favorise la biodégradation de la matière organique.

LA MICROBIOLOGIE AQUATIQUE ET LE TRAITEMENT DES EAUX USÉES (p. 797)
Les microorganismes aquatiques (p. 797)

1. La microbiologie aquatique est l'étude des microorganismes vivant dans les eaux naturelles et de leurs activités.

2. Les eaux naturelles comprennent les lacs, les étangs, les ruisseaux, les rivières, les fleuves, les estuaires et les océans.

3. La concentration de bactéries dans l'eau est proportionnelle à la quantité de matière organique qui y est présente.

4. La majorité des bactéries aquatiques croissent de préférence sur une surface, plutôt qu'en flottement libre.

5. Le nombre et la position des microorganismes d'eau douce dépendent de la concentration en O_2 et de l'intensité de la lumière.

6. Les algues photosynthétiques sont les producteurs primaires d'un lac. On les trouve dans la zone limnétique.

7. Les bactéries de l'ordre des *Pseudononadales* de même que les espèces *Cytophaga*, *Caulobacter* et *Hyphomicrobium* vivent dans la zone limnétique, où l'O_2 est abondant.

8. Les microorganismes des eaux stagnantes consomment l'O_2 disponible; ils sont susceptibles de libérer des odeurs et de provoquer la mort des poissons.

9. L'action des vagues fait augmenter la quantité d'O2 dissous.

10. On trouve des bactéries sulfureuses pourpres et vertes dans la zone profonde, où pénètre faiblement la lumière et qui est riche en H_2S, mais dépourvue d'O_2.

11. *Desulfovibrio* réduit le SO_4^{2-} des sédiments de la zone benthique en H_2S.

12. On trouve aussi des bactéries méthanogènes dans la zone benthique.

13. Le phytoplancton est le producteur primaire en haute mer.

14. *Pelagibacter ubique* est un microorganisme décomposeur des eaux océaniques.

15. Les archéobactéries sont les microorganismes dominants des eaux à des profondeurs de plus de 100 mètres.

16. Certaines algues et bactéries sont bioluminescentes: elles possèdent une enzyme, la luciférase, qui émet de la lumière.

Les microorganismes et la qualité de l'eau (p. 799)
La pollution de l'eau (p. 799)

17. Les microorganismes sont éliminés par filtration de l'eau qui rejoint les eaux souterraines.

18. Des microbes pathogènes sont transmis aux humains par l'intermédiaire de l'eau potable et des eaux servant à des fins récréatives.

19. Les polluants chimiques résistants risquent de s'accumuler dans les animaux d'une chaîne alimentaire aquatique.

20. Des bactéries métabolisent le mercure en un composé soluble (le méthylmercure) qui s'accumule dans les animaux.

21. Des éléments nutritifs, tels les phosphates, sont responsables de la formation de fleurs d'eau, qui peuvent entraîner l'eutrophisation des écosystèmes aquatiques.

22. L'eutrophisation résulte de l'addition de polluants ou d'éléments nutritifs naturels.

23. *Thiobacillus ferrooxidans* produit de l'acide sulfurique dans les mines de charbon.

24. Les analyses servant à vérifier la qualité bactériologique de l'eau reposent sur la présence d'organismes indicateurs, dont les plus employés sont les coliformes.

25. Les coliformes sont des bacilles, non sporulants, à Gram négatif, aérobies ou anaérobies facultatifs, qui produisent, par fermentation, de l'acide et du gaz en moins de 48 heures, lorsqu'on les place dans un milieu de culture à 35 °C.

26. On utilise les coliformes fécaux, surtout *E. coli*, comme indicateurs de la présence de fèces humaines dans l'eau.

Le traitement de l'eau potable (p. 803)

27. L'eau destinée à la consommation est emmagasinée dans un bassin de rétention le temps qu'il faut pour que la matière en suspension décante.

28. La floculation consiste à utiliser une substance chimique telle que l'alun pour provoquer l'agrégation et la décantation de la matière colloïdale.

29. La filtration élimine les kystes de protozoaires et d'autres microorganismes.

30. On désinfecte l'eau destinée à la consommation avec du chlore pour détruire les bactéries pathogènes qui auraient résisté aux autres traitements.

Le traitement des eaux usées (p. 804)

31. Les eaux d'égout sont appelées *eaux usées*; elles comprennent les eaux d'origine domestique, les eaux sanitaires, les eaux industrielles et les eaux pluviales.

32. Le traitement primaire des eaux usées consiste à éliminer les matières solides, appelées *boues*.

33. L'activité biologique n'est pas très importante dans le traitement primaire.

34. La demande biochimique en oxygène (DBO) est une mesure de la quantité de matière organique biodégradable dans l'eau.

35. On détermine la DBO en mesurant la quantité d'O_2 dont les bactéries ont besoin pour dégrader la matière organique.

36. Le traitement primaire élimine de 25 à 35 % de la DBO des eaux usées.

37. On appelle *traitement secondaire des eaux usées* la biodégradation de la matière organique présente dans l'effluent du traitement primaire.

38. Le traitement secondaire se fait notamment au moyen de systèmes à boues activées, de filtres biologiques et de disques biologiques.

39. Des microorganismes dégradent la matière organique dans des conditions aérobies au cours du traitement secondaire.

40. Le traitement secondaire élimine jusqu'à 95 % de la DBO.

41. Les eaux usées traitées sont désinfectées, habituellement par chloration, avant d'être évacuées sur le sol ou dans un cours d'eau.

42. On place les boues dans un digesteur anaérobie, où des bactéries dégradent la matière organique en composés organiques plus simples, comme le méthane et le dioxyde de carbone.

43. Le méthane produit dans un digesteur sert à chauffer celui-ci et à faire fonctionner d'autres pièces d'équipement.

44. On retire régulièrement du digesteur les boues non digérées, qui sont déshydratées, puis utilisées comme matériau de remblai ou comme amendement des sols, ou encore incinérées.

45. Dans les zones rurales, on utilise couramment des fosses septiques pour le traitement primaire des eaux usées. L'effluent d'une fosse septique est évacué dans un champ d'épuration, dont les dimensions doivent être appropriées.

46. De petites collectivités utilisent des étangs d'oxydation pour le traitement secondaire des eaux usées.

47. Ces méthodes exigent de disposer d'un terrain de grandes dimensions pour la construction d'un lac artificiel.

48. Le traitement tertiaire des eaux usées consiste à éliminer toute la DBO, tout l'azote et tout le phosphore de l'eau au moyen de procédés physiques de filtration et par précipitation chimique.

49. Le traitement tertiaire fournit de l'eau potable, alors que le traitement secondaire donne une eau utilisable seulement pour l'irrigation.

AUTOÉVALUATION

QUESTIONS À COURT DÉVELOPPEMENT

1. Complétez le graphique suivant de manière à illustrer l'effet des phosphates rejetés à l'instant X dans une masse d'eau. Selon vous, la concentration des algues, la teneur en O_2 dissous et les populations de poissons vont-elles augmenter ou diminuer? Comment ces changements sont-ils reliés? D'où proviennent généralement les phosphates rejetés dans les cours d'eau?

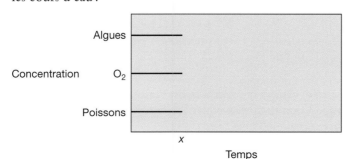

2. La biorestauration élimine le benzène et d'autres hydrocarbures d'un sol contaminé par le pétrole. Ce procédé consiste à ajouter au sol des nitrates, des phosphates, du dioxygène et de l'eau. Pourquoi doit-on ajouter ces substances? En quoi les techniques du génie génétique peuvent-elles être utiles dans ce cas?

APPLICATIONS CLINIQUES

N. B. Certaines de ces questions nécessitent que vous cherchiez des réponses dans les différents chapitres du livre.

1. Un patient portant un stimulateur cardiaque et atteint d'une bactériémie streptococcique est traité par antibiothérapie. Un mois plus tard, il est traité pour une récidive de la bactériémie. Six semaines plus tard, voyant qu'il souffre encore d'une bactériémie, le médecin suspecte la présence d'un biofilm bactérien et recommande le remplacement du stimulateur cardiaque.

Reliez la formation d'un biofilm sur le matériel médical et la difficulté de combattre l'infection. Pourquoi le remplacement du stimulateur cardiaque a-t-il guéri le patient? (*Indice*: Voir les chapitres 4 et 9.)

2. Un groupe d'enfants suit des cours de natation en piscine. Quelques-uns ont souffert d'une éruption cutanée due à une dermatite à *Pseudomonas*.

Décrivez les conditions qui permettent la prolifération et la transmission de cette bactérie aux enfants qui nagent dans la piscine. Quels sont le mode de transmission de cette bactérie et la porte d'entrée dans l'organisme ? Quelle solution le responsable de la piscine devra-t-il appliquer pour régler le problème ? (*Indice* : Voir le chapitre 16.)

3. Des castors ont élu domicile près du chalet de l'un de vos amis, construit au bord d'un lac. Vous recommandez à votre ami de ne plus boire l'eau pompée directement du lac à cause de la présence possible du protozoaire *Giardia lamblia*, responsable de diarrhées souvent chroniques.

Pour que votre ami se rende compte de la gravité de l'infection, décrivez-lui la façon dont ce parasite envahit l'intestin et provoque des troubles intestinaux. Quelle(s) mesure(s) devra-t-il appliquer pour régler le problème ? (*Indice* : Voir le chapitre 20.)

ÉDITION EN LIGNE Consultez le volet de gauche de l'Édition en ligne pour d'autres activités.

La microbiologie appliquée et industrielle

D ans le chapitre précédent, qui porte sur l'écomicrobiologie, nous avons vu que les micro-organismes jouent un rôle fondamental dans de nombreux phénomènes naturels essentiels à la vie sur la Terre. Dans le présent chapitre, nous étudierons la microbiologie industrielle, qui tire parti des microorganismes dans des applications pratiques, telles que la fabrication d'aliments et de divers autres produits, et dans l'élaboration de procédés commerciaux, comme la fermentation industrielle. L'origine de bon nombre de ces procédés, dont la fabrication du pain, du vin, de la bière et du fromage, se perd dans la nuit des temps.

La civilisation moderne, qui compte une importante population toujours croissante, ne pourrait subvenir à ses besoins si elle n'avait recours à des méthodes de conservation des aliments. En fait, la civilisation est apparue après que l'agriculture eut commencé à fournir des vivres, de façon constante, toute l'année en un même endroit, de sorte que les gens ont pu abandonner le mode de vie nomade du chasseur-cueilleur. C'est un fait que les progrès dans le domaine de la microbiologie, y compris ce qui concerne les processus de détério-ration des aliments et la possibilité de propaga-tion de maladies dans les aliments en conserve, sont devenus par la suite essentiels à la conservation des aliments.

Au chapitre 25, il a été question des applica-tions industrielles des microorganismes géné-tiquement modifiés, qui sont à la fine pointe de nos connaissances en biologie moléculaire. Beaucoup de ces applications sont aujourd'hui essentielles à l'industrie moderne.

Q/R

Les levures ont besoin de conditions anaérobies pour produire de l'éthanol. Dans quel procédé industriel couramment employé la levure Saccharomyces cerevisæ a-t-elle besoin de condi-tions aérobies pour croître?

La réponse est dans le chapitre.

AU MICROSCOPE

Saccharomyces cerevisæ, une levure couramment utilisée à des fins industrielles.

La microbiologie alimentaire

▶ Objectifs d'apprentissage

28-1 Décrire la détérioration anaérobie thermophile et le surissement sans bombage causés par les bactéries mésophiles.

28-2 Décrire les similitudes et les différences entre les méthodes de conservation des aliments suivantes : l'appertisation industrielle, le conditionnement aseptique, l'irradiation et la haute pression.

28-3 Nommer quatre activités des microorganismes utiles pour la production alimentaire.

Bien des méthodes actuelles de conservation des aliments ont probablement été découvertes par hasard au cours des siècles. On s'est très tôt rendu compte que la viande séchée et le poisson salé ne se détérioraient pas facilement. Les nomades ont dû remarquer que le lait suri n'avait pas tendance à se dégrader davantage et qu'il avait un goût agréable. Ils ont aussi constaté que si on presse le caillé du lait suri pour en éliminer l'humidité et qu'on le laisse affiner (ce qui est en fait la méthode de fabrication du fromage), il se conserve encore mieux et a meilleur goût. Les agriculteurs ont appris très tôt qu'ils pouvaient prévenir la moisissure des grains en les gardant au sec.

Les aliments et les maladies

On prépare de plus en plus d'aliments dans des installations centrales, puis on les distribue à grande échelle. C'est pourquoi il devient plus probable que les aliments, ainsi que les sources d'approvisionnement en eau des villes, soient une source d'éclosions de maladies répandues.

Afin de réduire au minimum la possibilité d'éclosions de maladies, les collectivités ont mis sur pied des organismes chargés d'inspecter les laiteries et les restaurants. En outre, aux États-Unis, l'Administration des aliments et drogues* et le département de l'Agriculture** et au Canada, l'Agence canadienne d'inspection des aliments (ACIA) et le ministère de l'Agriculture et de l'Agroalimentaire (AAC) administrent un système où des inspecteurs veillent à la salubrité des ports et des installations de transformation des aliments. Ce système, appelé **analyse des risques et maîtrise des points critiques (HACCP)***, vise à assurer la salubrité des aliments « de la ferme à la fourchette ». Avant l'adoption du système HACCP, le rôle principal des organismes gouvernementaux était d'effectuer des échantillonnages dans le but de déceler les aliments contaminés. Une telle méthode sera toujours de mise, mais le système HACCP est conçu pour prévenir la contamination en déterminant les points critiques où les aliments sont les plus vulnérables à la contamination par des microbes nuisibles. La surveillance de ces points de contrôle peut empêcher les microbes de contaminer les aliments ou, s'ils sont déjà présents, arrêter leur prolifération. Par exemple, le système HACCP peut déterminer les étapes de la transformation où les

---

* Équivalent français pour *Food and Drug Administration* (FDA).

** Équivalent français pour *United States Department of Agriculture* (USDA).

*** Le système d'analyse des risques et de maîtrise des points critiques, en abrégé système HACCP (*Hazard Analysis Critical Control Point*), est une méthode de maîtrise de la sécurité sanitaire des denrées alimentaires élaborée aux États-Unis par un laboratoire dépendant de la NASA avec le concours de la firme Pillsbury dès 1959. Le Canada a adopté le système HACCP.

viandes pourraient être contaminées par le contenu intestinal des animaux. Dans le système HACCP, il est également essentiel de surveiller les températures permettant de détruire les agents pathogènes tout au long de la transformation ainsi que les températures adéquates d'entreposage les empêchant de se reproduire.

L'appertisation industrielle

Au chapitre 14, nous avons vu qu'il n'est pas difficile de conserver des aliments en faisant chauffer un contenant scellé de façon appropriée, comme on le fait dans la mise en conserve artisanale. Par contre, en ce qui concerne les conserveries industrielles, la difficulté consiste à chauffer les contenants et le contenu juste assez pour détruire les organismes causant la détérioration et les microbes pathogènes, tels que la bactérie sporulée *Clostridium botulinum*, sans altérer l'apparence ni la saveur des aliments. Des recherches sont donc constamment en cours en vue de déterminer exactement le traitement thermique minimal qui permettrait d'atteindre ces deux objectifs.

L'**appertisation** industrielle fait appel à une technique beaucoup plus sophistiquée que la mise en conserve artisanale (**figure 28.1**). Les denrées appertisées (ou aliments mis en conserve) de façon industrielle sont soumises à une **stérilisation commerciale**, à l'aide de vapeur sous pression, dans un grand **autoclave commercial** (**figure 28.2**), dont le principe de fonctionnement est le même que celui de l'autoclave de laboratoire (figure 14.4). Ce procédé vise à détruire les endospores de *C. botulinum* ; il ne s'agit pas d'une stérilisation parfaite, comme celle qui est exigée par exemple en milieu hospitalier. On présume que, si les endospores de *C. botulinum* sont détruites, alors toutes les autres bactéries causant la détérioration des aliments ou pathogènes seront aussi nécessairement détruites.

Pour effectuer la stérilisation commerciale, on procède au chauffage à la température requise par le **traitement 12D**, qui réduit une population théorique d'endospores de *C. botulinum* par un facteur de 12 cycles logarithmiques. Cela signifie que, si une boîte hermétique contient initialement 10^{12} (ou 1 000 000 000 000) endospores, une seule survivra au traitement. Étant donné que la probabilité qu'une boîte de conserve contienne 10^{12} endospores est très faible, ce traitement est considéré comme relativement sûr. Nous avons déjà souligné que la stérilisation commerciale n'est pas une stérilisation parfaite. Certaines bactéries thermophiles produisent des endospores plus thermorésistantes que celles de *C. botulinum*. Cependant, il s'agit de bactéries thermophiles obligatoires qui restent en dormance à des températures inférieures à environ 45 °C. Elles ne causent donc pas de problème de détérioration aux températures normales d'entreposage.

Le procédé de stérilisation commerciale utilisé pour l'appertisation industrielle est décrit à la figure 28.1. ❶ Le blanchiment est un traitement à l'eau bouillante et à la vapeur, suivi d'un refroidissement rapide à l'eau froide, qui vise à amollir les denrées alimentaires. Il détruit en outre les enzymes susceptibles d'altérer la couleur, la saveur et la texture des aliments, et il réduit la population microbienne. ❷ On remplit les boîtes de conserve à ras bord en laissant le moins de vide possible. ❸ On chauffe les boîtes dans une étuve à vapeur pour éliminer la plus grande partie de l'air dissous. ❹ On scelle les boîtes. ❺ On stérilise les boîtes à l'aide de vapeur sous pression. ❻ On refroidit les boîtes en les immergeant dans l'eau ou en les aspergeant d'eau. ❼ On étiquette les boîtes destinées à la vente.

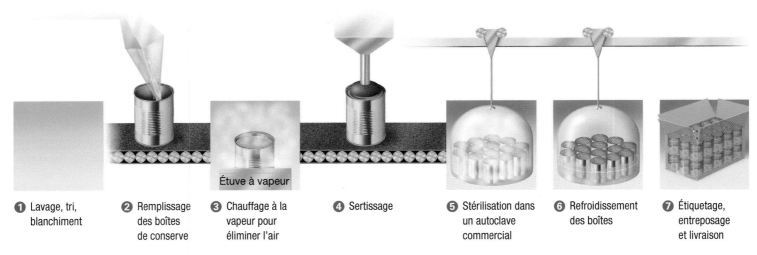

① Lavage, tri, blanchiment

② Remplissage des boîtes de conserve

③ Chauffage à la vapeur pour éliminer l'air

Étuve à vapeur

④ Sertissage

⑤ Stérilisation dans un autoclave commercial

⑥ Refroidissement des boîtes

⑦ Étiquetage, entreposage et livraison

Figure 28.1 Procédé de stérilisation commerciale employé pour l'appertisation industrielle.

La détérioration des aliments en conserve

Si on laisse incuber des aliments en conserve à des températures élevées, comme dans un camion stationné en plein soleil ou à proximité d'un radiateur à vapeur, les bactéries thermophiles, qui survivent souvent à la stérilisation commerciale, peuvent se développer. La **détérioration anaérobie thermophile** est donc une cause fréquente d'altération des aliments en conserve peu acides. La boîte se bombe généralement sous la poussée des gaz ; le pH du contenu diminue, et ce dernier dégage une odeur aigre lorsqu'on ouvre la boîte.

Plusieurs espèces thermophiles de *Clostridium* sont susceptibles d'entraîner une telle détérioration. Quand le contenu est altéré par des thermophiles sans que la boîte bombe sous l'action de gaz, on dit qu'il y a **surissement sans bombage**. Les altérations de ce type sont dues à des organismes thermophiles comme *Geobacillus stearothermophilus*, présent dans l'amidon et les sucres utilisés pour

la préparation des aliments. De nombreuses industries ont élaboré des normes quant au nombre de bactéries thermophiles de ce type que peut contenir la matière première. Les deux types d'altération ne surviennent que si les boîtes de conserve sont entreposées à des températures supérieures à la normale, qui permettent la croissance de bactéries dont les endospores ne sont pas détruites par les procédés habituels.

Des bactéries mésophiles (figure 4.1) peuvent altérer des aliments en conserve si l'étuvage a été insuffisant ou si la boîte n'est pas étanche. La détérioration par des bactéries sporulées résulte le plus souvent d'un étuvage insuffisant, alors que la présence de bactéries non sporulées indique fort probablement que la boîte n'est pas étanche. Les conserves non étanches sont fréquemment contaminées durant leur refroidissement, après le traitement thermique. Dans ce procédé, en effet, on vaporise de l'eau froide sur les conserves chaudes ou on les fait passer dans une cuve remplie d'eau. Lors du refroidissement, un vide se crée à l'intérieur de la boîte, de sorte que de l'eau utilisée pour le refroidissement peut être aspirée dans la boîte si le scellant du couvercle serti se déforme à la chaleur (**figure 28.3**). Des bactéries contaminantes présentes dans l'eau risquent alors d'être aspirées dans la boîte de conserve. La détérioration due à un étuvage insuffisant ou au fait que la boîte n'est pas étanche produit généralement une odeur de putréfaction, du moins dans le cas des aliments riches en protéines, et elle a lieu aux températures normales d'entreposage. Il est toujours possible que des bactéries botuliques soient présentes dans les conserves ayant subi ce type d'altération.

Pour la mise en conserve de certains aliments acides, tels que les tomates et les fruits, le traitement se fait à des températures ne dépassant pas 100 °C. En effet, l'acidité inhibe la croissance de nombreux types de microorganismes et ceux qui sont susceptibles de se développer dans les aliments acides, soit les moisissures, les levures et certaines bactéries végétatives, sont facilement détruits à des températures inférieures à 100 °C ; les aliments sont alors stérilisés.

Il arrive que quelques microorganismes résistant à la fois à la chaleur et aux acides causent des problèmes de conservation des

Figure 28.2 Autoclaves commerciaux pour les boîtes de conserve. Ces autoclaves sont beaucoup plus grands que les autoclaves servant à la stérilisation des instruments ou des solutions dans les laboratoires de microbiologie et les hôpitaux.

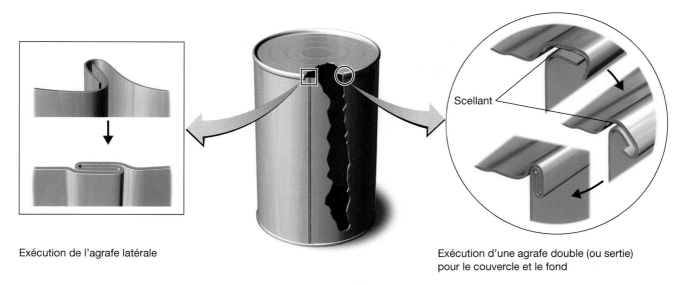

Exécution de l'agrafe latérale

Scellant

Exécution d'une agrafe double (ou sertie)
pour le couvercle et le fond

Figure 28.3 **Fabrication d'une boîte de conserve.** Les schémas illustrent l'agrafage d'une boîte de conserve.
Durant le refroidissement qui suit la stérilisation (figure 28.1, étape ❻), de l'eau – et en même temps des microorganismes –
peut être aspirée dans la boîte à cause du vide qu'on y a créé.

aliments acides. Parmi les mycètes thermorésistants, on note la moisissure *Byssochlamys fulva*, qui produit des *ascospores thermorésistantes*, et quelques moisissures, en particulier des espèces d'*Aspergillus*, qui produisent parfois des structures spécialisées résistantes, appelées *sclérotes*. La bactérie sporulée *Bacillus coagulans* a la particularité de croître à un pH de près de 4,0.

Le tableau 28.1 présente les types de détérioration susceptibles de survenir dans les aliments faiblement ou moyennement acides.

Le conditionnement aseptique

Habituellement, les contenants en métal sont stérilisés avec de la vapeur surchauffée ou au moyen d'autres méthodes appliquant des températures élevées. On se sert également de faisceaux d'électrons à haute énergie pour stériliser les matériaux servant au conditionnement des aliments. Le **conditionnement aseptique** est une méthode de conservation qui a récemment gagné en popularité pour la stérilisation des emballages faits de certains matériaux, tels que le papier contrecollé ou les matières plastiques, qui ne tolèrent pas le traitement thermique courant. Les matériaux d'emballage,

stockés sous forme de rouleaux, sont amenés en continu dans une machine qui les stérilise avec de l'eau oxygénée chaude et, parfois, de la lumière ultraviolette (**figure 28.4**). Dans un environnement stérile, on fabrique avec le matériau des emballages que l'on remplit ensuite avec un aliment liquide préalablement stérilisé par une méthode thermique conventionnelle. Les emballages remplis ne sont pas stérilisés après avoir été scellés.

L'irradiation et la conservation industrielles des aliments

On reconnaît depuis longtemps que l'irradiation détruit les microorganismes. En fait, un brevet a été délivré en Grande-Bretagne en 1905 pour l'utilisation des rayonnements ionisants afin d'améliorer la conservation des denrées alimentaires. Les rayons X ont été expressément proposés en 1921 en tant que moyen pour inactiver les larves qui causent la trichinose chez le porc. Les rayonnements ionisants inhibent la synthèse de l'ADN et empêchent les microorganismes, les insectes et les végétaux de se reproduire. On utilise habituellement les rayons X ou les rayons gamma émis par le cobalt 60

Tableau 28.1	Types courants de détérioration des aliments appertisés faiblement ou moyennement acides (pH supérieur à 4,5)		
		Indications d'une détérioration	
Type de détérioration		**Apparence de la boîte**	**Contenu de la boîte**
Surissement sans bombage (*Geobacillus stearothermophilus*)		Non bombée	Apparence habituellement normale; pH nettement réduit; aigreur; odeur parfois légèrement anormale; présence éventuelle de liquide trouble
Détérioration anaérobie thermophile (*Thermoanaerobacterium thermosaccharolyticum*)		Bombée	Fermentation, aigreur, caséation, ou odeur d'acide butyrique
Putréfaction anaérobie (*Clostridium sporogenes*, éventuellement *C. botulinum*)		Bombée	Digestion partielle possible; pH légèrement supérieur à la normale; odeur putride caractéristique

Figure 28.4 Conditionnement aseptique. Au premier plan, des rouleaux de matériau d'emballage ; au centre, à droite, des emballages remplis.

radioactif pour effectuer l'irradiation des aliments. Jusqu'à certains niveaux d'énergie, les électrons à haute énergie produits par les accélérateurs d'électrons peuvent également être utilisés. La principale raison pratique justifiant le choix de la méthode réside dans les capacités de pénétration. Ces méthodes inactivent les organismes ciblés et ne rendent *pas* radioactifs les aliments ou les matériaux d'emballage. Les doses d'irradiation nécessaires pour détruire les différents organismes sont présentées au **tableau 28.2**. L'irradiation est mesurée en grays, ainsi nommés en l'honneur d'un des premiers radiologistes. On emploie souvent le terme en milliers de grays, dont l'abréviation est kGy.

- De *faibles doses d'irradiation (moins de 1 kGy)* sont employées pour détruire les insectes et inhiber la germination, comme c'est le cas pour les pommes de terre entreposées. De même, de telles doses peuvent retarder le mûrissement des fruits en entreposage.

Tableau 28.2	**Doses approximatives d'irradiation nécessaires pour détruire divers organismes (les prions ne sont pas affectés)**
Organismes	**Doses (kGy)***
Animaux supérieurs (corps entier)	De 0,005 à 0,1
Insectes	De 0,01 à 1
Bactéries non sporulées	De 0,5 à 10
Spores bactériennes	De 10 à 50
Virus	De 10 à 200

* La quantité de radiation absorbée par la matière se mesure en gray (Gy). Un gray = 1 joule absorbé par kilogramme de matière. 1 kGy représente 1 000 grays.

Source : J. Farkas, «Physical Methods of Food Preservation», dans *Food Microbiology ; Fundamentals and Frontiers*, 2ᵉ éd., M. P. Doyle et coll. (éd.), Washington, D.C., ASM Press, 2001.

- Des *doses de pasteurisation (de 1 à 10 kGy)* peuvent être employées avec les viandes ou la volaille pour éliminer ou réduire considérablement le nombre de bactéries pathogènes spécifiques.

- Des *doses élevées (de plus de 10 kGy)* sont employées pour stériliser, ou du moins réduire, les populations de bactéries chez de nombreuses denrées comme les épices. Même si ces organismes représentent rarement un risque pour la santé, les épices sont souvent contaminées par au moins 1 million de bactéries par gramme.

La stérilisation des viandes destinées aux astronautes américains est l'une des utilisations spécialisées que l'on a faites de l'irradiation ; de même, quelques établissements de santé ont utilisé, de façon sélective, l'irradiation dans le but de stériliser les aliments consommés par les patients ayant un système immunitaire affaibli. On a également irradié des millions de dispositifs médicaux implantés à des patients, tels que des stimulateurs cardiaques. Aux États-Unis et au Canada, les aliments qui ont été irradiés portent sur leur étiquette le symbole les identifiant, le radura (**figure 28.5**), et un avis est imprimé sur l'emballage. Malheureusement, on interprète souvent ce symbole comme une mise en garde et non comme la description d'un procédé de transformation ou de conservation approuvé. En fait, les aliments irradiés ne sont pas radioactifs ; pensons à la table d'examen pour les rayons X dans un hôpital : elle ne devient pas radioactive à la suite de l'exposition quotidienne répétée aux rayonnements ionisants. Récemment, la FDA a permis, dans le cadre d'une approbation spéciale, de remplacer le terme «irradiation» par «pasteurisation».

L'emploi de rayons gamma émis par du cobalt 60 est la méthode de choix pour l'irradiation en profondeur. Cependant, ce type de traitement nécessite plusieurs heures d'exposition, à l'abri de murs de protection (**figure 28.6**).

Les accélérateurs linéaires d'électrons à haute énergie (**figure 28.7**) sont beaucoup plus rapides : ils effectuent la stérilisation en quelques secondes. Toutefois, comme il a un faible pouvoir de pénétration, ce traitement convient seulement pour les viandes tranchées, le bacon et autres produits semblables de faible épaisseur. En général, on a également recours à l'irradiation pour stériliser les articles en matière plastique utilisés en microbiologie, par exemple les boîtes de Petri.

Un procédé de conservation des aliments à haute pression

Une nouvelle méthode de conservation des aliments consiste à utiliser une technique de transformation à haute pression. Des aliments préemballés, tels que des fruits, des produits de charcuterie et des languettes de poulet précuites, sont plongés dans des réservoirs d'eau pressurisée. La pression peut atteindre 600 mégapascals (MPa),

Figure 28.5 Symbole de l'irradiation. Le symbole international radura indique qu'un aliment a été traité par irradiation.

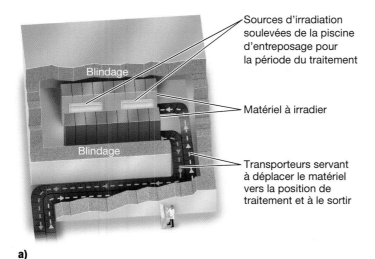

Sources d'irradiation soulevées de la piscine d'entreposage pour la période du traitement

Blindage

Matériel à irradier

Blindage

Transporteurs servant à déplacer le matériel vers la position de traitement et à le sortir

a)

Figure 28.6 **Installation d'irradiation aux rayons gamma. a)** Une installation d'irradiation montrant le chemin du matériel à irradier. **b)** La source d'irradiation est en position basse dans la piscine d'entreposage. La lueur bleue provient du rayonnement Cerenkov, causé par les particules chargées qui dépassent la vitesse de la lumière dans l'eau.

b)

ce qui peut être comparé à l'équivalent de trois éléphants se tenant sur une pièce de 10 cents. Ce procédé détruit un grand nombre de bactéries, notamment *Salmonella*, *Listeria* et des souches pathogènes d'*Escherichia coli*, en perturbant plusieurs de leurs fonctions cellulaires. Cela détruit également des microorganismes non pathogènes qui habituellement raccourcissent la durée de conservation de telles denrées.

Étant donné que ce procédé ne nécessite pas d'additifs, il n'a pas besoin d'une approbation réglementaire. Il permet de conserver les couleurs et les goûts des aliments mieux que plusieurs autres méthodes, et ne suscite pas d'inquiétudes comme le fait l'irradiation.

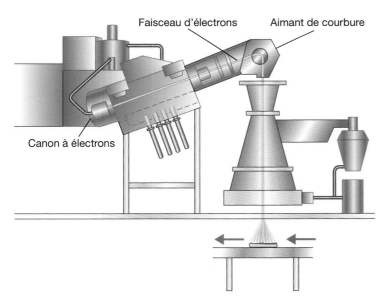

Faisceau d'électrons

Aimant de courbure

Canon à électrons

Figure 28.7 **Accélérateur linéaire d'électrons à haute énergie.**
Ces appareils créent un faisceau d'électrons qui sont accélérés vers le bas dans un long tube à l'aide d'électroaimants de charge opposée. Sur le schéma, le faisceau d'électrons est courbé par un aimant de courbure, ce qui sert à éliminer les électrons de niveaux d'énergie indésirables, permettant ainsi de fournir un faisceau d'énergie uniforme. Le faisceau vertical est balayé d'un côté à l'autre de la cible, au fur et à mesure qu'elle se déplace sous le faisceau. Le pouvoir de pénétration du faisceau est limité : si la substance ciblée présente une densité équivalant à celle de l'eau, le maximum de pénétration est d'environ 3,9 cm. Par contre, les rayons X peuvent pénétrer jusqu'à environ 23 cm.

Le rôle des microorganismes dans la production alimentaire

C'est à la fin du XIXe siècle que l'on a fait croître pour la première fois, en culture pure, les microorganismes utilisés pour la production alimentaire. Cette avancée a permis une meilleure compréhension de la relation entre des microorganismes donnés et leurs produits et activités. On considère que cette période marque le début de la microbiologie de l'industrie alimentaire. Par exemple, le fait de savoir d'une part qu'une certaine levure croissant dans des conditions données produit de la bière et, d'autre part, que certaines bactéries sont susceptibles d'altérer la bière a permis aux brasseurs de maîtriser la qualité de leur produit. De plus, l'industrie brassicole a mené des recherches poussées sur l'isolement et la détermination des levures, et elle les a sélectionnées en fonction de qualités particulières, par exemple celles qui produisent le plus d'alcool. Dans la présente section, nous étudierons le rôle des microorganismes dans la production de plusieurs aliments de consommation courante.

Le fromage

La fabrication de tous les fromages, quelle qu'en soit la nature, commence par la coagulation du lait et la formation du **caillé**, que l'on sépare du liquide principal appelé **lactosérum**, ou petit-lait (**figure 28.8**). Le caillé est constitué d'une protéine, la **caséine**, et il résulte habituellement de l'action d'une enzyme, la **rennine** (ou chymosine), dont l'action est favorisée par les conditions acides fournies par des bactéries lactiques. L'inoculation de ces dernières durant le processus d'affinage confère aux produits laitiers fermentés leur saveur et leur arôme caractéristiques. On applique au caillé un procédé d'affinage microbien, sauf dans le cas de quelques fromages non affinés tels que la ricotta et le cottage.

En général, on classe les fromages en fonction de leur consistance, qui dépend du processus d'affinage. Plus on extrait d'humidité du caillé et plus on le presse, plus le fromage est ferme. Le romano et le parmesan, par exemple, sont des fromages à pâte très ferme, alors que le cheddar et le suisse sont des fromages à pâte ferme ; le limburger, le bleu et le roquefort sont des fromages à pâte demi-molle, tandis que le camembert est un exemple de pâte molle.

a)

b)

c)

Figure 28.8 **Fabrication du cheddar. a)** On fait coaguler le lait sous l'action de la rennine (formant le caillé), et on l'ensemence avec les bactéries d'affinage. Puis on découpe le caillé en blocs. **b)** On émince le caillé en petites lanières pour faciliter l'égouttage, qui consiste à séparer le caillé du lactosérum. **c)** On presse le caillé de manière à former des meules, qui seront soumises à un affinage prolongé. Le fromage est d'autant plus acide (ou piquant) que la période d'affinage est longue.

Le cheddar et le suisse – des pâtes fermes – sont affinés au moyen de bactéries lactiques qui croissent, dans des conditions anaérobies, à l'intérieur du fromage. Les fromages de ce type peuvent être de grandes dimensions. Plus la durée de l'incubation est longue, plus le fromage est acide et piquant. Une espèce de *Propionibacterium* produit du dioxyde de carbone, responsable de la formation de trous dans le suisse. Les fromages à pâte demi-molle tels que le limburger sont affinés par des bactéries et d'autres organismes contaminants qui croissent sur la surface. Le bleu et le roquefort sont affinés par la moisissure *Penicillium*, avec laquelle ils sont ensemencés. Étant donné que la texture de ces fromages est relativement lâche, la moisissure aérobie dispose d'une quantité adéquate d'oxygène. La croissance de *Penicillium* se manifeste par la formation de grumeaux bleu-vert. Quant au camembert, on l'affine par petites quantités afin que les enzymes de *Penicillium* qui croît sur la surface, dans des conditions aérobies, diffusent dans le fromage. L'encadré 28.1 décrit une des utilisations du lactosérum, un sous-produit de l'industrie laitière.

Les autres produits laitiers

On fabrique le *beurre* en battant de la crème jusqu'à ce que les globules de matières grasses se séparent du liquide appelé *babeurre.* Le beurre et le babeurre doivent leur saveur et leur arôme caractéristiques à la présence de *diacétyles*, qui résultent de la combinaison de deux molécules d'acide acétique (acide éthanoïque), produit métabolique final de la fermentation effectuée par des bactéries lactiques. Aujourd'hui, le babeurre n'est généralement pas un sous-produit de la fabrication du beurre ; on l'obtient en ensemençant du lait écrémé avec des bactéries qui produisent de l'acide lactique et des diacétyles. On fabrique la *crème sûre de culture* en ensemençant de la crème avec des microorganismes semblables à ceux qui sont utilisés pour la production de babeurre.

Partout dans le monde, on trouve une large gamme de produits laitiers légèrement acidulés, qui nous viennent probablement des anciens nomades. Beaucoup de ces produits font partie intégrante du régime alimentaire quotidien des habitants des Balkans, d'Europe de l'Est et de Russie. C'est le cas du *yogourt*, par exemple, qui est également populaire au Canada et aux États-Unis. Le yogourt industriel est fait à partir de lait à basse teneur en matière grasse, dont le quart de l'eau a été éliminée par évaporation dans un appareil de cuisson à vide. Le lait ainsi épaissi est ensemencé avec une culture mixte de *Streptococcus thermophilus*, principalement pour ses propriétés acidogènes, et de *Lactobacillus delbrueckii bulgaricus*, qui modifie la saveur et l'arôme du produit. On fait fermenter le mélange à environ 45 °C pendant plusieurs heures, durant lesquelles *S. thermophilus* supplante *L. d. bulgaricus*. Le secret de la fabrication du yogourt réside dans le maintien d'un équilibre approprié entre les bactéries responsables de la saveur et les bactéries acidogènes.

Le *kéfir* et le *koumis* sont des boissons laitières fermentées, populaires en Europe de l'Est. On les fabrique en ajoutant aux bactéries lactiques habituelles une levure qui fermente le lactose, ce qui donne des boissons ayant une teneur en alcool de 1 à 2%.

Il est donc d'usage courant d'incorporer des microorganismes dans l'alimentation. Ces derniers ne sont pas tous détruits lors de leur passage dans le tube digestif ; certains restent vivants et s'installent sur la muqueuse intestinale, où ils se font une place parmi le microbiote permanent ; ils sont appelés *probiotiques*. De plus en plus d'études tendent à montrer que certaines souches de probiotiques ont des effets bénéfiques sur la santé. Par exemple, on ajoute fréquemment des souches de lactobacilles et de bifidobactéries – tel *Bifidobacterium bifidus*, aussi nommé *B. lactis* – aux yogourts. Par ailleurs, les probiotiques s'avèrent efficaces dans la prévention, voire dans le traitement, de la diarrhée provoquée par l'administration d'antibiotiques (encadré 20.3).

Les fermentations non lactiques

Dans le passé, la fermentation lactique permettait d'entreposer les produits laitiers en vue d'une consommation ultérieure. On utilisait d'autres fermentations microbiennes afin de rendre certaines plantes comestibles. Par exemple, à l'époque précolombienne, des peuples d'Amérique centrale et du Sud ont appris à faire fermenter les fèves de cacao avant de les consommer. Ce sont les produits microbiens libérés pendant la fermentation qui donnent son goût au chocolat.

On emploie également les microorganismes en boulangerie et en pâtisserie, plus particulièrement pour la fabrication du pain. Les levures fermentent les glucides de la pâte à pain. En boulangerie et en pâtisserie, la levure utilisée est le *Saccharomyces cerevisæ*. La même espèce de levure est employée dans le brassage de la bière à partir de céréales et la fermentation du vin à partir de raisins. (À une certaine époque, *S. cerevisæ* était classée comme regroupant plusieurs espèces, telles que *S. carlbergensis*, *S. uvarum* et *S. ellipsoideus*; on rencontre souvent le nom de ces espèces et de plusieurs autres dans la vieille littérature.) *S. cerevisæ* croît facilement dans des conditions aérobies ou anaérobies; cependant, contrairement à des bactéries anaérobies facultatives comme *E. coli*, elle ne peut survivre indéfiniment en anaérobiose. Différentes souches de *S. cerevisæ* se sont développées au cours des siècles et sont très bien adaptées à certaines applications de la fermentation.

Q/R Les conditions anaérobies nécessaires à la production d'éthanol en utilisant les levures sont essentielles pour la production de boissons alcoolisées. En boulangerie et en pâtisserie, le dioxyde de carbone (CO_2) produit les bulles généralement présentes dans la pâte à pain levée. Étant donné que les conditions aérobies favorisent la production de ce gaz, on s'efforce de les créer le plus possible. C'est pourquoi on pétrit la pâte à pain à plusieurs reprises. Tout l'éthanol produit lors la fabrication du pain s'évapore pendant la cuisson. Le goût acidulé de certains types de pain, tels le pain de seigle ou le pain au levain, est dû à la croissance des bactéries lactiques.

La préparation d'aliments tels que la *choucroute*, les *marinades* et les *olives* comprend aussi une étape de fermentation. En Asie, on fabrique des quantités considérables de *sauce de soja* à l'aide de moisissures, comme *Aspergillus oryzæ*, qu'on laisse agir, conjointement avec des bactéries lactiques, sur un mélange de graines de soja cuites et de blé broyé. Une fois qu'on a obtenu des glucides fermentescibles, une longue fermentation donne la sauce de soja. **Q/R**

Les boissons alcoolisées et le vinaigre

Des microorganismes participent à la production de presque toutes les boissons alcoolisées. Les bières résultent de la fermentation de l'amidon de grains céréaliers par des levures. Étant donné que les levures sont incapables d'utiliser directement l'amidon, celui-ci doit être converti en glucose et en maltose, deux glucides que les levures transforment en éthanol et en CO_2 par fermentation. Au cours de ce processus appelé **maltage**, on laisse germer des grains amylacés (contenant de l'amidon), tels que l'orge de brasserie, qui sont ensuite séchés et moulus. Le produit, nommé **malt**, contient des enzymes (amylases) capables de dégrader l'amidon des céréales en glucides. La poudre de malt est ensuite mélangée à de l'eau et incubée au cours de l'étape du **brassage**, qui donne un liquide sucré appelé *moût de brasserie* dont les glucides seront convertis en alcool par les levures. La bière est ensuite diluée, de manière que le pourcentage d'alcool se situe dans la plage standard. Pour la production de la bière de type lager qui contient plus de 6 % d'éthanol, la fermentation de l'orge germée se fait lentement à l'aide d'enzymes du malt qui hydrolysent l'amidon en glucides fermentescibles. Les souches de levure de fermentation basse – parce qu'elles travaillent au fond de la cuve de fermentation – sont incubées à une température de 3 à 10 °C. Pour les bières de type ale qui contiennent moins de 4 % d'éthanol, on applique sensiblement la même méthode que pour les lagers, mais la fermentation se fait plus rapidement et l'incubation de souches de levure de fermentation haute – parce qu'elles travaillent en haut de la cuve de fermentation – se fait à une température plus élevée, comprise entre 10 et 21 °C.

La fabrication du *saké*, le vin de riz japonais qui contient de 14 à 16 % d'éthanol, ne comporte pas d'étape de maltage, car on utilise d'abord la moisissure *Aspergillus* pour convertir l'amidon de riz en glucides fermentescibles (voir plus loin la section sur le koji).

Les *eaux-de-vie distillées*, telles que le *whisky*, la *vodka* et le *rhum*, proviennent de la fermentation en alcool des glucides de grains céréaliers, de fruits, de pommes de terre ou de la mélasse. L'alcool est ensuite distillé de manière à obtenir une boisson alcoolique concentrée présentant souvent plus de 50 % d'éthanol.

La fabrication des *vins* se fait à partir de fruits, principalement de raisins, qui contiennent des glucides que les levures sont capables de fermenter directement. Le maltage n'est donc pas nécessaire dans la fabrication de vin. On n'a généralement pas besoin d'ajouter de sucre aux raisins, ce qu'on fait parfois dans le cas des autres fruits afin de s'assurer que la production d'alcool sera suffisante. Les étapes de la vinification sont illustrées à la **figure 28.9**. Les bactéries lactiques jouent un rôle important dans la fabrication de vin à partir de raisins particulièrement acidulés en raison d'une forte concentration en acide malique. Ces bactéries convertissent l'acide malique en un acide plus faible, soit l'acide lactique, au cours d'un processus appelé **fermentation malolactique**. Ce procédé donne un vin moins acide et ayant meilleur goût. Les vins contiennent au plus 14 % d'éthanol.

Lorsque des producteurs ont laissé du vin exposé à l'air, ils se sont rendu compte que celui-ci était devenu aigre à cause de la croissance de bactéries aérobies qui convertissent l'éthanol en acide acétique. Ils ont ainsi obtenu du *vinaigre* (vin aigre). De nos jours, on applique délibérément le même processus pour la fabrication de vinaigre. On produit d'abord de l'éthanol par la fermentation anaérobie de glucides par des levures. L'éthanol est ensuite oxydé en acide acétique, dans des conditions aérobies, par des bactéries acétiques des genres *Acetobacter* et *Gluconobacter*.

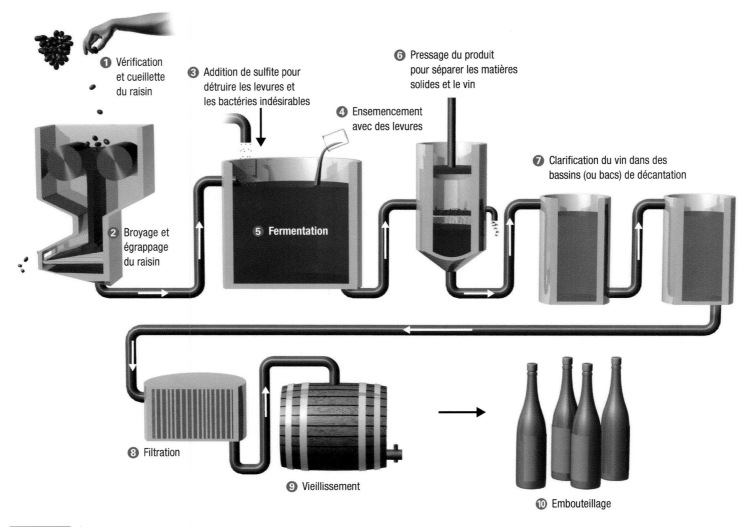

1 Vérification et cueillette du raisin

2 Broyage et égrappage du raisin

3 Addition de sulfite pour détruire les levures et les bactéries indésirables

4 Ensemencement avec des levures

5 Fermentation

6 Pressage du produit pour séparer les matières solides et le vin

7 Clarification du vin dans des bassins (ou bacs) de décantation

8 Filtration

9 Vieillissement

10 Embouteillage

Figure 28.9 **Étapes fondamentales de la fabrication du vin.** Dans le cas des vins blancs, on effectue le pressage avant la fermentation de façon à ne pas extraire la couleur de la matière solide.

▶ **Vérifiez vos acquis**

Lors de l'altération des denrées appertisées (aliments en conserve), le botulisme représente-t-il un danger plus important dans des conditions thermophiles ou mésophiles? **28-1**

Les aliments en conserve sont habituellement mis dans des boîtes métalliques. Quels types de récipients sont utilisés pour emballer les aliments de façon aseptique? **28-2**

De quoi sont composés les grumeaux bleu-vert présents dans le roquefort et le fromage bleu? **28-3**

La microbiologie industrielle

▶ **Objectifs d'apprentissage**

28-4 Définir la fermentation industrielle et le bioréacteur.

28-5 Distinguer les métabolites primaires des métabolites secondaires.

28-6 Décrire le rôle des microorganismes dans la fabrication de produits chimiques et pharmaceutiques industriels.

28-7 Définir la bioconversion et énumérer les avantages de ce procédé.

Les premières applications industrielles de la microbiologie ont visé la fermentation mise en œuvre pour la production de grandes quantités d'acide lactique à partir de produits laitiers et pour la fabrication d'éthanol au moyen de procédés de brassage. L'acide lactique et l'éthanol se sont tous deux avérés utiles dans de nombreux secteurs industriels n'ayant rien à voir avec l'alimentation. Durant la Première et la Deuxième Guerre mondiale, on a eu recours à la fermentation microbienne et à des procédés similaires pour produire des composés chimiques reliés à l'armement, comme le glycérol (propanetriol-1,2,3) et l'acétone (propanone). La microbiologie industrielle actuelle a été élaborée en grande partie en se fondant sur la technologie mise au point pour créer des antibiotiques, après la Deuxième Guerre mondiale, et qui n'a cessé de progresser depuis. On s'intéresse aussi à des fermentations microbiennes qui permettent de fabriquer d'autres produits industriels, surtout s'il est possible de les employer comme matière première biologique, ou de se servir de ces fermentations pour détoxifier des polluants ou éliminer des déchets.

Au cours de ces dernières années, l'utilisation d'organismes génétiquement modifiés a révolutionné la microbiologie industrielle.

L'encadré 27.1 présente l'exemple de *biocapteurs* mis au point par la technologie de l'ADN recombinant afin de détecter la pollution. Au chapitre 25, il a été question des méthodes de fabrication de tels organismes modifiés à l'aide de la technologie de l'ADN recombinant, de même que des produits obtenus par ces méthodes, qui constituent ce qu'on appelle aujourd'hui la **biotechnologie**.

La technologie de la fermentation

La fabrication industrielle de produits microbiens repose habituellement sur la fermentation. On appelle *fermentation industrielle* la culture de grandes quantités de microorganismes ou d'autres cellules isolées en vue de produire une substance d'intérêt commercial. (L'encadré 23.1 contient d'autres définitions du terme « fermentation ».)

Il vient tout juste d'être question des exemples les plus connus : la fermentation anaérobie d'aliments utilisée par les industries laitière, brassicole et vinicole. On a adapté une grande partie de cette technologie à la fabrication d'autres produits industriels, tels que l'insuline et l'hormone de croissance humaine, en ayant recours à des microorganismes génétiquement modifiés. En biotechnologie, on se sert aussi de la fermentation industrielle pour fabriquer des substances utiles à partir de cellules végétales ou animales. Ainsi, on emploie des cellules animales pour produire des anticorps monoclonaux (chapitres 25 et 26).

On appelle **bioréacteurs** les cuves utilisées pour la fermentation industrielle. Les principaux facteurs dont on tient compte dans la conception de ces cuves sont l'aération, le pH et la régulation de la température. Il existe plusieurs types de bioréacteurs, mais les plus communs sont les appareils à brassage continu (**figure 28.10**).

L'air entre dans le bioréacteur par un diffuseur situé au fond (qui fractionne l'air entrant pour maximaliser l'aération), et une roue à aubes planes assure l'agitation continue de la suspension microbienne. L'O$_2$ est plus ou moins soluble dans l'eau, et il est difficile de maintenir une bonne aération de la lourde suspension microbienne. On a mis au point des appareils très sophistiqués qui fournissent une aération et des conditions de croissance optimales, y compris en ce qui a trait à la formulation du milieu de culture. La grande valeur des substances obtenues à l'aide de microorganismes et de cellules eucaryotes génétiquement modifiés a stimulé la mise au point de nouveaux types de bioréacteurs et d'équipements de contrôle informatisés de ces appareils.

Certains bioréacteurs sont très grands : ils contiennent jusqu'à 500 000 litres. Dans la *production par lots*, on recueille le produit après la fermentation. D'autres fermenteurs sont conçus pour la *production à écoulement continu* ; les enzymes immobilisées ou les cellules en croissance dans un milieu sont perpétuellement alimentées en substrat, habituellement une source de carbone, et on retire en continu le milieu épuisé de même que le produit recherché.

En général, les microorganismes utilisés en fermentation industrielle permettent d'obtenir soit des métabolites primaires, comme l'éthanol, soit des métabolites secondaires, comme la pénicilline. Un **métabolite primaire** se forme essentiellement au moment où les cellules se divisent, pendant la phase de croissance logarithmique, appelée **trophophase** ; la courbe de production et la courbe de la population cellulaire sont presque parallèles, avec un léger écart (**figure 28.11a**). Les microorganismes ne produisent pas de **métabolites secondaires** avant d'avoir terminé leur phase de croissance logarithmique et d'être entrés dans la phase stationnaire,

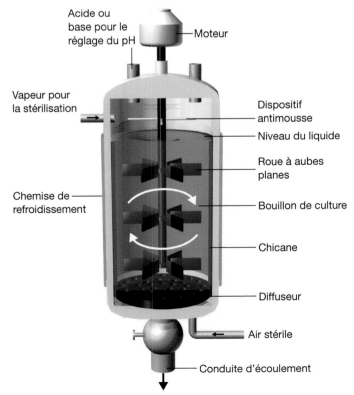

Acide ou base pour le réglage du pH — Moteur

Vapeur pour la stérilisation

Dispositif antimousse

Niveau du liquide

Roue à aubes planes

Chemise de refroidissement

Bouillon de culture

Chicane

Diffuseur

Air stérile

Conduite d'écoulement

a) Section d'un bioréacteur à brassage continu

b) À gauche, cuve d'un bioréacteur

Figure 28.10 Bioréacteurs utilisés pour la fermentation industrielle.

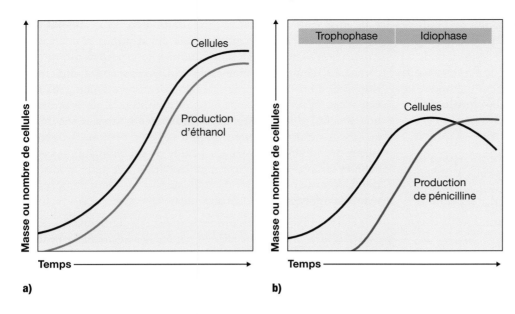

a)

b)

Figure 28.11 **Fermentations primaire et secondaire. a)** La courbe de production d'un métabolite primaire, tel que l'éthanol résultant de l'action de levures, est parallèle mais légèrement décalée par rapport à la courbe de croissance cellulaire. Cette production a lieu durant la phase de croissance logarithmique des cellules (ou trophophase). **b)** La production d'un métabolite secondaire, tel que la pénicilline résultant de l'action de moisissures, a lieu principalement durant la phase stationnaire de la croissance cellulaire (ou idiophase).

appelée **idiophase** (**figure 28.11b**). Il est à noter que les métabolites secondaires peuvent résulter de la transformation microbienne de métabolites primaires, mais ils peuvent aussi être des produits métaboliques du milieu de culture d'origine, fabriqués par les microorganismes seulement après qu'un grand nombre de cellules et des métabolites primaires se sont accumulés.

La microbiologie industrielle cherche toujours à améliorer les souches existantes. (Chaque **souche** microbienne présente des particularités physiologiques importantes. Par exemple, une souche possède une enzyme lui permettant d'effectuer une action particulière, ou elle est dépourvue d'une telle propriété, mais cette différence n'est pas assez considérable pour qu'on la considère comme une espèce distincte.) La moisissure utilisée pour la production de pénicilline est un exemple bien connu. La quantité de pénicilline fournie par la première culture de *Penicillium* n'était pas suffisante pour qu'on en fasse un usage commercial. On a isolé une culture ayant un meilleur rendement d'un cantaloup moisi provenant d'un supermarché de Peoria, en Illinois. On a traité la nouvelle souche de différentes façons : avec de la lumière ultraviolette, des rayons X et de la moutarde à l'azote (ou chloréthazine, un mutagène chimique). La sélection de mutants, dont certains sont apparus spontanément, a permis d'augmenter rapidement la production par un facteur supérieur à 100. Les moisissures utilisées initialement pour produire de la pénicilline fournissent aujourd'hui 60 000 mg/L, et non 5 mg/L comme au tout début. L'amélioration des techniques de fermentation a même permis de tripler, ou presque, ce rendement. L'**encadré 28.1** donne un exemple d'une souche obtenue par enrichissement et sélection.

Les enzymes et les microorganismes immobilisés

À divers égards, on peut considérer les microorganismes comme des paquets d'enzymes. L'industrie emploie de plus en plus d'enzymes libres isolées de microorganismes pour la fabrication de divers produits, notamment du sirop riche en fructose, du papier et des textiles. Il y a une grande demande pour de telles enzymes, car elles sont spécifiques et ne fabriquent pas de résidus toxiques ou coûteux à traiter. En outre, contrairement aux procédés

chimiques traditionnels qui requièrent l'emploi de chaleur ou d'acides, les enzymes agissent dans des conditions modérées ; et elles sont sans danger et biodégradables. Dans la plupart des utilisations industrielles, l'enzyme doit être immobilisée sur la surface d'un support solide quelconque, ou manipulée d'une façon ou d'une autre, pour pouvoir convertir un écoulement continu de substrat en produit, et ce, sans être évacuée.

On a également adapté les techniques à écoulement continu à des cellules entières vivantes et même, dans certains cas, à des cellules mortes (**figure 28.12**). Les systèmes faisant appel à des cellules entières sont difficiles à aérer et ils n'ont pas la spécificité enzymatique des enzymes immobilisées. Toutefois, l'emploi de cellules entières est avantageux si le procédé comporte une suite d'étapes que les enzymes d'un microorganisme sont capables de réaliser. Il présente aussi l'avantage de permettre l'application de procédés à écoulement continu dans lesquels de grandes populations de cellules produisent des

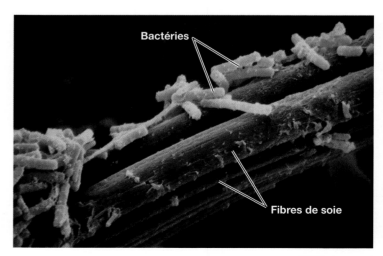

Figure 28.12 **Cellules immobilisées.** Dans certains procédés industriels, les cellules sont immobilisées sur des surfaces, comme les fibres de soie illustrées sur la photo. C'est le substrat qui circule devant les cellules.

D'une maladie des plantes à la fabrication de shampoings et de vinaigrettes

Xanthomonas campestris, un bacille à Gram positif, est l'agent d'une maladie des plantes appelée *nervation noire.* Lorsqu'il réussit à se frayer un chemin jusqu'aux tissus vasculaires d'une plante, *X. campestris* utilise le glucose transporté dans ces tissus pour produire une substance collante. En s'accumulant, cette substance forme des amas gommeux qui finissent par obstruer le système de transport des nutriments de la plante. La gomme dont sont composés ces amas, le xanthane, est formée d'un polymère de mannose de masse moléculaire élevée (voir la photo ci-contre).

Xanthomonas campestris produit du xanthane visqueux à partir de lactosérum.

Bien qu'il soit dommageable pour les plantes, le xanthane ne cause pas de problèmes aux humains qui l'ingèrent. Ses caractéristiques permettent son utilisation comme épaississeur dans la fabrication d'aliments, tels que les produits laitiers (crèmes glacées) et les vinaigrettes, ainsi que dans les cosmétiques, tels que les crèmes pour la peau et les shampoings.

Ainsi, lorsque des scientifiques du département de l'Agriculture des États-Unis (USDA) se sont demandé quels produits utiles on pourrait fabriquer avec le lactosérum, produit en grande quantité par l'industrie laitière, ils ont cherché à savoir s'il est possible de transformer cette substance en xanthane. Cependant, étant donné que le lactosérum est composé principalement d'eau et de lactose, il fallait que *X. campestris* puisse produire du xanthane à partir de lactose au lieu de glucose.

Une équipe de scientifiques de l'USDA, travaillant pour la Stauffer Chemical Company, a adopté une approche simple, fondée sur deux exigences : la bactérie doit croître dans un milieu à base de lactosérum, et elle doit produire du xanthane. Les chercheurs ont d'abord ensemencé un milieu à base de lactosérum avec *X. campestris,* puis ils

l'ont laissé incuber pendant 24 heures. Ils ont ensuite transféré l'inoculum de ce milieu de culture dans un flacon contenant un bouillon de lactose afin d'isoler une cellule utilisant le lactose. Ils n'exigeaient pas que la souche fabrique du xanthane à partir du bouillon, mais uniquement qu'elle se développe et utilise le lactose.

Des transferts en série ont permis d'isoler une souche utilisant le lactose, la souche retenue à chaque étape étant celle qui avait la meilleure croissance. Après une période d'incubation de 10 jours, un inoculum a été transféré dans un autre flacon contenant un bouillon de lactose, et ce processus a été répété encore 2 fois. La dernière bactérie utilisant le lactose que l'on a retenue a été transférée dans un flacon contenant un milieu à base de lactosérum, où elle s'est développée ; on a constaté que le milieu de culture était devenu très visqueux – il y avait eu production de xanthane. Notez que la sélection naturelle de cette bactérie est un processus moins lourd que celui qui fait appel à la technologie de l'ADN recombinant.

Il a fallu ensuite raffiner le procédé. Les chercheurs ont résolu divers problèmes ; ils ont notamment découvert comment stériliser le lactosérum sans détruire les constituants essentiels et comment manipuler les produits de fermentation extrêmement visqueux. Ils ont finalement mis au point une technique permettant de transformer 1 L de solution contenant 40 g de lactosérum en poudre en 1 L de solution contenant 30 g de gomme de xanthane. Si vous regardez les étiquettes apposées sur les produits vendus au supermarché de votre quartier, vous vous rendrez vite compte à quel point le projet décrit ici a été couronné de succès.

réactions à vitesse élevée. À l'échelle actuelle, on emploie des cellules immobilisées, habituellement ancrées à des sphères ou à des fibres microscopiques, pour fabriquer du sirop riche en fructose, de l'acide aspartique et bien d'autres produits issus de la biotechnologie.

> ▶ Vérifiez vos acquis
>
> Les bioréacteurs sont-ils conçus pour fonctionner dans des conditions aérobies ou anaérobies ? **28-4**
>
> La pénicilline est principalement produite après la trophophase de la fermentation. Cela en fait-il un métabolite primaire ou secondaire ? **28-5**

Les produits industriels

Nous avons vu que la fabrication de fromage s'accompagne de la production d'un résidu organique appelé *lactosérum*, qu'il faut éliminer avec les eaux usées, ou encore déshydrater et brûler comme un déchet solide. Ces deux procédés sont coûteux et posent un problème écologique. Cependant, des microbiologistes ont découvert un usage au lactosérum (encadré 28.1). Ainsi, en plus de créer de nouveaux produits, les microbiologistes inventent de nouveaux modes d'utilisation des produits existants. Dans la présente section, nous étudierons quelques-uns des produits microbiens commerciaux de premier plan ainsi que l'industrie des énergies de remplacement, qui est en pleine expansion.

Les acides aminés

De nos jours, les acides aminés constituent un important produit industriel issu de microorganismes. Par exemple, on fabrique chaque année de grandes quantités d'*acide glutamique* (L-glutamate), qui servent à la production de glutamate monosodique, un renforçateur de goût. Certains acides aminés, dont la *lysine* et la *méthionine*, ne sont pas synthétisés par les animaux, et un régime alimentaire normal n'en contient qu'une faible quantité. La synthèse industrielle de lysine et d'autres acides aminés essentiels, utilisés comme supplément alimentaire dans les céréales, constitue une industrie majeure.

Deux acides aminés synthétisés par des microorganismes, soit la *phénylalanine* et l'*acide aspartique* (L-aspartate), doivent leur importance au fait que ce sont des ingrédients de l'édulcorant aspartame (NutraSweet^MD).

Dans la nature, les microorganismes synthétisent rarement une quantité d'acides aminés dépassant leurs besoins, car un mécanisme de rétroinhibition empêche la production excessive de métabolites primaires (chapitre 23). La production industrielle des acides aminés par les microorganismes repose sur des mutants sélectionnés à cette fin et, parfois, sur des manipulations ingénieuses des voies métaboliques. Par exemple, pour des applications où seul l'isomère L d'un acide aminé est recherché, la production par des microorganismes est plus avantageuse, car elle ne donne que ce type d'isomère, alors que la fabrication chimique donne à la fois l'isomère D et l'isomère L (figure 22.13).

L'acide citrique

L'*acide citrique* est un constituant des agrumes, tels que l'orange et le citron, qui étaient à une certaine époque la seule source industrielle de cet acide. Cependant, il y a plus d'un siècle, on a découvert que l'acide citrique était un produit du métabolisme de moisissures,

et plus particulièrement d'*Aspergillus niger*, qui utilise la mélasse comme substrat. L'acide citrique ne permet pas uniquement de donner une saveur acidulée aux aliments ; il a en fait une gamme d'applications étonnamment large. On s'en sert comme antioxydant et agent d'équilibration du pH dans la préparation d'aliments, et comme émulsifiant dans la fabrication de produits laitiers.

Les enzymes

Les enzymes sont largement utilisées par diverses industries. Par exemple, les *amylases* servent à la fabrication de sirops à partir d'amidon de maïs, au collage du papier et à la production de glucose à partir d'amidon. La production microbiologique de l'amylase est considérée comme le premier brevet biotechnologique octroyé aux États-Unis ; il a été accordé au scientifique japonais Jokichi Takamine. Le procédé de base dans lequel les moisissures étaient employées pour produire la préparation issue d'enzyme appelée *koji* existe depuis des siècles au Japon pour fabriquer des produits de soja fermentés. Le koji est l'abréviation d'un mot japonais signifiant « prolifération de moisissures », faisant référence à l'infiltration d'un substrat de céréale, soit du riz ou un mélange de blé et de soja, avec un mycète filamenteux (*Aspergillus*). Au départ, les amylases du koji transforment l'amidon en glucides simples, mais les préparations de koji contiennent également des enzymes protéolytiques qui convertissent les protéines du soya en composés plus digestibles et plus savoureux. Les aliments de base du régime alimentaire des Japonais proviennent de la fermentation du soya ; parmi ceux-ci, on compte la *sauce de soja* et le *miso* (une pâte de soja fermentée ayant une saveur de viande). Pour la fabrication du *saké*, le vin de riz japonais bien connu, on utilise les amylases du koji pour convertir les glucides complexes du riz en composés que les levures peuvent utiliser pour produire de l'alcool. Ce procédé est à peu près l'équivalent du malt de l'orge qu'on emploie dans le brassage de la bière.

La *glucose isomérase* transforme le glucose – produit par des amylases à partir de l'amidon – en fructose, une substance employée comme édulcorant dans de nombreux aliments en remplacement du saccharose. Des *protéases* sont souvent ajoutées à la pâte à pain ; ces enzymes régulent la quantité de gluten (protéine) dans le blé, de sorte que le pain a une texture moelleuse ou plus uniforme. D'autres enzymes protéolytiques sont employées comme attendrisseur à viande ou comme additifs dans les détergents en vue de faciliter l'élimination des taches protéiques. La *rennine*, soit l'enzyme utilisée pour produire le caillé de lait, est d'ordinaire fabriquée industriellement au moyen de mycètes, mais on a récemment employé à cette fin des bactéries génétiquement modifiées. L'exemple de fabrication de jeans à l'aide d'enzymes est décrit dans l'encadré 1.1.

Les vitamines

On vend les vitamines en grande quantité sous forme de comprimés de multivitamines et on s'en sert comme suppléments alimentaires. Certaines vitamines sont produites à faible coût par des microorganismes. La *vitamine B_{12}* est fournie par les espèces *Pseudomonas* et *Propionibacterium*. La *vitamine B_2* (ou riboflavine) est également produite par fermentation, principalement à l'aide de mycètes tels qu'*Ashbya gossypii*. On a recours à un processus complexe de modification du glucose par certaines espèces d'*Acetobacter* pour produire de la *vitamine C* (ou acide ascorbique).

Les substances pharmaceutiques

C'est grâce à la fabrication d'antibiotiques que la microbiologie pharmaceutique moderne a pris son essor, après la Deuxième Guerre mondiale. Tous les antibiotiques étaient initialement des produits du métabolisme microbien. Nombre d'entre eux sont encore fabriqués par fermentation microbienne et on continue à sélectionner des mutants à rendement élevé par manipulation nutritionnelle ou génétique. Au moins 6 000 antibiotiques ont déjà été décrits. Un seul microorganisme, *Streptomyces hygroscopius*, présente différentes souches qui produisent près de 200 antibiotiques différents. La production industrielle d'antibiotiques se fait généralement par inoculation d'une solution d'un milieu de culture contenant des spores d'une moisissure ou de bactéries du genre *Streptomyces* ; la solution est ensuite fortement aérée.

Les vaccins sont également un produit de la microbiologie industrielle. De nombreux vaccins antiviraux sont fabriqués à grande échelle à partir d'embryons de poulet ou dans des milieux de culture cellulaire. La fabrication de vaccins destinés à la lutte contre des maladies bactériennes nécessite habituellement la culture de grandes quantités de bactéries. Les techniques de l'ADN recombinant jouent un rôle de plus en plus important dans la mise au point et la production des vaccins purifiés (chapitre 26).

La microbiologie industrielle permet aussi de fabriquer des substances indispensables. Les *stéroïdes* forment un groupe essentiel de substances chimiques qui comprend la *cortisone*, utilisée comme antiinflammatoire, ainsi que les *œstrogènes* et la *progestérone*, des hormones qui entrent dans la composition des contraceptifs oraux. Il est difficile d'extraire des stéroïdes de sources animales ou d'en faire la synthèse chimique, mais des microorganismes sont capables de synthétiser des stéroïdes à partir de stérols ou de composés apparentés faciles à obtenir.

L'extraction du cuivre par lixiviation

On emploie *Thiobacillus ferrooxidans* pour récupérer du minerai de cuivre dont la concentration ne dépasse parfois pas plus de 0,1 % et dont l'extraction par d'autres méthodes ne serait pas rentable. Au moins 25 % de la production mondiale de cuivre est obtenue de cette façon. Cette bactérie tire son énergie de l'oxydation d'une forme réduite de fer, le Fe^{2+}, qu'elle transforme en Fe^{3+}. Cette réaction produit aussi de l'acide sulfurique (H_2SO_4, tétraoxosulfate de dihydrogène).

❶ On pulvérise d'abord une solution aqueuse acide, contenant les ions Fe^{3+}, qu'on laisse descendre à travers le corps minéralisé par percolation (**figure 28.13**). En réagissant avec le Fe^{3+} présent dans la solution pulvérisée, les *sulfures de cuivre* (Cu^+) insolubles du minerai forment des *sulfates de cuivre*, $CuSO_4$ (Cu^{2+}), solubles. Pour maintenir un pH suffisamment faible, on ajoute au besoin de l'acide sulfurique (H_2SO_4). Le sulfate de cuivre soluble s'écoule vers le bas et est recueilli dans des réservoirs où il entre en contact avec de la ferraille. ❷ Les sulfates de cuivre réagissent avec le fer, puis ils précipitent sous forme de cuivre métal (Cu^0). Au cours de cette réaction, le fer métallique (Fe^0) est converti en $FeSO_4$ (Fe^{2+}), ❸ qui est recyclé dans un étang d'oxydation aéré où *Thiobacillus* l'utilise comme source d'énergie ; la transformation du Fe^{2+} en Fe^{3+} perpétue le cycle. Bien que ce processus demande beaucoup de temps, il est économique et permet de récupérer jusqu'à 70 % du cuivre contenu dans le minerai. Les minerais d'uranium, d'or et de cobalt sont traités de façon semblable. L'ensemble du procédé fait penser à un bioréacteur à écoulement continu.

Les microorganismes en tant que produits industriels

Certains microorganismes sont en soi des produits industriels. On fabrique la *levure de boulangerie* (*S. cerevisiæ*) dans de grandes cuves

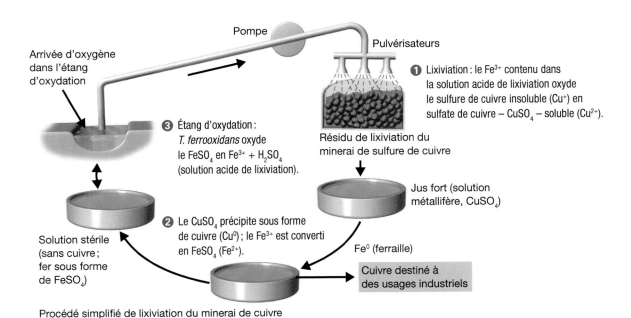

Procédé simplifié de lixiviation du minerai de cuivre

Figure 28.13 **Lixiviation biologique du minerai de cuivre.** La chimie du procédé est beaucoup plus complexe que ne le laisse entendre le schéma. On utilise essentiellement des bactéries *Thiobacillus ferrooxidans* dans un procédé à la fois biologique et chimique pour transformer le cuivre insoluble du minerai en cuivre soluble, qui est lixivié et précipité sous forme de cuivre métallique. On assure une recirculation continue des solutions.

de fermentation aérées. À la fin du procédé, le contenu renferme environ 4% de levure solide. On recueille les cellules au moyen de décanteuses continues et on les presse de manière à former les tablettes ou les paquets de levure vendus dans les supermarchés pour la fabrication de pain et de pâtisseries maison.

Les bactéries symbiotiques fixatrices d'azote (N_2) *Rhizobium* et *Bradyrhizobium* sont également des microorganismes importants vendus par l'industrie. On les mélange habituellement avec de la sphaigne (ou mousse de tourbe) en vue de retenir l'humidité; l'agriculteur mélange la sphaigne et un inoculum bactérien avec les graines de légumineuses pour s'assurer que les plants seront infectés avec des souches fixatrices d'azote à haut rendement (chapitre 27). Depuis plusieurs années, les jardiniers utilisent par ailleurs la bactérie *Bacillus thuringiensis*, un agent pathogène d'insecte produisant une toxine (toxine Bt), afin de lutter contre les larves d'insectes phyllophages (c'est-à-dire qui se nourrissent de feuilles). La sous-espèce *isrælensis* de *B. thuringiensis* est particulièrement efficace pour la lutte contre les larves de moustique et est largement utilisé dans le cadre de programmes municipaux. Presque tous les centres de jardinage offrent des produits commerciaux qui contiennent des cristaux de la toxine Bt et des endospores de cet organisme. L'encadré 27.1 présente un exemple de microorganisme mis au point pour la détection de substances chimiques.

▶ **Vérifiez vos acquis**

Par le passé, l'acide citrique était extrait des citrons et autres agrumes à l'échelle industrielle. Quels organismes emploie-t-on aujourd'hui pour produire l'acide citrique? **28-6**

Les sources d'énergie de remplacement faisant usage de microorganismes

Au fur et à mesure que les réserves de combustibles fossiles diminuent et que le prix de ceux-ci augmente, les ressources d'énergie renouvelables suscitent de plus en plus d'intérêt. L'une des plus importantes est la **biomasse**, c'est-à-dire l'ensemble de la matière organique produite par les organismes vivants, y compris les récoltes, les arbres et les déchets urbains. On peut utiliser des microorganismes pour la **bioconversion**, soit le processus qui convertit la biomasse en source d'énergie de remplacement. La bioconversion permet aussi de réduire la quantité de déchets à éliminer.

Le **méthane** est l'une des sources d'énergie les plus pratiques résultant de la bioconversion. De nombreuses municipalités produisent des quantités appréciables de méthane à partir des déchets des sites d'enfouissement (**figure 28.14**). Les grands parcs d'engraissement de bovins doivent évacuer des quantités considérables de fumier, et on déploie beaucoup d'efforts pour mettre au point des méthodes pratiques de production de méthane à partir de ces déchets. Parmi les principaux problèmes que pose toute tentative de production de méthane à grande échelle, on compte la nécessité de concentrer de façon économique la biomasse, largement répandue, qui sert de matière première. Si cette biomasse pouvait être concentrée de façon économique, les déchets humains et animaux représenteraient une source d'énergie qui remplacerait en grande partie celle que nous procurent le pétrole et le gaz naturel.

Cheminées de torchage de gaz

Microturbines produisant de l'électricité à partir du méthane

Figure 28.14 **Production de méthane à partir de déchets solides des sites d'enfouissement.** Le méthane s'accumule dans les sites d'enfouissement et peut être utilisé comme source d'énergie. L'installation montrée est située près de Los Angeles. Elle comprend 50 microturbines qui produisent de l'électricité à partir du méthane provenant des sites d'enfouissement. Les cinq cheminées de torchage de gaz qui se trouvent derrière les microturbines cachent les flammes du méthane brûlé à la torche excédentaire – cette mesure est essentielle pour éviter que les aéronefs confondent ces flammes avec le balisage lumineux d'un aéroport.

▶ **Vérifiez vos acquis**

Les sites d'enfouissement sont des endroits où on effectue un type important de bioconversion; quel produit en retire-t-on? **28-7**

Les biocarburants

Le prix des combustibles fossiles à base de pétrole augmente toujours, et leurs réserves deviennent incertaines; c'est pourquoi il y a de plus en plus d'intérêt pour les carburants de remplacement renouvelables, les **biocarburants**. Les efforts ont d'abord été concentrés sur l'**éthanol**, qui est déjà largement utilisé en combinaison avec l'essence (90% essence + 10% éthanol); cette technologie est aujourd'hui bien établie. À titre d'exemple, au Brésil, on produit du carburant de transport. Aux États-Unis et au Canada, un nombre limité de véhicules automobiles sont adaptés pour l'utilisation du biocarburant E85 (15% essence + 85% éthanol). Toutefois, l'utilisation de l'éthanol entraîne certains problèmes: il ne peut être transporté par des pipelines classiques (car il absorbe l'eau à profusion), et il produit 30% moins d'énergie que l'essence. De plus, la production d'éthanol à partir du maïs exerce d'importantes pressions sur l'approvisionnement et le prix de cette denrée alimentaire de grande valeur.

Ces inconvénients ont provoqué un intérêt accru pour les biocarburants issus de matières cellulosiques, tels que les tiges de maïs, le bois et les vieux papiers, ainsi que des cultures non alimentaires comme le panic raide (*Panicum virgatum*), qui a déjà recouvert les prairies du Midwest américain. De telles graminées sont vivaces et nécessitent un peu plus d'attention que seulement la récolte. Les procédés permettant de produire de l'éthanol à partir de la cellulose sont bien connus et sont plus coûteux que ceux utilisant le maïs et la canne à sucre. Les molécules de glucides qui constituent la cellulose peuvent être dégradées par des enzymes, une possibilité qui fait l'objet de nombreux travaux de recherche. Les termites ou les mycètes qui ont attaqué les tentes en coton de l'armée pendant la Deuxième Guerre mondiale sont des sources possibles de ces enzymes. Les sources de *cellulose* contiennent également des quantités considérables d'un composé similaire, l'*hémicellulose*, qui a besoin d'organismes capables de la digérer, probablement des microorganismes génétiquement modifiés. La *lignine*, le constituant cellulosique résistant à la digestion, pourrait être brûlé afin de produire la chaleur nécessaire lors des premières étapes de la fermentation.

Les alcools «supérieurs», à longues chaînes carbonées, particulièrement les alcools «ramifiés», seraient plus avantageux que l'éthanol classique. Leur capacité à absorber l'eau serait moins importante, et leur contenu énergétique plus élevé. À l'heure actuelle, il existe au moins une bactérie génétiquement modifiée qui peut produire plusieurs types d'alcools supérieurs à partir du glucose. Les alcools supérieurs peuvent également être assemblés au moyen de procédés chimiques utilisant des glucides à courtes chaînes carbonées.

Théoriquement, les algues représentent des organismes intéressants pour la production de biocarburants (**figure 28.15**). Elles offrent de nombreux avantages. D'abord, elles n'utilisent pas les terres agricoles nécessaires pour la production des aliments. Ensuite, elles produisent environ 20 fois plus d'énergie par hectare que le maïs. De plus, les terres sur lesquelles croissent les algues peuvent ne pas être productives sur le plan agricole tant qu'elles reçoivent une grande quantité de lumière solaire. Des sites de production expérimentale d'algues ont même employé les émissions de CO_2 provenant de centrales électriques pour accélérer la croissance. Les algues peuvent être recueillies presque quotidiennement. Les huiles qu'on en extrait peuvent être transformées en biodiesel, et même peut-être en carburéacteur (carburant pour moteur à réaction). Les algues produisent habituellement 20% de leur masse en huile, et même plus. Après l'extraction des huiles, ce qui reste des algues peut être utilisé pour produire de l'éthanol ou comme aliment pour animaux.

Le dihydrogène (H_2) est également intéressant pour remplacer les combustibles fossiles, particulièrement s'il peut être produit par la dissociation moléculaire de l'eau. Il peut être employé dans les piles à combustible pour produire de l'électricité et, s'il est brûlé pour produire de l'énergie, il ne produit pas de résidus nocifs. La majeure partie de la recherche visant la production de dihydrogène s'est concentrée sur les méthodes physiques et chimiques, mais il serait possible d'utiliser des bactéries ou des algues pour produire le dihydrogène au moyen de la fermentation de divers déchets ou de modifications à la photosynthèse.

La microbiologie industrielle de l'avenir

Les microorganismes ont toujours été d'une très grande utilité pour l'humanité, même lorsqu'on n'en connaissait pas l'existence. Ils continueront de jouer un rôle crucial dans beaucoup de méthodes fondamentales de transformation des aliments. L'arrivée de la technologie de l'ADN recombinant a encore accru l'intérêt pour la microbiologie industrielle en élargissant les possibilités d'élaboration de nouveaux produits et de nouvelles applications. Comme les énergies fossiles se raréfient, on s'intéresse de plus en plus aux sources d'énergies renouvelables, telles que le dihydrogène et l'éthanol. L'utilisation de microorganismes spécialisés pour la fabrication de tels produits à l'échelle industrielle va probablement augmenter. Il est certain que les nouvelles applications et les nouveaux produits de la biotechnologie vont avoir des répercussions considérables sur notre vie et notre bien-être.

Figure 28.15 **Bioréacteurs alimentés par des algues.** Une épreuve d'artiste montrant un champ de bioréacteurs alimentés par des algues qui pourraient produire des biocarburants à l'échelle industrielle.

RÉSUMÉ

LA MICROBIOLOGIE ALIMENTAIRE (p. 815)

1. Les premières méthodes de conservation des aliments étaient la déshydratation, l'ajout de sel ou de sucre, et la fermentation.

Les aliments et les maladies (p. 815)

2. La salubrité des aliments est surveillée par l'Administration des aliments et drogues (FDA) et le département de l'Agriculture des États-Unis (USDA), et par l'Agence canadienne d'inspection des aliments (ACIA) et le ministère de l'Agriculture et de l'Agroalimentaire du Canada. On utilise le système HACCP à cette fin.

L'appertisation industrielle (p. 815)

3. La stérilisation commerciale des aliments se fait à l'aide de vapeur sous pression dans un autoclave commercial.

4. La stérilisation commerciale consiste à chauffer les boîtes de conserve à la température minimale requise pour détruire les endospores de *Clostridium botulinum*, tout en altérant le moins possible les aliments.

5. Dans le procédé de stérilisation commerciale, on chauffe les aliments à une température suffisante pour réduire une population de *C. botulinum* par un facteur de 12 cycles logarithmiques (traitement 12D).

6. Les endospores des bactéries thermophiles peuvent survivre à la stérilisation commerciale.

7. Les aliments en conserve entreposés à une température supérieure à 45 °C risquent d'être altérés par des bactéries anaérobies thermophiles.

8. La détérioration par des bactéries anaérobies thermophiles s'accompagne parfois de la production de gaz. S'il n'y a pas production de gaz, on parle alors de surissement sans bombage.

9. La détérioration causée par des bactéries mésophiles a habituellement lieu après un procédé de chauffage inadéquat ou lorsque la boîte n'est pas étanche.

10. Il est possible de conserver les aliments acides en les chauffant à 100 °C, parce que les microorganismes qui survivent à cette température sont incapables de croître dans un milieu à faible pH.

11. *Byssochlamys*, *Aspergillus* et *Bacillus coagulans*, des microorganismes tolérants aux acides et à la chaleur, sont susceptibles d'altérer les aliments acides.

Le conditionnement aseptique (p. 817)

12. On fabrique des emballages avec des matériaux stérilisés, puis on remplit, dans des conditions aseptiques, les emballages avec des aliments liquides préalablement stérilisés à la chaleur.

L'irradiation et la conservation industrielles des aliments (p. 817)

13. On utilise les rayons gamma pour stériliser des aliments, détruire les insectes et les vers parasites, et pour prévenir la germination des fruits et des légumes.

Un procédé de conservation des aliments à haute pression (p. 818)

14. On utilise l'eau pressurisée afin de détruire les bactéries dans les fruits et la viande.

Le rôle des microorganismes dans la production alimentaire (p. 819)

Le fromage (p. 819)

15. La protéine du lait, appelée *caséine*, caille sous l'action de bactéries lactiques ou de la rennine, une enzyme protéolytique.

16. Le fromage est le caillé séparé de la fraction liquide du lait, appelée *lactosérum*, ou *petit-lait*.

17. Les fromages à pâte ferme résultent de la croissance de bactéries lactiques à l'intérieur du caillé.

18. La croissance de microorganismes dans le fromage est appelée *affinage*.

19. L'affinage des fromages à pâte demi-molle résulte de la croissance de bactéries à la surface, tandis que l'affinage des fromages à pâte molle résulte de la croissance de *Penicillium* à la surface.

Les autres produits laitiers (p. 820)

20. Le babeurre était autrefois produit par la croissance de bactéries lactiques durant la fabrication du beurre.

21. On produit le babeurre commercial en laissant croître des bactéries lactiques dans du lait écrémé pendant 12 heures.

22. La crème sure, le yogourt, le kéfir et le koumis résultent de la croissance de bactéries lactiques, de streptocoques et de levures dans du lait à basse teneur en matière grasse.

Les fermentations non lactiques (p. 821)

23. Les levures transforment les glucides de la pâte à pain en éthanol et en CO_2 par fermentation. C'est le CO_2 qui fait lever le pain.

24. La choucroute, les marinades, les olives et la sauce de soja sont des produits issus de fermentations microbiennes.

Les boissons alcoolisées et le vinaigre (p. 821)

25. Les levures transforment, par fermentation, les glucides des grains céréaliers, des fruits, des pommes de terre et de la mélasse en éthanol durant la production de bière, de saké et d'eaux-de-vie distillées.

26. La fermentation des glucides de fruits, en particulier du raisin, par des levures donne du vin.

27. Au cours de la vinification, des bactéries lactiques transforment l'acide malique en acide lactique par fermentation malolactique.

28. *Acetobacter* et *Gluconobacter* oxydent l'éthanol du vin en acide acétique (vinaigre).

LA MICROBIOLOGIE INDUSTRIELLE (p. 822)

1. Des microorganismes produisent les alcools et l'acétone (propanone) utilisés dans des processus industriels.

2. La capacité de cellules génétiquement modifiées à fabriquer nombre de nouveaux produits a révolutionné la microbiologie industrielle.

3. On appelle *biotechnologie* la fabrication de produits commerciaux à l'aide d'organismes vivants.

La technologie de la fermentation (p. 823)

4. On appelle *fermentation industrielle* la culture de grandes quantités de cellules.

5. La fermentation industrielle s'effectue dans des bioréacteurs, où l'aération, le pH et la température sont surveillés.

6. La production de métabolites primaires, comme l'éthanol, accompagne la croissance cellulaire (durant la trophophase).

7. Les métabolites secondaires, comme la pénicilline, se forment durant la phase stationnaire (idiophase).

8. Il est possible de sélectionner des souches mutantes fabriquant un produit recherché.

Les enzymes et les microorganismes immobilisés (p. 824)

9. Des enzymes ou des cellules entières sont fixées à des sphères solides ou à des fibres. Des réactions enzymatiques donnent le produit recherché en transformant le substrat qui passe au-dessus de la surface.

10. On emploie les enzymes et les microorganismes immobilisés pour produire du papier, des textiles et du cuir, sans nuire à l'environnement.

Les produits industriels (p. 826)

11. La plupart des acides aminés qui entrent dans la composition d'aliments ou de médicaments sont produits par des bactéries.

12. On emploie la synthèse microbienne d'acides aminés pour fabriquer des isomères L. La production chimique fournit à la fois l'isomère L et l'isomère D.

13. La lysine, l'acide glutamique, la méthionine, la phénylalanine et l'acide aspartique sont produits par des microorganismes.

14. L'acide citrique, qui est utilisé dans la préparation d'aliments, est produit par *Aspergillus niger*.

15. Les enzymes utilisées pour la préparation d'aliments, de médicaments et d'autres produits sont fabriquées par des microorganismes.

16. Certaines vitamines employées comme supplément alimentaire sont fabriquées par des microorganismes.

17. Des vaccins, des antibiotiques et des stéroïdes sont des produits de la croissance microbienne.

18. On peut tirer parti des activités métaboliques de *Thiobacillus ferrooxidans* pour extraire les minerais de l'uranium et du cuivre.

19. On fait la culture de levures pour fabriquer du vin et du pain, et divers autres microorganismes (*Rhizobium, Bradyrhizobium* et *Bacillus thuringiensis*) sont cultivés à des fins agricoles.

Les sources d'énergie de remplacement faisant usage de microorganismes (p. 828)

20. Des microorganismes peuvent transformer la biomasse, et notamment les déchets organiques, en carburants de remplacement comme le méthane ; ce processus est appelé *bioconversion*.

Les biocarburants (p. 828)

21. Les biocarburants comprennent les alcools, dont l'éthanol, le dihydrogène et le méthane (à partir de la fermentation microbienne), et les huiles (à partir des algues).

La microbiologie industrielle de l'avenir (p. 829)

22. La technologie de l'ADN recombinant va continuer d'accroître les capacités de la microbiologie industrielle à produire des médicaments et d'autres produits utiles.

AUTOÉVALUATION

QUESTIONS À COURT DÉVELOPPEMENT

1. Vous êtes dans un marché d'alimentation avec un ami et vous voulez acheter des fraises. L'emballage porte une étiquette indiquant que les fraises ont été irradiées. Votre ami vous fait part de ses craintes envers ce procédé industriel. Selon vous, quels en sont les avantages et pourquoi certaines personnes s'en méfient-elles ?

2. On utilise la cellulase pour produire le denim lavé à la pierre. Comment la cellulase donne-t-elle à ce type de denim son apparence et son toucher caractéristiques ? D'où la cellulase provient-elle ? (*Indice* : Voir le chapitre 1.)

APPLICATIONS CLINIQUES

N. B. Certaines de ces questions nécessitent que vous cherchiez des réponses dans les différents chapitres du livre.

1. Vous emménagez avec une amie dans un appartement comportant peu d'espaces de rangement. Vous mettez donc les provisions, y compris les boîtes de conserve, dans une petite armoire située près d'une fenêtre laissant passer beaucoup de lumière. Vous constatez que la température est élevée à l'intérieur de l'armoire, car elle est exposée aux rayons du soleil toute la journée. Trois semaines après votre arrivée, quelques boîtes sont bombées. Quels arguments utilisez-vous pour convaincre votre colocataire que vous devez jeter les boîtes bombées et ranger les aliments dans un autre endroit ?

2. Des chercheurs ont inoculé du cidre de pomme avec 10^5 cellules de la souche d'*E. coli* O157:H7 par millilitre afin d'étudier le comportement des bactéries dans la boisson ayant un pH 3,7. Ils ont obtenu les résultats suivants :

	Nombre de cellules d'*E. coli* O157:H7 par millilitre au bout de 25 jours
Cidre de pomme à 25 °C	10^4 (avec croissance évidente de moisissures au bout de 10 jours)
Cidre de pomme avec sorbate de potassium à 25 °C	10^3
Cidre de pomme à 8 °C	10^2

Quelles conclusions tirez-vous de ces données ? Quelle maladie provoque *E. coli* O157:H7 ? (*Indice* : Voir le chapitre 20.)

3. Vous faites croître un microorganisme qui produit suffisamment d'acide lactique pour se détruire lui-même en quelques jours.

a) Comment un bioréacteur vous aiderait-il à poursuivre la culture du microorganisme pendant des semaines, voire des mois? Le graphique suivant illustre les conditions prévalant dans le bioréacteur.

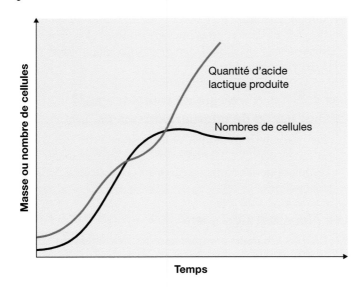

b) Si le produit recherché est un métabolite secondaire, quand pouvez-vous commencer à le recueillir?

c) Si ce sont les cellules elles-mêmes que vous désirez obtenir et que vous souhaitez en faire la culture continue, quand pouvez-vous commencer à les recueillir?

4. L'antibiotique efrotomycine est produit par *Nocardia lactamdurans* (aussi appelé *Streptomyces lactamdurans*). On a fait croître ce microorganisme dans 40 000 litres d'un milieu de culture composé de glucose, de maltose, d'huile de soja, de $(NH_4)_2SO_4$, de NaCl, de KH_2PO_4 et de Na_2HPO_4. On a aéré le milieu et on l'a maintenu à 28 °C. L'analyse du milieu de culture durant la croissance cellulaire a fourni les résultats suivants:

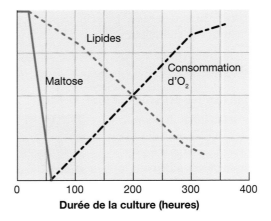

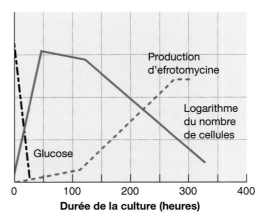

a) Quel glucide a-t-on ajouté en premier: le maltose ou le glucose? Pourquoi?

b) Est-ce que l'efrotomycine est un métabolite primaire ou secondaire? Justifiez votre réponse.

c) Quelles sont les conditions de culture les plus propices pour obtenir un rendement élevé en efrotomycine?

d) Quel est le rôle de chacun des ingrédients du milieu de culture? (*Indice*: Voir le chapitre 4.)

e) Nommez quelques caractéristiques de *Nocardia*. (*Indice*: Voir le chapitre 6.)

Consultez le volet de gauche de l'Édition en ligne pour d'autres activités.

APPENDICES

Sommaire

Appendice B
La classification des bactéries
selon le *Bergey's Manual*

Appendice C
Les voies métaboliques

Appendice D
Les exposants, les logarithmes et le temps
de génération

Appendice E
Lexique de formules chimiques

Appendice F
Les éléments de formation des mots
en microbiologie

La classification des bactéries selon le *Bergey's Manual**

Domaine : *Bacteria*
  Embranchement : *Aquificæ*
    Classe I : *Aquificæ*
      Ordre I : *Aquificales*
        Famille I : *Aquificaceæ*
         Aquifex
         Calderobacterium
         Hydrogenobacter
         Hydrogenobaculum
         Hydrogenothermus
         Persephonella
         Sulfurihydrogenibium
         Thermocrinis
        Genera incertæ sedis
         Balnearium
         Desulfurobacterium
         Thermovibrio
  Embranchement : *Thermotogæ*
    Classe I : *Thermotogæ*
      Ordre I : *Thermotogales*
        Famille I : *Thermotogaceæ*
         Fervidobacterium
         Geotoga
         Marinitoga
         Petrotoga
         Thermosipho
         Thermotoga
  Embranchement : *Thermodesulfobacteria*
      Ordre I : *Thermodesulfobacteriales*
        Famille I : *Thermodesulfobacteriaceæ*
         Thermodesulfobacterium
  Embranchement : *Deinococcus–Thermus*
    Classe I : *Deinococci*
      Ordre I : *Deinococcales*
        Famille I : *Deinococcaceæ*
         Deinococcus
      Ordre II : *Thermales*
        Famille I : *Thermaceæ*
         Marinithermus
         Meiothermus
         Oceanithermus
         Thermus
         Vulcanithermus

  Embranchement : *Chrysiogenetes*
    Classe I : *Chrysiogenetes*
      Ordre I : *Chrysiogenales*
        Famille I : *Chrysiogenaceæ*
         Chrysiogenes
  Embranchement : *Chloroflexi*
    Classe I : *Chloroflexi*
      Ordre I : *Chloroflexales*
        Famille I : *Chloroflexaceæ*
         Chloroflexus
         Chloronema
         Heliothrix
         Roseiflexus
        Famille II : *Oscillochloridaceæ*
         Oscillochloris
      Ordre II : *Herpetosiphonales*
        Famille I : *Herpetosiphonaceæ*
         Herpetosiphon
    Classe II : *Anærolineæ*
      Ordre I : *Anærolinæles*
        Famille I : *Anærolinaceæ*
         Anærolineæ
  Embranchement : *Thermomicrobia*
    Classe I : *Thermomicrobia*
      Ordre I : *Thermomicrobiales*
        Famille I : *Thermomicrobiaceæ*
         Thermomicrobium
  Embranchement : *Nitrospira*
    Classe I : *Nitrospira*
      Ordre I : *Nitrospirales*
        Famille I : *Nitrospiraceæ*
         Leptospirillum
         Magnetobacterium
         Nitrospira
         Thermodesulfovibrio
  Embranchement : *Deferribacteres*
    Classe I : *Deferribacteres*
      Ordre I : *Deferribacterales*
        Famille I : *Deferribacteraceæ*
         Deferribacter
         Denitrovibrio
         Flexistipes
         Geovibrio
        Genera incertæ sedis
         Caldithrix
         Synergistes
  Embranchement : *Cyanobacteria*
    Classe I : *Cyanobacteria*
      Sous-section I
        Chamæsiphon
        Chroococcus
        Cyanobacterium

---

* La présente classification est tirée de la deuxième édition en cinq volumes du *Bergey's Manual of Systematic Bacteriology* (2004). Le *Bergey's Manual of Determinative Bacteriology*, 9e éd., 1994, permet d'identifier les bactéries et les archéobactéries que l'on peut mettre en culture.

Cyanobium
Cyanothece
Dactylococcopsis
Glœobacter
Glœocapsa
Glœothece
Microcystis
Prochlorococcus
Prochloron
Synechococcus
Synechocystis
Sous-section II
Chroococcidiopsis
Cyanocystis
Dermocarpella
Myxosarcina
Pleurocapsa
Stanieria
Xenococcus
Sous-section III
Arthrospira
Borzia
Crinalium
Geitlerinema
Halospirulina
Leptolyngbya
Limnothrix
Lyngbya
Microcoleus
Oscillatoria
Planktothrix
Prochlorothrix
Pseudoanabæna
Spirulina
Starria
Symploca
Trichodesmium
Tychonema
Sous-section IV
Anabæna
Anabænopsis
Aphanizomenon
Calothrix
Cyanospira
Cylindrospermopsis
Cylindrospermum
Nodularia
Nostoc
Rivularia
Scytonema
Tolypothrix
Sous-section V
Chloroglœopsis
Fischerella
Geitleria
Iyengariella
Nostochopsis
Stigonema

Embranchement : *Chlorobi*
Classe I : *Chlorobia*
Ordre I : *Chlorobiales*
Famille I : *Chlorobiaceæ*
Ancalochloris
Chlorobaculum
Chlorobium
Chloroherpeton
Pelodictyon
Prosthecochloris
Embranchement : *Proteobacteria*
Classe I : *Alphaproteobacteria*
Ordre I : *Rhodospirillales*
Famille I : *Rhodospirillaceæ*
Azospirillum
Inquilinus
Magnetospirillum
Phæospirillum
Rhodocista
Rhodospira
Rhodospirillum
Rhodovibrio
Roseospira
Skermanella
Thallassospira
Tistrella
Famille II : *Acetobacteraceæ*
Acetobacter
Acidiphilium
Acidisphæra
Acidocella
Acidomonas
Asaia
Craurococcus
Gluconacetobacter
Gluconobacter
Kozakia
Muricoccus
Paracraurococcus
Rhodopila
Roseococcus
Rubritepida
Stella
Teichococcus
Zavarzinia
Ordre II : *Rickettsiales*
Famille I : *Rickettsiaceæ*
Orientia
Rickettsia
Famille II : *Anaplasmataceæ*
Ægyptianella
Anaplasma
Cowdria
Ehrlichia
Neorickettsia
Wolbachia
Xenohaliotis

Famille III : *Holosporaceæ*
 Holospora
Genera incertæ sedis
 Cædibacter
 Lyticum
 Odyssella
 Pseudocædibacter
 Symbiotes
 Tectibacter
Ordre III : *Rhodobacterales*
 Famille I : *Rhodobacteraceæ*
  Ahrensia
  Albidovulum
  Amaricoccus
  Antarctobacter
  Gemmobacter
  Hirschia
  Hyphomonas
  Jannaschia
  Ketogulonicigenium
  Leisingera
  Maricaulis
  Methylarcula
  Oceanicaulis
  Octadecabacter
  Pannonibacter
  Paracoccus
  Pseudorhodobacter
  Rhodobaca
  Rhodobacter
  Rhodothalassium
  Rhodovulum
  Roseibium
  Roseinatronobacter
  Roseivivax
  Roseobacter
  Roseovarius
  Roseovivax
  Rubrimonas
  Ruegeria
  Sagittula
  Silicibacter
  Staleya
  Stappia
  Sulfitobacter
Ordre IV : *Sphingomonadales*
 Famille I : *Sphingomonodaceæ*
  Blastomonas
  Erythrobacter
  Erythromicrobium
  Erythromonas
  Novosphingobium
  Porphyrobacter
  Rhizomonas
  Sandaracinobacter
  Sphingobium
  Sphingomonas

  Sphingopyxis
  Zymomonas
Ordre V : *Caulobacterales*
 Famille I : *Caulobacteraceæ*
  Asticcacaulis
  Brevundimonas
  Caulobacter
  Phenylobacterium
Ordre VI : *Rhizobiales*
 Famille I : *Rhizobiaceæ*
  Agrobacterium
  Allorhizobium
  Carbophilus
  Chelatobacter
  Ensifer
  Rhizobium
  Sinorhizobium
 Famille II : *Aurantimonadaceæ*
  Aurantimonas
  Fulvimarina
 Famille III : *Bartonellaceæ*
  Bartonella
 Famille IV : *Brucellaceæ*
  Brucella
  Mycoplana
  Ochrobactrum
 Famille V : *Phyllobacteriaceæ*
  Aminobacter
  Aquamicrobium
  Defluvibacter
  Mesorhizobium
  Nitratireductor
  Phyllobacterium
  Paseuaminobacter
 Famille VI : *Methylocystaceæ*
  Albibacter
  Methylocystis
  Methylopila
  Methylosinus
  Terasakiella
 Famille VII : *Beijerinckiaceæ*
  Beijerinckia
  Chelatococcus
  Methylocapsa
  Methylocella
 Famille VIII : *Bradyrhizobiaceæ*
  Afipia
  Agromonas
  Blastobacter
  Bosea
  Bradyrhizobium
  Nitrobacter
  Oligotropha
  Rhodoblastus
  Rhodopseudomonas
 Famille IX : *Hyphomicrobiaceæ*
  Ancalomicrobium
  Ancylobacter

Angulomicrobium
Aquabacter
Azorhizobium
Blastochloris
Devosia
Dichotomicrobium
Filomicrobium
Gemmiger
Hyphomicrobium
Labrys
Methylorhabdus
Pedomicrobium
Prosthecomicrobium
Rhodomicrobium
Rhodoplanes
Seliberia
Starkeya
Xanthobacter
Famille X : *Methylobacteriaceæ*
  Methylobacterium
  Microvirga
  Protomonas
  Roseomonas
Famille XI : *Rhodobiaceæ*
  Rhodobium
  Roseospirillum
Ordre VII : *Parvularculales*
  Famille I : *Parvularculaceæ*
    Parvularcula
Classe II : *Betaproteobacteria*
  Ordre I : *Burkholderiales*
    Famille I : *Burkholderiaceæ*
      Burkholderia
      Cupriavidus
      Lautropia
      Limnobacter
      Pandoræa
      Paucimonas
      Polynucleobacter
      Ralstonia
      Thermothrix
      Wautersia
    Famille II : *Oxalobacteraceæ*
      Duganella
      Herbaspirillum
      Janthinobacterium
      Massilia
      Oxalicibacterium
      Oxalobacter
      Telluria
    Famille III : *Alcaligenaceæ*
      Achromobacter
      Alcaligenes
      Bordetella
      Brackiella
      Oligella
      Pelistega

Pigmentiphaga
Sutterella
Taylorella
Famille IV : *Comamonadaceæ*
  Acidovorax
  Alicycliphilus
  Brachymonas
  Caldimonas
  Comamonas
  Delftia
  Diaphorobacter
  Hydrogenophaga
  Hylemonella
  Lampropedia
  Macromonas
  Ottowia
  Polaromonas
  Ramlibacter
  Rhodoferax
  Variovorax
  Xenophilus
  Genera incertæ sedis
    Aquabacterium
    Ideonella
    Leptothrix
    Roseateles
    Rubrivivax
    Schlegelella
    Sphærotilus
    Tepidimonas
    Thiomonas
    Xylophilus
Ordre II : *Hydrogenophilales*
  Famille I : *Hydrogenophilaceæ*
    Hydrogenophilus
    Thiobacillus
Ordre III : *Methylophilales*
  Famille I : *Methylophilaceæ*
    Methylobacillus
    Methylophilus
    Methylovorus
Ordre IV : *Neisseriales*
  Famille I : *Neisseriaceæ*
    Alysiella
    Aquaspirillum
    Chromobacterium
    Eikenella
    Formivibrio
    Iodobacter
    Kingella
    Laribacter
    Microvirgula
    Morococcus
    Neisseria
    Prolinoborus
    Simonsiella
    Vitreoscilla
    Vogesella

Ordre V : *Nitrosomonadales*
   Famille I : *Nitrosomonadaceæ*
     Nitrosolobus
     Nitrosomonas
     Nitrosospira
   Famille II : *Spirillaceæ*
     Spirillum
   Famille III : *Gallionellaceæ*
     Gallionella
Ordre VI : *Rhodocyclales*
   Famille I : *Rhodocyclaceæ*
     Azoarcus
     Azonexus
     Azospira
     Azovibrio
     Dechloromonas
     Dechlorosoma
     Ferribacterium
     Propionibacter
     Propionivibrio
     Quadricoccus
     Rhodocyclus
     Sterolibacterium
     Thauera
     Zooglœa
Ordre VII : *Procabacteriales*
   Famille I : *Procabacteriaceæ*
     Procabacter
Classe III : *Gammaproteobacteria*
   Ordre I : *Chromatiales*
     Famille I : *Chromatiaceæ*
       Allochromatium
       Amœbobacter
       Chromatium
       Halochromatium
       Isochromatium
       Lamprobacter
       Lamprocystis
       Marichromatium
       Nitrosococcus
       Pfennigia
       Rhabdochromatium
       Rheinheimera
       Thermochromatium
       Thioalkalicoccus
       Thiobaca
       Thiocapsa
       Thiococcus
       Thiocystis
       Thiodictyon
       Thioflavicoccus
       Thiohalocapsa
       Thiolamprovum
       Thiopedia
       Thiorhodococcus
       Thiorhodovibrio
       Thiospirillum

     Famille II : *Ectothiorhodospiraceæ*
       Alcalilimnicola
       Alkalispirillum
       Arhodomonas
       Ectothiorhodospira
       Halorhodospira
       Nitrococcus
       Thioalkalispira
       Thioalkalivibrio
       Thiorhodospira
   Ordre II : *Acidithiobacillales*
     Famille I : *Acidithiobacillaceæ*
       Acidithiobacillus
     Famille II : *Thermithiobacillaceæ*
       Thermithiobacillus
   Ordre III : *Xanthomonadales*
     Famille I : *Xanthomonadaceæ*
       Frateuria
       Fulvimonas
       Luteimonas
       Lysobacter
       Nevskia
       Pseudoxanthomonas
       Rhodanobacer
       Schineria
       Stenotrophomonas
       Thermomonas
       Xanthomonas
       Xylella
   Ordre IV : *Cardiobacteriales*
     Famille I : *Cardiobacteriaceæ*
       Cardiobacterium
       Dichelobacter
       Suttonella
   Ordre V : *Thiotrichales*
     Famille I : *Thiotrichaceæ*
       Achromatium
       Beggiatoa
       Leucothrix
       Thiobacterium
       Thiomargarita
       Thioploca
       Thiospira
       Thiothrix
     Famille II : *Francisellaceæ*
       Francisella
     Famille III : *Piscirickettsiaceæ*
       Cycloclasticus
       Hydrogenovibrio
       Methylophaga
       Piscirickettsia
       Thioalkalimicrobium
       Thiomicrospira
   Ordre VI : *Legionellales*
     Famille I : *Legionellaceæ*
       Legionella
     Famille II : *Coxiellaceæ*
       Aquicella

Coxiella
Rickettsiella
Ordre VII : *Methylococcales*
    Famille I : *Methylococcaceæ*
      Methylobacter
      Methylocaldum
      Methylococcus
      Methylomicrobium
      Methylomonas
      Methylosarcina
      Methylosphæra
Ordre VIII : *Oceanospirillales*
    Famille I : *Oceanospirillaceæ*
      Balneatrix
      Marinomonas
      Marinospirillum
      Neptunomonas
      Oceanobacter
      Oceanospirillum
      Oleispira
      Pseudospirillum
      Thalassolituus
    Famille II : *Alcanivoraceæ*
      Alcanivorax
      Fundibacter
    Famille III : *Hahellaceæ*
      Hahella
      Zooshikella
    Famille IV : *Halomonadaceæ*
      Halomonas
      Carnimonas
      Chromohalobacter
      Cobetia
      Deleya
      Zymobacter
    Famille V : *Oleiphilaceæ*
      Oleiphilus
    Famille VI : *Saccharospirillaceæ*
      Saccharospirillum
Ordre IX : *Pseudomonadales*
    Famille I : *Pseudomonadaceæ*
      Azomonas
      Azotobacter
      Cellvibrio
      Chryseomonas
      Flavimonas
      Mesophilobacter
      Pseudomonas
      Rhizobacter
      Rugamonas
      Serpens
    Famille II : *Moraxellaceæ*
      Acinetobacter
      Moraxella
      Psychrobacter
    Famille III : *Incertæ sedis*
      Enhydrobacter

Ordre X : *Alteromonadales*
    Famille I : *Alteromonadaceæ*
      Æstuariibacter
      Alishewanella
      Alteromonas
      Colwellia
      Ferrimonas
      Glaciecola
      Idiomarina
      Marinobacter
      Marinobacterium
      Microbulbifer
      Moritella
      Pseudoalteromonas
      Psychromonas
      Shewanella
      Thalassomonas
    Famille II : *Incerta sedis*
      Teredinibacter
Ordre XI : *Vibrionales*
    Famille I : *Vibrionaceæ*
      Allomonas
      Catenococcus
      Enterovibrio
      Grimontia
      Listonella
      Photobacterium
      Salinivibrio
      Vibrio
Ordre XII : *Æromonadales*
    Famille I : *Æromonadaceæ*
      Æromonas
      Oceanimonas
      Oceanisphæra
      Tolumonas
    Famille II : *Succinivibrionaceæ*
      Anærobiospirillum
      Ruminobacter
      Succinomonas
      Succinivibrio
Ordre XIII : *Enterobacteriales*
    Famille I : *Enterobacteriaceæ*
      Alterococcus
      Arsenophonus
      Brenneria
      Buchnera
      Budvicia
      Buttiauxella
      Calymmatobacterium
      Cedecea
      Citrobacter
      Edwardsiella
      Enterobacter
      Erwinia
      Escherichia
      Ewingella
      Hafnia

Klebsiella
Kluyvera
Leclercia
Leminorella
Mœllerella
Morganella
Obesumbacterium
Pantœa
Pectobacterium
Phlomobacter
Photorhabdus
Plesiomonas
Pragia
Proteus
Providencia
Rahnella
Raoultella
Saccharobacter
Salmonella
Samsonia
Serratia
Shigella
Sodalis
Tatumella
Trabulsiella
Wigglesworthia
Xenorhabdus
Yersinia
Yokenella
Ordre XIV : *Pasteurellales*
  Famille I : *Pasteurellaceæ*
    Actinobacillus
    Gallibacterium
    Hæmophilus
    Lonepinella
    Pasteurella
    Mannheimia
    Phocœnobacter
Classe IV : *Deltaproteobacteria*
Ordre I : *Desulfurellales*
  Famille I : *Desulfurellaceæ*
    Desulfurella
    Hippea
Ordre II : *Desulfovibrionales*
  Famille I : *Desulfovibrionaceæ*
    Bilophila
    Desulfovibrio
    Lawsonia
  Famille II : *Desulfomicrobiaceæ*
    Desulfomicrobium
  Famille III : *Desulfohalobiaceæ*
    Desulfohalobium
    Desulfomonaas
    Desulfonatronovibrio
    Desulfothermus
  Famille IV : *Desulfonatronumaceæ*
    Desulfonatronum

Ordre III : *Desulfobacterales*
  Famille I : *Desulfobacteraceæ*
    Desulfatibacillum
    Desulfobacter
    Desulfobacterium
    Desulfobacula
    Desulfobotulus
    Desulfocella
    Desulfococcus
    Desulfofaba
    Desulfofrigus
    Desulfomusa
    Desulfonema
    Desulforegula
    Desulfosarcina
    Desulfospira
    Desulfotignum
  Famille II : *Desulfobulbaceæ*
    Desulfobulbus
    Desulfocapsa
    Desulfofustis
    Desulforhopalus
    Desulfotalea
  Famille III : *Nitrospinaceæ*
    Nitrospina
Ordre IV : *Desulfarcales*
  Famille I : *Desulfarculaceæ*
    Desulfarculus
Ordre V : *Desulfuromonales*
  Famille I : *Desulfuromonaceæ*
    Desulfuromonas
    Desulfuromusa
    Malonomonas
    Pelobacter
  Famille II : *Geobacteraceæ*
    Geobacter
    Trichlorobacter
Ordre VI : *Syntrophobacterales*
  Famille I : *Syntrophobacteraceæ*
    Desulfacinum
    Syntrophobacter
    Desulforhabdus
    Desulfovirga
    Thermodesulforhabdus
  Famille II : *Syntrophaceæ*
    Desulfobacca
    Smithella
    Syntrophus
Ordre VII : *Bdellovibrionales*
  Famille I : *Bdellovibrionaceæ*
    Bacteriovorax
    Bdellovibrio
    Micavibrio
    Vampirovibrio
Ordre VIII : *Myxococcales*
  Famille I : *Cystobacteraceæ*
    Anæromyxobacter

Archangium
Cystobacter
Hyalangium
Melittangium
Stigmatella
Famille II : *Myxococcaceæ*
Corallococcus
Myxococcus
Pyxicoccus
Famille III : *Polyangiaceæ*
Byssophaga
Chondromyces
Haploangium
Jahnia
Polyangium
Sorangium
Famille IV : *Nannocystaceæ*
Nannocystis
Plesiocystis
Famille V : *Haliangiaceæ*
Haliangium
Famille VI : *Kofleriaceæ*
Kofleria
Classe V : *Epsilonproteobacteria*
Ordre I : *Campylobacterales*
Famille I : *Campylobacteraceæ*
Arcobacter
Campylobacter
Dehalospirillum
Sulfurospirillum
Famille II : *Helicobacteraceæ*
Helicobacter
Sulfurimonas
Thiovulum
Wolinella
Embranchement : *Firmicutes*
Classe I : *Bacilli*
Ordre I : *Bacillales*
Famille I : *Bacillaceæ*
Alkalibacillus
Amphibacillus
Anoxybacillus
Bacillus
Cerasibacillus
Filobacillus
Geobacillus
Gracilibacillus
Halobacillus
Haloactibacillus
Lentibacillus
Marinicoccus
Oceanobacillus
Paraliobacillus
Saccharococus
Tenuibacillus
Thalassobacillus
Virgibacillus

Famille II : *Alicyclobacillaceæ*
Alicyclobacillus
Famille III : *Listeriaceæ*
Brochothrix
Listeria
Famille IV : *Pænibacillaceæ*
Ammoniphilus
Aneurinibacillus
Brevibacillus
Cohnella
Oxalophagus
Pænibacillus
Thermobacillus
Famille VI : *Planococcaceæ*
Caryophanon
Filibacter
Jeotgalibacillus
Kurthia
Marinibacillus
Planomicrobium
Planococcus
Planomicrobium
Sporosarcina
Ureibacillus
Famille VII : *Sporolactobacillaceæ*
Sporolactobacillus
Famille VIII : *Staphylococcaceæ*
Jeotgalicoccus
Macrococcus
Salinicoccus
Staphylococcus
Famille IX : *Thermoactinomycetaceæ*
Thermoactinomyces
Laceyella
Mechercharimyces
Planifilum
Seinonella
Shimazuella
Thermoflavimicrobium
Incertæ Sedis
Exiguobacterium
Gemella
Thermicanus
Ordre II : *Lactobacillales*
Famille I : *Lactobacillaceæ*
Lactobacillus
Paralactobacillus
Pediococcus
Famille II : *Ærococcaceæ*
Abiotrophia
Ærococcus
Dolosicoccus
Eremococcus
Facklamia
Globicatella
Ignavigranum
Famille III : *Carnobacteriaceæ*
Alkalibacterium

Allofustis
Alloiococcus
Atopobacter
Atopococcus
Atopostipes
Carnobacterium
Desemzia
Dolosigranulum
Granulicatella
Isobaculum
Marinilactibacillus
Trichococcus
Famille IV : *Enterococcaceæ*
Enterococcus
Melissococcus
Tetragenococcus
Vagococcus
Famille V : *Leuconostocaceæ*
Leuconostoc
Œnococcus
Weissella
Famille VI : *Streptococcaceæ*
Lactococcus
Lactovum
Streptococcus
Classe II : *Clostridia*
Ordre I : *Clostridiales*
Famille I : *Clostridiaceæ*
Alkaliphilus
Anærobacter
Anoxynatronum
Caloramator
Caloranærobacter
Caminicella
Clostridium
Natronincola
Oxobacter
Sarcina
Thermobrachium
Thermohalobacter
Tindallia
Famille V : *Lachnospiraceæ*
Acetitomaculum
Anærostipes
Bryantella
Butyrivibrio
Catonella
Dorea
Hespellia
Johnsonella
Lachnobacterium
Moryella
Oribacterium
Parasporobacterium
Lachnospira
Pseudobutyrivibrio
Roseburia

Shuttleworthia
Sporobacterium
Syntrophococcus
Famille VII : *Peptostreptococcaceæ*
Filifactor
Peptostreptococcus
Tepidibacter
Famille II : *Eubacteriaceæ*
Acetobacterium
Acetobacterium
Alkalibacter
Anærofustis
Eubacterium
Garciella
Pseudoramibacter
Famille VI : *Peptococcaceæ*
Cryptanærobacter
Dehalobacter
Desulfitobacterium
Desulfonispora
Desulfosporosinus
Desulfotomaculum
Pelotomaculum
Peptococcus
Syntrophobotulus
Thermincola
Famille III : *Gracilibacteraceæ*
Gracilibacter
Famille IV : *Heliobacteriaceæ*
Heliobacterium
Heliobacillus
Heliophilum
Heliorestis
Famille VIII : *Ruminococcaceæ*
Ruminococcus
Famille X : *Veillonellaceac*
Acetonema
Acidaminococcus
Allisonella
Anæroarcus
Anæroglobus
Anæromusa
Anærosinus
Anærovibrio
Centipeda
Dendrosporobacter
Dialister
Megasphæra
Mitsuokella
Pectinatus
Phascolarctobacterium
Propionispira
Propionispora
Quinella
Schwartzia
Selenomonas
Sporomusa

Succiniclasticum
Succinispira
Thermosinus
Veillonella
Zymophilus
Incertæ Sedis
  Anærococcus
  Finegoldia
  Gallicola
  Fusibacter
Famille IX : *Syntrophomonadaceæ*
  Pelospora
  Syntrophomonas
  Syntrophospora
  Syntrophothermus
  Thermosyntropha
Ordre III : *Thermoanærobacteriales*
  Famille I : *Thermoanærobacteriaceæ*
    Ammonifex
    Caldanærobacter
    Carboxydibrachium
    Coprothermobacter
    Gelria
    Moorella
    Thermacetogenium
    Thermanæromonas
    Thermoanærobacter
  Incertæ Sedis
    Caldicellulosiruptor
    Mahell
    Thermoanærobacterium
    Thermosediminibacter
    Thermovenabulum
Ordre II : *Halanærobiales*
  Famille I : *Halanærobiaceæ*
    Halanærobium
    Halocella
    Halothermothrix
  Famille II : *Halobacteroidaceæ*
    Acetohalobium
    Halanærobacter
    Halonatronum
    Natroniella
    Orenia
    Selenihalanærobacter
    Sporohalobacter

Embranchement : *Tenericutes*
Ordre I : *Mycoplasmatales*
  Famille I : *Mycoplasmataceæ*
    Eperythrozoon
    Hæmobartonella
    Mycoplasma
    Ureaplasma
Ordre II : *Entomoplasmatales*
  Famille I : *Entomoplasmataceæ*
    Entomoplasma
    Mesoplasma

  Famille II : *Spiroplasmataceæ*
    Spiroplasma
Ordre III : *Acholeplasmatales*
  Famille I : *Acholeplasmataceæ*
    Acholeplasma
    Phytoplasma
Ordre IV : *Anæroplasmatales*
  Famille I : *Anæroplasmataceæ*
    Anæroplasma
    Asteroleplasma

Embranchement : *Actinobacteria*
Classe I : *Actinobacteria*
Ordre I : *Acidimicrobiales*
  Famille I : *Acidimicrobiaceæ*
    Acidimicrobium
Ordre II : *Rubrobacterales*
    Conexibacter
    Rubrobacter
    Solirubrobacter
    Thermoleophilum
Ordre III : *Coriobacteriales*
  Famille I : *Coriobacteriaceæ*
    Atopobium
    Collinsella
    Coriobacterium
    Cryptobacterium
    Denitrobacterium
    Eggerthella
    Olsenella
    Slackia
Ordre IV : *Sphærobacterales*
  Famille I : *Sphærobacteraceæ*
    Sphærobacter
Ordre V : *Actinomycetales*
Sous-ordre : *Actinomycineæ*
  Famille I : *Actinomycetaceæ*
    Actinobaculum
    Actinomyces
    Arcanobacterium
    Mobiluncus
    Varibaculum
Sous-ordre : *Micrococcineæ*
  Famille I : *Micrococcaceæ*
    Arthrobacter
    Citricoccus
    Kocuria
    Micrococcus
    Nesterenkonia
    Renibacterium
    Rothia
    Stomatococcus
    Yania
  Famille II : *Bogoriellaceæ*
    Bogoriella
  Famille III : *Rarobacteraceæ*
    Rarobacter
  Famille IV : *Sanguibacteraceæ*
    Sanguibacter

Famille V : *Brevibacteriaceæ*
   Brevibacterium
Famille VI : *Cellulomonadaceæ*
   Cellulomonas
   Œrskovia
   Tropheryma
Famille VII : *Dermabacteraceæ*
   Brachybacterium
   Dermabacter
Famille VIII : *Dermatophilaceæ*
   Dermatophilus
   Kineosphæra
Famille IX : *Dermacoccaceæ*
   Dermacoccus
   Demetria
   Kytococcus
Famille X : *Intrasporangiaceæ*
   Arsenicicoccus
   Intrasporangium
   Janibacter
   Nostocoidia
   Ornithinicoccus
   Ornithinimicrobium
   Terrabacter
   Terracoccus
   Tetrasphæra
Famille XI : *Jonesiaceæ*
   Jonesia
Famille XII : *Microbacteriaceæ*
   Agrococcus
   Agromyces
   Aureobacterium
   Clavibacter
   Cryobacterium
   Curtobacterium
   Frigoribacterium
   Leifsonia
   Leucobacter
   Microbacterium
   Rathayibacter
   Subtercola
Famille XIII : *Beutenbergiaceæ*
   Beutenbergia
   Georgenia
   Salana
Famille XIV : *Promicromonosporaceæ*
   Cellulosimicrobium
   Promicromonospora
   Xylanibacterium
   Xylanimonas
Sous-ordre : *Corynebacterineæ*
Famille I : *Corynebacteriaceæ*
   Corynebacterium
Famille II : *Dietziaceæ*
   Dietzia
Famille III : *Gordoniaceæ*
   Gordonia
   Skermania

Famille IV : *Mycobacteriaceæ*
   Mycobacterium
Famille V : *Nocardiaceæ*
   Nocardia
   Rhodococus
Famille VI : *Tsukamurellaceæ*
   Tsukamurella
Famille VII : *Williamsiaceæ*
   Williamsia
Sous-ordre : *Micromonosporineæ*
Famille I : *Micromonosporaceæ*
   Actinoplanes
   Asanoa
   Catellatospora
   Catenuloplanes
   Couchioplanes
   Dactylosporangium
   Micromonospora
   Pilimelia
   Spirilliplanes
   Verrucosispora
   Virgisporangium
Sous-ordre : *Propionibacterineæ*
Famille I : *Propionibacteriaceæ*
   Luteococcus
   Microlunatus
   Propionibacterium
   Propioniferax
   Propionimicrobium
   Tessaracoccus
Famille II : *Nocardioidaceæ*
   Æromicrobium
   Actinopolymorpha
   Friedmanniella
   Hongia
   Kribbella
   Micropruina
   Marmoricola
   Nocardioides
   Propionicimonas
Sous-ordre : *Pseudonocardineæ*
Famille I : *Pseudonocardiaceæ*
   Actinoalloteichus
   Actinopolyspora
   Amycolatopsis
   Crossiella
   Kibdelosporangium
   Kutzneria
   Prauserella
   Pseudonocardia
   Saccharomonospora
   Saccharopolyspora
   Streptoalloteichus
   Thermobispora
   Thermocrispum
Famille II : *Actinosynnemataceæ*
   Actinokineospora
   Actinosynnema

Lechevalieria
Lentzea
Saccharothrix
Sous-ordre : *Streptomycineæ*
    Famille I : *Streptomycetaceæ*
    Kitasatospora
    Streptomyces
    Streptoverticillium
Sous-ordre : *Streptosporangineæ*
    Famille I : *Streptosporangiaceæ*
    Acrocarpospora
    Herbidospora
    Microbispora
    Microtetraspora
    Nonomuræa
    Planobispora
    Planomonospora
    Planopolyspora
    Planotetraspora
    Streptosporangium
    Famille II : *Nocardiopsaceæ*
    Nocardiopsis
    Streptomonospora
    Thermobifida
    Famille III : *Thermomonosporaceæ*
    Actinomadura
    Spirillospora
    Thermomonospora
Sous-ordre : *Frankineæ*
    Famille I : *Frankiaceæ*
    Frankia
    Famille II : *Geodermatophilaceæ*
    Blastococcus
    Geodermatophilus
    Modestobacter
    Famille III : *Microsphæraceæ*
    Microsphæra
    Famille IV : *Sporichthyaceæ*
    Sporichthya
    Famille V : *Acidothermaceæ*
    Acidothermus
    Famille VI : *Kineosporiaceæ*
    Cryptosporangium
    Kineococcus
    Kineosporia
Sous-ordre : *Glycomycineæ*
    Famille I : *Glycomycetaceæ*
    Glycomyces
Ordre VI : *Bifidobacteriales*
    Famille I : *Bifidobacteriaceæ*
    Æriscardovia
    Bifidobacterium
    Falcivibrio
    Gardnerella
    Parascardovia
    Scardovia
    Famille II : *Affiliation inconnue*
    Actinobispora

Actinocorallia
Excellospora
Pelczaria
Turicella
Embranchement : *Planctomycetes*
    Ordre I : *Planctomycetales*
        Famille I : *Planctomycetaceæ*
        Gemmata
        Isosphæra
        Pirellula
        Planctomyces
Embranchement : *Chlamydiæ*
    Ordre I : *Chlamydiales*
        Famille I : *Chlamydiaceæ*
        Chlamydia
        Chlamydophila
        Famille II : *Parachlamydiaceæ*
        Neochlamydia
        Parachlamydia
        Famille III : *Simkaniaceæ*
        Rhabdochlamydia
        Simkania
        Famille IV : *Waddliaceæ*
        Waddlia
Embranchement : *Spirochætes*
    Classe I : *Spirochætes*
        Ordre I : *Spirochætales*
            Famille I : *Spirochætaceæ*
            Borrelia
            Brevinema
            Clevelandina
            Cristispira
            Diplocalyx
            Hollandina
            Pillotina
            Spirochæta
            Treponema
            Famille II : *Serpulinaceæ*
            Brachyspira
            Serpulina
            Famille III : *Leptospiraceæ*
            Leptonema
            Leptospira
Embranchement : *Fibrobacteres*
    Classe I : *Fibrobacteres*
        Famille I : *Fibrobacteraceæ*
        Fibrobacter
Embranchement : *Acidobacteria*
        Famille I : *Acidobacteriaceæ*
        Acidobacterium
        Geothrix
        Holophaga
Embranchement : *Bacteroidetes*
    Classe I : *Bacteroidetes*
        Ordre I : *Bacteroidales*
            Famille I : *Bacteroidaceæ*
            Acetofilamentum

Acetomicrobium
Acetothermus
Anærophaga
Anærorhabdus
Bacteroides
Megamonas
Famille II : *Rikenellaceæ*
   Alistipes
   Marinilabilia
   Rikenella
Famille III : *Porphyromonadaceæ*
   Dysgonomonas
   Porphyromonas
   Tannerella
Famille IV : *Prevotellaceæ*
   Prevotella
Classe II : *Flavobacteria*
   Ordre I : *Flavobacteriales*
      Famille I : *Flavobacteriaceæ*
         Æquorivita
         Arenibacter
         Bergeyella
         Capnocytophaga
         Cellulophaga
         Chryseobacterium
         Cœnonia
         Croceibacter
         Empedobacter
         Flavobacterium
         Gelidibacter
         Gillisia
         Mesonia
         Muricauda
         Myroides
         Ornithobacterium
         Polaribacter
         Psychroflexus
         Psychroserpens
         Riemerella
         Saligentibacter
         Tenacibaculum
         Weeksella
         Zobellia
      Famille II : *Blattabacteriaceæ*
         Blattabacterium
Classe III : *Sphingobacteria*
   Ordre I : *Sphingobacteriales*
      Famille I : *Sphingobacteriaceæ*
         Pedobacter
         Sphingobacterium
      Famille II : *Saprospiraceæ*
         Haliscomenobacter
         Lewinella
         Saprospira

Famille III : *Flexibacteraceæ*
   Belliella
   Cyclobacterium
   Cytophaga
   Dyadobacter
   Flectobacillus
   Flexibacter
   Hongiella
   Hymenobacter
   Meniscus
   Microscilla
   Reichenbachia
   Runella
   Spirosoma
   Sporocytophaga
Famille IV : *Flammeovirgaceæ*
   Flammeovirga
   Flexithrix
   Persicobacter
   Thermonema
Famille V : *Crenotrichaceæ*
   Chitinophaga
   Crenothrix
   Rhodothermus
   Salinibacter
   Toxothrix

Embranchement : *Fusobacteria*
Classe I : *Fusobacteria*
   Ordre I : *Fusobacteriales*
      Famille I : *Fusobacteriaceæ*
         Fusobacterium
         Ilyobacter
         Leptotrichia
         Propionigenium
         Sebaldella
         Sneathia
         Streptobacillus
      Famille II : *Incertæ sedis*
         Cetobacterium

Embranchement : *Verrucomicrobia*
Classe I : *Verrucomicrobiæ*
      Opitutus
      Prosthecobacter
      Verrucomicrobium
      Victivallis
      Xiphinematobacter

Embranchement : *Dictyoglomi*
Classe I : *Dictyoglomi*
   Ordre I : *Dictyoglomales*
      Famille I : *Dictyoglomaceæ*
         Dictyoglomus

Embranchement : *Gemmatimonadetes*
Classe I : *Gemmatimonadetes*
   Ordre I : *Gemmatimonadales*
      Gemmatimonas

Les voies métaboliques

Figure C.1 Réactions du cycle de Calvin-Benson : pour le métabolisme du carbone de la phase sombre de la photosynthèse. **1** à **3** La fixation initiale et la réduction du carbone conduisent à la formation de composés à 3 carbones : le glycéraldéhyde-3-phosphate et le dihydroxyacétone phosphate, **4** qui sont interconvertibles. **A** à **D** En moyenne, sur 12 molécules à 3 carbones produites, 2 molécules sont utilisées pour la synthèse du glucose **5** et 10 molécules sont utilisées pour produire du ribulose-5-phosphate, à la suite d'une série complexe de réactions. **6** Le ribulose-5-phosphate est ensuite phosphorylé aux dépens d'une molécule ATP, ce qui produit le ribulose-1,5-diphosphate, la molécule avec laquelle la séquence a commencé. (Vous trouverez un schéma simplifié des réactions du cycle de Calvin-Benson à la figure 23.26.)

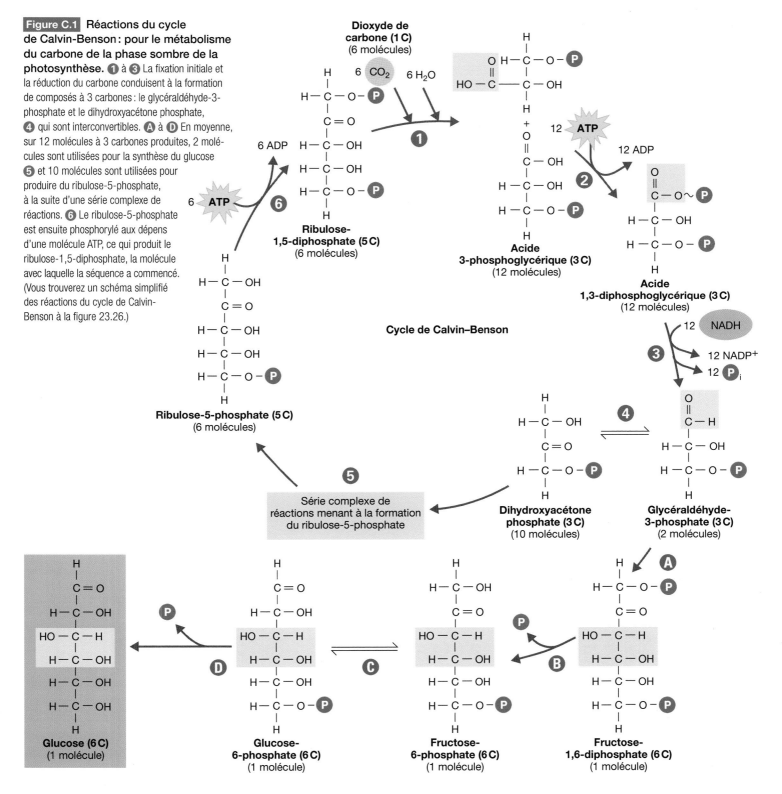

Figure C.2 **Glycolyse (ou voie d'Embden-Meyerhof).** Chacune des étapes de la glycolyse est catalysée par une enzyme spécifique, indiquée sur la figure. (Vous trouverez un résumé des réactions de la glycolyse à la figure 23.12.)

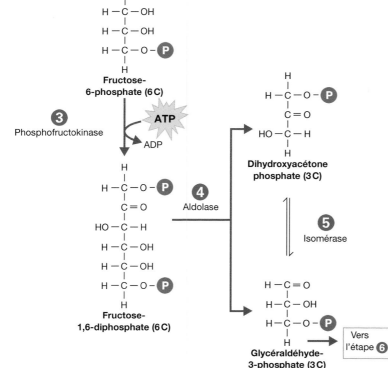

❶ Le glucose entre dans la cellule, où il est phosphorylé sous l'action de l'enzyme hexokinase, qui transfère un groupement phosphate (Ⓟ) d'une molécule d'ATP au sixième atome de carbone du glucose. Le produit de la réaction est le glucose-6-phosphate. Comme la membrane plasmique est imperméable aux ions, le glucose est emprisonné dans la cellule, puisque le groupement phosphate porte une charge électrique. De plus, la phosphorylation du glucose accroît la réactivité chimique de la molécule. Bien que la glycolyse soit censée produire de l'ATP durant la première étape, il y a en fait consommation de cette substance; cet apport énergétique sera remis avec dividendes à une étape ultérieure de la glycolyse.

❷ Le glucose-6-phosphate est transformé sous l'action de l'enzyme phosphogluco-isomérase, par réarrangement des atomes, en son isomère : le fructose-6-phosphate. Les isomères possèdent le même nombre d'atomes de chaque élément, mais leurs structures sont différentes.

❸ Une autre molécule d'ATP prend part à la glycolyse. L'enzyme phosphofructo-kinase transfère un groupement phosphate d'une molécule d'ATP à la molécule de fructose-6-phosphate, d'où la formation d'une molécule de fructose-1,6-diphosphate.

❹ La glycolyse («dégradation du glucose») tire son nom de la réaction qui se produit au cours de la quatrième étape. L'enzyme aldolase scinde la molécule de fructose-1,6-diphosphate en 2 molécules de glucide – le glycéraldéhyde-3-phosphate et le dihydroxyacétone phosphate –, comprenant chacune 3 atomes de carbone. Ces 2 molécules de glucide sont des isomères.

❺ Les glucides à 3 carbones sont interconvertis sous l'action de l'enzyme isomérase. L'enzyme qui intervient ensuite dans la glycolyse utilise uniquement le glycéraldéhyde-3-phosphate comme substrat. Il en résulte que l'équilibre entre les 2 glucides à 3 carbones se déplace vers le glycéraldéhyde-3-phosphate, qui est retiré au fur et à mesure de sa propre production.

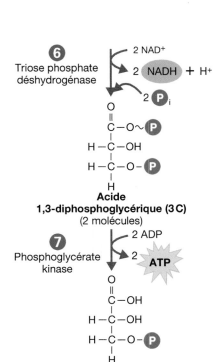

6 Triose phosphate déshydrogénase

2 NAD⁺
2 NADH + H⁺
2 Pᵢ

Acide 1,3-diphosphoglycérique (3 C)
(2 molécules)

7 Phosphoglycérate kinase

2 ADP
2 ATP

Acide 3-phosphoglycérique (3 C)
(2 molécules)

8 Phosphoglycérate mutase

Acide 2-phosphoglycérique (3 C)
(2 molécules)

9 Énolase

H₂O

Acide phosphoénolpyruvique (3 C)
(2 molécules)

6 L'enzyme triose phosphate déshydrogénase catalyse deux réactions successives tout en gardant le glycéraldéhyde-3-phosphate dans son site actif. Le glucide est d'abord oxydé au premier carbone et le NAD⁺ est réduit, d'où la formation de NADH + H⁺. L'enzyme couple ensuite cette réaction à la création d'une liaison phosphate riche en énergie avec le premier carbone du substrat oxydé. Le phosphate provient de phosphate inorganique, qui est toujours présent dans la cellule. Les produits libérés par l'enzyme sont du NADH + H⁺, de même que de l'acide 1,3-diphosphoglycérique. Il est à noter que, dans la figure, la nouvelle liaison phosphate est représentée par le symbole d'une liaison riche en énergie (~), ce qui indique qu'il s'agit d'une liaison au moins aussi énergétique que le sont les liaisons phosphate d'une molécule d'ATP.

7 La glycolyse produit maintenant de l'ATP. Le groupement phosphate, qui comporte une liaison riche en énergie, est transféré de l'acide 1,3-diphosphoglycérique à l'ADP sous l'action de l'enzyme phosphoglycérate kinase. Deux molécules d'ATP sont produites pour chaque molécule de glucose qui participe à la glycolyse, puisque chaque molécule produite après la scission du glucose (étape **4**) libère 1 molécule d'ATP. Bien sûr, il a fallu 2 molécules d'ATP pour obtenir du glucose susceptible d'être scindé, d'où le bilan nul sur le plan de l'énergie. À la fin de l'étape **7**, le glucose a été transformé en 2 molécules d'acide 3-diphosphoglycérique.

8 Ensuite, en déplaçant le dernier groupement phosphate de l'acide 3-phosphoglycérique, l'enzyme phosphoglycérate mutase produit de l'acide 2-phosphoglycérique et prépare ainsi le substrat pour la prochaine réaction.

9 L'enzyme énolase forme une double liaison dans le substrat en extrayant une molécule d'eau de l'acide 2-phosphoglycérique, ce qui donne de l'acide phosphoénolpyruvique. Il en résulte une disposition des électrons du substrat qui rend la dernière liaison phosphate très instable.

10 La dernière réaction de la glycolyse produit une autre molécule d'ATP sous l'action de l'enzyme pyruvate kinase. Cette molécule d'ATP résulte du transfert du groupement phosphate de l'acide phosphoénolpyruvique à l'ADP. Comme cette étape a lieu deux fois pour chaque molécule de glucose, il y a création de 2 molécules d'ATP. Donc, la glycolyse de 1 molécule de glucose donne 2 molécules d'acide pyruvique, 2 molécules de NADH + H⁺ et 2 molécules d'ATP. Chaque molécule d'acide pyruvique peut maintenant être soumise au processus de respiration ou de fermentation, selon que les molécules de dioxygène (O_2) sont présentes ou non.

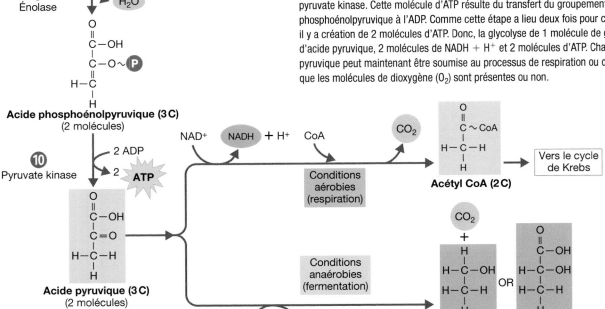

10 Pyruvate kinase

2 ADP
2 ATP

Acide pyruvique (3 C)
(2 molécules)

NAD⁺   NADH + H⁺   CoA   CO₂

Conditions aérobies (respiration)

Acétyl CoA (2 C)   →   Vers le cycle de Krebs

Conditions anaérobies (fermentation)

NADH + H⁺   NAD⁺

CO₂ +

Éthanol (2 C) et CO₂ (1 C)   OR   **Acide lactique (3 C)**

Figure C.3 **Voie des pentoses phosphates (ou voie des hexoses monophosphates).** Cette voie métabolique, qui fonctionne en même temps que la glycolyse, fournit une autre voie pour l'oxydation du glucose. Elle joue également un rôle dans la synthèse des molécules biologiques, selon les besoins de la cellule. Les encadrés bleus représentent des destinées possibles des différents intermédiaires. (Voir le chapitre 23.)

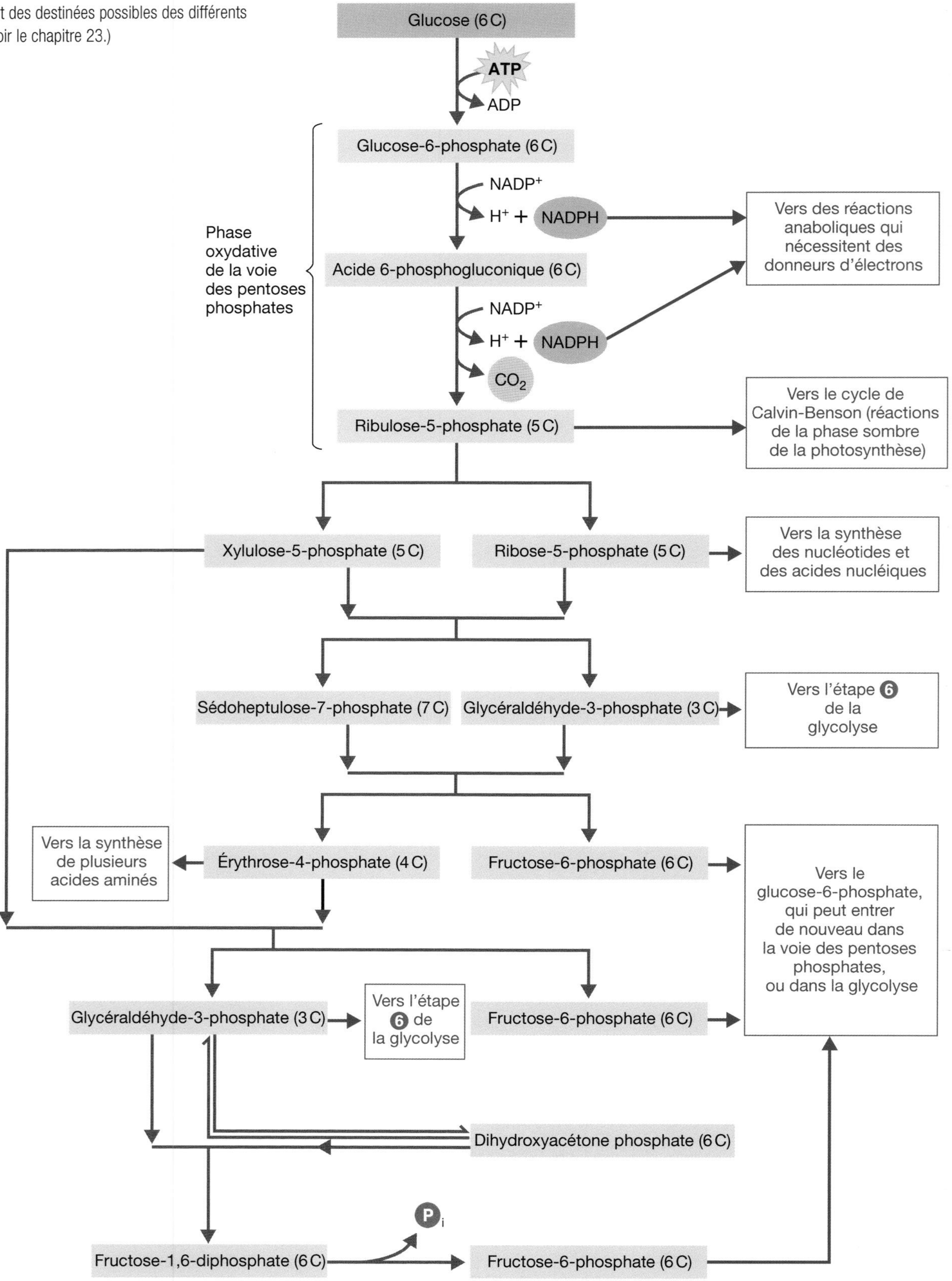

Glucose (6 C)

ATP
ADP

Glucose-6-phosphate (6 C)

NADP+
H+ + NADPH

Phase oxydative de la voie des pentoses phosphates

Acide 6-phosphogluconique (6 C)

NADP+
H+ + NADPH
CO_2

Vers des réactions anaboliques qui nécessitent des donneurs d'électrons

Ribulose-5-phosphate (5 C)

Vers le cycle de Calvin-Benson (réactions de la phase sombre de la photosynthèse)

Xylulose-5-phosphate (5 C)   Ribose-5-phosphate (5 C)

Vers la synthèse des nucléotides et des acides nucléiques

Sédoheptulose-7-phosphate (7 C)   Glycéraldéhyde-3-phosphate (3 C)

Vers l'étape ❻ de la glycolyse

Vers la synthèse de plusieurs acides aminés

Érythrose-4-phosphate (4 C)   Fructose-6-phosphate (6 C)

Vers le glucose-6-phosphate, qui peut entrer de nouveau dans la voie des pentoses phosphates, ou dans la glycolyse

Glycéraldéhyde-3-phosphate (3 C)

Vers l'étape ❻ de la glycolyse

Fructose-6-phosphate (6 C)

Dihydroxyacétone phosphate (6 C)

P$_i$

Fructose-1,6-diphosphate (6 C)   Fructose-6-phosphate (6 C)

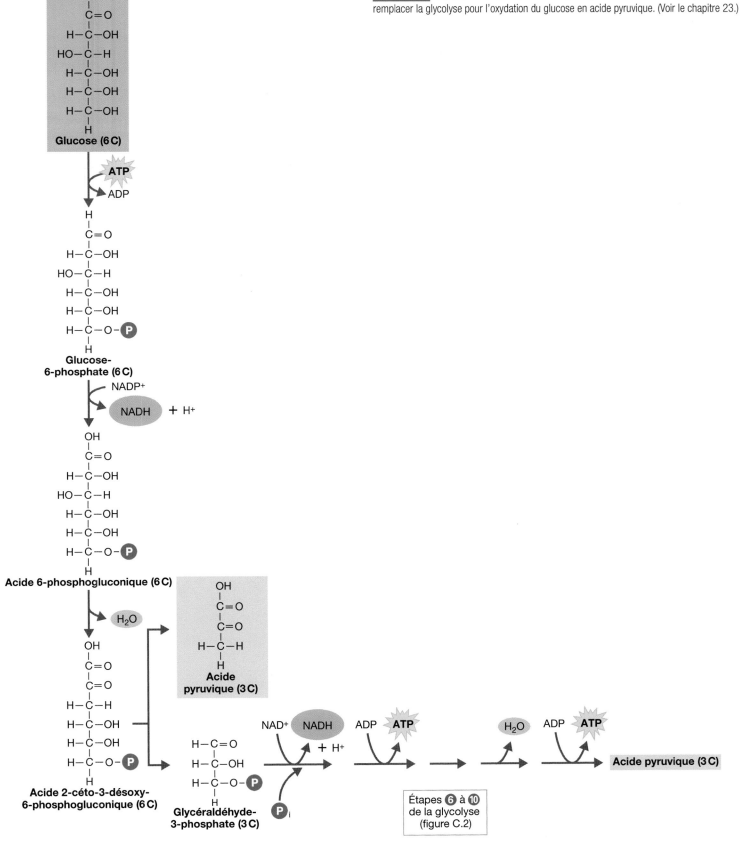

Figure C.4 **Voie d'Entner-Doudoroff (VED).** Cette voie métabolique peut remplacer la glycolyse pour l'oxydation du glucose en acide pyruvique. (Voir le chapitre 23.)

Figure C.5 **Cycle de Krebs.** (Vous trouverez un résumé des réactions du cycle de Krebs à la figure 23.13.)

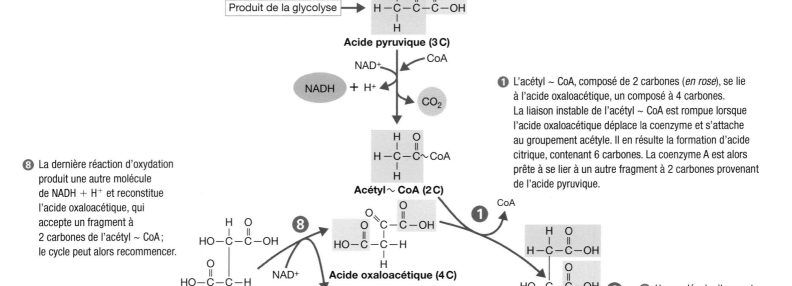

❶ L'acétyl ~ CoA, composé de 2 carbones (*en rose*), se lie à l'acide oxaloacétique, un composé à 4 carbones. La liaison instable de l'acétyl ~ CoA est rompue lorsque l'acide oxaloacétique déplace la coenzyme et s'attache au groupement acétyle. Il en résulte la formation d'acide citrique, contenant 6 carbones. La coenzyme A est alors prête à se lier à un autre fragment à 2 carbones provenant de l'acide pyruvique.

❽ La dernière réaction d'oxydation produit une autre molécule de NADH + H⁺ et reconstitue l'acide oxaloacétique, qui accepte un fragment à 2 carbones de l'acétyl ~ CoA ; le cycle peut alors recommencer.

❷ Une molécule d'eau est perdue et une autre est rajoutée. Le résultat net est la conversion de l'acide citrique en son isomère, l'acide isocitrique.

❼ L'addition d'une molécule d'eau entraîne un réarrangement des liaisons du substrat. Le produit de cette étape est l'acide malique.

❻ Il se produit une autre réaction d'oxydation : 2 atomes d'hydrogène sont transférés à 1 molécule de FAD, ce qui donne 1 molécule de FADH₂. La fonction de cette dernière coenzyme est semblable à celle de NADH + H⁺, mais la FADH₂ entrepose moins d'énergie. Le produit de cette étape est l'acide fumarique.

❸ Le substrat perd une molécule de CO_2 (*en gris*) et le composé à 5 carbones résultant est oxydé, ce qui réduit le NAD^+ en NADH + H⁺. Le produit de cette étape est l'acide α-cétoglutarique.

❺ La phosphorylation au niveau du substrat se produit à cette étape. La coenzyme A est remplacée par un groupement phosphate, qui est par la suite transféré à la guanosine diphosphate (GDP), ce qui donne la guanosine triphosphate (GTP). Ce composé est semblable à l'ATP, qui se forme lorsqu'une molécule de GTP cède un groupement phosphate à une molécule d'ADP. Les produits de cette étape sont l'acide succinique et l'ATP.

❹ Il y a perte d'une autre molécule de CO_2 (*en gris*) ; le composé à 4 carbones résultant est oxydé lors du transfert d'électrons à NAD^+, qui donne du NADH + H⁺, puis il s'unit à la coenzyme A par une liaison instable. Le produit de cette étape est le succinyl ~ CoA.

Les exposants, les logarithmes et le temps de génération

Les exposants et la notation scientifique

Il n'est pas pratique de manipuler des nombres très grands ou très petits, comme 4 650 000 000 et 0,000 000 32. C'est pourquoi on exprime de tels nombres à l'aide de la notation scientifique, c'est-à-dire au moyen d'une puissance de 10. Par exemple, $4,65 \times 10^9$ est exprimé à l'aide de la **notation scientifique**, dans laquelle 4,65 est le *coefficient* et 9, l'*exposant* ou la puissance. Le coefficient est toujours un nombre compris entre 1 et 10, l'exposant pouvant être positif ou négatif.

L'expression d'un nombre à l'aide de la notation scientifique s'effectue en deux étapes. On détermine d'abord le coefficient en déplaçant la virgule décimale de manière qu'il ne reste plus qu'un chiffre non nul à la gauche de celle-ci. Par exemple,

Le coefficient est donc 3,2. On détermine ensuite l'exposant en comptant de combien de positions on a déplacé la virgule. Si le déplacement a eu lieu vers la gauche, l'exposant est positif ; s'il s'est effectué vers la droite, l'exposant est négatif. Dans l'exemple, on a déplacé la virgule décimale de sept positions vers la droite : l'exposant négatif est -7. Ainsi,

$$0,000\ 000\ 32 = 3,2 \times 10^{-7}$$

Les règles illustrées pour un très petit nombre s'appliquent aussi à un nombre très grand, mais l'exposant est alors positif plutôt que négatif. Par exemple,

$$4\ 650\ 000\ 000 = 4,65 \times 10^{+9}$$
$$= 4,65 \times 10^9$$

Pour multiplier deux nombres écrits à l'aide de la notation scientifique, on multiplie les coefficients et on *additionne* les exposants. Ainsi,

$$(3 \times 10^4) \times (2 \times 10^3) =$$
$$(3 \times 2) \times (10^{4\ +\ 3}) = 6 \times 10^7$$

Pour diviser deux nombres écrits à l'aide de la notation scientifique, on divise les coefficients et on *soustrait* les exposants. Ainsi,

$$\frac{3 \times 10^4}{2 \times 10^3} = \frac{3}{2} \times 10^{4\ -\ 3} = 1,5 \times 10^1$$

Les microbiologistes utilisent la notation scientifique dans des contextes très variés, notamment pour exprimer le nombre de microorganismes d'une population, qui est souvent très grand (chapitre 4). On emploie également la notation scientifique pour exprimer la quantité d'un soluté dans une solution, qu'il s'agisse d'une substance entrant dans la composition d'un milieu de culture (chapitre 4), d'un désinfectant (chapitre 14) ou d'un antibiotique (chapitre 15), car cette quantité est souvent très petite. La conversion d'une unité de mesure SI en un multiple ou un sous-multiple consiste à multiplier ou à diviser un nombre par une puissance de 10. Ce type d'opération s'effectue plus facilement si le nombre est exprimé à l'aide de la notation scientifique.

Les logarithmes

On appelle **logarithme (log)** d'un nombre dans une base donnée la puissance à laquelle il faut élever la base pour obtenir ce nombre. Le logarithme de base 10, qui s'écrit $\log_{10}$ ou simplement log, est l'un des plus utilisés. Pour calculer le $\log_{10}$ d'un nombre, on exprime d'abord celui-ci à l'aide de la notation scientifique. Si le coefficient est 1, le $\log_{10}$ est alors égal à l'exposant. Par exemple,

$$\log_{10} 0,000\ 01 = \log_{10}(1 \times 10^{-5})$$
$$= 25$$

Si le coefficient est différent de 1 (ce qui est souvent le cas), il faut utiliser la fonction logarithme d'une calculatrice pour déterminer le logarithme.

Les microbiologistes se servent de logarithmes pour calculer le pH et pour tracer la courbe de croissance d'une population de microorganismes d'une culture (chapitre 4).

Le calcul du temps de génération

La division d'une cellule bactérienne entraîne un accroissement exponentiel de la population, dont on obtient la valeur en élevant 2 (étant donné qu'une cellule se divise en deux organismes) à une puissance égale au nombre de fois que la cellule se divise (c'est-à-dire au nombre de générations) :

$$2^{\text{nombre de générations}}$$

On calcule comme suit le nombre final de cellules d'une population :

$$\frac{\text{Nombre initial}}{\text{de cellules}} \times 2^{\text{nombre de générations}} = \frac{\text{Nombre}}{\text{de cellules}}$$

Par exemple, si 5 cellules se divisent 9 fois, le nombre total de cellules est égal à

$$5 \times 2^9 = 2\ 560 \text{ cellules}$$

Pour calculer le nombre de générations associées à une culture donnée, il faut convertir le nombre de cellules en un logarithme. La base 10 est standard. Toutefois, on emploie la base 2 ou log 2 (qui est égal à 0,301) parce que chaque cellule se divise en deux organismes :

$$\frac{\text{Nombre de}}{\text{générations}} = \frac{\log (\text{nombre final} \atop \text{de cellules}) - \log (\text{nombre initial} \atop \text{de cellules})}{0,301}$$

Le temps de génération d'une population est égal à :

$$\frac{\text{Nombre d'heures} \times 60 \text{ min}}{\text{Nombre de générations}} = \text{Minutes par génération}$$

Pour illustrer la méthode, nous allons calculer le temps de génération de 100 cellules bactériennes qui, en se reproduisant pendant 5 heures, forment une population de 1 720 320 cellules.

$$\frac{\log 1\,720\,320 - \log 100}{0,301} = 14 \text{ générations}$$

$$\frac{5 \text{ h} \times 60 \text{ min}}{14 \text{ générations}} = 21 \text{ minutes par génération}$$

La détermination de l'effet d'un nouvel agent de conservation sur une culture bactérienne est un exemple d'application concrète de ce type de calcul. Supposons que l'on fasse croître 900 bactéries de la même espèce que celle qui est étudiée dans l'exemple précédent, les conditions étant les mêmes à l'exception de l'ajout de l'agent de conservation ; au bout de 15 heures, la population compte 3 686 400 cellules. Calculez le temps de génération et déterminez si l'agent de conservation inhibe ou non la croissance.

Réponse : 75 minutes par génération. L'agent de conservation a effectivement inhibé la croissance.

Lexique de formules chimiques

Structure chimique du squelette glucidique du peptidoglycane de la paroi cellulaire des bactéries *(voir le chapitre 3)*

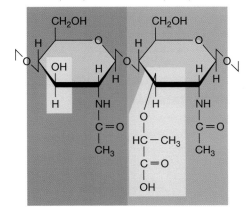

N-acétylglucosamine (NAG), acide N-acétylmuramique (NAM) et leur liaison dans le peptidoglycane.
Les régions jaunes montrent les différences entre les deux molécules. La liaison entre elles est du type β-1,4.

Structure chimique des dérivés phénolés et des bisphénols *(voir le chapitre 14)*

a) Phénol

b) O-phénylphénol

c) Hexachlorophène (un bisphénol)

d) Triclosan (un bisphénol)

Structure chimique de l'ion ammonium et du chlorure de benzalkonium (quats) (Zephiran^MD) *(voir le chapitre 14)*

Ion ammonium

Chlorure de benzalkonium

Les atomes d'hydrogène de l'ion ammonium sont remplacés par divers groupements.

Structure chimique des pénicillines, des antibiotiques antibactériens *(voir le chapitre 15)*

a) Pénicillines naturelles

b) Pénicillines semi-synthétiques

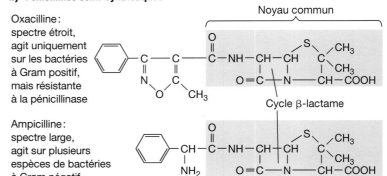

La portion commune à toutes les pénicillines – qui contient le cycle β-lactame – est ombrée. Les pénicillines se distinguent par leurs chaînes latérales (parties claires).

Action de la pénicillinase sur les pénicillines *(voir le chapitre 15)*

La production de cette enzyme, que l'on voit ici ouvrir le cycle β-lactame, est de loin le moyen le plus couramment utilisé par les bactéries pour inactiver les pénicillines. La lettre R représente la chaîne latérale qui différencie les divers composés de cette famille d'agents

---

Comparaison entre la structure du noyau de la céphalosporine et celle du noyau de la pénicilline *(voir le chapitre 15)*

Structure chimique du chloramphénicol, un antibiotique antibactérien *(voir le chapitre 15)*

Chloramphénicol

La structure simple de cette molécule la rend moins coûteuse à synthétiser qu'à isoler de *Streptomyces*.

Structure chimique de la tétracycline, un antibiotique antibactérien *(voir le chapitre 15)*

Tétracycline

Les autres membres de la famille des tétracyclines possèdent également une structure de quatre cycles.

Structure chimique de l'érythromycine, un antibiotique antibactérien typique de la famille des macrolides *(voir le chapitre 15)*

Érythromycine

Tous les macrolides possèdent le macrocycle lactone illustré ici.

Structure chimique de l'amphotéricine B, un antifongique caractéristique des polyènes

(voir le chapitre 15)

Amphotéricine B

Structure chimique du miconazole, un antifongique caractéristique des imidazoles

(voir le chapitre 15)

Miconazole

Les éléments de formation des mots en microbiologie

Le singulier et le pluriel des noms scientifiques s'écrivent selon les règles de déclinaison du latin.

	Genre		
	Féminin	**Masculin**	**Neutre**
Singulier	*-a*	*-us*	*-um*
Pluriel	*-æ*	*-i*	*-a*
Exemples	*chlamydia*	*coccus*	*bacterium*
	chlamydiæ	*cocci*	*bacteria*

a-, an- absence, manque. Exemples : abiotique, en l'absence de vie ; anaérobie, en l'absence d'air.

-able qui peut. Exemple : viable, qui peut vivre ou exister.

actino- rayon. Exemple : actinomycète, bactérie qui forme des colonies en étoiles (avec des rayons).

aér- air. Exemples : aérobie, en présence d'air ; aérer, ajouter de l'air.

alb- blanc. Exemple : *Streptomyces albus* produit des colonies blanches.

amib- changement. Exemple : amiboïde, mouvement résultant d'un changement de forme.

amphi- autour de, tous deux. Exemple : amphitriche, touffes de flagelles aux deux extrémités d'une cellule.

amyl- amidon. Exemple : amylase, enzyme qui dégrade l'amidon.

ana- de bas en haut. Exemple : anabolisme, croissance.

ant-, anti- opposé, contre. Exemple : antimicrobien, qui empêche la prolifération des microbes.

archæ- ancien. Exemple : *Archæa*, bactéries « archaïques », qu'on estime semblables aux premiers êtres vivants.

asco- sac. Exemple : asque, structure en forme de sac qui contient des spores.

aur- or. Exemple : *Staphylococcus aureus*, colonies dorées.

aut-, auto- soi-même. Exemple : autotrophe, qui forme lui-même les substances organiques dont il a besoin.

bacill- bâtonnet. Exemple : bacille tétanique, en forme de bâtonnet.

basid- base, socle. Exemple : baside, cellule qui porte des spores externes formées sur une base surélevée.

bdell- sangsue. Exemple : *Bdellovibrio*, bactérie prédatrice.

bio- vie. Exemple : biologie, étude de la vie et des êtres vivants.

blast- bourgeon. Exemple : blastospore, spore formée par bourgeonnement.

bovi- bovin. Exemple : *Mycobacterium bovis*, bactérie qui infecte les bovins.

brevi- court. Exemple : *Lactobacillus brevis*, bactérie formée de cellules courtes.

butyr- beurre. Exemple : acide butyrique, qui confère au beurre rance son odeur particulière.

campylo- courbé. Exemple : *Campylobacter*, bâtonnet courbé.

cancéro- cancer. Exemple : cancérogène, agent qui cause le cancer.

-caryo noix. Exemple : eucaryote, cellule ayant un noyau limité par une membrane.

casé- fromage. Exemple : caséeux, semblable au fromage.

caul- tige. Exemple : *Caulobacter*, bactérie munie d'un appendice ou d'une tige.

céno- commun. Exemple : cénocyte, cellule contenant de nombreux noyaux, sans cloisons.

chlamydo- manteau. Exemple : chlamydospores, spores formées à l'intérieur de l'hyphe.

chloro- vert. Exemple : chlorophylle, pigment vert.

chrom- couleur. Exemples : chromosome, structure qui se prête bien à la coloration ; métachromatique, se dit d'une granulation intracellulaire colorée.

chrys(o)- doré. Exemple : *Streptomyces chryseus*, colonies dorées.

-cide tuer. Exemple : bactéricide, agent qui tue les bactéries.

cili- cil. Exemple : cilié, pourvu de cils.

cléisto- fermé. Exemple : cléistothèque, asque complètement fermé.

co-, con- ensemble. Exemple : concentrique, ayant un centre commun, ensemble au centre.

cocci- grain. Exemple : coccus, cellule sphérique.

col-, colo- côlon. Exemples : côlon, gros intestin ; *Escherichia coli*, bactérie que l'on rencontre dans le gros intestin.

conidi- poussière. Exemple : conidie, spore formée à l'extrémité d'un hyphe aérien, jamais enfermée.

coryne- massue. Exemple : *Corynebacterium*, cellule bactérienne en forme de massue.

-cule diminutif. Exemple : particule, petite partie.

-cut- peau. Exemple : *Firmicutes*, bactérie possédant une paroi cellulaire rigide, à Gram positif.

cyano- bleu. Exemple : cyanobactérie, organisme ayant une pigmentation bleu-vert.

cyst- vessie. Exemple : cystite, inflammation de la vessie.

dé-, des-, dés- perte, séparation. Exemple : désactiver, faire perdre son activité.

di-, diplo- double, deux fois. Exemple : diplocoque, paire de cocci.

dia- à travers, entre. Exemple : diaphragme, paroi séparant un endroit ou située entre deux régions.

dys- difficile, pénible, idée de manque. Exemple : dysfonctionnement, fonctionnement perturbé.

en-, em- dans, à l'intérieur. Exemple : enkysté, enfermé dans un kyste.

entero- intestin. Exemple : *Enterobacter*, bactérie que l'on rencontre dans l'intestin.

eo- aurore, premier. Exemple : *Eobacterium*, bactérie fossile remontant à 3,4 milliards d'années.

épi- sur, au dessus. Exemple : épidémie, nombre de cas d'une maladie qui dépasse le nombre normalement prévu.

éryth(ro)- rouge. Exemple : érythème, rougeur de la peau.

eu- bien, vrai. Exemple : eucaryote, vrai noyau.

ex-, ecto- hors de, au dehors. Exemple : excréter, rejeter des substances hors du corps.

exo- au dehors, couche externe. Exemple : exogène, provenant de l'extérieur du corps.

extra- au dehors, au delà. Exemple : extracellulaire, au dehors des cellules de l'organisme.

-fier   rendre, transformer en. Exemple : acidifier, rendre acide.

firmi-   résistant. Exemple : *Bacillus firmus,* produit des endospores résistantes.

flagell-   fouet. Exemple : flagelle, appendice de la cellule ; chez les eucaryotes, le flagelle tire la cellule en battant comme un fouet.

flav-   jaune. Exemple : *Flavobacterium,* organisme qui produit un pigment jaune.

fruct-   fruit. Exemple : fructose, sucre de fruits.

galacto-   lait. Exemple : galactose, monosaccharide contenu dans le lait.

gamé-, gamè-   mariage. Exemple : gamète, cellule reproductrice.

gastr-   estomac. Exemple : gastrite, inflammation de l'estomac.

gel-   durcir. Exemple : gel, colloïde solidifié.

-gène   produire, engendrer. Exemple : agent pathogène, tout agent qui produit une maladie.

-genèse   formation. Exemple : pathogenèse, processus aboutissant à la maladie.

germ-, germin-   embryon. Exemple : germe, partie d'un organisme capable de se développer.

-gonie   reproduction. Exemple : schizogonie, division multiple produisant beaucoup de nouvelles cellules.

gracil-   mince. Exemple : *Aquaspirillum gracile,* cellule mince.

halo-   sel. Exemple : halophile, organisme capable de tolérer une salinité élevée.

haplo-   simple. Exemple : haploïde, la moitié des chromosomes ou un seul exemplaire de chaque chromosome.

hema-, hemato-, hemo-   sang. Exemple : *Hæmophilus,* bactérie qui tire des nutriments des érythrocytes.

hépat-   foie. Exemple : hépatite, inflammation du foie.

herpès   ramper. Exemple : herpès, ou zona, lésions qui semblent s'étendre sur la peau.

hétéro-   différent, autre. Exemple : hétérotrophe, qui tire ses nutriments d'autres organismes ; se nourrit d'autrui.

hist-   tissu. Exemple : histologie, étude des tissus.

hom-, homo-   même. Exemple : homofermentaire, organisme qui ne produit que de l'acide lactique à partir de la fermentation des glucides.

hydr-, hydro-   eau. Exemple : déshydratation, perte d'eau par le corps.

hyper-   excès. Exemple : solution hypertonique, qui a une pression osmotique plus élevée par rapport à une autre.

hypo-   sous, déficient. Exemple : solution hypotonique, qui a une pression osmotique moins élevée qu'une autre.

im-   non. Exemple : imperméable, qui ne se laisse pas traverser.

inter-   entre. Exemple : intercellulaire, entre les cellules.

intra-   dans. Exemple : intracellulaire, dans la cellule.

io-   violet. Exemple : iode, élément qui produit une vapeur violette.

iso-   égal, même. Exemple : solution isotonique, qui a la même pression osmotique qu'un autre liquide.

-ite   inflammation. Exemple : colite, inflammation du côlon.

kérat(o)-   corne. Exemple : kératine, substance fibreuse qui forme la peau et les ongles.

kin-   mouvement. Exemple : streptokinase, enzyme qui lyse ou déplace la fibrine.

lact(o)-   lait. Exemple : lactose, sucre du lait.

lepis-   écaille. Exemple : lèpre, maladie caractérisée par des lésions cutanées.

lepto-   mince. Exemple : *Leptospira,* spirochète mince.

leuco-   blanc. Exemple : leucocyte, globule blanc.

lip-, lipo-   matière grasse, lipide. Exemple : lipase, enzyme qui dégrade les matières grasses.

-logie   étude. Exemple : pathologie, étude des modifications structurales et fonctionnelles causées par la maladie.

lopho-   touffe. Exemple : lophotriche, muni d'un groupe de flagelles à une extrémité de la cellule.

lute-, luteo-   jaune. Exemple : *Micrococcus luteus,* colonies jaunes.

lux-, luci-   lumière. Exemple : luciférine, substance présente chez certains organismes qui émet de la lumière lorsqu'elle est soumise à l'action de la luciférase, une enzyme.

-lyse   dissolution, dégradation. Exemple : hydrolyse, décomposition chimique d'une molécule par l'addition d'eau.

macro-   grand. Exemple : macromolécule, grosse molécule.

mendosi-   capacité. Exemple : *Mendosicutes,* archéobactérie dépourvue de peptidoglycane.

méningo-   membrane. Exemple : méningite, inflammation des membranes de l'encéphale.

méso-   au milieu. Exemple : mésophile, organisme dont la température optimale se situe au milieu de l'échelle.

méta-   au delà, après, changement. Exemple : métabolisme, changements chimiques qui se produisent dans un organisme vivant.

micro-   petit. Exemple : microorganisme, organisme minuscule, invisible à l'œil nu.

-mnèse, -mnésie   mémoire. Exemples : amnésie, perte de mémoire ; anamnèse, retour de la mémoire.

molli-   mou. Exemple : *Mollicutes,* classe de bactéries dépourvues de paroi cellulaire.

-monas   unité. Exemple : *Methylomonas,* unité (bactérie) qui utilise le méthane comme source de carbone.

mono-   unique. Exemple : monotriche, pourvu d'un seul flagelle.

morpho-   forme. Exemple : morphologie, étude de la forme et des structures des organismes.

multi-   nombreux. Exemple : multinucléé, ayant plusieurs noyaux.

mur-   paroi. Exemple : muréine, composante de la paroi cellulaire bactérienne.

muri-   souris. Exemple : typhus murin, forme de typhus dont le réservoir est la souris.

mut-   changer. Exemple : mutation, changement soudain des caractéristiques.

myco-, -mycétome, -myces   champignon. Exemples : le règne des Mycètes comprend les levures, les moisissures et les champignons ; *Saccharomyces,* mycète du sucre, est un genre de levure.

myxo-   morve, mucus. Exemple : *Myxobacteriales,* ordre de bactéries productrices d'une substance visqueuse.

nécro-   cadavre. Exemple : nécrose, mort cellulaire ou mort d'une partie d'un tissu.

-nema   fil. Exemple : *Treponema* est une bactérie filiforme.

nigr-   noir. Exemple : *Aspergillus niger,* mycète qui produit des conidies noires.

ob-   devant, contre. Exemple : obstruction, empêchement ou blocage.

ocul(o)-   œil. Exemple : monoculaire, relatif à un œil.

-oïde   semblable. Exemple : coccoïde, semblable à un coccus.

-oïque, éco-   maison. Exemples : monoïque, bisexué ; écologie, étude des relations entre les organismes et entre un organisme et son milieu (maison).

oligo-   peu. Exemple : oligosaccharide, glucide composé d'un petit nombre (de 7 à 10) de monosaccharides.

-ome   tumeur. Exemple : lymphome, tumeur des tissus lymphatiques.

ondul-   vagues. Exemple : ondulant, qui monte et descend, ressemble à des vagues.

-onte   être, existant. Exemple : schizonte, cellule qui existe grâce à la schizogonie.

ortho-   droit, direct. Exemple : orthomyxovirus, virus possédant une capside tubulaire droite.

-(o)se   état. Exemples : lyse, état de dissolution ; symbiose, état de vie commune.

pan-   tout, universel. Exemple : pandémie, épidémie qui touche un vaste territoire.

para-   à côté, près de. Exemple : parasite, organisme qui « se nourrit à côté » d'un autre.

péri-   autour. Exemple : bactérie péritriche, qui possède des flagelles tout autour de sa paroi cellulaire.

phago-   manger. Exemple : cellule phagocyte, qui avale et digère de grosses particules ou d'autres cellules.

phéo-   brun. Exemple : Phéophycées, algues brunes.

philo-, -phil   aimer, préférer. Exemple : thermophile, organisme qui préfère les températures élevées.

-phore   porter. Exemple : conidiophore, hyphe qui porte des conidies.

-phylle   feuille. Exemple : chlorophylle, pigment vert des feuilles.

-phyte   plante. Exemple : saprophyte, plante qui tire ses nutriments de la matière organique en décomposition.

pil-   poil. Exemple : pili, prolongements filiformes d'une cellule.

plancto-   errer. Exemple : plancton, organismes qui errent, dérivent dans l'eau.

plasm(o)-   formé. Exemple : cytoplasme, structure formée à l'intérieur d'une cellule.

-pnée   respirer. Exemple : dyspnée, difficulté à respirer.

pod-   pied. Exemple : pseudopode, structure qui ressemble à un pied.

poly-   beaucoup. Exemple : polymorphisme, formes multiples.

post-   après, derrière. Exemple : postérieur, situé derrière une structure (particulière).

pré-, pro-   avant, devant. Exemples : procaryote, cellule possédant un noyau primitif ; prématuré, avant terme.

pseudo-   faux. Exemple : pseudopode, faux pied.

psychro-   froid. Exemple : psychrophile, organisme qui croît le mieux à basse température.

-ptère   aile. Exemple : Diptère, ordre d'insectes à deux ailes.

pyo-   pus. Exemple : pyogène, qui forme du pus.

rhabdo-   baguette. Exemple : rhabdovirus, virus plutôt long, en forme de baguette.

rhin-   nez. Exemple : rhinite, inflammation de la muqueuse du nez.

rhizo-   racine. Exemples : *Rhizobium*, bactérie qui vit dans les racines des plantes ; mycorhize, mycète qui vit sur ou dans les racines des plantes.

rhodo-   rouge. Exemple : *Rhodospirillum*, bactérie spiralée à pigmentation rouge.

rod-   ronger. Exemple : *Rodentia*, ordre de mammifères rongeurs.

rubri-   rouge. Exemple : *Clostridium rubrium*, colonies à pigmentation rouge.

rumin-   gorge. Exemple : *Ruminococcus*, bactérie associée au rumen (œsophage modifié).

sacchar(o)-   sucre. Exemple : disaccharide, sucre composé de deux mono-saccharides.

sapr-   pourri. Exemples : *Saprolegnia*, mycète qui vit sur les animaux morts ; saprophyte, croît sur de la matière en décomposition.

sarco-   chair. Exemple : sarcome, tumeur des muscles ou du tissu conjonctif.

schizo-   fendu. Exemple : schizomycètes, organismes qui se reproduisent en se divisant ; ancien nom des bactéries.

scole(c)-   ver. Exemple : scolex, tête du ténia.

-scope, -scopique   observer. Exemple : microscope, instrument qui sert à observer de petits objets.

semi-   moitié. Exemple : semi-circulaire, ayant la forme de la moitié d'un cercle.

sept-   pourrir. Exemple : septique, présence de bactéries qui peuvent occasionner la décomposition.

sept(o)-   division. Exemple : septum, paroi transversale.

serr-   petite scie. Exemple : serratule, plante à feuilles dentelées.

sidero-, sidéro-   fer. Exemple : *Siderococcus*, bactérie capable d'oxyder le fer.

siphon-   tube. Exemple : *Siphonaptera*, ordre d'insectes (puces) à pièce buccale en forme de tube.

soma-   corps. Exemple : cellules somatiques, cellules du corps autres que les gamètes.

spec(i)-   particulier. Exemples : espèce, ensemble d'organismes aux traits semblables formant la plus petite unité de classification ; spécifier, indiquer exactement.

spiro-   hélice. Exemple : spirochète, bactérie spiralée.

spor(o)-   spore. Exemple : sporange, structure qui contient des spores.

staphylo-   en grappe. Exemple : *Staphylococcus*, bactérie dont les cellules forment des grappes.

-stase   arrêt. Exemple : bactériostase, arrêt de la croissance bactérienne.

strepto-   contourné. Exemple : *Streptococcus*, bactérie dont les cellules forment des chaînettes contournées.

sub-   sous. Exemple : sublingual, qui est sous la langue.

super-   au-dessus, sur. Exemple : supérieur, qui est au-dessus par sa qualité ou son état.

sym-, syn-   ensemble, avec. Exemples : synapse, région de contact de deux neurones ; synthèse, réunion, fusion.

-tact   toucher. Exemple : chimiotactisme, réaction à la présence (contact) d'agents chimiques.

taxi-   ordre, arrangement. Exemple : taxinomie, science dont l'objet est d'arranger les organismes par groupes.

-té   état. Exemple : immunité, état de ce qui résiste à la maladie ou à l'infection.

tener-   tendre. Exemple : *Tenericutes*, embranchement comprenant les eubac-téries sans paroi cellulaire.

thall-   pousse. Exemple : thalle, champignon macroscopique entier.

therm-   chaud. Exemple : *Thermus*, bactérie qui vit dans les sources thermales (jusqu'à 75 °C).

thio-   soufre. Exemple : *Thiobacillus*, bactérie capable d'oxyder les composés du soufre.

-thrix   Voir **trich-**.

-tome, -tomie   couper. Exemple : appendicectomie, ablation chirurgicale de l'appendice.

-tone, -tonique   force. Exemple : hypotonique, qui présente moins de force (pression osmotique).

tox-   poison. Exemple : exotoxine, substance toxique sécrétée par des bactéries.

trans-   à travers. Exemple : transport, déplacement de substances.

tri-   trois. Exemple : trimestre, période de trois mois.

trich-   poil. Exemple : péritriche, prolongements (ou flagelles) de cellules ressemblant à des poils.

-trop(e)   tourner. Exemple : géotropisme, orientation vers la Terre (sous l'action de la pesanteur).

troph-   nourriture. Exemples : trophique, relatif à la nutrition ; chimiotrophe, qui se nourrit de substances chimiques.

uni-   un. Exemple : unicellulaire, formé d'une seule cellule.

vaccin-   vache. Exemple : vaccination, injection d'un vaccin (préparation mise au point à l'origine à partir du virus de la vaccine, maladie qui touche la vache).

vacu-   vide. Exemple : vacuole, espace intracellulaire qui semble vide.

vesic-   vessie. Exemple : vésicule, bulle.

vitr-   verre. Exemple : in vitro, qui se trouve dans un milieu de culture gardé dans un contenant en verre (ou en plastique).

-vore   manger. Exemple : carnivore, animal qui mange d'autres animaux.

xantho-   jaune. Exemple : *Xanthomonas*, organisme dont les colonies sont jaunes.

xén(o)-   étranger. Exemple : axénique, stérile, dépourvu d'organismes étrangers.

xéro-   sec. Exemple : xérophyte, plante qui tolère la sécheresse.

xylo-   bois. Exemple : xylose, sucre tiré du bois.

zoo-   animal. Exemple : zoologie, étude des animaux.

zygo-   joug, union. Exemple : zygospore, spore formée par la fusion de deux cellules.

-zyme   ferment. Exemple : enzyme, protéine des cellules vivantes qui catalyse des réactions chimiques.